Les variations du mouvement

Abū al-Barakāt, un physicien à Bagdad

Sylvie NONY

Les variations du mouvement
Abū al-Barakāt, un physicien à Bagdad
(VIe/XIIe siècle)

INSTITUT FRANÇAIS D'ARCHÉOLOGIE ORIENTALE

RAPH 41 – 2016

Dans la même collection :

Sibylle Emerit, Sylvain Perrot, Alexandre Vincent, *Le paysage sonore de l'Antiquité. Méthodologie, historiographie et perspectives*, 2015.

Mathieu Eychenne, Abbès Zouache, *La guerre dans le Proche-Orient médiéval. État de la question, lieux communs, nouvelles approches*, 2015.

Essam Salah el-Banna, *Le voyage à Héliopolis. Descriptions des vestiges pharaoniques et des traditions associées depuis Hérodote jusqu'à l'Expédition d'Égypte*, 2014.

Giuseppe Cecere, Mireille Loubet, Samuela Pagani (éd.), *Les mystiques juives, chrétiennes et musulmanes dans l'Égypte médiévale (VIIe-XVIe siècles). Interculturalités et contextes historiques*, 2013.

Jean Yoyotte, *Les principautés du Delta au temps de l'anarchie libyenne*, Réédition revue et augmentée, 2012.

Pascale Ghazaleh, *Fortunes urbaines et stratégies sociales. Généalogies patrimoniales au Caire, 1780-1830*, (2 vol.), 2010.

Anne-Claire de Gayffier-Bonneville, *L'échec de la monarchie égyptienne. 1942-1952*, (2 vol.), 2010.

Paul Barguet, *Le temple d'Amon-Rê à Karnak*, (augmenté d'une édition électronique) 3e édition, 2008.

ISBN 978-2-7247-0680-2 ISSN 1011-1883

Mise en page : Dina Alfred
Couverture : Ismaïl Seddiq

Sommaire

Annexes

Bibliographie

Remerciements

Ce livre n'aurait pas vu le jour sans l'aide de nombreux complices, tout au long des travaux qui l'ont précédé. Tous mes remerciements à Peter E. Pormann et Peter Adamson pour leurs critiques exigeantes et constructives, à Mazen Rabia pour son assistance lors de la traduction, à Pauline Koetschet, Sylvie Denoix, Mathieu Gousse et Nicolas Michel pour leur aide précieuse à l'édition de ce travail, et enfin aux Frères dominicains du Caire pour leur permanent et amical soutien.

Conventions

Les principes de translittération utilisés dans cet ouvrage sont présentés dans le tableau ci-dessous :

ء	ʾ	د	d	ض	ḍ	ك	k
ب	b	ذ	ḏ	ط	ṭ	ل	l
ت	t	ر	r	ظ	ẓ	م	m
ث	ṯ	ز	z	ع	ʿ	ن	n
ج	ǧ	س	s	غ	ġ	ه	h
ح	ḥ	ش	š	ف	f	و	w/ū
خ	ḫ	ص	ṣ	ق	q	ي	y/ī

L'emploi ou non des termes arabes translittérés suit les règles habituelles. Lorsqu'un mot français ou latin peut rendre l'arabe sans le déformer, il sera employé. Mais dans le cas contraire, il sera maintenu translittéré et en italique. Ces règles ne mettent pas à l'abri de certaines difficultés qui seront évoquées dans la conclusion.

Les citations d'ouvrages sont de deux types. Les références aux quatre ouvrages les plus abondamment cités sont intégrées au corps du texte dans un format identique[1]. Ces quatre ouvrages sont le *Kitāb al-muʿtabar* d'Abū al-Barakāt (abrégé *KM*)[2], la *Physique* d'Aristote (abrégé *Phys.*)[3], la partie *Sciences de la nature* (*al-Samāʿ al-ṭabīʿī*) du *Kitāb al-šifāʾ* d'Ibn Sīnā, l'Avicenne des Latins, (abrégé *SṬ*)[4], et *Arisṭūṭālīs, al-Ṭabīʿa*, la traduction des *Naturalia* d'Artistote par Isḥāq b. Ḥunayn (abrégé *AṬ*)[5].

Notes page XII

Les traductions utilisées sont, sauf mention contraire, celle de Pierre Pellegrin pour la *Physique* d'Aristote, la mienne pour le *Kitāb al-muʿtabar* et pour la physique du *Kitāb al-šifāʾ*, tout en bénéficiant pour ce dernier ouvrage de l'éclairage de celle de Jon McGinnis[6], qu'il a eu la gentillesse de me faire parvenir bien avant sa parution.

Les références des autres ouvrages sont présentées sous une forme brève, en fin de chapitre. Elles renvoient à la bibliographie détaillée en annexe.

---

1. *Ouvrage en abrégé*, tomaison en chiffres romains, nº de chapitre en chiffres arabes, nº de page, nº de lignes (si nécessaire).
2. Abū al-Barakāt al-Baġdādī, *Kitāb al-muʿtabar fī al-ḥikma* (*Livre de la réflexion personnelle sur la sagesse*).
3. Aristote, *Physique*, Pierre Pellegrin (trad.).
4. Ibn Sīnā (Avicenne), *Kitāb al- šifāʾ* (*Livre de la Guérison*), Première partie de la *Physique*.
5. *Arisṭūṭālīs, al-Ṭabīʿa (Aristote, Naturalia), Isḥāq b. Ḥunayn (trad.)*, 2 vol., Badawī (éd.).
6. Avicenna, *The Physics of The Healing*, Jon McGinnis (trad.).

Préface

« Notre héritage n'est précédé d'aucun testament »
René Char, *Feuillets d'Hypnos*, Paris, Gallimard, 1946

En lisant attentivement les pages de l'ouvrage de Sylvie Nony, on éprouve le vif sentiment qu'un pan entier de l'histoire de la science nous avait un peu échappé ou, du moins, s'était comme fondu dans une histoire officielle, voire académique, ayant gommé les aspérités et les repentirs. Les développements conceptuels et les enchevêtrements théoriques sont toujours plus compliqués et improbables qu'on ne parvient, *a priori*, à se l'imaginer. La linéarité n'est pas le fort de la construction de la science ni même de l'histoire de la pensée. Ce sont là des pratiques et des démarches intellectuelles fragiles, soumises aux vicissitudes des guerres et des passions tout autant qu'aux brutalités des croyances et des intolérances. Ces pratiques intellectuelles peuvent alors s'effacer, revenir ou renaître, plus tard, en d'autres lieux, sous d'autres formes ; voire aussi s'oublier.

Un travail incessant de mémoire s'impose donc. Un travail qui dessine, par son exercice même, découvrant preuves et traces, comme un chemin et un lien dévoilant à la fois un sens et un horizon à notre humanité. Des preuves et des traces par lesquelles précisément notre humanité se constitue.

Oublier ou simplement négliger ce qui a été pensé avant nous, vivre alors comme dans un surgissement continu, vivre *ex nihilo*, c'est entrer de plain-pied dans la barbarie. C'est ignorer ce que l'on est et le sens de ce que l'on vit. Peut-on même vivre sans le travail de mémoire ?

Ce travail de mémoire, travail harassant et de longue haleine, Sylvie Nony a su le mener avec compétence et brio. Il s'agissait en effet de retrouver les textes, de les lire, de les insérer dans leur environnement historique et conceptuel, de les extraire de l'obscurité où ils séjournaient depuis bien longtemps pour leur redonner cette puissance lumineuse par laquelle ils éclairent à nouveau l'espace du savoir. Un espace oublié qui, par ce travail de recherche, devient indispensable pour comprendre, maintenant, le développement de la science du mouvement.

C'est donc un livre de travail, de réflexion, de recherche et de méditation, un livre que j'ai entre les mains, que j'ai aimé et qui m'a instruit et que d'autres aussi, je n'en doute pas, aimeront en s'instruisant. Sylvie Nony nous offre une leçon de travail scientifique, un acte de recherche par lequel un temps resurgit dans toute sa diversité contextuelle, scientifique et religieuse, une diversité indispensable à présenter pour permettre une bonne compréhension des travaux du héros de cette aventure intellectuelle : Abū al-Barakāt. La lecture de l'ouvrage est agréable bien que le contenu soit parfois un peu aride, mais, quel plaisir de voir à l'œuvre, je dirais à la tâche, cet homme du XIIe siècle qui se bat avec les apories du mouvement et les divers héritages méditerranéens qui lui sont parvenus. On y trouve, pris sur le vif, sa réflexion portant sur les multiples éléments constitutifs de la conceptualisation du mouvement, la nécessité du moteur et de son extériorité, le « dans quoi » a lieu le mouvement. Un enracinement aristotélicien, sans doute, mais son dépassement aussi à l'occasion de la difficulté qu'il y a à concevoir, dans le cas d'un mobile lancé, la persistance du mouvement en dehors d'une action du milieu. On découvre d'abord le rôle du concept, introduit par Philopon, de *rhopè*, un élan ou une impulsion acquise par le mobile. Déjà Philopon se démarque d'Aristote dans le rapport qu'il établit entre espace, lieu et mouvement. En outre, la possibilité d'un mouvement dans le vide n'est pas totalement rejetée. Concept de *rhopè*, mais aussi concept de *mayl* introduit par la tradition arabo-musulmane et qui s'enrichit et se diversifie entre les mains de Abū al-Barakāt.

On apprécie aussi la mise en valeur des diverses variations conceptuelles dont la nouveauté est bien soulignée par les analyses que nous offre Sylvie Nony à l'occasion de ses études du traitement de la célèbre question de la *quies media* (repos intermédiaire) dans le cas d'un corps lancé vers le haut.

À cette fin, Abū al-Barakāt fait preuve d'imagination en prenant des risques théoriques concernant, en particulier, la définition du temps et en renouvelant les approches traditionnelles. Des renouveaux que certains, des siècles plus tard, dans d'autres contextes conceptuels et géographiques sauront, sans répétition à l'identique, faire revivre.

Les concepts, donc, s'inventent et se réinventent dans un travail rigoureux et difficile analysé par Sylvie Nony, de telle sorte que notre connaissance de l'histoire de l'*impetus* se renouvelle. Ce livre pose aussi, par son contenu même, d'importantes questions relatives au développement des sciences, à ses arrêts, à ses discontinuités.

Tout n'a pas surgi d'un coup au XVIIe ou au XXe siècle, comme certains ont tendance à le croire ou à le faire croire – oubliant une fois de plus et la Méditerranée et le Bagdad d'Abū al-Barakāt. Notre science, notre belle science, celle de Galilée, de Newton et de bien d'autres, est d'abord le fruit de multiples incertitudes et inquiétudes qui ont fait du Bassin méditerranéen, comme une mère féconde, le centre d'une pensée active et originale. Je dis bien tout le bassin méditerranéen, car la côte orientale a été trop longtemps ignorée.

Ce livre de recherche est une leçon de méthode, d'histoire, de réflexion, de lecture attentive des textes, une leçon de mémoire où se noue, dans la dynamique des peuples, des cultures et des religions, un moment trop méconnu de l'histoire de la science.

Michel Blay
Directeur de recherche au CNRS

Introduction
Le sens de l'histoire (des sciences)

Cet ouvrage s'intéresse aux théories physiques d'Abū al-Barakāt al-Baġdādī – médecin-philosophe irakien du VIe/XIIe siècle – telles qu'il les a exposées dans son *Livre de la réflexion personnelle sur la sagesse* (*Kitāb al-muʿtabar fī al-ḥikma*) couronnant son œuvre. Il s'appuie sur une thèse qui visait à traduire et commenter les principaux chapitres de la physique du *Kitāb al-muʿtabar*[1], et sur des travaux complémentaires[2]. Ces recherches ont été menées pour l'essentiel à la bibliothèque de l'Institut dominicain d'études orientales (Ideo) du Caire. La richesse de son fonds concernant la philosophie des premiers siècles de l'hégire, ainsi que la sollicitude des Frères dominicains qui l'animent, ont largement contribué à l'aboutissement de ce travail.

L'originalité de l'œuvre d'Abū al-Barakāt ne peut s'apprécier qu'en la situant au sein d'une discipline peu connue : l'histoire de la physique médiévale arabe. Il faut bien reconnaître que l'association de ces trois mots, « physique médiévale arabe », résonne de façon insolite. Pourtant, elle concerne un domaine dont l'étude peut s'appuyer sur un bon siècle de recherches historiques et philosophiques sur le monde médiéval arabo-musulman. La physique de cette époque est constitutive de la philosophie qui a repris, dans une large mesure, la classification des sciences qu'utilisaient les Grecs. Ils nomment, comme eux, cette discipline « Science de la nature » ou *Ṭabīʿiyyāt* – l'équivalent du terme *Naturalia* qu'utiliseront ensuite les Latins.

Ainsi les chapitres de la *Physique* d'Abū al-Barakāt se trouvent dans la partie II du *Muʿtabar*, intitulée *De la science naturelle* et en constituent la première section, juste après la partie I de la *Logique*. La partie III contient

Notes page 6

la deuxième section de ces *Naturalia* constituée de cinq traités : *Le Ciel, La Génération et la Corruption, Les Météores, Les Animaux et les Plantes* et le dernier, *L'Âme*. Enfin la partie IV nommée la *Science divine* correspond à la *Métaphysique* et clôt l'ouvrage[3].

Le premier de ces trois mots, la « physique », était donc caché dans les jupes de la philosophie. Mais les deux autres, « médiévale » et « arabe », ont aussi leur part d'énigme. Les représentations du Moyen Âge en général, et plus particulièrement en histoire de la physique, pèsent sur une discipline dont l'histoire semble rapporter qu'elle est née dans le sud de l'Europe, au début du XVIIe siècle. Peut-on parler de physique pour cette partie de la philosophie qui se pratiquait sans la moindre formalisation mathématique alors que cette dernière est analysée aujourd'hui comme le geste fondateur de Galilée et surtout de Newton ? Nous discuterons cette question à la fin de cet ouvrage.

En observant les manuels de physique des classes du secondaire, qui s'appliquent à fournir des éléments d'histoire des sciences, on peut remarquer qu'en dehors d'Aristote et de Galilée, l'histoire vulgarisée n'a pas retenu d'avancées qui vaillent la peine d'être présentées comme des contributions à la discipline. Plus exactement, les productions prégaliléennes sont la plupart du temps exposées comme des balbutiements scolastiques préludant à une histoire essentiellement à venir. Un domaine entier de la pensée humaine aurait donc traversé vingt siècles sans production significative, sans véritable controverse, pratiquement sans histoire… C'est cette affirmation, pour le moins étonnante, qui a poussé l'enseignante de physique que je suis, à s'aventurer dans ces recherches.

Il faut reconnaître que, lorsqu'on survole rapidement la gigantesque production du monde médiéval – arabe ou latin –, on peut avoir le sentiment que l'œuvre des deux figures tutélaires que sont Platon et Aristote est omniprésente, voire qu'elle constitue un horizon indépassable. Depuis la synthèse qu'en a faite al-Fārābī, les auteurs arabes s'enorgueillissent d'être les héritiers de ce corpus grec qu'ils ont abondamment traduit et accompagné des innombrables commentaires produits dans l'Antiquité, l'Antiquité tardive, puis par eux-mêmes. Abū al-Barakāt ne semble pas se démarquer de ce mouvement, lui qui introduit son livre II par l'annonce suivante : « Commentaire de la *Physique* d'Aristote en vingt-huit chapitres ». Mais il apparaît que ce texte répond à une diversité insoupçonnée de doctrines, élaborées dans le monde arabe et parfois au-delà, doctrines qui ont considérablement amplifié l'héritage des philosophes de la nature. Il apparaît aussi que les innovations de cette physique par rapport à l'ensemble des deux corpus – grec et arabe – sont loin de se réduire à des arguties scolastiques. Le projet de cet ouvrage est d'en montrer la portée.

Les innovations concernant le mouvement des projectiles seront étudiées dans la deuxième partie. Elles entraînent, nous le verrons, des changements radicaux dans les conceptions d'espace et de temps – exposés dans la troisième partie – et ouvrent la possibilité de penser ce dont la physique aristotélicienne ne peut rendre compte : les variations du mouvement. Cette physique de la variation est développée dans la quatrième partie, ainsi que les questions de continuité qu'elle soulève. Enfin le système du monde auquel elle se rattache est esquissé dans la cinquième. L'originalité de la pensée d'Abū al-Barakāt, médecin-philosophe de Bagdad, en rupture avec l'orthodoxie que manifesta Averroès à la fin de ce même XIIe siècle, a été pressentie par celui qui, le premier, s'est lancé avec beaucoup d'érudition et de précision dans l'étude du *Muʿtabar*, S. Pines (m. 1990). Ce philosophe a produit à son sujet un nombre considérable d'études[4] qui continuent de faire référence dans les recherches sur la philosophie naturelle de cette époque, même si, comme nous le verrons, elles sont sous-tendues par une conception de l'histoire des sciences que nous contestons.

Quand au troisième mot, « arabe », il souligne que cet ouvrage se situe dans la lignée de la recherche contemporaine qui explore l'apport du monde arabo-musulman aux sciences et aux humanités. Précisons que ce que nous appelons ici « monde arabo-musulman », ou, pour aller vite, « monde arabe », désigne cette zone géographique où la religion musulmane est majoritaire et dont la culture est principalement d'expression arabe. Cela inclut des individus comme Abū al-Barakāt, resté juif la majeure partie de sa vie, écrivant parfois en judéo-arabe, ou comme son aîné Avicenne (Ibn Sīnā), qui a écrit une partie de son œuvre en persan.

Cet ouvrage souhaite apporter sa pierre à une connaissance plus précise des théories scientifiques débattues dans ce monde arabe, notamment entre le Xe et le XIIe siècle (IVe et VIe siècle de l'hégire). S'il est reconnu que le *Canon de la médecine* d'Avicenne, l'*Algèbre* d'al-Ḫwārizmī, ou les *Commentaires* d'Averroès (Ibn Rušd) ont profondément marqué le Moyen Âge latin et la Renaissance, on sait peu de chose des avancées dans le domaine de la philosophie naturelle. Un autre filtre vient sans doute obscurcir la vision que nous avons de ce XIIe siècle oriental dont on dit encore parfois qu'il était celui d'un irréversible déclin. Certes, l'invasion de Bagdad en 1258 par les Mongols est un moment de bascule très important, mais pour ce qui est du siècle précédent, de nombreux travaux permettent de prendre la mesure de son dynamisme intellectuel. De fait, les études en histoire et philosophie des sciences ont braqué les projecteurs sur l'Espagne musulmane du XIIe siècle, celle d'Averroès, d'Avempace (Ibn Bāǧǧa) et quelques autres. Il y a pourtant à Bagdad, à cette époque, des constructions philosophiques et scientifiques ignorées à Séville ou Cordoue et dont on ne trouve aucun équivalent – en ce qui concerne la physique – avant le XVIe siècle en Italie.

Au delà de l'analyse des débats théoriques qui animent la physique arabe médiévale, cet ouvrage tente de contribuer à une lecture critique des méthodes propres à l'histoire des sciences. L'exploration que nous proposons ici privilégie l'immersion dans un texte historique afin que ce dernier reste, autant que faire se peut, le seul « juge de paix » des commentaires et des analyses. C'est un travail par moments ingrat, mais source au bout du compte de grands bonheurs, que nous essaierons de faire partager au lecteur qui acceptera de se perdre quelques temps dans les méandres des arguments philosophiques d'Abū al-Barakāt et de ses interlocuteurs. Si l'on expurgeait les sources de tout ce qui obscurcit leur lecture, on pourrait assez facilement passer à côté de l'essentiel d'un texte. C'est justement le décryptage d'un passage obscur, ignoré dans les études antérieures, qui a permis, par exemple, de prendre la mesure des problèmes de continuité qui se sont posés à notre auteur pour interpréter le mouvement d'un projectile, et de l'originalité des solutions qu'il a proposées.

D'autre part, l'analyse des théories physiques du mouvement produites avant Galilée souffre, aujourd'hui encore, d'une lecture « au futur antérieur » univoque. Elle concerne les théories de « l'inclination », un concept polysémique qui a été formalisé pour la première fois, semble-t-il, par le philosophe Jean Philopon au VIe siècle et dont nous allons suivre les aventures dans la physique arabe médiévale. On retrouve une variante de cette théorie jusque dans une œuvre de jeunesse de Galilée, son *De Motu*, avant qu'il ne décide de l'abandonner pour de bon, en énonçant son principe de relativité qui ne deviendra « principe d'inertie » qu'une fois reformulé par Descartes.

Pour autant, amalgamer toutes les théories qui précèdent l'avènement de ce principe sous le vocable de « théories de l'*impetus* » nous semble source de confusions. Ces théories ont certes en commun de reconnaître la nécessité d'un moteur au mouvement. Mais justement, à ce titre, aucune ne peut être considérée comme « un prélude au principe d'inertie », une quête dans laquelle S. Pines s'est parfois fourvoyé. Ces thèses présentent, en outre, de grandes différences et s'appuient sur des systèmes du monde très variés. Chacune d'elles s'inscrit dans un ensemble plus ou moins cohérent de propositions visant à clarifier le cadre de la physique du mouvement naissante : la conception de l'espace, la possibilité ou non du vide, la conception du temps, les paradoxes de l'infinitésimal, pour ne citer que les principaux problèmes, dont certains sont d'ailleurs encore ceux de la physique actuelle. Leurs résolutions théoriques, élaborées parfois au prix d'audaces intellectuelles, sont gravement minorées par l'amalgame évoqué.

La synthèse originale faite par Abū al-Barakāt est, sur ce point, exemplaire. Elle met en cause les conceptions aristotéliciennes de l'espace et du temps que défendait son aîné Avicenne. Elle lui a permis, tout en reprenant la définition avicennienne de l'inclination, d'associer le mouvement ascendant puis descendant d'un mobile que l'on jette en l'air à un continuum rendant compte des variations de la vitesse, alors que la physique aristotélicienne, dont les principes seront admis jusqu'au XVIe siècle, est dans l'incapacité de le faire. Ce geste créateur accompagne d'autres innovations qui constituent des brèches importantes dans le monde clos et plein d'Aristote.

L'exploration des thèses de ce physicien débouche donc sur une contribution critique à l'histoire des sciences qui se décline en trois axes. Premièrement, la théorie de l'*impetus* n'est pas un invariant de la physique médiévale et il n'y a pas un paradigme unique derrière ce terme qui recouvre des théories multiples et complexes. En second lieu, et conséquemment, la compréhension de ces constructions théoriques est déformée par la recherche des prémisses de ce qui est trop souvent considéré comme l'unique point de départ de la physique moderne, à savoir le principe d'inertie de Galilée et de Descartes. Enfin, la physique aristotélicienne était centrée sur les changements et explicitait leurs lois à l'intérieur d'un monde clos. Ces changements étant définis par leur terme, cette physique était condamnée à une causalité téléologique. Pour passer à une physique prédictive, il a fallu, au contraire, identifier des grandeurs qui relèvent du passé du mobile et peuvent éventuellement déboucher sur des principes de conservation. Cette démarche fournit, nous essayerons de le montrer, des pistes de recherche à l'historien des sciences qui sont loin d'être épuisées, y compris en physique médiévale.

1. Nony, 2010a.
2. Nony, 2010b ; 2011 ; 2012.
3. Un sommaire détaillé des parties II et III est donné en annexe p. 249-253.
4. Pines, 1937-38, *in* Stroumsa, 2000b ; 1938, *in* Stroumsa, 2000c ; 1954, *in* Stroumsa, 2000d ; 1955, *in* Stroumsa, 2000e. Ces travaux ont tous été réédités en 2000 sous forme de *Collected Works of S. Pines* par Sarah Stroumsa.

Chapitre premier

Abū al-Barakāt et son époque

Abū al-Barakāt est un médecin-philosophe important de son époque. De confession israélite, il s'est converti tardivement à l'islam et son œuvre est aussi bien saluée par les milieux intellectuels juifs que musulmans de la génération suivante : le médecin-philosophe Maïmonide (m. 1204) comme le théologien Faḫr al-Dīn al-Rāzī (m. 1210) le citent avec déférence.

La plupart des ouvrages qu'il a composés et qui couvrent les domaines de la médecine, de l'anatomie, de la pharmacologie, de l'astronomie, de la météorologie sont encore inédits. Seule la somme philosophique qu'est le *Kitāb al-muʿtabar* (*Livre de la réflexion personnelle*) est éditée et diffusée depuis près d'un siècle. Plusieurs manuscrits de ce texte circulaient dès le XIIe siècle.

Al-Baġdādī, comme on le nomme aussi parfois, a élaboré l'ensemble de son œuvre à une époque assez instable sur le plan politique, mais très dynamique sur le plan intellectuel. Pour tenter de cerner le contexte philosophique et scientifique de l'écriture du *Muʿtabar*, nous explorerons dans cette partie non seulement la vie et l'œuvre d'Abū al-Barakāt, mais aussi les ouvrages qui pouvaient constituer la bibliothèque d'un savant, dans ce dernier siècle de la période abbasside, ainsi que les différents courants intellectuels de l'époque.

De brèves indications sur le contexte politique de ce XIIe siècle moyen-oriental seront peut-être utiles. Le tableau suivant fournit quelques repères.

Notes pages 53-58

Éléments d'histoire politique	Éléments d'histoire scientifique
	1037 Mort d'Ibn Sīnā (Avicenne)
	1039 Mort d'Ibn al-Hayṯam
	1048 Mort d'al-Bīrūnī
1055 Prise de Bagdad par les Seldjoukides : Ṭuġrul Beg prend Bagdad puis la Palestine, la Syrie, la Perse et l'Anatolie, chasse les Bouyides (chiites duodécimains) et installe le sultanat (qui côtoie sans l'abolir le califat abbasside)	
1063 Alp Arslan, neveu de Ṭuġrul Beg, lui succède	
	1065 Le vizir Niẓām al-Mulk crée la Niẓāmiyya de Bagdad
1072 Malikšāh, fils d'Alp Arslan, lui succède	1072 Naissance d'Abū al-Barakāt al-Baġdādī
1078 Achèvement de la conquête de la Sicile par les Normands	1074 (env.) Naissance d'Ibn Bāǧǧa à Saragosse
1092 Mort du sultan seldjoukide Malikšāh	
1093 Fragmentation de l'empire seldjoukide : l'Iraq est gouverné par Barkyaruq (1093-1105)	
1096 Départ de la première croisade	
1098 Siège et prise d'Antioche	
1099 Arrivée de la première croisade à Jérusalem, prise de la ville	1111 Mort d'al-Ġazālī (Algazel)
1146 Avènement de Nūr al-Dīn à Alep	
1148 Deuxième croisade	1139 Mort d'Ibn Bāǧǧa (Avempace)
1152 Mort du sultan Masʿūd	1152 Mort d'Abū al-Barakāt al-Baġdādī
1169 Occupation de l'Égypte par Saladin	
1174 Mort de Nūr al-Dīn	
1190-92 Troisième croisade et mort de Saladin	1198 Mort d'Ibn Rušd (Averroès)
1258 Prise de Bagdad par les Mongols de Hulagu Khan	

Précisons que le siècle qui précède la naissance d'Abū al-Barakāt est celui de l'éclatement du pouvoir califal abbasside. Les Bouyides chiites règnent à Bagdad pendant que les Fatimides s'emparent de l'Égypte et y fondent al-Qāhira (Le Caire), tout en prenant le contrôle de La Mecque et de Médine.

Les Seldjoukides, d'origine turkmène, installent leur empire en Iran oriental et en Afghanistan en 1035. En 1040, Ṭuġrul Beg est proclamé sultan et fait de Rayy, en Iran du Nord, sa capitale. La plus grande partie de l'Iraq et la Djezireh passent sous sa domination : le pouvoir effectif est entre les mains du sultan turc. Ce nouveau pouvoir se fait le défenseur de l'orthodoxie sunnite face à l'islam chiite des vizirs bouyides qui dominaient à Bagdad. Ṭuġrul Beg prend possession de cette ville en 1055 puis est proclamé « roi de l'Ouest et de l'Est » en 1058. Son neveu, Alp Arslan, lui succède. L'un des premiers actes de ce sultan est de nommer comme vizir Niẓām al-Mulk, un Persan sunnite qui met sur pied une administration originale de l'État. Alp Arslan meurt en 1072, son fils Malikšāh lui succède et étend le royaume de la Transoxiane jusqu'à l'Asie mineure. C'est sous son règne qu'a grandi Abū al-Barakāt. Cet immense empire s'effondre à la mort de Malikšāh en 1092, décès qui suit de peu celui de Niẓām al-Mulk.

Quatre dynasties locales apparaissent : celle des Seldjoukides d'Iraq et du Khorassan, celle du Kirman, celle d'Anatolie, et celle de Syrie qui va être en butte aux croisés. C'est en effet à ce moment de forte division qu'Urbain II lance à Clermont (en 1095) son appel à la croisade. Après la mort du fils de Malikšāh, Muḥammad Tapar (1118), la dynastie d'Iraq et du Khorassan est partagée entre son frère Sanǧar, dont l'état-major est à Merv dans le Khorassan, et son fils, Maḥmūd II, qui réside à Hamadan, dans l'Iraq perse ; ces États sont désignés, dans certaines sources, par la mention « les deux Iraq ».

Les sultans ont essayé de maintenir leur contrôle sur le califat abbasside. La bataille livrée par le calife al-Mustaršid (r. 1118-1135) contre le sultan Masʿūd (un autre fils de Muḥammad Tapar) sera évoquée dans la biographie d'Abū al-Barakāt. Ce combat témoigne d'un regain du pouvoir califal face au sultanat, même si al-Mustaršid fut alors fait prisonnier par Masʿūd. Par la suite, le frère de ce calife, al-Muqtafī, qui l'avait remplacé en 1135, succéda au sultan Masʿūd après le décès de celui-ci en 1152, décès qui semble coïncider avec celui d'Abū al-Barakāt. Le calife de Bagdad finit par chasser les Seldjoukides à la fin du XIIe siècle et conservera le pouvoir jusqu'à son renversement définitif par les Mongols en 1258.

Le siècle d'Abū al-Barakāt a parfois été associé au déclin culturel de l'ère abbasside. Or, dans le contexte historique d'éclatement de l'empire exposé plus haut, les centres philosophiques se sont multipliés au début du XIe siècle. Le Caire (avec al-Kirmanī), Bagdad (Miskawayh) et Hamadan (Avicenne) sont autant de pôles, tous marqués par le chiisme. L'arrivée des Seldjoukides à Bagdad en 1055 rend à la ville un rôle de capitale intellectuelle, d'inspiration sunnite, notamment grâce à la Niẓāmiyya[1]. Sur le plan intellectuel, cette période semble donc, au contraire, très prolifique.

Qui était Abū al-Barakāt ?

Le nom complet de notre personnage est Abū al-Barakāt, Hibat Allāh, b. ʿAlī b. Malkā, al-Baġdādī al-Baladī, Awḥad al-Zamān. La double *nisba* (terme d'origine) de ce nom signale qu'il est de Bagdad mais qu'il est né à Balad[2]. Le terme de filiation (*nasab*) montre qu'il était fils d'un certain ʿAlī, lui-même fils d'un certain Malkā. Notre philosophe est le plus souvent mentionné par sa *kunya* Abū al-Barakāt qui est un surnom, ou par son nom honorifique (*laqab*) « l'Unique de son temps » (*Awḥad al-Zamān*). Enfin son prénom, Hibat Allāh, est la traduction arabe de son prénom juif initial : Nathanaël.

Une vie de médecin de cour

Les dates de la vie d'Abū al-Barakāt sont sujettes à discussion mais nous soutenons qu'il a vraisemblablement vécu entre 1072 et 1152 (464-547 de l'hégire). Les biographes arabes qui le mentionnent de façon précise sont originaires de diverses régions du Moyen Orient et ont vécu dans le siècle qui a suivi. S'ils s'accordent sur le rôle de premier plan de notre personnage (c'est un peu la loi de ce genre littéraire), ils divergent sur quelques points, et notamment à propos des raisons de sa conversion à l'islam et de la date de son décès. La première question, moins anecdotique qu'il n'y paraît, met en lumière la place des Juifs dans la société musulmane des XIe-XIIe siècles en général, et celle des savants juifs à Bagdad en particulier[3]. S'est-il converti par choix ou par peur de la persécution ? Il est étonnant que la version de la peur soit souvent retenue par des auteurs actuels, tout en citant des biographes qui affirment le contraire ou qui rapportent deux versions sans trancher pour l'une ou l'autre.

La plus ancienne biographie dont nous disposons est celle d'al-Bayhaqī, un auteur persan originaire du Khorassan, né une trentaine d'années après notre philosophe[4]. Il est l'un des rares contemporains d'Abū al-Barakāt dont les commentaires sur lui nous soient parvenus. Ce biographe a aussi produit un ouvrage de réfutation « du *Muʿtabar qu'a composé le sage Abū al-Barakāt* », malheureusement perdu aujourd'hui[5].

L'*Anthologie de la sagesse* d'al-Bayhaqī semble avoir été écrite après 553/1158[6]. Elle contient plus de cent biographies, dont trente-six concernent des personnages du VIe/XIIe siècle parmi lesquels l'auteur a retenu deux résidents de Bagdad, dont Abū al-Barakāt. Voici la notice de celui-ci, intitulée « Le philosophe Awḥad al-Zamān Abū al-Barakāt al-Baġdādī Ibn Malkā, le médecin[7] » :

> Il était philosophe des deux Iraq, et, parmi les allégations, on lui accorde le rang d'Aristote. Il était d'un esprit vif et il a composé beaucoup d'ouvrages comme le *Kitāb al-muʿtabar* (*Livre de la réflexion personnelle*), le *Kitāb al-nafs wa-l-tafsīr* (*Traité de l'âme et de l'interprétation*), et d'autres encore. Il a vécu quatre-vingt-dix années solaires. Il était affecté de la lèpre (*ǧuḏām*) ; il s'est soigné lui-même, et il a guéri. Mais il a perdu la vue et il est resté aveugle un temps. Le sultan Muḥammad b. Malikšāh l'a accusé d'avoir fourni un mauvais traitement et une mauvaise prescription, et l'a enfermé un temps.
>
> Un mois de l'année 547 où il accompagnait le sultan Masʿūd b. Muḥammad b. Malikšāh, celui-ci fut atteint d'une colique après avoir été attaqué par un lion, et on fit venir Abū al-Barakāt depuis Bagdad jusqu'à Hamadan. Quand les gens perdirent espoir pour la vie du sultan, Abū al-Barakāt eut peur pour lui même; il mourut un matin, le sultan mourut un moment après et le cercueil d'Abū al-Barakāt fut porté à Bagdad par les pèlerins.
>
> Abū al-Barakāt a été fait prisonnier lors de la bataille entre le calife al-Mustaršid bi-Llāh et le sultan Masʿūd. Il s'est converti peu après à l'islam car il était juif auparavant, et il a échappé à la mort. Le sultan l'a honoré et félicité pour cette conversion.

La mention « des deux Iraq » renvoie à la partition qui suivit le décès de Muḥammad Tapar. Abū al-Barakāt a vécu entre les deux capitales, celle de l'Iraq perse, Hamadan, où le sultan Masʿūd l'a appelé en 547/1152, et celle du sud, Bagdad, où il a passé l'essentiel de sa vie. Le surnom « l'Unique de son temps » est associé, pour al-Bayhaqī, à la position de philosophe « du rang d'Aristote » et nous montre un personnage qui, au moins de son vivant, jouissait d'une certaine reconnaissance.

Il semble confirmé par d'autres biographes que le philosophe fut atteint de la lèpre ou d'une maladie similaire qui lui fit perdre la vue, mais sûrement de façon définitive, contrairement à ce que dit al-Bayhaqī. En revanche le fait qu'Abū al-Barakāt ait fait face à des accusations de mauvais traitement médical sera traité de diverses façons par les biographes ultérieurs.

Concernant la conversion de notre philosophe, al-Bayhaqī pense qu'elle fut motivée par la crainte pour sa propre vie lors de la bataille entre le calife abbasside et le sultan seldjoukide. Si cette hypothèse était vérifiée, cette conversion serait postérieure à 1134-1135, date de la dite bataille ; notre philosophe aurait alors dépassé la soixantaine. Cela est corroboré par le fait qu'Abū al-Barakāt a écrit un traité – sur la nature de l'intellect – en tant que musulman, durant le règne du calife al-Muqtafī (r. 1136-1160). S. Pines signale cependant un éloge poétique dédié, en hébreu, à Abū al-Barakāt par son ami Isḥāq b. Ezra[8], le fils d'Abraham b. Ezra[9]. Ce poème semble s'adresser à lui en tant que juif et date de 1143, soit dix ans plus tard. C'est donc au moins à soixante ans et peut-être à soixante-dix, que l'on doit situer l'âge de cette conversion.

Un biographe syrien plus tardif, Ibn Abī Uṣaybiʿa[10] (m. 668/1270), rapporte d'autres informations. Il est l'auteur d'une *Chronique de la vie des médecins*, source d'informations de premier ordre, où sont collectées trois-cent-quatre-vingts biographies[11]. « L'Unique de son temps » est évoqué dans la dixième partie intitulée « Les médecins irakiens du Djezireh et du Diyarbakir ». La notice qui le concerne commence par un éclairage sur sa formation auprès d'un autre médecin, célèbre à Bagdad, Abū al-Ḥasan Saʿīd (m. 495/1101)[12] :

> « L'Unique de son temps » est Abū al-Barakāt Hibat Allāh b. ʿAlī b. Malkā, dit le Baladī car le lieu de sa naissance est Balad. Il a ensuite vécu à Bagdad. Il était juif puis il s'est converti à l'islam par la suite. Il était au service

> d'al-Mustanǧid bi-Llāh[13] et ses ouvrages sont d'une qualité extrême. Il s'intéressait en particulier aux sciences pour lesquelles il était très bien disposé.
>
> Le début de ses études de l'art de la médecine s'est déroulé avec Abū al-Ḥasan Saʿīd b. Hibat Allāh ibn al-Ḥusayn qui était l'un des plus grands cheikhs s'occupant de cet art. Il avait un grand nombre de disciples qui se succédaient chez lui tous les jours pour étudier avec lui, mais il n'avait jamais enseigné à aucun Juif. Abū al-Barakāt voulait le rencontrer et étudier avec lui, et il essaya toutes les méthodes sans pouvoir y parvenir, alors il se mit au service du portier du cheikh. Ainsi il s'asseyait dans le vestibule du cheikh où il entendait tout l'enseignement donné par lui et toute la recherche qui se produisait autour de lui. Chaque fois qu'il entendait quelque chose il essayait de comprendre et de mémoriser. Lorsque, après un an environ, une question fut posée par le cheikh, tous <les étudiants> cherchèrent la réponse à cette question mais ils n'en trouvèrent aucune. Ils continuèrent à étudier pour trouver une solution et lorsque Abū al-Barakāt se rendit compte de cela il s'approcha du cheikh, se mit à son service et lui dit : « Ô notre maître, ai-je le droit de répondre à cette question ? » Le cheikh répondit : « Parle, si tu as quelque chose à dire sur elle ». Et il répondit par quelque chose tiré de Galien et lui dit : « Ô mon maître, ceci a été dit tel jour, tel mois, à telle heure, et cela est resté dans mon esprit depuis ce jour-là ». Le maître fut stupéfait de son intelligence et de sa mémoire. Il lui demanda où il vivait et <ce dernier> lui répondit. Alors <le maître> dit : « Celui qui a une telle disposition, il ne convient pas de lui interdire la science ». Abū al-Barakāt resta auprès de lui à partir de ce moment-là et devint son meilleur élève.

Ibn Abī Uṣaybiʿa nous expose ici la relative difficulté pour un jeune juif d'entreprendre des études auprès d'un savant musulman, et met en avant les qualités intellectuelles d'Abū al-Barakāt, sa mémoire prodigieuse et sa connaissance des textes de Galien. Il décrit aussi longuement le médecin que fut Abū al-Barakāt en nous livrant, un peu plus loin, une anecdote à propos d'une thérapie imaginée par lui pour soigner « un malade affecté de mélancolie » :

> Celui-ci était persuadé qu'il y avait sur sa tête une jarre (*dann*) qui ne le quittait jamais. Chaque fois qu'il marchait, il évitait les lieux où les toits

> étaient bas et il marchait lentement et il ne laissait personne s'approcher de lui, afin que la jarre ne vacille pas ou ne tombe pas de sa tête.

Le subterfuge imaginé par Abū al-Barakāt consiste à mettre en scène la destruction de son mal en faisant tomber une jarre du plafond tout en simulant un coup de bâton au dessus de sa tête. Cette ruse est un grand classique de la médecine arabe et elle est aussi attribuée à des médecins de l'Antiquité comme Galien, un fait dont Ibn Abī Uṣaybiʿa convient.

Les prouesses d'Abū al-Barakāt, comme médecin du sultan dans les différents campements de ce dernier, sont rapportées par l'intermédiaire d'Abū al-Faḍl, un disciple d'Abū al-Barakāt, qui détient lui-même ces informations de toute une chaîne de rapporteurs. Alors qu'un patient était venu au campement du sultan, victime d'un panaris (*dāḥis*) au doigt, Abū al-Barakāt voyant que du pus s'en écoulait, décida sur le champ l'amputation d'une phalange du doigt. Ses disciples lui reprochèrent alors ce geste radical et lorsqu'un autre patient vint le lendemain avec le même mal, « l'Unique de son temps » leur demanda de le soigner eux-mêmes : « Faites avec lui ce que vous pensez être juste ». Les jeunes médecins le soignèrent de façon classique mais l'infection s'aggrava et il fallut amputer tout le doigt du malade. Cette année-là, la maladie se répandit et ceux qui ne furent pas amputés perdirent la main entière, voire la vie, confirmant ainsi, aux yeux de tous, la supériorité de notre médecin.

Ibn Abī Uṣaybiʿa aborde ensuite la question de la conversion tardive d'Abū al-Barakāt pour en donner une autre explication :

> On dit que la raison pour laquelle « l'Unique de son temps » se convertit à l'islam, c'est qu'un jour où il entra chez le Calife, tous ceux qui étaient présents se tenaient debout sauf le juge suprême, malgré le fait qu'il était présent. Il pensa que <le juge> n'était pas debout avec l'assemblée du fait qu'il était *ḏimmī*[14]. Il dit : « Ô Prince des croyants, si le juge n'est pas d'accord avec les autres parce qu'il pense que je suis d'une autre religion et bien je me convertis devant toi, notre maître, et je ne le laisse pas m'humilier pour cela ». Et il se convertit.

Notre philosophe aurait donc pris cette décision dans le but d'obtenir une considération plus grande que celle d'un *ḏimmī*. C'est une thèse que nous allons retrouver dans d'autres témoignages. Le biographe cite ensuite un cheikh qui était juif au début de sa vie et vivait à Bagdad dans le quartier juif, près de la maison d'Abū al-Barakāt. Ce cheikh aurait affirmé que « "L'Unique de son temps" avait trois filles mais il n'a pas engendré d'enfant mâle et il a vécu à peu près quatre-vingts ans ».

Ibn Abī Uṣaybiʿa évoque l'inimitié entre « l'Unique de son temps » et Ibn al-Tilmīḏ (m. 1165), un médecin philosophe chrétien de Bagdad, au travers d'un échange plutôt vif. Abū al-Barakāt maudissait et insultait régulièrement, semble-t-il, les Juifs depuis sa conversion. Un jour où les Juifs étaient évoqués dans une assemblée de notables, il s'exclama : « Maudits soient-ils ! », ce à quoi Ibn al-Tilmīḏ répondit ausitôt : « Oui, ainsi que leurs enfants ! », visant ainsi à humilier Abū al-Barakāt en public. Cette relation pour le moins tendue semble avoir pour toile de fond non pas la religion, mais la rivalité dans laquelle les deux brillants médecins se trouvaient pour exercer auprès du calife. Elle est confirmée dans la biographie d'Ibn al-Tilmīḏ par Ibn Ḫallikān (m. 1282) qui rapporte les mêmes propos cinglants[15]. Il y parle de l'aversion mutuelle et de la compétition dans laquelle se trouvaient les deux médecins, situation habituelle, juge le biographe, entre « gens de l'art ». Il ajoute qu'Ibn al-Tilmīḏ avait beaucoup d'humilité mais qu'Abū al-Barakāt était très fier[16]. Il cite à l'appui un poème d'un certain al-Asṭurlābī : « L'un est au firmament de son humilité et l'autre au ras du sol de son orgueil ». Cette anecdote, ajoutée aux divers incidents de cour rapportés par les biographes, semblent accréditer l'idée que notre philosophe était doté d'une solide estime de lui-même.

Une synthèse des deux biographies précédentes a été rédigée un peu plus tard par un auteur du VIIe/XIIIe siècle, al-Šahrazūrī[17]. Dans son ouvrage la *Récréation des âmes*, qui a pour projet de faire une « histoire de la sagesse et de la philosophie » et de poursuivre l'œuvre d'al-Bayhaqī, la biographie d'Abū al-Barakāt al-Baġdādī est détaillée[18]. La durée de vie de quatre-vingts dix années solaires, la lèpre, la cécité temporaire, et la convocation au chevet du sultan Masʿūd sont autant d'éléments repris à al-Bayhaqī. La description de son introduction auprès de son professeur Abū al-Ḥasan Saʿīd est reprise à Ibn Abī Uṣaybiʿa. Concernant la conversion, al-Šahrazūrī mentionne, sans trancher pour l'une ou l'autre, les deux possibilités évoquées : celle d'une crainte suite au conflit entre le calife et le sultan (al-Bayhaqī) et celle de l'orgueil blessé d'un *ḏimmī* devant l'assemblée des juges (Ibn Abī Uṣaybiʿa). Quelques pages plus loin, dans la biographie du théologien Faḫr al-Dīn al-Rāzī, il est cependant question du « Juif Abū al-Barakāt », comme si cette conversion n'avait pas eu lieu [19].

Al-Šahrazūrī détaille par ailleurs les liens du prince de Yazd [20] – ʿAlāʾ al-Dawla Farāmarz – avec Abū al-Barakāt, dans une notice consacrée à ce prince [21]. Il précise que celui-ci prenait parti pour les opinions d'al-Baġdādī, contre le célèbre ʿUmar Ḫayyām. Une dispute – déjà rapportée par al-Bayhaqī [22] – est racontée en détail. Le prince aurait demandé à ʿUmar : « Que dis-tu des objections d'Abū al-Barakāt à l'encontre d'Abū ʿAlī (Avicenne) ? » ʿUmar Ḫayyām aurait répondu : « [Abū al-Barakāt] n'a pas compris les propos d'Avicenne parce qu'il n'a pas un niveau suffisant de connaissances pour le faire ». Le prince lui aurait alors demandé : « Est-il possible qu'il ait une intuition plus grande que celle d'Abū ʿAlī ou pas ? ». Face à la réponse négative du poète, le prince l'aurait enjoint à ne pas « sombrer dans la stupidité ». ʿUmar Ḫayyām aurait été alors confondu par cette réplique.

Abū al-Barakāt semble avoir été proche d'un autre souverain qu'il mentionne dans l'introduction de l'un de ses traités, *l'Épître sur la visibilité des étoiles la nuit et leur disparition le jour*, parvenu jusqu'à nous par plusieurs manuscrits, et encore inédit. L'auteur précise qu'il a écrit ce texte en réponse à une question du sultan Ġīyāṯ al-Dīn [23] (m. 1118), auprès duquel il se trouvait. La renommée d'Abū al-Barakāt semble donc importante et ses qualités d'homme de science reconnues, au point qu'il a oscillé – en tant que médecin – entre la cour du sultan seldjoukide et celle du calife abbasside ; il a même été pris en tenaille par ces derniers lorsqu'ils étaient en conflit comme le furent al-Mustaršid bi-Llāh et Masʿūd.

Un quatrième biographe, postérieur à al-Bayhaqī tout en étant l'aîné d'Ibn Abī Uṣaybiʿa et d'al-Šahrazūrī, nous fournit encore d'autres matériaux. Il s'agit d'Ibn al-Qifṭī [24], né à Qifṭ en Haute-Égypte en 568/1172, qui a fait ses études au Caire puis à Jérusalem, et a vécu ensuite à Alep [25]. Son *Histoire des savants* nous est parvenue par le résumé qu'en a fait un certain al-Zawzānī [26]. Ce livre contient quatre-cent-quatorze biographies de médecins, philosophes et astronomes.

Ibn al-Qifṭī précise qu'Abū al-Barakāt a écrit le *Kitāb al-muʿtabar* à la fin de sa vie, après avoir examiné et médité les livres des anciens, qu'il s'y exprime dans une langue arabe claire et que c'est l'un des meilleurs livres de son temps. Concernant ses rapports avec le pouvoir, il raconte que l'on a fait venir notre médecin de Bagdad lorsqu'un sultan, dont le nom n'est pas cité, est tombé malade. Le médecin réussit à guérir le sultan et celui-ci « le couvrit de cadeaux, d'argent, de navires, et de vêtements luxueux». Ibn al-Qifṭī ajoute qu'après cette guérison, «Abū al-Barakāt revint en Iraq au sommet de la gloire et de la richesse[27]». Ce ne serait donc pas suite à sa conversion, lors de son emprisonnement aux côtés du calife abbasside – comme le raconte al-Bayhaqī – mais suite à une guérison, qu'un sultan seldjoukide aurait fait sa fortune.

Un biographe plus tardif, Bar Hebraeus[28], évoque d'ailleurs le même épisode dans une chronique, tout en ajoutant à cet endroit que la conversion du médecin a pour circonstance une altercation avec un certain Ibn Aflaḥ. Ce dernier aurait raillé le médecin juif pour son orgueil et sa stupidité en disant: «le chien est d'un meilleur rang que lui, parce que lui n'est pas sorti du désert». Ce sont ces propos peu amènes qui auraient convaincu Abū al-Barakāt «qu'il n'aurait jamais les faveurs tant qu'il ne se serait pas converti à l'islam[29]». À nouveau, dans cette version, notre philosophe se serait converti pour gagner en respectabilité. Si les circonstances décrites par Bar Hebraeus diffèrent quelque peu de celles d'Ibn Abī Uṣaybiʿa, la motivation semble identique.

Une conséquence de cette conversion est évoquée par Ibn al-Qifṭī. Les filles d'Abū al-Barakāt, déjà adultes et restées dans la religion juive, ne pouvaient plus hériter de leur père devenu musulman. Ce dernier aurait alors supplié le calife de l'époque afin qu'il «accorde à ses filles, après sa mort, ce que lui ne pouvait leur laisser[30]». Le calife lui aurait accordé cette faveur. À la fin de cette biographie, Ibn al-Qifṭī rapporte à son tour une autre explication de la conversion[31]:

> Ibn al-Ẓāġūnī a rapporté que la raison pour laquelle Abū al-Barakāt s'est converti c'est que lorsqu'il était au service du sultan Maḥmūd [...] l'épouse de celui-ci était al-Ḫātūn – une fille de son oncle Sanǧar que <ce dernier> vénérait et aimait beaucoup. Elle tomba malade et mourut et le sultan Maḥmūd en fut considérablement affligé. Lorsqu'Abū al-Barakāt se rendit compte de cette affliction de Maḥmūd, il eut peur pour sa propre vie puisqu'il était le médecin et il se convertit à l'islam pour se sauver lui-même.

Al-Bayhaqī avait lui aussi évoqué une affaire de mauvais traitement, mais elle mettait en scène, sans plus de précision, le sultan Muḥammad ibn Malikšāh. C'est donc une cinquième version que nous propose al-Qifṭī, qui permettrait cette fois de dater la conversion aux alentours de 524/1130.

Il décrit en outre un personnage éminent, admiré pour son enseignement de la médecine et de qui les gens apprenaient beaucoup. Il rapporte d'autres exploits médicaux de « l'Unique de son temps » qui soigna, par exemple, la mauvaise toux d'un patient à l'aide de l'oranger de son propre jardin. Il mentionne lui aussi l'inimitié entre Abū al-Barakāt et Ibn al-Tilmīḏ.

Les biographes du xxe siècle ont repris de façon plus ou moins méthodique ces matériaux contradictoires. La *Jewish Encyclopedia* propose une brève biographie qui s'inspire d'une notice de M. Steinschneider[32]. Elle affirme qu'il est né à Bassora (au lieu de Balad) et nous apporte peu d'éléments nouveaux. Elle précise que la conversion d'al-Baġdādī fut « motivée par les insultes dont il était victime en tant que juif », tout en ajoutant qu'une fois converti, lui-même « insultait ses anciens coreligionnaires ».

Ǧamāl Raǧab Sīdbī, auteur égyptien d'une thèse de doctorat sur la *Métaphysique* d'Abū al-Barakāt comparée à celle d'Avicenne[33], penche pour l'hypothèse d'une conversion choisie. Après un balayage des différentes sources, il affirme en effet « qu'Ibn Malkā est entré dans le camp de l'islam par conviction et par foi ». Les arguments de cet auteur semblent cependant relever davantage de convictions personnelles que d'une approche scientifique.

L'article sur Abū al-Barakāt dans le *Dictionnaire des biographies scientifiques*, rédigé par S. Pines, est très laconique sur la partie biographique proprement dite, mais il retient les dates 1080-1164/1165 que nous contestons[34]. Dans *The Encyclopaedia of Islam*, le même auteur donne plus de détails sur la vie d'al-Baġdādī et évoque les « différents racontars rapportés par ses biographes » concernant sa conversion[35]. Mais c'est bien plus tard, dans un autre texte, que S. Pines s'exprime – et de façon très prudente – sur la date de celle-ci et son éventuel rôle dans l'écriture du *Muʿtabar*[36] :

> Faute de preuve péremptoire, je n'essayerai pas de trancher la question de savoir si l'ouvrage a été composé avant ou après la conversion tardive de l'auteur à l'islam. Juif ou musulman, Abū al-Barakāt apparaît dans le *Kitāb al-muʿtabar* uniquement dans sa qualité de philosophe. Notons toutefois qu'il cite dans ce livre (II, p. 437), en arabe et en l'attribuant à Suleymān b. Dāwūd, un verset de l'Ecclésiaste (XII, 12). Si la rédaction du *Kitāb al-muʿtabar* est postérieure à la conversion de l'auteur, il faut croire que, contrairement à une supposition émise par S. Poznanski [...] il n'a pas cherché dans sa dernière période à faire oublier qu'il était l'auteur d'un

grand commentaire sur l'Ecclésiaste. [...] Les milieux juifs n'ont pas frappé d'interdit la philosophie d'Abū al-Barakāt renégat.

La modestie dont fait preuve S. Pines semble de mise, en l'absence de sources plus précises permettant de trancher la question.

Aḥmad al-Ṭayyib, auteur lui aussi d'une thèse sur Abū al-Barakāt, a édité et commenté un traité sur l'intellect de notre philosophe[37], qui est explicitement postérieur à sa conversion. Il soutient dans cette étude qu'on ne trouve dans les manuscrits du *Muʿtabar* « aucune des expressions propres aux auteurs musulmans, ne serait-ce que la *basmala*[38] en tête de l'ouvrage », ce qui conforterait selon lui, l'idée d'une écriture de cet ouvrage antérieure à la conversion[39]. Cette affirmation est reprise par R. Marcotte qui développe longuement, dans un article[40], la problématique de la conversion d'Abū al-Barakāt à la lumière de la thèse de L. Strauss exposée dans *La persécution et l'art d'écrire*[41]. Elle utilise ensuite cette grille de lecture pour comparer la thèse d'al-Baġdādī sur la nature de l'intellect dans ce traité qui fait référence explicitement au Coran, et celle présente dans le *Muʿtabar*, supposé avoir été écrit avant cette conversion et donc dans un contexte qui l'aurait poussé à dissimuler, derrière les apparences du texte, une doctrine ésotérique. Nous verrons pourtant, dans la suite de cette étude, que sur bien des plans, les idées développées par Abū al-Barakāt dans le *Muʿtabar* se situent à contre-courant de l'orthodoxie de son temps et qu'il ne se prive pas d'affirmations audacieuses, voire d'interpellations polémiques, qui s'accordent mal avec la thèse d'une « prudente dissimulation ».

Mais surtout, l'affirmation selon laquelle les manuscrits ne comportant pas de *basmala*, la date de l'écriture du *Muʿtabar* serait alors antérieure à la conversion, n'est pas fondée. Les six manuscrits que nous avons consultés, sur neuf existants, commencent par une *basmala*. Ceci d'ailleurs ne démontre rien car cette formule peut fort bien avoir été rajoutée par les copistes. On voit par exemple, dans la variété des formules religieuses en fin d'ouvrage, que ceux-ci se sont octroyé une grande liberté en la matière. Enfin, l'utilisation des termes contenus dans la *basmala* n'est peut-être pas aussi caractéristique de la confession musulmane qu'on le laisse entendre, même si elle a un sens très particulier pour les adeptes de cette religion. Là encore, la prudence est de mise car l'utilisation du terme *al-Raḥmān* pour désigner Dieu est antérieure à l'islam et attestée au sud et au centre de la péninsule arabique comme signifiant « Dieu unique et miséricordieux[42] ».

Nous pouvons difficilement aller au-delà de ces éléments d'analyse, faute de données plus précises, mais il est important de relever, avec S. Pines, que cette conversion d'al-Baġdādī n'intervient qu'aux marges de son œuvre (excepté bien évidemment son commentaire de la Torah). Nous avons vu que les différentes explications oscillent entre le motif de la peur et celui de l'ambition sociale. Il n'est pas exclu que notre philosophe ait embrassé l'islam pour un ensemble de raisons imbriquées : une aspiration à davantage de reconnaissance sociale, un choix accéléré par les troubles de cette époque politiquement agitée et, pourquoi pas, un cheminement personnel. Il est d'ailleurs loin d'être un cas isolé dans le monde musulman de l'époque. Un des élèves en médecine d'Abū al-Barakāt, Samaw'al al-Maġribī (m. 570/1175)[43], mathématicien de renom et fils du célèbre Yehudah ibn ʿAbbās al-Maġribī[44], a opéré une conversion plus spectaculaire encore. Il a accompagné celle-ci de la publication d'un virulent ouvrage anti-judaïque, *Ifḥām al-yahūd*, dont le titre affirme vouloir réduire les Juifs au silence[45].

D'une façon générale, les *ḏimmī*-s ne semblent pas avoir été victimes, aux IXe-XIe siècles, d'un ostracisme particulier. C. Cahen[46], qui analyse les mouvements de conversion de cette période, l'évoque ainsi :

> Tout bien considéré, et comparé aux autres sociétés du temps, il n'apparaît pas que la vie ait été dure aux confessions non musulmanes ; ceux qui, aux frontières, auraient pu émigrer, ne le font pas, et les exemples sont fréquents de hautes fonctions et de grandes fortunes parmi les *ḏimmīs* comme parmi les musulmans. La culture chrétienne se perpétue, bien qu'un peu sclérosée par suite de la diminution de ses relations avec le reste de l'Église ; la culture juive se développe, et le monde musulman a été culturellement, économiquement, le paradis des Juifs aux IXe-XIe siècles. Et plus que de cultures autonomes, hormis les affaires de foi, il s'agit plutôt de participation à cette vaste civilisation commune qu'il faut bien, faute d'autre nom, appeler musulmane, mais où fraternisent, dans le domaine scientifique surtout, médecins, et savants de toutes confessions.

La plus grande partie de la brillante carrière d'Abū al-Barakāt s'est effectivement déroulée alors qu'il n'était pas musulman. Mais il est peut être exagéré de parler de « paradis des Juifs ». S'ils n'étaient pas persécutés, ils ne jouissaient pas tout à fait de la même considération que leurs confrères musulmans, « à compétence égale » dirait-on aujourd'hui. Qu'elles soient fictives ou réelles, les altercations rapportées entre notre philosophe et les notables de son époque trahissent cette inégalité.

Concernant les dates de notre médecin-philosophe, W. F. Madelung[47] défend l'idée d'une date de décès commune avec celle du sultan en 547/1152, ce qui aboutit à une année de naissance en 1062 si l'on retient la thèse d'une vie de quatre-vingt-dix ans (al-Bayhaqī), ou en 1072 si l'on retient quatre-vingts ans (al-Qifṭī). En tout cas, pense cet auteur, cette date de naissance ne peut excéder 470/1077 puisque vingt ans plus tard, en 1096, Abū al-Barakāt lit l'ouvrage d'Abū al-Ḥasan Saʿīd son professeur de médecine, avec lui.

L'éditeur turc du *Muʿtabar*, Sulaymān al-Nadawī, après une longue discussion à ce sujet, reprenant une partie des sources que nous avons citées, aboutit aux dates de 467-547 du calendrier de l'hégire, ce qui correspond à 1074-1152 de notre calendrier, et donc à une durée de vie de presque quatre-vingts années solaires. Nous avons vu que S. Pines situait sa mort beaucoup plus tardivement en 560/1164-65[48]. Or Aḥmad al-Ṭayyib conteste à juste titre cette date grâce au colophon du manuscrit du *Traité sur l'intellect* dont il a fait l'édition critique[49]. Dans ce colophon, évoqué aussi par W. F. Madelung, on apprend par le copiste que :

> L'épître intitulée *Épître sur l'intellect* est achevée ; elle a été composée par l'Unique de son temps, que Dieu lui accorde sa miséricorde, et la fin de cette lettre correspond au jeudi du début du mois de ṣafar de l'année 552.

Si cette date est correcte, et qu'elle est celle de l'écriture (pas de la copie), Abū al-Barakāt est donc mort avant le mois de ṣafar 552 de l'hégire, soit avant mars 1157. Ce qui est compatible avec la date proposée par al-Bayhaqī, qui affirmait que le philosophe serait mort le même jour que le sultan Masʿūd, soit en ǧumādā août-septembre 547/1152. Voilà pourquoi les dates de **1072-1152** (464-547 de l'hégire) nous semblent les plus vraisemblables.

À travers ce parcours des sources arabes, s'est dessiné le profil d'Abū al-Barakāt : un homme qui a eu, tout au long de sa vie, une position sociale relativement élevée, qui a cherché et obtenu la reconnaissance des princes ; un médecin dont on a rapporté les exploits de thérapeute mais aussi l'érudition et l'intelligence. Abū al-Barakāt est aussi un scientifique complet qui a produit une œuvre vaste, couvrant différentes disciplines, et c'est l'examen de cette œuvre que nous abordons à présent.

Une œuvre importante

Les diverses recensions des ouvrages d'Abū al-Barakāt s'accordent toutes sur l'œuvre maîtresse qu'est le *Kitāb al-muʿtabar*, mais diffèrent quelque peu pour les autres œuvres. Ibn Abī Uṣaybiʿa nous en donne l'aperçu suivant[50] :

> Parmi les livres de « l'Unique de son temps », il y a le *Kitāb al-muʿtabar* qui est l'un de ses plus fameux et le plus connu en philosophie, un traité sur la cause de l'apparition des astres pendant la nuit et de leur disparition pendant le jour qu'il écrivit pour le sultan al-Muʿaẓẓam Ġiyāṯ al-Dīn Abū Šuǧāʿ Muḥammad b. Malikšāh, un abrégé d'anatomie qu'il a résumé avec la plus brève expression à partir de Galien, un *Livre des médicaments composés* (*Kitāb al-aqrābāḏīn*), en trois épîtres, un ouvrage sur le traitement qu'il a décrit et appelé *baršaʿṯā* dans lequel il résume ses propriétés et commente son utilisation, un ouvrage sur un autre médicament composé qu'il avait fabriqué et qui s'appelle « le Prince des âmes », une épître *Sur la quiddité*[51] *de l'intellect*.

Signalons que le premier de ces traités médicaux, appelé *Baršaʿṯā al-muǧarrab*, portant sur un antidote d'origine indienne, existe sous forme résumée – *Ṣifat baršaʿṯā* (*Description du* baršaʿṯā) – dans un manuscrit qui a été catalogué par A. Dietrich[52]. Les folios suivants du même manuscrit contiennent le traité de pharmacopée *Le Prince des âmes* qui décrit lui aussi, un médicament antidote[53].

Aḥmad al-Ṭayyib pour sa part, a retenu la bibliographie suivante[54] :

1. *Kitāb al-muʿtabar fī al-ḥikma*,
2. *Risāla fī sabab ẓuhūr al-kawākib laylan wa-iḫtifāʾihā nahāran* (*Épître sur la cause de l'apparition nocturne des astres et de leur disparition diurne*),
3. *Siyāsat al-badan wa-faḍīlat al-šarāb wa-manāfiʿuhu wa-maḍārruhu*[55] (*Le régime du corps, les mérites, les bienfaits et les inconvénients de la boisson*),
4. *Iḫtiṣār Kitāb al-tašrīḥ*, un résumé du traité de chirurgie de Galien,
5. *Šarḥ Sifr al-ǧāmiʿa*, un commentaire de l'Ecclésiaste, écrit en judéo-arabe et dont S. Poznanski a publié quelques extraits[56],
6. *Kitāb ṣaḥīḥ adillat al-naql fī māhiyyat al-ʿaql* (*Les données scripturaires authentiques sur la quiddité de l'intellect*) dont Aḥmad al-Ṭayyib a fait une édition critique.

Le *GAL*, quant à lui, mentionne[57] :

1. le *Kitāb al-muʿtabar fī al-ḥikma*, dont il signale une traduction en turc par M. Şerefeddin, parue à Istanbul en 1932, pour la partie IV (*Métaphysique*),

2. le *Kitāb ṣaḥīḥ adillat al-naql fī māhiyyat al-ʿaql* (*Sur la quiddité de l'intellect*),

3. une traduction abrégée en allemand de l'Épître *sur la cause de l'apparition nocturne des astres et de leur disparition diurne*. A. M. Sayili[58] signale une traduction turque de ce texte et F. Sezgin[59] une autre en anglais faite par[60] A. S. Ünver[61]. Ces deux traductions ont été faussement attribuées à Avicenne. Enfin le deuxième supplément du *GAL*[62] ajoute

4. *Baršaʿṯā al-muǧarrab*, déjà signalé par Ibn Abī Uṣaybiʿa.

À cette liste, R. Marcotte dans *EI*[3] et Ǧamāl Raǧab Sīdbī[63] ajoutent *Risāla fī al-qaḍāʾ wa-l-qadar* (Épître sur la prédestination), sans fournir ni l'un ni l'autre de source, et des notes sur le *Canon de la médecine* d'Avicenne.

Titre	Manuscrits existants répertoriés	Édition/traduction	Genre
Kitāb al-muʿtabar fī al-ḥikma (*Livre de la méditation sur la sagesse*)	Istanbul : Laleli 2553 (I, IV, 564h) ; Esʿad Efendi 1931 (I-IV, 744h) ; Fatih 3224 (IV, 595h), 3225 (III), 3226 (IV) ; Köprülü 919 (I, 564h) ; Fazıl Ahmed Paşa 919 (I, 700h) Le Caire, Dār al-Kutub : Cairo 445[1] (I.6 à I.8, II, III.1 et III.2) Cairo 445[2], (III suite et fin)	- éd. arabe : Hayderabad, 1938. - trad. turque de la Métaphysique : Ilāhiyat (Baddat) li (Ebulberekāt) namındaki Feylosofun (Kitabülmeteber) inin üçünçü kisminin tercemisinimühktevidir (Istanbul, 1932)	Somme philosophique

Titre	Manuscrits existants répertoriés	Édition/traduction	Genre
Risāla fī sabab ẓuhūr al-kawākib laylan wa-iḥtifā'ihā nahāran (*Épître sur la cause de l'apparition nocturne des étoiles et de leur disparition diurne*)	Berlin, Staatsbibl., Pm 466 Istanbul, Ayasofya 4832/13 Londres, British Library, Stowe 10/7 Cracovie, B. Jagiellonska, Ms. Or. Fol. 258	- trad. all. de E. Wiedemann- trad. angl. de A. S. Ünver- trad. turque de Şerefeddin	Météorologique
Siyāsat al-badan wa-faḍīlat al-šarāb wa-manāfiʿuhu wa-maḍārruhu (*Le régime du corps, les mérites, les bienfaits et les inconvénients de la boisson*)	Le Caire, Dār al-Kutub		Médecine
Iḫtiṣār Kitāb al-tašrīḥ (*Résumé du livre de l'anatomie de Galien*)			Chirurgie
Šarḥ Sifr al-ǧāmiʿa (*Commentaire de l'Ecclésiaste*)	Oxford, Bodleian Library, fonds hébr. n° 131	- écrit en judéo-arabe - trad. extraits de S. Pines	Théologie/ philosophie juive
Kitāb ṣaḥīḥ adillat al-naql fī māhiyyat al-ʿaql (*Les données scripturaires authentiques sur la quiddité de l'intellect*)	Leipzig 882/1 fol. 1-17 ms. daté de 552/1157	- éd. scientifique et comm. fr., A. al-Ṭayyib, *AnIsl 16, 1980*	Philosophie

Titre	Manuscrits existants répertoriés	Édition/traduction	Genre
Barša'ṯā al-muǧarrab *Ṣifat barša'ṯā* (*Description du* barša'ṯā), résumé du précédent	Istanbul, Ayasofya 3555 Konya, Yusuf Ağa 4983 Turquie, Manisa, Kitapsaray 1781, fol. 154b-157a Tokyo, Institut de la culture et des études orientales, n° 2236		Pharmacologie
Tiryāq amīr al-arwāḥ (*L'antidote du Prince des âmes*)	Turquie, Manisa, Kitapsaray 1781 folios 157b-159a		Pharmacologie
al-Aqrabāḏīn (*Sur les médicaments composés*)			Pharmacologie
Risāla fī al-nafs (*Épître sur l'âme*)	Le Caire, Institut des manuscrits arabes n° 4855		Philosophie
Risāla fī al-qaḍā' wa-l-qadar (*Épître sur le destin et la prédestination*)			Philosophie
Ḥawāšī 'alā Kitāb al-qānūn fī al-ṭibb li-Ibn Sīnā (*Notes sur le* Canon de la médecine d'Ibn Sīnā)			Médecine

La bibliothèque d'Abū al-Barakāt

La lecture de la partie *Sciences de la nature* du *Muʿtabar* donne quelques indications sur la littérature dont disposait Abū al-Barakāt. Notre philosophe est de toute évidence un lecteur assidu de l'œuvre d'Aristote et notamment de sa *Physique*. Des passages précis sont cités, et Arisṭū ou Arisṭūṭālīs est expressément nommé et critiqué de nombreuses fois. En revanche les opinions de Platon, principalement celles exposées dans le *Timée*, ne semblent connues de notre auteur qu'à travers les commentaires qu'en font d'autres auteurs : Aristote bien sûr, mais sans doute aussi Galien qui a produit un résumé du *Timée* ayant pour titre *Ce que Platon dit dans le* Timée. Dans le *Muʿtabar*, les opinions du philosophe sont rapportées dans des formules du type : « Platon a dit dans son livre connu sous le nom de *Timée* – selon ce qu'a raconté Aristote –, que... », laissant entendre qu'il n'a pas un accès direct à cette œuvre bien que les idées platoniciennes sur l'espace et le temps, par exemple, soient omniprésentes dans son argumentaire.

Platon et Aristote sont les seuls philosophes explicitement (et fréquemment) nommés dans la *Physique* (Zénon d'Élée est cité une fois). C'est aussi le cas dans ses autres œuvres. R. Marcotte a remarqué, par exemple, dans le *Traité sur l'intellect*, que si ces deux philosophes sont les seuls cités, « les thèses qui leur sont attribuées ne sont pas toutes les leurs[64] ». De même, il est évident qu'Abū al-Barakāt est lecteur de Jean Philopon, dont certains arguments sont repris à la lettre, et de Galien, dont il connaît l'œuvre par cœur si l'on en croit Ibn Abī Uṣaybiʿa. Curieusement, aucune mention de ces deux noms n'est faite dans les *Sciences de la nature*. Ce point sera discuté plus loin.

Concernant la philosophie arabe, Abū al-Barakāt est bien sûr l'héritier des grands fondateurs que sont al-Kindī et surtout al-Fārābī, auteur d'un commentaire de la *Physique*, mais aucune mention ne permet d'évaluer leur impact spécifique. En revanche, le *Šifāʾ* d'Avicenne et son dernier tome portant sur la physique (*al-Samāʿ al-ṭabiʿī*) est omniprésent dans ces pages, au point que l'on a l'impression parfois que notre auteur a le livre ouvert sous les yeux pendant qu'il dicte le sien. C'est particulièrement le cas dans le débat crucial sur la *quies media* où il discute pied à pied les arguments de son aîné. Mais là encore, le nom du philosophe de Boukhara n'est pas mentionné, pas plus que les noms des autres penseurs arabes qui peuvent avoir influencé sa posture critique. C'est le cas du théologien al-Ġazālī (m. 1111), l'Algazel des Latins, dont l'attaque en règle contre les aristotéliciens a sans doute encouragé la démarche très indépendante suivie dans le *Muʿtabar*.

Il nous faut, pour pénétrer la bibliothèque d'Abū al-Barakāt, retracer l'histoire des principaux textes et commentaires philosophiques – grecs et arabes – dont pouvait disposer un philosophe de la nature au tournant du XIIe siècle, à Bagdad. Les paragraphes qui suivent ont pour but de fournir quelques indications à ceux de nos lecteurs qui ne seraient pas familiers de cette époque.

L'héritage grec en philosophie naturelle

Les deux premiers siècles de l'ère abbasside, depuis la fondation de Bagdad en 750 jusqu'à la fin du Xe siècle, ont été marqués par un important mouvement de traduction. Ce phénomène a commencé sous le règne d'al-Manṣūr (754-775), mais le nom du calife al-Ma'mūn (813-833) y est encore souvent associé à travers un récit rapportant qu'Aristote lui serait apparu en songe pour lui demander de rassembler ses manuscrits et ceux des autres philosophes grecs[65]. De nombreuses recherches nous permettent aujourd'hui de relativiser cette légende et d'appréhender ce mouvement de façon scientifique.

Le *Bayt al-Ḥikma* (« Maison de la Sagesse »), lieu centralisant des manuscrits, est souvent présenté comme le symbole de cette époque ; or ce terme est la traduction de celui par lequel les Sassanides désignaient une bibliothèque, renfermant essentiellement des récits de guerre et des poèmes. On présente souvent le *Bayt al-Ḥikma* comme un bureau de traduction à grande échelle de livres grecs en arabe, à l'instar d'un institut de recherche moderne[66]. Cette représentation est excessive car, d'une part, la fonction de « bibliothèque nationale » de cet endroit précède largement le règne d'al-Ma'mūn ; l'historien arabe Ibn al-Nadīm (m. 995), par exemple, la mentionne déjà sous le règne de Hārūn al-Rašīd (786-809), ainsi que l'a relevé D. Gutas[67]. D'autre part l'activité de traduction précède l'ère musulmane comme le montre l'existence de traductions gréco-syriaques impulsées par Sergius de Rašʿaynā[68] au début du VIe siècle.

C'est un mouvement d'une autre ampleur qui apparaît au IXe siècle et dure jusqu'au XIe siècle. Il ne fut pas le résultat du zèle de quelques chrétiens de langue syriaque, comme on l'affirme encore parfois. D. Gutas le considère comme un véritable « mouvement social » en raison de sa durée, du soutien qu'il a reçu de la part de l'ensemble de l'élite de la société abbasside (califes, princes, mais aussi fonctionnaires, chefs militaires, marchands, banquiers, professeurs et savants), et en raison aussi des fonds, publics et privés, qui l'ont soutenu[69]. Ibn al-Nadīm a décrit les missions envoyées par al-Ma'mūn à la recherche de manuscrits[70] : celle d'al-Ḥaǧǧāǧ b. Maṭar et d'Ibn al-Bitrīq, à travers l'empire de Byzance, puis celle des frères Šākir qui comprenait aussi le célèbre traducteur Ḥunayn b. Isḥāq (m. 873). Une recension faite par ce dernier, dans une lettre dont F. Micheau a fait l'analyse[71], présente les cent-vingt-neuf traités de Galien connus du traducteur, ainsi que les traductions antérieures, celles que lui-même ou ses disciples ont exécutées, en arabe ou en syriaque. Il cite pour chacune de ses traductions les noms et qualités des commanditaires que F. Micheau classe en deux groupes : des médecins chrétiens syriaques qui étaient au service des califes, ils ne lisaient pas le grec mais voulaient posséder le plus grand nombre d'ouvrages pour enrichir leurs connaissances, pour en rédiger eux-mêmes de nouveaux et, par là même, « mieux asseoir leur position scientifique et sociale » ; des notables musulmans de l'entourage du calife (comme les célèbres Banū Mūsā), de hauts-fonctionnaires, savants, hommes de lettres et mécènes, qui, sans être eux-mêmes médecins, avaient une passion pour la conservation des savoirs anciens[72].

Cette lettre décrit aussi l'organisation du travail et la façon dont certaines traductions anciennes ont été reprises ou réactualisées. Ḥunayn b. Isḥāq lui-même y apparaît particulièrement exigeant et rigoureux dans l'établissement des textes, ce qui est aussi souligné par D. Gutas. Un programme aussi soutenu, couvrant plusieurs générations, révèle une attitude sociale qui ne peut être considérée comme « le résultat d'intérêts scientifiques fortuits de quelques individus excentriques[73] ».

Grâce au travail philologique réalisé pour la *Physique* d'Aristote et quelques textes qui l'entourent, nous avons aujourd'hui une connaissance scientifique assez précise des ouvrages qui ont contribué au développement de la philosophie naturelle de cette époque.

F. E. Peters, dans son ouvrage *Aristoteles Arabus*, a recensé, pour chaque œuvre d'Aristote, les sources connues et les commentaires cités dans les ouvrages bibliographiques arabes[74]. Ibn al-Nadīm dans son *Fihrist*[75], par exemple, précise que Qusṭā b. Lūqā (m. 912) a traduit les livres I à IV de la *Physique* d'Aristote, accompagnés du commentaire de Philopon, et les livres IV, V et VII, accompagnés du commentaire d'Alexandre d'Aphrodise ;

il mentionne l'existence d'une traduction par Ibn Nāʿim (m. 835) des livres V à VIII du commentaire de Jean Philopon, dont l'original grec est aujourd'hui perdu. Les commentaires d'Alexandre ont été traduits en arabe et nous en avons quelques extraits dans le manuscrit arabe de la *Physique*. D'autres ont été édités à partir du manuscrit de Tachkent par A. Badawī[76]. Nous disposons aujourd'hui des écrits de Simplicius (en grec) dans lesquels nous pouvons retrouver de larges extraits des commentaires d'Alexandre et donc les identifier – par recoupement – dans les textes arabes; mais le commentaire de la *Physique* par Simplicius lui-même ne semble pas connu dans le monde arabe.

P. Lettinck a repris de façon détaillée l'étude de la réception de la *Physique* d'Aristote en recensant les auteurs arabes qui ont produit des commentaires à cet ouvrage. Il cite[77] :

- Al-Fārābī, dans un texte *Sur les choses changeantes* qui ne nous est pas parvenu.
- Ibn Sīnā (Avicenne) dans de nombreux textes dont le *Kitāb al-šifāʾ* est la synthèse.
- Ibn Baǧǧā (Avempace), qui vivait en Espagne et disposait de la traduction d'Aristote faite par Qusṭā b. Lūqā. Il était contemporain d'Abū al-Barakāt mais rien ne permet d'affirmer que son œuvre était connue en Orient.

L'œuvre de Platon, quant à elle, n'a guère été traduite en arabe. Ibn al-Nadīm[78] cite une vingtaine d'ouvrages parmi lesquels le *Sophiste* traduit par Isḥāq, *Les lois*, traduites par Ḥunayn et Ibn ʿAdī, et le *Timée*, peut-être traduit par Ibn al-Bitrīq, mais aucun de ces textes arabes ne nous est parvenu. Cependant les opinions de Platon sont souvent rapportées dans les commentaires arabes de la traduction de la *Physique* d'Aristote, notamment sous la signature « Yaḥyā ».

Les ouvrages de Galien (m. 200 env.) ont été traduits en arabe, et certains de ses textes ont joué un rôle important dans l'histoire de la philosophie naturelle. C'est le cas notamment d'un chapitre de son *Livre de la démonstration* qui traitait de deux sujets qui nous intéressent au plus haut point: le lieu et le temps[79]. Un texte d'Alexandre d'Aphrodise ayant pour titre la *Réfutation de Galien sur le temps et le lieu* selon Ibn al-Nadīm[80], ou bien *Réfutation de Galien au huitième livre de son Traité de la démonstration* selon Ibn Abī Uṣaybiʿa[81], traduit en arabe, lui répondait. Ces textes n'ont malheureusement pas été conservés, ni en grec, ni en arabe. Mais on sait qu'ils étaient âprement discutés, au moins depuis al-Fārābī qui les mentionne explicitement en prenant bien entendu la défense du Stagirite. Il qualifie même Galien – comme le relève A. Badawī – de « bête noire des partisans d'Aristote » qu'il convient de combattre[82]. Des études actuelles permettent de reconstituer par diverses voies des éléments de ce traité[83]. Nous pouvons notamment entrevoir quelles étaient les positions du médecin de Pergame à travers les *Doutes sur Galien*[84], du médecin Abū Bakr al-Rāzī (m. 925), celui que les Latins nommeront Rhazès.

L'édition arabe de la Physique

La *Physique* d'Aristote, dans l'unique manuscrit arabe qui nous en est parvenu, est accompagnée de commentaires d'une grande richesse pour l'historien des sciences qui a ainsi accès aux termes des différentes exégèses collectées ou produites durant les premiers siècles de l'hégire. Ces commentaires montrent une pensée vivante, critique, inventive, à l'inverse de l'image répandue du scolastique médiéval ressassant les idées du Maître.

Ce manuscrit est enregistré à Leyde. On peut reconstituer son histoire à l'aide des informations contenues dans le colophon qui se trouve à la fin du livre I[85]. Isḥāq b. Ḥunayn a traduit le texte d'Aristote. Cette traduction a été recopiée et accompagnée de commentaires par Abū al-Ḥasan ibn al-Samḥ en 395/1004. Puis une copie de l'exemplaire d'Abū al-Ḥasan a été faite en 524/1130 par Abū al-Ḥakam al-Maġribī (m. 1135). On apprend quelques lignes plus loin qu'une autre recension datant de 470/1077 a été réalisée à Karḫ par un scribe qui n'est pas connu. Mais c'est ce scribe, précise F. E. Peters, qui a rajouté dans la deuxième partie du livre VII et dans le livre VIII, quelques notes d'Abū al-Faraǧ (1043), un commentateur non répertorié par Ibn al-Nadīm (qui lui est antérieur), ni par al-Qifṭī. Ḥunayn lui-même aurait – d'après le Fihrist – traduit le livre II en syriaque, et Yaḥyā ibn ʿAdī aurait traduit du syriaque en arabe. L'architecture principale de cette édition est due à Abū al-Ḥusayn al-Baṣrī qui a achevé ce travail en 1044. Le manuscrit de Leyde a été édité en deux volumes par A. Badawī en 1964-65 au Caire[86].

Concernant le travail de traduction, on lit encore dans ce colophon, sous le calame d'Abū al-Ḥusayn al-Baṣrī, qu'il a comparé la traduction d'Isḥāq ibn Ḥunayn à une copie appartenant à Yaḥyā ibn ʿAdī. Ce dernier mentionnait qu'il avait comparé lui-même trois fois sa copie à la traduction d'Isḥāq, et une quatrième fois à une version syriaque[87]. Ces précisions montrent l'ampleur et la qualité du travail accompli par ces écoles de traductions.

P. Lettinck a recensé tous les auteurs de commentaires que contient ce manuscrit : Ibn al-Samḥ (m. 1027) sur les parties I, 1-VI, 5 ; Yaḥyā ibn ʿAdī (m. 974) sur la partie IV, 4 ; Abū Bišr Mattā ibn Yūnus (m. 940), professeur de Yaḥyā, sur les parties II, 3 et II, 4 ; Abū al-Farağ ibn al-Ṭayyib (m. 1043) sur les parties VI, 5 et VIII, 10. À ces commentaires arabes, il convient d'ajouter les propos rapportés d'Anaxagore (m. 428 av. J.-C.), d'Alexandre d'Aphrodise (m. 200), de Themistius (m. 390), ceux d'un autre « Yaḥyā » dont nous allons discuter l'identité, et des citations de la traduction de Qusṭā b. Lūqā[88] et de celle d'al-Dimašqī (m. ap. 914).

E. Giannakis a étudié les mentions faites, dans les marges de la traduction d'Isḥāq, des éléments de la doctrine d'Anaxagore, cet Athénien si souvent critiqué par Aristote. Il a édité et analysé ces passages qu'il classe en trois groupes[89]. Ceux extraits du livre I sont tous attribués à un certain Abū ʿAlī[90] qui est sans doute le chrétien Abū ʿAlī Ibn al-Samḥ mentionné ci-dessus. Ceux extraits des livres III et IV sont attribués à ce fameux « Yaḥyā » qui n'est autre, dans la plupart des cas, selon E. Giannakis – mais c'est aussi l'avis de P. Lettinck[91] après avoir été une géniale intuition de G. Endress[92] – que Jean Philopon. Yaḥyā al-Naḥwī est en effet la traduction arabe de Jean le Grammairien, le surnom du philosophe d'Alexandrie. Enfin des passages extraits du livre VIII sont attribués à Abū al-Farağ b. al-Ṭayyib (m. 1043), autre commentateur chrétien de cette époque.

Comment ces commentateurs arabes ont-ils eu connaissance des doctrines d'Anaxagore qui semblent avoir été perdues très tôt ? Sans doute à travers les commentaires qu'en firent d'autres grecs comme Themistius, Philopon ou d'autres lecteurs de Simplicius. Nous avons vu que le commentaire de ce dernier ne semble pas avoir été traduit dans le monde arabe[93] et nul ne sait, d'autre part, s'il avait eu directement accès au texte d'Anaxagore ou s'il s'inspirait d'un résumé fait par Théophraste.

Concernant Alexandre d'Aphrodise (m. 205), E. Giannakis a fait le même travail que celui effectué sur Anaxagore, en éditant et traduisant les passages des commentaires rapportés dans les marges de la *Physique* d'Aristote par les membres de l'école de Bagdad[94]. Nous avons vu que le commentaire de la *Physique* par Alexandre était connu des Arabes ; il ne nous est parvenu que très partiellement en grec[95]. En étudiant de près les marges du manuscrit de Leyde, E. Giannakis montre que la plupart de ces mentions de l'opinion d'Alexandre proviennent directement du commentaire de Philopon qui, lui aussi, évoquait et citait les opinions de ce philosophe[96]. Une minorité proviendrait du texte même d'Alexandre, ou encore, suggère E. Giannakis, de la paraphrase arabe du commentaire de Philopon. L'absence de texte source ne permet pas de conclure.

Une troisième étude du même auteur, à propos du même manuscrit, recense, édite et traduit les commentaires de marge signés simplement « Yaḥyā » et ceux signés « Yaḥyā b. ʿAdī »[97]. Le deuxième est un chrétien jacobite (m. 974) que nous avons déjà cité et qui fut l'un des membres de l'école de Bagdad au xe siècle, après avoir été en contact avec al-Fārābī. Il a produit de nombreux traités philosophiques et théologiques. Yaḥyā b. ʿAdī fut aussi un commentateur et critique des idées de Philopon, l'autre Yaḥyā. Le fait que le philosophe d'Alexandrie était étudié et commenté à Bagdad au xe siècle est confirmé par l'historien égyptien al-Qifṭī qui écrit dans sa présentation des œuvres d'Aristote, et plus particulièrement des commentaires existants à la *Physique*[98] :

> Jean le Grammairien l'a commentée et son travail a été traduit du grec à l'arabe ; il forme un grand livre en dix tomes dont j'ai fait l'acquisition en même temps... ʿĪsā, fils du vizir ʿAlī b. ʿĪsā b. al-Ǧarrāḥ, a possédé ce livre et l'a étudié avec Yaḥyā b. ʿAdī ; il a noté dans les marges les explications fournies par Yaḥyā b. ʿAdī quand il l'a lu avec lui.

Une étude antérieure plus détaillée du même auteur propose un examen systématique des « interventions » de Philopon dans la tradition arabe de cette *Physique* d'Aristote[99]. E. Giannakis y démontre que la plupart des commentaires marqués « Yaḥyā » dérivent du commentaire de la *Physique* d'Aristote du Grammairien, et que ceux des livres III et IV dérivent d'un libre résumé de Qusṭā dont il est impossible de savoir s'il était basé sur le texte même de Philopon, ou sur un épitomé grec aujourd'hui perdu. Ceux des quatre derniers livres proviennent d'une traduction du commentaire de Philopon faite ou révisée par al-Dimašqī[100]. E. Giannakis relève cependant trois commentaires signés « Yaḥyā » qui ne peuvent être attribués à Philopon mais plus vraisemblablement à Yaḥyā ibn ʿAdī[101]. En revanche les cinquante-sept commentaires marqués « Ḥ » sont sans doute d'origines diverses : le manuscrit de Leyde omettant souvent les points sur et sous les lettres, ce qui apparaît comme un « Ḥ » peut être un « Ḫ » qui signifierait *nusḫa*

(« copie »), ou bien ces commentaires seraient les notes marginales relevées par Abū al-Ḥusayn al-Baṣrī dans la copie de Yaḥyā ibn ʿAdī. Certaines ne sont effectivement qu'une explication du texte d'Aristote, d'autres semblent dériver du commentaire de Philopon[102].

En ce ve siècle de l'hégire, ce n'est donc pas seulement l'œuvre d'Aristote que les philosophes arabes commentent, mais un foisonnement d'exégèses et de commentaires grecs et arabes qui ont été consignés dans de nombreux ouvrages ou dans les marges des manuscrits des œuvres précédentes. Même s'il est impossible de savoir aujourd'hui dans quelle édition Abū al-Barakāt a étudié la *Physique*, il est certain qu'il a eu accès à une grande partie de ces exégèses dont il se fait d'ailleurs l'écho tout au long de son ouvrage.

Jean Philopon et sa postérité arabe

Yaḥyā al-Naḥwī, alias Jean Philopon[103] (490 à 575-580), a produit des textes qui comptent parmi les plus critiques des commentaires de l'Antiquité tardive à l'encontre des thèses du Stagirite. Nous verrons qu'ils ont très fortement marqué la pensée d'Abū al-Barakāt. Ils étaient étudiés depuis longtemps à Bagdad comme nous avons pu le lire dans le récit d'al-Qifṭī.

Le monde musulman revendique l'héritage de Philopon avec une telle conviction que plusieurs historiens ont retardé la date de sa mort d'au moins un demi-siècle, au-delà de la conquête musulmane de l'Égypte par ʿAmr ibn al-ʿĀṣ (en 639-646), pour faire de ce dernier un protecteur du philosophe qui se trouvait alors en butte aux autorités chrétiennes. Ibn al-Qifṭī, par exemple, écrit à son propos[104] :

> Il vécut jusqu'à ce que ʿAmr eut conquis l'Égypte et Alexandrie. Il fut reçu par ʿAmr et celui-ci connaissait déjà son attitude en regard des sciences, ses opinions et ce qui lui était arrivé avec les Chrétiens. ʿAmr le traita avec considération, lui rendit son rang, écouta ses arguments sur la réfutation de la Trinité et l'admira. Il écouta aussi ses arguments sur la fin du monde et fut conquis par eux.

Les historiens pensent aujourd'hui que Jean Philopon a vécu sans doute plus de quatre-vingts ans, mais pas au-delà de l'an 580 ; il n'a donc pas pu rencontrer le conquérant de l'Égypte. L'erreur chronologique d'al-Qifṭī est sans doute liée au désir de faire de la civilisation musulmane le légataire de toute la pensée grecque, désir qui est largement partagé dans le monde islamique. On devine en outre, dans l'extrait qui vient d'être cité, tout le charme que le combat antitrinitaire du Grammairien lui conférait aux yeux de l'envahisseur musulman.

Philopon, sujet de l'empire romain d'Orient, a vécu sous le règne de Justinien Ier, à Alexandrie, dans le diocèse d'Égypte. Il a été l'élève d'Ammonius, le fils d'Hermias, qui dirigeait lui-même la célèbre école de philosophie au début du ve siècle. Il semble avoir été chrétien de naissance, comme le suggère son prénom.

L'école d'Alexandrie était marquée par une entente entre chrétiens et païens qui contraste avec la situation conflictuelle de celle d'Athènes où Proclus, par exemple, avait attaqué violemment les chrétiens, mettant en cause leur croyance en l'existence d'un commencement du monde. Au contraire, Ammonius et ses trois élèves – Philopon, Elias et Simplicius – enseignaient une interprétation de la pensée d'Aristote qui intégrait la reconnaissance d'un Dieu créateur du monde. Le successeur d'Ammonius à la chaire de l'école fut le chrétien Elias. Damascius rapporte qu'Ammonius, le fils d'Hermias, aurait discuté vers 495 avec l'évêque d'Alexandrie, Athanase II, des aménagements à apporter à la philosophie grecque pour que son enseignement reste compatible avec le dogme chrétien. Ces précautions valurent sans doute à l'école d'Alexandrie sa survie alors que celle d'Athènes fut fermée en 529 par Justinien Ier. Mais les liens entre les deux écoles étaient forts et plusieurs maîtres athéniens comme Damascius et Simplicius firent des séjours à Alexandrie.

Les conflits entre philosophes païens et chrétiens ne sont pas des conflits entre mécréants et religieux ; ils portent davantage sur la conception du rôle d'un dieu dans la création du monde et sur son éternité. Certes les grecs païens – et sans doute en général les philosophes dits néoplatoniciens – croyaient que l'organisation du monde avait un début. Mais ils refusaient l'idée d'une création *ex nihilo*. Philopon a affirmé, lui, sa conviction en l'existence d'un commencement du monde dans son commentaire de la *Physique* d'Aristote (qui date de 517). Son *De Aeternitate Mundi Contra Proclum*[105] et surtout son *Contra Aristotelem*, aujourd'hui perdu, ont eu beaucoup d'influence dans le monde arabe et seront plusieurs fois évoqués dans cette étude.

Philopon s'est aussi penché sur les questions de doctrine religieuse : le Christ et la Trinité. Le tournant se situe probablement vers 553, année durant laquelle se déroule également le cinquième concile œcuménique de Constantinople. Des traductions de fragments syriaques de son œuvre permettent de lire trois étapes successives dans la trentaine d'années qui suivit. Philopon eut d'abord une période monophysite [106], au cours de laquelle il publie notamment son *Diaitêtês* pour défendre l'idée que le Christ n'a pas une double nature, mais une seule. Or le point de vue monophysite a été condamné lors du concile de Chalcédoine en 451 et à nouveau par celui de 553, sous l'influence de Justinien Ier. Dans un deuxième temps, Philopon semble s'être converti au trithéisme, affirmant que chacun des membres de la Trinité est un dieu. Enfin, il est revenu sur ces opinions dans son traité sur la résurrection, écrit vers 575, où il affirme en outre que lors de la résurrection, un nouveau corps est attribué à l'âme, un corps immortel et éternel.

Tout laisse penser qu'à la fin de son existence au moins, ses rapports avec les autorités chrétiennes se sont fortement détériorés. En tout cas, en 680, soit un siècle après sa mort, il fut frappé par elles d'anathème pour sa mise en cause de l'existence de la Trinité [107]. Cette condamnation eut deux conséquences très importantes pour l'histoire de la physique. Elle a, pour de longs siècles, privé les Latins de la pensée du Grammairien, et, dans le même temps, elle a magnifié, pour les musulmans, ce philosophe qui fut l'un des premiers à conjuguer l'édifice aristotélicien avec une religion monothéiste.

Par Ibn al-Nadīm, nous savons que la *Physique* de Philopon a été traduite en arabe et exposée sous forme didactique par le chrétien melkite Qusṭā b. Lūqā, et, sous forme non didactique, par ʿAbd al-Masīḥ b. Nāʿim, chrétien lui aussi [108]. Mais comme cela a été montré par E. Giannakis [109], il est impossible de savoir exactement sur quel texte précis est basée la version de Qusṭā.

Jean Philopon a joué un rôle important dans l'établissement de la tradition galénique, ainsi que dans l'initiation des auteurs arabes aux querelles sur l'éternité du monde. Le *De Aeternitate Mundi*, par exemple, est abondamment cité par al-Bīrūnī dans son *Livre de l'Inde* [110]. D'autres fragments importants de son œuvre ont été identifiés, il y a une quinzaine d'années par A. Hasnaoui, parmi les traités perdus en grec, traduits en arabe mais faussement attribués à Alexandre d'Aphrodise; deux de ces traités [111] sont en fait des traductions quelque peu simplifiées du *De Aeternitate*, réalisées par des traducteurs anonymes que l'auteur de l'étude rapproche du cercle d'al-Kindī [112]. Cette méprise, compréhensible étant donné le contenu de ces textes, montre à sa manière le rôle important de Philopon, dès la première moitié du IXe siècle, auprès des philosophes et traducteurs qui entouraient al-Kindī.

Les questions de la création et de la fin du monde passionneront les *falāsifa* (« philosophes », pl. de *faylasūf*) musulmans. Philopon reste cependant à leurs yeux celui qui a attaqué de la façon la plus virulente la pensée d'Aristote. Les philosophes du monde arabe médiéval hésiteront à revendiquer explicitement l'héritage de celui qui était considéré comme un *mutakallim* plutôt que comme un *faylasūf*, c'est-à-dire comme un théologien prêt à critiquer les principes aristotéliciens [113]. C'est peut-être pour cette raison que Philopon n'est jamais nommé par Abū al-Barakāt, ni par les divers philosophes antérieurs ou postérieurs. S. Harvey, qui a étudié l'influence de son commentaire sur la *Physique* d'Averroès, a montré que celle-ci est évidente au sujet de la cause finale, alors qu'on ne trouve pas la moindre mention du nom du Grammairien dans les trois commentaires d'Averroès [114]. S. Harvey évoque plusieurs explications possibles à ce silence : peut-être Averroès ne souhaitait-il pas encourager d'autres personnes à lire Philopon ou lui donner une légitimité ; peut-être aussi lisait-il le commentaire de Philopon sans savoir qu'il était de lui, parce qu'il aurait été, par exemple, attribué à Alexandre [115], une confusion que nous avons mentionnée plus haut.

Le monde latin quant à lui, en raison de la condamnation de Philopon, n'eut connaissance de son œuvre qu'au XIIIe siècle, grâce à la traduction du *Traité de l'âme* par Guillaume de Moerbeke (m. 1286). Les commentaires de la *Physique* d'Aristote sont restés inconnus en Occident jusqu'au XVIe siècle. Ce fait participe sans doute au décalage important entre la physique arabe du XIIe siècle et son homologue latine, qui ne commencera à mettre en cause l'édifice aristotélicien qu'au XVIe siècle. D'autres facteurs, propres à la civilisation musulmane, contribuent à un développement original de la philosophie naturelle en terre orientale.

La philosophie au XIIe siècle

La philosophie arabe semble être à son apogée au siècle qui voit naître Abū al-Barakāt. Elle n'est pas la seule discipline à revendiquer une approche rationnelle sur des questions comme l'origine du monde, le mouvement des corps ou la composition du ciel. Il est nécessaire à la compréhension des débats scientifiques qui vont suivre de prendre la mesure du rôle et de la place de la théologie musulmane. Nous aborderons aussi les relations entre les philosophes et le pouvoir, afin d'écarter quelques confusions encore entretenues aujourd'hui sur le contexte scientifique du XIIe siècle.

La falsafa *et le* kalām

Le *kalām* s'est développé à partir du IIe siècle de l'hégire avec pour spécificité – à la différence de la théologie chrétienne par exemple – une grande capacité de ses théologiens (les *mutakallimūn*) à mobiliser les savoirs philosophiques pour défendre l'islam. Pour autant, fait remarquer A. De Libera, « tous les *mutakallimūn* ne sont pas musulmans[116] ». En tant que mode de raisonnement, doté d'outils qui lui sont propres, le *kalām* a aussi concerné la théologie juive. A. De Libera cite à l'appui un extrait du *Guide des Égarés* du philosophe juif Maïmonide (m. 1204) dans lequel celui-ci réécrit l'histoire du *kalām* en faisant remonter sa source à la réaction anti-philosophique originaire des chrétiens grecs et syriens.

> Il faut savoir que tout ce que les musulmans, tant mo'tazals qu'ash'arites, ont dit sur les sujets théologiques, ce sont des opinions fondées sur certaines propositions, lesquelles sont empruntées aux écrits des Grecs et des Syriens, qui cherchaient à contredire les opinions des philosophes et à critiquer leurs paroles. Et cela pour la raison que voici : lorsque l'Église chrétienne dont on connaît la profession de foi, eut reçu dans son sein ces nations, parmi lesquelles les opinions des philosophes étaient répandues – car c'est d'elles qu'est émanée la philosophie – et qu'il eut surgi des rois qui protégeaient la religion, les savants de ces siècles, parmi les Grecs et les Syriens, virent qu'il y avait là des assertions avec lesquelles les opinions philosophiques se trouvaient dans une grande et manifeste contradiction. Alors naquit parmi

> eux cette science du Kalām, et ils commencèrent à établir des propositions, profitables pour leur croyance, et à réfuter ces opinions qui renversaient les bases de leur religion. Et lorsque les sectateurs de l'islamisme eurent paru, et qu'on leur transmit les écrits des philosophes, on leur transmit aussi ces réfutations qui avaient été écrites contre les livres des philosophes. Ils trouvèrent donc les discours de Jean le Grammairien (Jean Philopon), d'Ibn ʿAdī et d'autres encore traitant de ces matières ; ils s'en emparèrent dans l'opinion d'avoir fait une trouvaille. Ils choisirent aussi dans les opinions des philosophes anciens tout ce qu'ils croyaient leur être utile, bien que les philosophes plus récents en eussent démontré la fausseté, comme par exemple l'hypothèse des atomes et du vide[117].

Maïmonide explique ainsi que le *kalām*, quelle que soit la religion de ses sectateurs, fait « feu de tout bois » en utilisant le néoplatonicisme ou l'atomisme pour construire une défense de la religion qui réconcilie une partie de l'œuvre des philosophes (c'est-à-dire Aristote et ses disciples) avec le monothéisme. C'est ainsi que Jean Philopon se trouve promu premier parmi les *mutakallimūn*. Mais le *kalām* partage, de fait, avec la philosophie, une démarche rationnelle et les deux postures ne sont pas aussi opposées que le laisse entendre Maïmonide.

Peu de textes datant de la période de la fondation du *kalām* nous sont parvenus, mais des textes plus tardifs permettent de reconstituer ses orientations et les thèmes abordés. La majeure partie porte sur des questions théologiques liées à la révélation. Les désaccords débouchent alors sur la constitution de différentes écoles. Mais une autre partie ne relève que de l'approche rationnelle et provoque des débats assumés, parfois entre maître et élève, sans pour autant engendrer de secte. Concernant plus précisément la physique, trois doctrines sur les attributs des choses et des corps se rencontrent dans le *kalām* précoce : la doctrine selon laquelle les corps sont constitués d'un ensemble d'accidents, celle selon laquelle les corps tangibles sont constitués d'un ensemble d'objets corporels qui s'interpénètrent, et enfin celle qui considère que les corps sont faits d'atomes et d'accidents inhérents[118]. Ces doctrines coïncident plus ou moins avec l'aristotélisme, le stoïcisme et l'atomisme, ou plutôt les versions reconstruites par les auteurs arabes de ces thèses grecques. C'est la dernière doctrine qui va peu à peu s'imposer jusqu'à caractériser la physique et la cosmologie du *kalām*.

La question de l'infinie divisibilité, qui joue un rôle important dans notre étude, a beaucoup alimenté le débat entre les écoles de Bagdad et Bassora dès le IXe siècle. La controverse entre al-Naẓẓām (m. 845) et son oncle Abū al-Huḏayl (m. 849), qui est rapportée par la littérature mutazilite, montre bien l'étroite intrication entre arguments philosophiques et théologiques à l'intérieur du *kalām* de cette époque[119]. Le second personnage soutient l'existence d'atomes qui n'ont ni taille ni extension par eux-mêmes tant qu'ils ne sont pas rassemblés avec d'autres. C'est à Dieu qu'il donne le pouvoir de faire de deux atomes côte à côte le début d'une droite, et on voit là une différence notable avec le « rien ne naît de rien par un pouvoir divin » des atomistes grecs. Son neveu al-Naẓẓām, théologien mutazilite lui aussi, a attaqué cette position : comment un atome peut-il acquérir une extension quand il est combiné avec un autre qui n'a pas plus d'extension que lui ? Al-Naẓẓām déclare ne pas vouloir abandonner à l'omnipotence divine la possibilité de réconcilier la théologie et la science qui doivent, selon lui, être séparées. À son neveu qui repoussait l'hypothèse des atomes, Abū al-Huḏayl a répondu par une version orientale du paradoxe de la dichotomie. Une fourmi qui traverse la lanière d'une sandale doit parcourir la moitié de la distance, puis la moitié de la moitié, etc. Si la distance était une extension continue, la fourmi devrait parcourir une succession infinie d'intervalles en un temps fini, ce qui est impossible. Pour lui et pour la plupart des atomistes arabes, lors du mouvement d'un mobile, chaque atome de celui-ci est en opposition, en parallèle (*muḥāḏāh*[120]) d'un atome de la surface sur laquelle il se déplace. Cette progression atome par atome échappe bien sûr au paradoxe de Zénon.

Ce débat, interne au *kalām* à ses débuts, s'est déplacé lorsque la thèse atomiste fut reprise par l'ensemble des théologiens. L'opposition s'est faite alors avec les philosophes qui critiquent l'atomisme, et rares sont les *falāsifa* qui en ont défendu les thèses, à l'exception notable du très contesté Abū Bakr al-Rāzī. Mais d'autres clivages, parfois surprenants, sont apparus. Les *mutakallimūn* pensent par exemple que les astres dans le ciel sont faits de terre alors que les philosophes défendent l'idée que ce sont des intelligences.

Le *kalām* s'est organisé en écoles et, dès la fin du califat omeyyade, le mutazilisme est né à Bassora des divergences[121] de Wāsil ibn ʿAṭāʾ (m. 131/748) et ses disciples avec la doxa de l'époque. Les mutazilites apparurent rapidement comme des ultra-rationalistes dans un débat qui portait sur l'interprétation rationnelle du Coran, sur la liberté humaine face à l'omnipotence divine, et sur le statut du pécheur. Le nom de l'un d'entre eux, ʿAbd al-Ǧabbār (m. 1025), dernier représentant d'une époque où le mutazilisme était hégémonique, sera mentionné plusieurs fois dans cet ouvrage.

Ce courant fut suivi d'une vive réaction construite par un ex-mutazilite, Abū al-Ḥasan al-Ašʿarī (m. 935), qui réfuta les avancées rationnelles de sa première école dans un discours prononcé devant la mosquée de Bassora en 913. Il y annonçait « son retour à la vérité » après s'en être écarté lorsqu'il professait « que le Coran est créé, que les yeux des hommes ne verront pas Dieu et que nous sommes les auteurs de nos actions ». L'asharisme fut un mouvement plus traditionaliste que le mutazilisme qui le précédait mais, sur le plan scientifique, il ne semble pas qu'il ait modifié les conceptions physiques et cosmologiques des théologiens.

Nous avons cité l'un de ses défenseurs les plus célèbres, tant dans le monde occidental qu'oriental, en la personne d'al-Ġazālī (Algazel). Son œuvre est sans doute une pièce maîtresse pour comprendre le renouveau philosophique du siècle de notre auteur, qui a la double caractéristique d'être celui de la diffusion massive des œuvres d'Avicenne, et d'une attaque d'ampleur contre « l'incohérence des philosophes ». Nous aurons l'occasion de montrer, à travers le débat sur le vide ou celui sur l'éternité du monde, que l'œuvre d'Abū al-Barakāt inaugure un rapprochement des deux traditions que sont la philosophie et le *kalām*, rapprochement qui s'est poursuivi avec Faḫr al-Dīn al-Rāzī, célèbre théologien asharite[122].

La falsafa *et le pouvoir*

La philosophie qui s'est développée en terre d'islam revendique haut et fort, nous l'avons vu, une continuité avec la philosophie grecque. Le terme de *falsafa*, qui est une transcription du mot grec, en porte la trace. Des centres philosophiques païens comme celui rassemblant les sabéens de Ḥarrān, ou d'autres regroupant des chrétiens dissidents (nestoriens, jacobites) existaient en Syrie, en Perse ou en Égypte quand les conquérants arabes s'emparèrent de ces régions.

Contrairement au *kalām*, la philosophie n'est pas annexée à l'islam et les philosophes sont musulmans, sabéens, chrétiens ou juifs. Certains sont parfois très critiques envers les théologiens comme Abū Bakr al-Rāzī qui refusait de croire aux légendes que sont les « histoires de prophètes » et considérait les religions comme des sources « d'abrutissement et de guerres ».

La vivacité des débats de cette époque ne se réduit pas à des différends religieux, comme on le croit parfois. Ce sont de véritables débats scientifiques, portant sur les orientations philosophiques, et sur des sujets très variés. Concernant les sciences naturelles, les polémiques sur l'infini, l'espace, le vide, le temps ou la composition du ciel, illustrent parfaitement cela. Les clivages entre groupes ou écoles sont parfois difficiles à situer et les frontières ne sont pas toujours là où on les attend. Un exemple nous en est donné au début du XIe siècle par Avicenne qui affirme une opposition entre l'Est et l'Ouest de l'empire. Dans une lettre à un disciple, al-Kiyā, étudiée par S. Pines puis D. Gutas[123], Avicenne répond à la demande d'explication de son correspondant concernant sa polémique envers les opinions du type de celles de Jean Philopon (à propos de l'immortalité de l'âme). Avicenne évoque un livre qu'il a perdu lors du sac d'Ispahan et où il avait fait « une analyse des faiblesses, de la déficience et de l'ignorance des gens de Bagdad », mais, n'ayant pas le temps de refaire ce livre, il veut se concentrer sur certains auteurs dont Philopon et « ses pareils » que sont les gens de Bagdad. Il met ainsi en scène un conflit entre les orientaux (que sont les Persans) comme lui-même, et les occidentaux de Bagdad dont le chef de file est Abū al-Farağ ibn al-Ṭayyib (m. 1043), philosophe très orthodoxe de la capitale irakienne. Le nom de Philopon est associé, comme on l'a vu dans les propos de Maïmonide, à la critique du maître des philosophes, Aristote, et c'est un contentieux purement philosophique qui est évoqué ici par Avicenne. La frontière évoquée entre l'Est et l'Ouest n'a rien de politique, même si une relative instabilité caractérise la période. C'est donc un climat de débat intellectuel, où les désaccords sont pointés de façon non feutrée, qui caractérise cette première moitié du XIe siècle. Nous devons peut-être nuancer les choses pour la période qui suit l'installation du sultanat seldjoukide sunnite à Bagdad. On peut imaginer qu'à ce moment-là, la critique des doctrines du chiite Avicenne, à laquelle s'emploie Abū al-Barakāt, bénéficie d'une bienveillance du pouvoir sunnite.

Concernant les relations entre le pouvoir politique d'une part, et les philosophes et théologiens rationalistes d'autre part, la thèse selon laquelle, après le XIe siècle, le rationalisme aurait été combattu par les autorités de l'islam ne semble pas étayée. F. Griffel en fait la démonstration dans son étude des conditions politiques dans lesquelles a travaillé Faẖr al-Dīn al-Rāzī[124]. Il apparaît, au contraire, que les autorités ont soutenu le rationalisme asharite contre la population et contre les autorités religieuses conservatrices (sunnites et hanbalites). La confusion vient sans doute du fait que le calife al-Qādir (991-1031) et son fils le calife al-Qā'im (1031-1075) ont soutenu l'émergence du hanbalisme. Cette orthodoxie sunnite n'avait pas pour cible, à l'époque, les intellectuels rationalistes, mais elle a effectivement souvent défié l'autorité religieuse des mutazilites et des asharites. Au tournant du XIIIe siècle la faiblesse de l'autorité seldjoukide laisse les califes, représentants du sunnisme, étendre leur autorité. F. Griffel montre que Faḫr al-Dīn al-Rāzī a reçu alors le soutien des deux pouvoirs : celui du sultan Ḫwārazmšāh (au pouvoir en 1200), et celui de la dynastie ghouride[125], et cela en dépit du fait que les deux dynasties étaient en guerre l'une contre l'autre pour s'approprier la province du Khorassan. Le véritable danger pour al-Rāzī venait de la rue et des extrémistes religieux, les Karramiyya, qui l'accusaient de sacrifier l'islam à la philosophie.

F. Griffel ajoute que le soutien de pouvoirs locaux aux philosophes et aux rationalistes est mentionné dans les biographies de ʿAbd al-Laṭīf al-Baġdādī (1162-1231), Sayf al-Dīn al-Āmidī (1156-1233), Kamāl al-Dīn b. Yūnus (1156-1243), ces trois intellectuels ayant eux aussi souffert d'agressions du public ou de certains de leurs collègues en raison du contenu de leur enseignement[126]. Les exceptions citées par F. Griffel concernent deux mystiques : al-Ḥamaḏānī écorché vif et pendu en 1131 à Hamadan, et al-Suhrawardī tué par les Ayyoubides à Alep en 1191.

Enfin F. Griffel précise que l'examen des biographies des contemporains de Faḫr al-Dīn al-Rāzī montre que les sciences rationnelles faisaient encore complètement partie du curriculum classique dans le monde de l'islam de cette période[127] (XIIe et XIIIe siècles) alors qu'à la même époque (1210), à Paris, les ouvrages de philosophie naturelle et notamment la *Physique* d'Aristote étaient soumis à divers interdits qui se poursuivirent durant tout le XIIIe siècle.

Le *Kitāb al-muʿtabar*

Le *Kitāb al-muʿtabar fī al-ḥikma* (*Livre de la réflexion personnelle sur la sagesse*) a été édité au mois de ramaḍān 1357/octobre 1938 pour les deux premiers tomes que sont la *Logique* et les *Sciences de la nature*, à Hayderabad, en Inde. La partie *Métaphysique* n'a été éditée, quant à elle, qu'au mois de ramaḍān de l'année suivante. L'ensemble forme un ouvrage d'un millier de pages.

Cette édition est la seule existante. Une reproduction offset a été faite au Liban par les éditions Dār Maktaba Bīblyūn, à Jbeil (Liban) en 2005, et une autre à Ispahan en 1994.

L'édition de Hayderabad et ses sources

Les sources de cette édition sont présentées dans la postface du *Muʿtabar* rédigée en 1937 par l'éditeur, Sulaymān al-Nadawī, directeur de la Maison des écrivains de Turquie[128]. On y apprend qu'elle a été réalisée en Inde par la maison d'édition Ǧāmiʿat Dā'irat al-Maʿārif al-Uṯmāniyya à partir d'un cliché de deux manuscrits, obtenu auprès des archives d'Istanbul.

1. Le premier de ces manuscrits provient de la collection Esʿad Efendi nº 1931 et porte sur les parties II et III, à savoir l'ensemble des *Sciences de la nature.* Il est d'une écriture difficile à déchiffrer.

2. Le deuxième provient de la collection Laleli nº 7553 et porte sur les parties I (*Logique*) et IV (*Métaphysique*). Il est plus clair que le premier. Al-Nadawī mentionne aussi le manuscrit Köprülü nº 919 daté de 564 h.[129]. Il contient la *Logique* et a été utilisé par al-Nadawī pour sa propre édition de cette partie.

3. Enfin l'éditeur signale très brièvement à la fin de sa postface un autre manuscrit dont il a fait l'acquisition et qui provient de la collection Aṣafiyya d'Istanbul, sans fournir de précisions sur ce manuscrit. À la fin des *Naturalia*[130], il cite le colophon qui nous informe que ce texte a été transmis à partir d'une autre copie faite en 556 h., soit peu de temps après la mort d'Abū al-Barakāt. Au même endroit, est recopié le colophon du manuscrit Esʿad Efendi qui stipule que celui-ci a été réalisé à Ǧurǧāniya Ḫawārzim en 742 h., soit deux siècles plus tard.

Il existe d'autres manuscrits de ce livre qui ne sont pas mentionnés par l'éditeur :

4. Trois d'entre eux sont répertoriés sous la référence Fatih (3224, 3225, 3226) à la bibliothèque Süleymaniye d'Istanbul, et contiennent des copies de la *Métaphysique* avec quelques chapitres des *Naturalia.*

5. Un autre, daté de l'an 700 h., se trouve dans la collection Fazıl Ahmed Paşa (919) de la même bibliothèque et porte sur la *Logique* de Ebü 'l-Berekat ibn Melka. Ce manuscrit n'est pas répertorié dans les recensions actuelles.

6. Enfin un manuscrit enregistré sous la référence Cairo^2, Ap. 335, non daté, se trouve à la Bibliothèque nationale égyptienne Dār al-Kutub. Il est

reproduit dans deux microfilms (44627 et 45682). Le premier contient la fin de la *Logique* et le début des *Naturalia*; le second contient la fin des *Naturalia*.

L'édition de Hayderabad du *Kitāb al-muʿtabar* n'est pas à proprement parler une édition scientifique. Elle partage l'ouvrage en trois parties seulement : I. *Logique*, II. *Naturalia* et III. *Métaphysique*, alors que tous les manuscrits le partagent en quatre (c'est ce dernier partage que nous avons maintenu dans nos références). Elle signale les variantes des manuscrits qui sont, pour la partie étudiée, Aṣafiyya et Esʿad Efendi, sans que nous puissions juger de l'exhaustivité du travail puisque nous ne disposons pas du premier cité. Elle ne prend pas en compte les autres manuscrits.

Comment a été écrit le Kitāb al-muʿtabar

Abū al-Barakāt explique lui-même, dans l'introduction de son ouvrage, que le *muʿtabar* est « ce qui est établi par une réflexion personnelle ». Ce terme signale donc d'emblée une volonté d'indépendance par rapport aux théories en cours. Si ce n'était un peu long, on devrait traduire ce titre – avec S. Pines – par *Livre de ce qui est acquis par la réflexion personnelle sur la sagesse.*

Dans les toutes premières pages, Abū al-Barakāt explicite comment il a écrit cet ouvrage, après un long développement sur sa conception de la diffusion de la science qu'il ne souhaite pas voir exposée à ceux qui n'en ont pas les aptitudes. Il raconte, dans un passage déjà traduit par S. Pines[131], qu'après avoir éprouvé de grandes difficultés à lire les gloses des auteurs postérieurs (les commentateurs grecs ou arabes postérieurs à Aristote), il a commencé à appliquer sa réflexion aux sciences philosophiques (*KM*, I, 1, p. 3-4) :

> Tout cela je n'en chargeais pas ma mémoire mais je le consignais sur des feuillets que je gardais afin de pouvoir les consulter et les étudier. Sur ces entrefaites, une personnalité, qui avait eu connaissance de ces feuillets, exprima le désir de les voir recopiés et réunis en un ouvrage. Mais je n'en fis rien parce que cet ouvrage risquait de tomber entre les mains de gens incapables de le comprendre, qui auraient accepté ou rejeté ces thèses ou certaines d'entre elles, par ignorance et manque de réflexion. Cependant, les feuillets devenaient de plus en plus nombreux et ils contenaient une somme si importante de connaissances scientifiques qu'on n'aurait pas pu

> s'accommoder aisément de leur perte. Voilà pourquoi, ayant été prié de nouveau et par des personnes qui avaient droit à une réponse favorable, je donnai suite à leur requête et composai ce livre traitant des sciences philosophiques qui ont pour objet ce qui existe, la physique, et la métaphysique. Je l'ai intitulé *Kitāb al-muʿtabar*, parce que j'y ai mis ce que j'ai connu, établi par une réflexion personnelle, vérifié et rendu parfait par la méditation ; je n'ai rien transcrit que je n'aie compris et je n'ai rien compris et accepté sans méditation et réflexion personnelle. En adoptant telles ou telles opinions et doctrines, je n'ai pas cherché à me trouver d'accord avec les grands à cause de leur grandeur, ou en désaccord avec les petits à cause de leur insignifiance. C'est que mon but en tout cela était la vérité et que la conformité de mes opinions avec celles des autres ou leur divergence n'était qu'un accident. C'est, avant tout, à la prière de mon premier et plus éminent disciple que j'avais cédé et c'est lui qui m'a servi de secrétaire et de scribe. Il a, de plus, examiné et vérifié l'enseignement et la matière scientifique qu'il contient, de sorte que ce livre doit son caractère fini et achevé au fait qu'il m'a aidé par ses renseignements et ses vérifications, pendant qu'il écrivait sous ma dictée.

La thèse du danger de la transmission des théories philosophiques par écrit, associée au risque de déformation de la pensée de l'auteur par des « gens incapables de la comprendre », est très fréquemment mise en avant dans un monde qui privilégie encore la tradition orale. Cette crainte a peut-être aussi pour origine le fait que, durant l'Antiquité tardive, ont circulé de nombreux traités abrégés résumant de façon hâtive la pensée des grands philosophes grecs à l'intérieur de compendiums servant à former les étudiants de l'époque.

En revanche la posture d'Abū al-Barakāt, revendiquant la primauté de sa réflexion personnelle sur l'autorité des anciens, est plus originale. Les philosophes arabes, avant lui, ont critiqué et réorganisé l'héritage aristotélicien, on peut difficilement considérer que la reconstruction de la *Physique* par Avicenne se réduit à une glose. Mais peu de philosophes ont remis en cause les fondements mêmes de cette physique. La posture d'Abū al-Barakāt est, à ce titre, particulièrement originale. Elle trahit sans doute l'influence d'al-Ġazālī, le théologien asharite qui a mis en cause, quelques décennies plus tôt, la « tendance à l'imitation » des philosophes dans son ouvrage *L'incohérence des philosophes* (*Tahāfut al-falāsifa*). Abū al-Barakāt ne partage pourtant pas le projet asharite d'articuler la philosophie aux vérités de la révélation, mais il s'autorise une mise en cause très vigoureuse de l'autorité « des maîtres». L'influence gazalienne est confirmée par une récente publication de F. Griffel qui met en regard les positions du théologien et celles de notre philosophe sur d'autres questions, comme celle de l'arrangement des cieux[132]. Celle-ci est développée par al-Baġdādī dans sa métaphysique, où il interpelle les philosophes qui présentent leurs principes «comme des vérités révélées», auxquelles on ne pourrait rien objecter (*KM*, IV, p. 158-2).

Concernant l'identité du disciple à la prière duquel Abū al-Barakāt aurait cédé et qui lui aurait servi de secrétaire pour l'écriture de cet ouvrage, nous n'avons pas beaucoup d'informations. Dans la biographie d'Abū al-Barakāt rédigée par Ibn Abī Uṣaybiʿa[133] on trouve les indications suivantes:

> J'ai recopié[134] un écrit de Muwaffaq al-Dīn ʿAbd al-Laṭīf al-Baġdādī dans lequel il parlait d'Ibn al-Dahhān, l'astrologue. Il a dit (Muwaffaq al-Dīn) qu'Ibn al-Dahhān a dit: «le cheikh Abū al-Barakāt devint aveugle à la fin de sa vie et il dictait à Ǧamāl al-Dīn ibn Faḍlān, à Ibn al-Dahhān l'astrologue, à Yūsuf le père du cheikh Muwaffaq al-Dīn ʿAbd al-Laṭīf et à al-Muhaḏḏab ibn al-Naqqāš, le *Kitāb al-muʿtabar*».

Au total, ce sont donc quatre disciples qui se seraient chargés de transcrire cette œuvre: Ibn Faḍlān, Ibn al-Dahhān, Yūsuf (b. Muḥammad b. ʿAlī al-Baġdādī), père du philosophe ʿAbd al-Laṭīf al-Baġdādī, et Ibn al-Naqqāš. Le fait que ces disciples soient tous peu ou prou versés dans les études coraniques est relevé par A. al-Ṭayyib dans son étude de 2004. Cela confirme, selon lui, l'aspect non fortuit de la conversion du philosophe et la véracité de son engagement dans l'islam[135].

Mais l'information «de troisième main» du biographe syrien est contestée par S. Pines qui s'interroge lui aussi sur l'identité de ce(s) scribe(s). S. Pines propose une autre piste en la personne d'Abū Saʿd Isḥāq, fils d'Abraham b. Ezra al-Qurṭubī, auteur d'un éloge en vers d'Abū al-Barakāt et qui semble avoir engagé Abū al-Barakāt à composer son *Commentaire de l'Ecclésiaste* tout en lui servant de scribe[136]. Ce double rôle ne serait-il pas celui joué par la même personne concernant le *Muʿtabar*? s'interroge S. Pines, même s'il ne cache pas que l'appellation de «premier disciple» cadre mal avec ce juif espagnol arrivé tardivement dans la vie d'Abū al-Barakāt à Bagdad.

W. F. Madelung, dans l'*Encyclopaedia Iranica*, affirme que c'est le prince de Yazd, ʿAlāʾ al-Dawla Farāmarz, qui aurait insisté auprès d'Abū al-Barakāt pour qu'il écrive cet ouvrage[137]. Le philosophe aurait séjourné un temps à la cour seldjoukide d'Iran occidental où le prince aurait apprécié ses critiques à l'encontre d'Avicenne. Cette hypothèse est confirmée par les éléments de biographie de ce prince que l'on trouve dans l'anthologie écrite par al-Šahrazūrī évoquée précédemment.

Suleyman al-Nadawī, quant à lui, reprend à son compte dans sa postface de présentation du *ṣāḥib al-Muʿtabar*[138], les informations du biographe Ibn Abī Uṣaybiʿa.

Tout laisse penser, en tout cas, que cet ouvrage a été écrit à un âge avancé et qu'il constitue la somme de ce que le médecin philosophe souhaitait laisser derrière lui. Dans la biographie qu'il a faite de notre auteur, l'historien Ibn al-Qifṭī raconte en effet qu'Abū al-Barakāt se sentant mourir, aurait demandé à qui de droit d'inscrire sur son tombeau « Ci-gît l'Unique de son temps, Abū al-Barakāt, l'auteur du *Muʿtabar*[139] ».

Le terme de *ḥikma* (sagesse), contenu dans ce titre, mérite lui aussi quelques remarques. Il est, dans les écrits classiques, la traduction du terme grec *sophia* et a souvent le sens d'une réunion de la science et de l'action. J. Jolivet, dans une étude portant sur l'usage de ce terme aux IVe et Ve siècles de l'hégire, relève en quoi la sagesse, chez al-Kindī, se distingue de la révélation. Elle est « l'accumulation continue des connaissances <qui> fait que la "science humaine" tend de plus en plus vers la "science divine" communiquée instantanément aux prophètes[140] ». Deux siècles plus tard, lorsque les disciples d'Avicenne eurent popularisé ses idées en Orient, c'est sous le nom de *ḥikma* que l'on présenta l'ensemble de ses doctrines.

La référence au terme *ḥikma* chez « l'Unique de son temps » traduit sans doute une volonté de se réapproprier cet héritage avicennien qu'il critique abondamment et qu'il désire dépasser. Sa démarche est essentiellement caractérisée par une volonté de construire une approche rationnelle du monde. L'un des manuscrits de son livre (Fatih 3224) présente d'ailleurs un titre légèrement modifié en *Kitāb al-muʿtabar fī ʿilm al-ḥikma* (*Le livre de la réflexion personnelle sur la science de la sagesse*), ce qui confirme la nature du projet. Abū al-Barakāt pratique, dans la lignée d'al-Kindī, une philosophie conçue comme une science évolutive, élaborée par l'exercice de la réflexion personnelle (*iʿtibār*) sur un héritage non figé, pour s'approcher de la perfection de la rationalité.

La structure de l'ouvrage

Le *Muʿtabar* se présente comme une « somme philosophique », un genre littéraire qui semble avoir été renouvelé dans le monde arabo-musulman par le monumental *Kitāb al-šifāʾ* d'Avicenne et, avant lui, par les *Épîtres des Frères de la Pureté,* émanant d'une communauté ismaélienne de Bassora. Le *Kitāb al-muʿtabar* et le *Kitāb al-šifāʾ* ont cependant la particularité de constituer, chacun à leur manière, une œuvre philosophique cohérente et complète, qui ne se réduit pas à une glose et expose une pensée originale, particulièrement en philosophie de la nature.

La première partie (*ǧuzʾ*) est, de façon classique, un traité de logique (277 p.), puisque cette science est l'instrument de toutes les autres[141]. La deuxième partie de l'ouvrage édité, qui porte sur la science naturelle, est, de loin, la plus importante (449 p.), mais nous avons vu qu'elle est partagée en deux dans les manuscrits (et forme les parties II et III). Enfin la quatrième partie (troisième dans l'édition d'Hayderabad), est, là encore de façon classique, constituée d'un traité de métaphysique (224 p.). Il est intéressant de comparer cette structure à celle du *Šifāʾ* auquel, dans une large mesure, cet ouvrage répond. Le *Šifāʾ* est constitué de quatre parties : la *Logique*, les *Sciences de la nature*, les *Mathématiques* et la *Métaphysique.* Comme le remarque Ibn al-Qifṭī[142], le *Kitāb al-muʿtabar* est « exempt de toute sorte de mathématiques », ce qui est peu fréquent, sans être toutefois exceptionnel à cette époque. Le compendium de philosophie écrit par al-Lawkarī (m. 527/1133), un ardent défenseur des thèses avicenniennes à Merv, dans la région du Khorassan, a la même structure en trois parties, excluant les mathématiques[143].

Si l'on examine plus en détail le sommaire des *Sciences de la nature* du *Muʿtabar*, il contient la *Physique* proprement dite (en vingt-huit chapitres) qui constitue la partie II, et cinq autres textes qui constituent la partie III : un *Traité du ciel*, un *Sur la génération et la corruption*, un *Sur les météores*, un autre *Sur les animaux et les plantes*, et enfin un long traité *Sur l'âme.* Abū al-Barakāt ne reprend pas à son compte l'innovation d'Avicenne, qui avait placé le traité *Sur l'âme* avant ceux *Sur les plantes et les animaux.* Elle découlait d'une position particulière d'Avicenne selon lequel « l'étude de l'âme est en effet plus générale que l'étude des plantes et des animaux[144] ». Le tableau qui suit permet de poursuivre la comparaison avec le sommaire du *Šifāʾ*.

	Le *Kitāb al-muʿtabar* d'Abū al-Barakāt	Le *Kitāb al-šifāʾ* d'Avicenne
I.	La *Logique* en huit parties (*Sur les définitions, Sur les sciences et leur vérité, Sur le syllogisme, Sur la démonstration, Sur la dialectique, Sur la sophistique, Sur la rhétorique, Sur la poétique*)	La *Logique* en neuf parties (*Isagoge, Catégories, Sur l'interprétation, Premiers analytiques, Seconds analytiques, Dialectique, Sophistique, Rhétorique* et *Poétique*)
II.	La *Physique* en vingt-huit chapitres	Les *Sciences de la nature* (en huit traités) : – *Physique* – *Traité du ciel* – *De la génération et de la corruption* – *Des actions et des passions* – *Des météores et des minéraux* – *De l'âme* – *Des plantes* – *Des animaux*
III.	Les autres sciences naturelles en cinq parties : – *Traité du ciel* – *De la génération et la corruption* – *Des météores* – *Des animaux et des plantes* – *De l'âme*	Les *Mathématiques*
IV.	La *Métaphysique*	La *Métaphysique*

Comparons maintenant l'organisation de la partie II du *Kitāb al-muʿtabar* avec celle de la *Physique* d'Aristote. Celle-ci était partagée en huit livres numérotés de I à VIII. Les chapitres de celle du *Kitāb al-muʿtabar* sont organisés différemment, comme nous allons le voir. Mais la partie II, intitulée « Première partie des sciences de la nature du *Livre de la réflexion personnelle et de la sagesse* », porte l'exergue suivant : « Des requêtes dont a parlé Aristote dans son ouvrage nommé l'*Écoute de la nature*[145] ». Le programme de cette science est explicité dès le deuxième chapitre où il est précisé que la nature est « le principe premier qui meut ou qui immobilise ce dans quoi elle est par essence, non par accident » (*KM*, II, 2, p. 5) et donc que les recherches en sciences naturelles portent sur « le substrat de l'objet en mouvement ou au repos, et sur ce qui émane, ou ce que contient, ou ce dont provient, ou ce vers quoi va, ou ce dans quoi est, le mouvement ou le repos » (*KM*, II, 2, p. 6).

Nous essayons de rendre compte des correspondances entre la *Physique* d'Aristote et celle d'Abū al-Barakāt dans ce deuxième tableau, où les chiffres romains correspondent aux livres de la *Physique* d'Aristote, et les chiffres arabes aux chapitres de celle d'Abū al-Barakāt.

	***Physique* d'Aristote**	***Physique* d'Abū al-Barakāt**
I.	Les principes, leur nombre, la critique des Éléates, la génération, critique d'Anaxagore, principes et contraires, nécessité que l'un des principes soit substrat, le nombre des principes, la génération, le par soi/par accident.	2. De l'objet de la science naturelle ; 3. Des principes, des raisons, et des causes ; 4. De la *hylè* primitive et du substrat ; 9. Du mouvement (en partie).
II.	La nature, la nature comme matière, comme forme, forme et privation, la physique et les mathématiques, les quatre causes, hasard et spontanéité, finalité dans la nature.	5. De la forme, du terme et du néant ; 6. De ce qui est dit de la chance et de la coïncidence ; 7. Unité, multiplicité, continuité, discontinuité ; 8. L'unité du corps et sa multiplicité.
III.	Définition du mouvement, explications, le mouvement est dans le mobile, différentes espèces de mouvements. Étude de l'infini, cinq arguments, différentes sortes d'infini.	9. Du mouvement ; 10. De l'affirmation du moteur pour chaque mobile et du fait qu'il n'est pas le mobile ; 11. Du rapport du mouvement avec les catégories d'éxistants dans lesquels il se trouve ; 19, 20. De la finitude et de l'infinitude pour le lieu, le temps et le reste.

Physique d'Aristote		*Physique* d'Abū al-Barakāt
IV.	Étude du lieu. Étude du vide. Étude du temps.	12. Du lieu ; 13. Du vide et de ce qu'on en dit ; 14. Les arguments pour et contre le vide ; 15. Examen des arguments sur le vide ; 16. Conclusion sur le lieu et le vide ; 17. Du temps ; 18. Sur le temps et l'instant.
V.	Les modalités du changement. Les sortes de changement. Les trois sortes de mouvement. Mouvements contraires. Opposition mouvement/repos.	23. De l'unité et de la multiplicité du mouvement, de son opposé et de son contraire ; 24. Discussion sur le repos entre deux mouvements contraires (en partie).
VI.	Le continu/ les indivisibles. Temps et mouvements. Vitesse. L'indivisible du temps. Finitude et infinitude du mouvement et du mû. De l'arrêt. Aucun changement n'est infini.	21. Finitude et infinitude du temps ; 22. Finitude et infinitude parmi les puissances (en partie) ; 27, 28. (en partie).
VII.	La nécessité d'un moteur séparé du mû. Le Premier Moteur. Comparaison des mouvements. Les rapports proportionnels entre force, masse, distance et temps.	27. Mouvement violent et mouvement spontané ; 28. Des causes motrices.
VIII.	Le problème de l'éternité du mouvement. Cas des choses mues contre nature. Les différents sens de « en puissance ». Nécessité, éternité et unicité du Premier Moteur Immobile. De l'antériorité des mouvements. Le mouvement rectiligne et le circulaire. Le problème de la persistance des mouvements des projectiles.	24. Discussion sur le repos entre deux mouvements contraires ; 25. Du mouvement antérieur par nature ; 26. Chaque corps a un espace naturel unique et un principe qui l'immobilise ou le meut ; 28. Des causes motrices (en partie).

Le premier chapitre du *Muʿtabar* n'a pas d'équivalent chez Aristote : il s'agit de l'enseignement des sciences où l'auteur expose sa théorie originale de la connaissance. S'il n'y a pas vraiment d'équivalent au livre VI d'Aristote sur les continus et les indivisibles, c'est sans doute parce que cette question travaille toute la *Physique* d'al-Baġdādī. Elle a connu de nombreux développements chez les philosophes musulmans et nous verrons que ces derniers ont permis à notre philosophe la résolution de certaines contradictions de la *Physique* du Stagirite.

L'essentiel de l'apport d'Abū al-Barakāt se concentre sur l'équivalent du livre IV (le lieu, le vide, l'espace tridimensionnel) et sur celui des livres VII et VIII (la persistance du mouvement des projectiles et les lois de la dynamique).

La classification des sciences mise en jeu

Dès la première page de sa *Métaphysique*, Abū al-Barakāt présente une définition des sciences et de la connaissance. Dans ce premier chapitre qui porte le sous-titre suivant : « De la science nommée *Ce qui est au-delà de la nature*, son intention et son sujet d'étude, ce qui caractérise sa recherche », il commence ainsi (*KM*, IV, p. 2) :

> La connaissance et la science selon nous, sont, pour nous-mêmes, de deux sortes relativement aux choses que nous savons et que nous apprenons. Les choses que nous savons et que nous apprenons en premier, ce sont les existants (*mawǧūdāt*[146]) parmi les choses concrètes (*aʿyān*[147]), donc la connaissance et le savoir que nous en avons est relatif à elles dans les esprits. Puis nous connaissons et nous apprenons les modalités intellectuelles relatives et en acquérant la connaissance et la science, nous les découvrons. On dit que la connaissance et la science résident dans l'association du nom de ces deux <choses>, je veux dire la connaissance des choses concrètes existantes et celle des images mentales relatives …

La véritable connaissance résulte donc de l'association de celle des choses concrètes et de celle « des modalités intellectuelles relatives ». Plus loin, il précise que si la science « des choses sensibles » est la science naturelle, la « science de ce qui existe » relève, elle, de la science divine (l'autre nom de la métaphysique) et de la science de l'âme puisque cette dernière étudie les représentations construites par les esprits « qui font partie des existants ». Il ajoute : même « l'image de ce qui existe est un existant dans quelque chose qui existe » (*KM*, IV, p. 7-8). Cette approche rationnelle de la psychologie marque toute sa théorie de la connaissance et nous verrons qu'elle lui permet d'échapper parfois aux figures imposées sur certaines questions ontologiques : à quelle catégorie d'existants appartient le mouvement ? Qu'est-ce que le temps ? Quelle est la nature du vide ?

Pour préciser la place particulière de la *Physique* dans cet ensemble, Abū al-Barakāt rappelle dans l'introduction du chapitre 9 que « chaque science a un sujet, des principes et des accidents (*ʿawāriḍ*[148]) » et qu'en conséquence sa recherche, une fois les principes définis, porte sur les accidents « d'après ce qui est dit en science de l'examen démonstratif » (*KM*, II, 9, p. 27). La science de l'examen démonstratif qui fournit les outils scientifiques à toutes les autres, c'est la logique. Les principes communs des sciences de la nature ont été explorés dans les huit premiers chapitres de ce livre II. La physique proprement dite, abordée avec ce chapitre, est définie comme « science des accidents du corps naturel », et « le plus général des accidents du corps naturel, c'est le mouvement ». La physique est donc la science du mouvement, ce dernier terme étant à prendre dans son sens large, celui de « changement ». Les corps naturels sont justement ceux qui possèdent en eux un principe de mouvement et de repos.

Une telle définition ne s'éloigne pas de celle d'Aristote qui assimilait la physique à l'étude « de cette sorte de substance qui possède en elle le principe de son mouvement et de son repos[149] ». Avicenne affirme, de la même manière, que le sujet de la physique c'est le corps, non pas en tant qu'existant ni en tant que substance, mais « en tant qu'il est sujet du mouvement et du repos[150] ». Cette communauté de conception n'empêche pas, comme nous allons le voir, une grande diversité d'orientations.

---

1. Les *madrasa*-s établies par le vizir Niẓām al-Mulk ont fonctionné comme de véritables établissements d'enseignement supérieur, formant les fonctionnaires, arabes ou persans, de l'administration et concurrençant l'institution al-Azhar, fondée quelques décennies plus tôt par les Fatimides au Caire. Celle de Bagdad, appelée la Niẓāmiyya en hommage au vizir, est restée célèbre.
2. Suleyman al-Nadawī, auteur de la postface de l'édition du *Kitāb al-muʿtabar* dans l'édition de Hayderabad, signale que plusieurs villes se nomment Balad (p. 234), l'une à

80 km au nord de Bagdad, l'autre sur le Tigre, au nord de Mossoul. C'est cette dernière hypothèse qui est retenue aujourd'hui.
3. Selon un récit de voyageur la population juive atteignait 40 000 âmes aux alentour de 1170 dans cette ville. Voir Stroumsa, 1998, p. 313.
4. Al-Bayhaqī, Ẓahīr al-Dīn Abū al-Ḥasan ʿAlī b. Zayd b. Funduq, (m. 565/1170).
5. D'après le biographe syrien Yāqūt al-Rūmī (m. 1229) dans son *Muʿǧam al-udabāʾ* (*Dictionnaire des gens instruits*), XIII, p. 228.
6. Dunlop, 1979.
7. Al-Bayhaqī, *Tatimmat Ṣiwān al-ḥikma*, notice 93, Moḥammad Shafīʿ (éd.), p. 150-153 Sezgin (éd.), p. 308-311.
8. C'est à cet ami qu'Abū al-Barakāt aurait dicté une autre de ses œuvres : le commentaire de l'Ecclésiaste.
9. Pines, 1937-38, *in* Stroumsa, 2000b, p. 2, n. 5.
10. Ibn Abī Uṣaybiʿa, Muwaffaq al-Dīn, Abū al-Abbās Aḥmad b. al-Qāsim b. Ḫalīfa b. Yūnus al-Ḫazraǧī.
11. Le texte de ces *ʿUyūn al-anbāʾ fī ṭabaqāt al-aṭibbāʾ* a été édité par Müller mais très mal imprimé au Caire en 1882. La réédition de 2004 par ʿĀmar al-Naǧǧār (en 6 vol.) est plus lisible ; c'est celle que nous utilisons.
12. Ibn Abī Uṣaybiʿa, *ʿUyūn al-anbāʾ*, II, p. 313-314.
13. Cette mention du calife al-Mustanǧid est une erreur due à une information anachronique que Ibn Abī Uṣaybiʿa aurait recopiée de Yāqūt puisque ce calife a régné bien après la mort d'Abū al-Barakāt (555-566/1160-1170) d'après Wilferd F. Madelung (2008, p. 266).
14. Ainsi sont nommés ceux qui sont assujettis à l'impôt dû par les non musulmans.
15. Ibn Ḫallikān, *Wafayāt al-aʿyān*, VI, p. 74.
16. Ibn Ḫallikān, *Wafayāt al-aʿyān*, VI, p. 75.
17. Al-Šahrazūrī, Šams al-Dīn Muḥammad b. Maḥmūd, m. 687/1288.
18. Al-Šahrazūrī, *Nuzhat al-arwāḥ*, II, p. 79-80, notice 62.
19. Al-Šahrazūrī, *Nuzhat al-arwāḥ*, II, p. 148.
20. Ville du sud-ouest de l'Iran actuel.
21. Al-Šahrazūrī, *Nuzhat al-arwāḥ*, II, p. 47-48.
22. Al-Bayhaqī, *Tatimmat Ṣiwān al-ḥikma*, Moḥammad Shafīʿ (éd.), p. 110-111 ; Sezgin (éd.), p. 350-351.
23. Ce sultan dont le nom complet est Muḥammad, b. Malikšāh, Abū Šuǧāʿ, Ġīyāṯ al-Dīn, est aussi appelé Ṭapar en turc ; il a régné de 498/1105 à 511/1118.
24. Ibn al-Qifṭī, Ǧamāl al-Dīn Abū al-Ḥasan ʿAlī b. Yūsuf b. Ibrāhim b. ʿAbd al-Wāḥid al-Šaybānī.
25. Dietrich, 1979.
26. Il a été écrit en 1249, et édité par Julius Lippert en 1903.
27. Ibn al-Qifṭī, *Tārīḫ al-ḥukamāʾ*, p. 343.10-14.
28. Gregory Abū al-Faraǧ, Bar Hebraeus, appelé aussi Ibn al-ʿIbrī, tient son nom de l'origine juive de son père. Il fut « Maphreyan de l'Orient » de l'église jacobite, c'est-à-dire chef spirituel des jacobites d'Iraq et de Perse. Il mourut près de Mossoul en 1286. La version arabe de sa chronique, *Tarīḫ muḫtaṣar al-duwal*, contient trois brèves évocations d'Abū al-Barakāt – qu'on ne retrouve pas dans la version syriaque – aux pages 360, 363 et 365 de l'édition faite au Liban en 1890.

29. Bar Hebraeus, *Tārīḫ muḫtaṣar al-duwal*, p. 365.
30. Ibn al-Qifṭī, *Tārīḫ al-ḥukamā'*, p. 343.20.
31. Ibn al-Qifṭī, *Tārīḫ al-ḥukamā'*, p. 346.8-13.
32. *Jewish Encyclopedia.com*, *s.v.* « Hibat Allah Abū al-Barakāt ».
33. Rağab Sīdbī, 1996.
34. Pines, 1970.
35. Pines, 1979.
36. Pines, 1938, *in* Stroumsa, 2000e, n. 2, p. 97.
37. Al-Ṭayyib, 1980.
38. C'est ainsi que l'on nomme la formule religieuse *bi-smi Llāhi al-Raḥmāni al-Raḥīmi* (« au nom de Dieu le Clément, le Miséricordieux »).
39. Al-Ṭayyib, 1980, p. 131.
40. Marcotte, 2004.
41. Strauss, 1989.
42. Carra de Vaux, 1979.
43. Anbouba, 1970.
44. Auteur d'une pièce de liturgie dramatique récitée dans le monde séfarade le jour du Kippour, la *ʿAqeda*.
45. Al-Maġribī, *Ifḥām al-yahūd*, 2006.
46. Cahen, 1983, p. 18.
47. Madelung, 2008.
48. Pines, 1937-38, *in* Stroumsa, 2000b, p. 3 1938, *in* Stroumsa, 2000e, p. 96 ; 1979, p. 111.
49. Al-Ṭayyib, 1980, p. 127.
50. Ibn Abī Uṣaybiʿa, *ʿUyūn al-anbā'* II, p. 316.
51. Quiddité (*māhiyya*), voir glossaire, n° 15.
52. Dietrich, 1966, p. 228. Albert Dietrich précise que le terme *baršaʿṯā* n'est pas indien mais araméen.
53. Dietrich, 1966, p. 229.
54. Al-Ṭayyib, 1980, p. 129-130.
55. Le manuscrit se trouve à Dār al-Kutub.
56. Nous n'avons pas pu consulter la source mentionnée : *Zeitschrift für Hebraeische Bibliographie*, XII, p. 32.
57. Brockelmann, 1996a.
58. Wiedemann, (1909) 2001, p. [113-119].
59. Sayili, 1953.
60. *GAS*, VI, p. 280.
61. Ünver, 1946, p. 330.
62. Brockelmann, 1996b.
63. Rağab Sīdbī, 1996, p. 25.
64. Marcotte, 2004, p. 217.
65. Ibn al-Nadīm, *Fihrist*, p. 243.5-8.
66. Gutas & Van Bladel, 2007.
67. Gutas, 2005, p. 99.
68. Médecin, philosophe, traducteur du grec au syriaque et commentateur d'Aristote (m. 536).

69. Gutas, 2005, *passim*.
70. Ibn al-Nadīm, *Fihrist*, p. 243.
71. Ḥunayn b. Isḥāq, *Risāla ilā ʿAlī b. Yaḥyā fī ḏikr mā turǧima min kutub Ǧālīnūs bi-ʿilmihī wa-baʿḍ mā lam yutarǧam* (*Lettre à Alī b. Yaḥyā sur les livres de Galien qui ont été traduits à sa connaissance, et sur quelques uns qui n'ont pas été traduits*), lettre commentée par Micheau, 1997.
72. Micheau, 1997, p. 177-178.
73. Gutas, 2005, p. 25.
74. Peters, 1968.
75. Ibn Al-Nadīm, *Fihrist*, p. 250.
76. Alexandre d'Aphrodise, « Traité sur le temps », Badawī (éd.), 1971.
77. Lettinck, 1991, p. 2-3. Cette étude de Paul Lettinck, par ailleurs minutieuse, omet cependant de citer le commentateur qui est l'objet du présent ouvrage : Abū al-Barakāt al-Baġdādī.
78. Ibn al-Nadīm, *Fihrist*, p. 246.5-20.
79. Voir à ce sujet Chiaradonna, 2009, p. 43-78.
80. Ibn al-Nadīm, *Fihrist*, p. 253.5-6.
81. Ibn Abī Uṣaybiʿa, *ʿUyūn al-anbā'*, I, p. 305.2.
82. Badawī, 1976, p. 26.
83. Chiaradonna, 2009.
84. Al-Rāzī, Abū Bakr, *Kitāb al-šukūk ʿalā kalām Ǧālīnūs* (*Doutes sur Galien*).
85. *AṬ* I, p. 76-77.
86. *Arisṭūṭālīs, al-Ṭabīʿa* (Aristote, *Naturalia*, Isḥāq b. Ḥunayn [trad.]), 2 vol.
87. Paul Lettinck, à la suite de Francis E. Peters, affirme que « Yaḥyā b. ʿAdī a comparé trois fois la traduction d'Isḥāq au grec », mais il s'agit d'une erreur, comme le fait remarquer Ahmed Hasnaoui (1997, p. 30).
88. On ne sait pas aujourd'hui sur quelle version arabe la traduction latine de Gérard de Crémone a été faite.
89. Giannakis, 2008, p. 36.
90. Ces commentaires se présentent donc selon la forme « Abū ʿAlī a dit : "Anaxagore a affirmé que ..." ».
91. Philopon, *On Aristotle Physics 5-8*, p. 6-17 de l'introduction.
92. Endress, 1977, p. 36 sqq.
93. Les deux œuvres de Simplicius répertoriées dans ce domaine par le *Fihrist* sont une partie du commentaire sur les *Catégories*, et celui du *Traité de l'âme*.
94. Giannakis, 1996, p. 157-187.
95. On croyait – et Elias Giannakis aussi – ce commentaire totalement perdu en grec. Marwan Rashed (1995) a montré que non, dans une étude où il met en évidence que les gloses de *Physique* IV-VIII que l'on trouve dans les marges du ms. Parisinus sup. gf. 643 de la BNF remontent à ce commentaire perdu d'Alexandre. Il analyse trois de ces gloses dont l'une intéressera particulièrement notre étude du concept de lieu.
96. Nous reviendrons sur cette confusion dans la section qui suit, consacrée à Philopon.
97. Giannakis, 1998, p. 245-302.
98. Ibn al-Qifṭī, *Tārīḫ al-ḥukamā'*, p. 39, 14-19.

99. Giannakis, 1992. Je remercie chaleureusement Peter Adamson de m'avoir procuré un exemplaire de cette thèse non éditée à ce jour mais conservée à la Bodleian Library.
100. Giannakis, 1992, p. 129.
101. Giannakis, 1992, p. 39.
102. Giannakis, 1992, p. 30-31.
103. L'identification d'un auteur de l'Antiquité tardive nommé Yaḥyā al-Naḥwī à Jean Philopon doit, selon les disciplines, rester prudente. Dans le domaine de la médecine, Ivan Garofalo et Peter E. Pormann ont montré que le doute est permis. Le « Yaḥyā al-Naḥwī » mentionné par Ibn Abī Uṣaybiʿa semble avoir amalgamé plusieurs autres « Jean » dans la tradition médicale arabe. Voir Pormann, 2003, p. 248-249.
104. Ibn al-Qifṭī, *Tārīḫ al-ḥukamāʾ*, p. 354.12-15. Ce texte est une reprise du *Fihrist* d'Ibn al-Nadīm, p. 254.23-25.
105. On peut noter, avec Henri-Dominique Saffrey (1954), que Jean Philopon écrit son *De Aeternitate Mundi* l'année de la fermeture de l'école d'Athènes.
106. Le monophysisme est un courant du christianisme qui s'est répandu en Égypte au vᵉ siècle, et qui soutient que le Christ a une nature divine. Il a été condamné par le concile de Chalcédoine qui a affirmé la double nature humaine et divine du Christ.
107. Voir Sorabji, 1991, p. 1.
108. Ibn al-Nadīm, *Fihrist*, p. 250.18-20.
109. Giannakis, 1992, p. 129 ; 1998, p. 247..
110. *Kitāb fī taḥqīq mā li-l-Hind min maqūla maqbūla fī al-ʿaql.* Ces citations ont été éditées et traduites par Elias Giannakis (2002/3).
111. Répertoriés D9 et D16 dans la classification d'Albert Dietrich.
112. Hasnaoui, 1994, p. 53-109.
113. Nous développons plus loin les divergences et les convergences entre ces deux courants.
114. Harvey, 2004, p. 89-103.
115. Harvey, 2004, p. 92.
116. De Libera, 2006, p. 93.
117. Maïmonide, *Guide des Égarés*, I, 71, p. 175-177.
118. Voir par exemple la présentation de ce contexte faite par Alnoor Dhanani (1994, p. 3).
119. Voir Van Ess, 1978.
120. Voir glossaire, nº 19.
121. La racine *ʿalzalla* signifie « séparer ».
122. Sur les liens nouveaux entre philosophie et *kalām* à la fin du XIIᵉ siècle, voir Shihadeh, 2005, p. 177-179.
123. Pines, 1996, p. 312. Shlomo Pines donne une traduction en français d'une grande partie de cette lettre qui, depuis, a été entièrement traduite en anglais par Dimitri Gutas (1988, p. 60-64).
124. Griffel, 2007, p. 313-344.
125. Griffel, 2007, p. 332.
126. Griffel, 2007, p. 342.
127. Griffel, 2007, p. 341.
128. Al-Nadawī, postface du *Kitāb al-muʿtabar*, p. 251.
129. Signalé par al-Nadawī (*KM*, IV, p. 217, n. 1).
130. *KM*, III, p. 450.16-22.

131. Pines, 1955, *in* Stroumsa, 2000e, p. 99-101.
132. Griffel, 2011, p. 67, 71.
133. Ibn Abī Uṣaybiʿa, *ʿUyūn al-anbāʾ*, II, p. 313-316.
134. C'est le biographe Ibn Abī Uṣaybiʿa qui parle.
135. Al-Ṭayyib, 2004, p. 45.
136. Pines, 1955, *in* Stroumsa, 2000e, p. 12.
137. Madelung, 2008.
138. C'est un autre surnom d'Abū al-Barakāt, que l'on retrouve fréquemment dans les écrits des philosophes postérieurs comme Faḫr al-Dīn al-Rāzī, et qui signifie « l'auteur <du livre> de la *Réflexion personnelle* ».
139. Ibn al-Qifṭī, *Tārīḫ al-ḥukamāʾ*, p. 345.
140. Jolivet, 1991, p. 65.
141. Rappelons que le sommaire détaillé est donné dans l'annexe 1.
142. Ibn al-Qifṭī, *Tārīḫ al-ḥukamāʾ*, p. 343.7.
143. Al-Lawkarī, *Bayān al-ḥaqq* (*L'explication de la vérité*), un ouvrage qui n'a pas été édité dans son intégralité mais dont de nombreux manuscrits ont été conservés, sans doute parce qu'il a servi de manuel. Il est présenté par Roxanne Marcotte dans son étude (2006, p. 142 sqq.).
144. *Kitāb al-šifāʾ* (*Traité des actions et des passions*).
145. L'expression *al-samāʿ al-ṭabīʿī* est celle que les Latins traduiront par *Physico Auscultatio* ou *De Physica auscultatione*.
146. Voir glossaire, n° 22.
147. Voir glossaire, n° 11.
148. Voir glossaire, n° 9.
149. Aristote, *Métaphysique*, I, p. 224.
150. Avicenne, *Métaphysique*, p. 91.5-8.

Chapitre II

Les enjeux du mobile[1]

LA PHYSIQUE d'Abū al-Barakāt recèle bien des surprises. Les concepts fondamentaux du mouvement sur lesquels elle s'appuie relèvent, au premier abord, de la plus pure tradition aristotélicienne et les quelques contradictions que soulève l'auteur semblent marginales. Nous allons passer en revue ces concepts, tels qu'ils sont exposés au début du livre II du *Kitāb al-muʿtabar*. Puis nous nous déporterons vers les derniers chapitres où l'étude du mouvement d'un projectile met en œuvre, cette fois, des concepts radicalement modifiés. Pour comprendre ce contraste, il nous faudra retracer l'histoire de la théorie de l'inclination, tant dans le monde grec qu'arabe, car elle est une charnière autour de laquelle s'articule cette physique reconstruite.

Concepts fondamentaux

Définition du mouvement

Dès les premiers chapitres de sa *Physique*, Abū al-Barakāt précise qu'il adopte la classification des « changements qui affectent le monde » qu'a produite Aristote. Celui selon le lieu ou mouvement local est le « premier » de tous, selon une antériorité qu'il développera plus loin. Il est l'archétype des changements, pour lui comme pour tous ses prédécesseurs. Il est aussi celui qui soulève les problèmes les plus complexes.

Al-Baġdādī cite, sans la contester, la définition péripatéticienne du mouvement comme « perfection première de ce qui est en puissance en tant qu'il est en puissance » (*KM*, II, 9, p. 28). Le qualificatif « première » ajouté

Notes pages 87-88

au terme perfection (ou entéléchie[2]) utilisé dans la définition d'Aristote (*Phys.*, III, 1, 201a10) est un classique de l'exégèse arabe. On le trouve longuement explicité par Avicenne en prélude à sa propre définition (*ST*, II, 1, p. 83.2-4). Abū al-Barakāt ne développe cependant pas ce dédoublement de l'entéléchie.

Le mouvement se dit des changements selon plusieurs catégories. Aristote en avait identifié trois : le changement selon la quantité, celui selon la qualité et celui selon le lieu. Abū al-Barakāt reprend ces catégories à son compte : le mouvement « selon la croissance et la diminution », celui « d'altération » en donnant l'exemple du corps « qui chauffe et refroidit », et le mouvement local qui est « celui par lequel le mobile se transporte d'un lieu vers un lieu ». Mais il ajoute, suivant en cela l'innovation d'Avicenne, la catégorie de position – qui permet de rendre compte du mouvement circulaire céleste – par lequel le mobile « transporte ses parties dans les parties de son lieu » mais sans changement de lieu (*KM*, II, 9, p. 28).

Il affirme, de façon classique, la nécessité que ces changements, dans les quatre catégories, se fassent progressivement, dans un temps « comme le rouge de la datte non mûre après qu'elle a verdi » et non pas instantanément « comme l'éclairement de la maison par la lampe » (*KM*, II, 9, p. 28). Intégrer le temps à la définition du mouvement soulève cependant un problème, déjà évoqué par Aristote, puisqu'il faudrait au préalable avoir défini le temps. Or celui-ci est défini dans la tradition péripatéticienne comme « le nombre du mouvement ». On se trouve alors devant une définition circulaire qui a suscité de nombreux commentaires, et que nous explorerons dans le chapitre sur le temps.

Abū al-Barakāt rappelle les éléments d'une véritable définition au sens classique. Le mouvement doit être connu par sa quiddité (*māhiyya*[3]), son pourquoi (*limiyya*[4]), son agent (*fāʿil*) et son sujet (*mawḍūʿ*[5]). Mais il propose, dès ce chapitre, une autre façon de traiter le problème du temps et d'échapper à la circularité de la définition en considérant que le temps a une acception première qui ne soulève aucun problème car, ajoute-t-il : « on compte les jours et les nuits, on connaît le temps, son passé et son avenir, même si on ne l'appréhende pas d'une connaissance parfaite et scientifique » (*KM*, II, 9, p. 29). Nous verrons en détail sur quelles conceptions originales débouche cette approche.

Concernant l'objet qui subit le changement – et que nous appellerons le mobile – il est le « théâtre » de ce passage de la puissance vers l'acte, passage qui ignore la réversibilité (ou alors il s'agit d'une autre puissance) et qui a pour seul contraire « l'absence de passage », donc le repos. Repos et mouvement ne sont pas plus réconciliables que le chaud et le froid, le noir et le blanc.

Abū al-Barakāt évoque ensuite l'objection des Éléates. « Il a été dit que <le mouvement> n'est pas un existant et c'est une difficulté évidente » (*KM*, II, 9, p. 30). Ce mouvement qui est l'enchaînement de la séparation du mobile avec son point de départ, de son passage dans le médium traversé, et de son deuxième contact avec le point d'arrivée, « quel sens peut-on donner à son existence ? ». Il faut ici un examen raffiné, Abū al-Barakāt en convient, car la cessation du premier contact, par exemple, est une privation et, à ce titre, elle n'est pas un existant. En outre, « le deuxième contact qui advient est un repos et, comme repos, il n'est donc pas mouvement » (*KM*, II, 9, p. 31). On pourrait alors considérer que le mouvement est la somme, le résultat de tout cela, mais il ne serait pas davantage un existant puisque les premier et deuxième contacts n'existent jamais ensemble. Abū al-Barakāt conteste cependant la place que l'on a faite à l'objection de Zénon (*KM*, II, 9, p. 33.2). Il est d'avis que l'on n'a pas compris son but lorsqu'il niait l'existence du mouvement : peut-être, dit notre philosophe, voulait-il seulement dire qu'il n'a pas d'existence stable (*KM*, II, 9, p. 33.8-10).

Mais comment cette succession de réalités évanescentes peut-elle donner une existence au mouvement ? La réponse n'est pas simple et l'intérêt de la thèse aristotélicienne, qui se concentre sur les termes du mouvement, est sans doute de contourner, d'une certaine manière, cette question. Celle apportée par Abū al-Barakāt est originale car elle expose, en termes psychologiques, la façon dont un concept comme celui de mouvement peut être construit mentalement. Ces réalités séparées du mouvement « se réunissent dans l'intellect et auprès de l'âme par laquelle nous jugeons » et il en résulte pour nous « des choses notoires dans le souvenir » (*KM*, II, 9, p. 31-32).

Cet appel à la psychologie de la connaissance est une démarche récurrente chez al-Baġdādī. Elle lui épargne les longs développements de son aîné Avicenne, pour tenter de cerner avec rigueur la modalité d'existence du mouvement et son rapport aux catégories[6]. La réalité du mouvement est celle qu'enregistre l'esprit. C'est à ce titre que le mouvement existe, puisque « ce qui se forme dans les esprits fait partie des existants ». Une telle affirmation n'est pas une profession de foi en la transcendance de certaines réalités mais une primauté donnée au processus selon lequel se forme une connaissance rationnelle : « d'abord la chose a lieu, ensuite nous en prenons conscience, puis nous statuons sur elle ». Il ajoute : « plus la prise de conscience est répétée, plus est répété le jugement », et c'est la répétition de la prise de conscience qui fait l'existence (*KM*, II, 9, p. 32).

Mis à part cette originalité, les concepts fondamentaux du mouvement ne semblent pas écornés et le chapitre se conclut par l'affirmation classique « le mouvement n'est pas parmi les choses qui adviennent par elles-mêmes mais il advient à une chose, par une chose, dans la chose ». Ce qui aboutit à établir les six « réalités[7] » du mouvement qu'avait posées Aristote (*Phys.*, V, 1, 224a34-224b6), sans que l'on puisse déceler la moindre innovation. Ces six réalités sont : « le moteur, le mobile, le "d'où" <il vient> et le "vers où" <il va>, le "dans quoi" <il est>, et le temps » (*KM*, II, 9, p. 33-34). Le chapitre se termine en affirmant que le moteur du mouvement « est autre que le mobile ». Le système causal qui fonde la nécessité du moteur est exposé dans le chapitre suivant.

De la nécessité du moteur et de son extériorité

Le double axiome aristotélicien imposant une cause au mouvement et une cause qui soit externe au mobile, a été repris par tous les philosophes arabes médiévaux sans exception connue à ce jour. Abū al-Barakāt en reprend l'exposé dans le dixième chapitre en partant de ce qui caractérise le mouvement dont « l'existence est dans l'écoulement, la cessation, le renouvellement et le changement » (*KM*, II, 10, p. 34). Cette situation impose nécessairement, comme nous allons le voir, que l'existence du mouvement dépend d'une cause, appelée de façon générale un moteur. Abū al-Barakāt commence par passer en revue les solutions alternatives.

Une thèse dispensant de moteur consisterait à imaginer que c'est par essence que les contacts se font et se défont. Mais le deuxième contact se fait après que le premier se soit défait. Si la cause du premier contact était dans l'essence du mobile, ce contact persisterait et le deuxième n'aurait jamais lieu. Un contact ne peut pas, par soi, abolir sa propre existence ; il est donc l'effet d'une cause. Or le contact est une composante du mouvement. Donc le mouvement a deux causes : l'une est sa matière (*hylè*, *hayūlā*[8]), le mobile, l'autre est la cause efficiente qui existe puis s'anéantit. Autrement dit le moteur ne peut pas provenir du mobile, plus précisément de l'essence du mobile, sinon « celui-ci aurait toujours lieu » (*KM*, II, 10, p. 35.13). De plus, si le mouvement provenait de l'essence du mobile, les corps auraient tous le même mouvement, ils tomberaient tous vers un même corps, ou au contraire, ils fuiraient tous le même. Or on n'observe pas cela dans la nature mais plutôt une diversité de mouvements (rectiligne, circulaire, rapide, lent, etc.) qui ne serait pas expliquée dans le cadre de cette hypothèse.

On pourrait alors imaginer que le mobile quitte un corps qui lui est étranger pour aller vers un corps qui lui est accordé[9], et cela en raison de sa corporéité. Mais avant d'être étranger au premier, il lui était accordé. Il faudrait imaginer que l'étranger et l'accordé coexistent dans les corps, ce qui est impensable. Abū al-Barakāt résume ces arguments en caractérisant le mouvement comme ce dont les parties « s'anéantissent l'une l'autre dans l'existence », or « ce qui existe et s'anéantit pour une chose <ne le fait> pas pour la chose en soi » (*KM*, II, 10, p. 35.17-18). Il faut donc nécessairement une cause externe au mobile qui rende compte de cette succession de réalités (premier contact, passage, deuxième contact). « Externe au mobile » doit cependant être entendu chez Abū al-Barakāt comme « ne relevant pas de l'essence de ce mobile » car nous verrons plus loin que notre physicien défend la thèse d'une inclination qui peut être acquise par le mobile, et donc interne à celui-ci.

Dans le chapitre 11 « Du rapport du mouvement avec les catégories d'existants dans lesquels il se trouve », Abū al-Barakāt réaffirme les cinq réalités (le « d'où », le « vers où », le « dans quoi », le mobile et le moteur) qui, ajoutées au temps, forment le concept de mouvement. Il précise aussi que le statut de ces réalités n'est pas tout à fait le même et que des distinctions s'imposent selon le mouvement.

Le « d'où » et le « vers où » ne posent pas de problème puisqu'ils sont toujours du même genre : pour un mouvement selon la position, il s'agit d'une position à une autre ; pour un mouvement selon la quantité, il s'agit d'une grandeur à une autre, etc. Mais on ne peut pas en dire autant du « dans quoi » car il n'est pas le lieu pour tous de la même façon : il est le lieu premièrement et par essence pour le mouvement local, tandis qu'il l'est par accident pour les autres mouvements. Par exemple, la propagation de la chaleur du soleil dans un objet métallique est essentiellement un mouvement selon la qualité qui commence – en bloc et non pas partie par partie – par le « peu chaud » et finit dans le « très chaud » (« de faiblesse en vigueur »). Il ne faut pas confondre ce mouvement avec la progression spatiale de la chaleur dans l'épaisseur du métal qui, elle, est un mouvement selon le lieu mais de façon seconde ou par accident.

Abū al-Barakāt ne se départit donc pas, là encore, des principes qu'Aristote a présentés dans son livre III. Le mouvement local est, pour lui aussi, l'une des quatre catégories de changements que nous avons rappelées. Comme tout changement, il va de quelque chose vers quelque chose d'autre, et cela en un temps qui n'est pas réduit à un instant. Il est l'actualisation d'une puissance motrice, de même que l'échauffement est l'actualisation, dans un corps capable de s'échauffer, d'une puissance telle que le feu.

La double affirmation selon laquelle il n'y a pas de mouvement sans moteur et que ce dernier doit être séparé du mobile, semble compromettre définitivement toute perspective d'innovation pour cette physique et les discussions sur le « dans quoi » a lieu un mouvement, comme celles sur la catégorie à laquelle il appartient, ne recèlent pas, à première vue, de nouveautés décisives. Lorsque l'on relit ces premiers chapitres après avoir lu ceux qui suivent, ils apparaissent davantage encore comme des figures imposées dans un exercice académique, car bon nombre des constructions ultérieures sont même en contradiction avec les principes exposés ici.

Classification des mouvements

Nous avons vu que le mouvement local est, pour Abū al-Barakāt comme pour tous les philosophes, antérieur[10] à tous les changements. Ainsi le mouvement de croissance, mouvement selon la quantité, s'accompagne forcément d'un changement de lieu (la plante qui grandit n'occupe pas le même lieu qu'avant) ; le mouvement local est donc antérieur à celui-ci. Il en est de même pour l'altération, mouvement selon la qualité, qui a lieu lorsque « l'altérant se rapproche de l'altéré, après avoir été à distance de lui » (*KM*, II, 25, p. 103.18-19), comme le feu que l'on doit approcher de l'eau pour que celle-ci s'échauffe. Cette antériorité est aussi un concept essentiel pour la physique du ciel, que nous aborderons dans la cinquième partie de cet ouvrage.

La classification des mouvements locaux qui en découle est explicitée dans les derniers chapitres de la *Physique*. Le mouvement local par soi s'oppose au mouvement accidentel comme celui d'un clou sur un navire, qui se déplace en même temps que celui-ci, mais par accident. Le mouvement par soi se subdivise lui-même en deux types de mouvements, l'un spontané et l'autre par contrainte (*KM*, II, 27, p. 112.1-2). Auparavant, le mouvement naturel et le mouvement volontaire avaient été décrits comme provenant spontanément du mobile (*KM*, II, 25, p. 104.19). Le mouvement volontaire est celui des animaux par exemple, et le mouvement naturel est celui de la pierre qui tombe vers le centre de la Terre ou du feu qui s'élève vers l'orbe de la Lune. Ce qui est commun à ces deux mouvements, c'est que leur moteur est dans l'essence du mobile, et c'est en ce sens qu'ils sont « spontanés » (*min tilqā'* [11]), par opposition au mouvement forcé. Abū al-Barakāt relève pourtant, à cet endroit, que « le mouvement naturel ne provient pas de la nature du mobile », plus précisément qu'il ne peut provenir uniquement de l'état naturel du mobile, mais du fait que celui-ci a été écarté, au préalable, de son lieu naturel car « tout mouvement naturel se termine dans ce lieu naturel » (*KM*, II, 25, p. 104.20-21). Nous développerons plus loin les attendus de ce concept de lieu naturel.

La description des mouvements par essence sera complétée au chapitre 28 par celle des mouvements qui ont lieu par l'intermédiaire d'un instrument ou d'un outil, unique ou multiple « comme le menuiser <qui travaille> au moyen de son marteau » (*KM*, II, 28, p. 115.18-19). Ce dernier est mû par une impulsion qui n'est pas la sienne mais qui est celle de quelque chose ou de quelqu'un qui lui est relié (le menuisier, par l'intermédiaire de son bras).

En revanche le mouvement contre-nature ou forcé (*qaṣrī*), parfois traduit par « violent », est un mouvement dont la cause est externe à l'essence du mobile, c'est en ce sens qu'il est parfois qualifié d'accidentel, mais il est malgré tout un mouvement par soi. Abū al-Barakāt distingue deux cas. Si le lanceur se sépare du projectile, il s'agit d'un mouvement de projection ; sinon, il s'agit d'un mouvement de traction ou de poussée. Cette classification, dont l'exposé reprend des pans entiers de celui d'Avicenne dans la partie IV de sa *Physique* (chapitres 13 et 14), peut être résumée par le diagramme suivant :

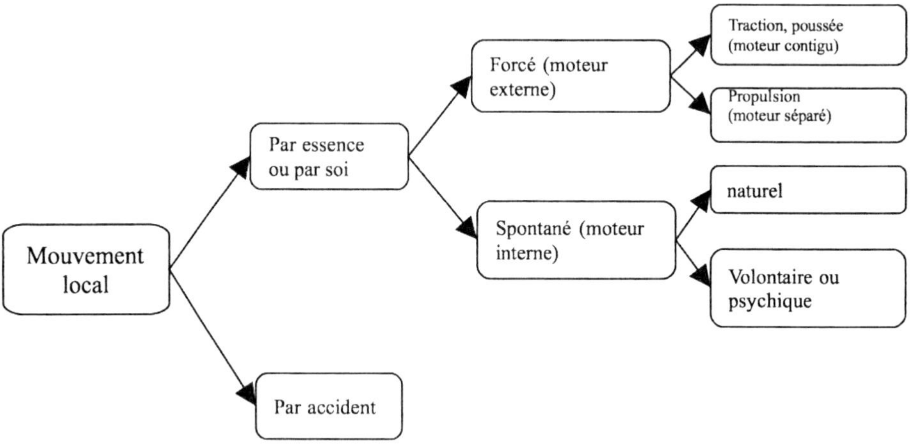

Les différences avec la classification d'Aristote (*Phys.*, VII, 2), ou celle d'Avicenne que nous venons d'évoquer, peuvent sembler légères. Elles mettent en jeu deux problèmes qui ne le sont pas.

Le premier concerne le mouvement circulaire des sphères célestes, qui a la particularité de ne pas changer de lieu. Abū al-Barakāt, comme tous les aristotéliciens, ne le considère pas comme un mouvement naturel puisqu'il « n'est pas rectiligne et ne se termine pas ». Un mouvement naturel cesse, nous l'avons vu, lorsque le lieu naturel du corps est atteint, ce qui n'est pas le cas du mouvement des sphères. Ce dernier ne peut donc provenir que d'une volonté. Il l'associe, comme Avicenne, aux mouvements psychiques. Mais alors que le philosophe de Boukhara classait ce mouvement selon la position dans une catégorie distincte de celle des mouvements locaux[12], contournant ainsi la question du lieu dans lequel tourne la sphère des étoiles fixes, Abū al-Barakāt considère le mouvement circulaire comme « le plus antérieur des mouvements locaux ». Il affirme même que ce mouvement « a la réalité du repos ». Ces différences ne sont pas des points de détail ; nous verrons qu'elles ne peuvent être comprises en dehors du débat qui agite les philosophes depuis l'Antiquité sur la question du lieu de l'Univers.

Le problème soulevé par le mouvement de projection n'est pas moins crucial. Il se ramène, pour Aristote, à un mouvement de traction, de poussée ou de portage par le médium, le milieu traversé. Il ne peut en être ainsi pour Abū al-Barakāt qui défend une thèse particulièrement originale chez les philosophes : la possibilité de mouvement dans le vide. Il réinvestit, dans ce cadre, un concept d'inclination dont il nous faut préciser le contexte historique.

Les théories de l'inclination

Le mouvement forcé d'un mobile qui a été projeté va occuper une place particulière dans cette étude car il soulève une question importante : pourquoi persiste-t-il alors que le mobile s'est éloigné de ce qui l'a projeté ? La difficulté à concevoir cette persistance en dehors d'une action du milieu fait de cette question une sorte « d'épreuve du feu » des théories physiques, et la discipline s'est, pour une part, identifiée à cette épreuve bien après Aristote. Pour l'aborder il nous faut préciser le cadre dans lequel ce mouvement était étudié depuis les Grecs et donner quelques éclairages sur deux mots aux facettes multiples : la *rhopè* grecque et le *mayl* arabe.

Les rhopè-*s grecques*

La théorie d'Aristote sur ce qu'il nomme parfois le « mouvement contre-nature », ne peut admettre de moteur s'exerçant à distance. Celui-ci doit pouvoir agir, dans le cas d'un projectile que l'on lance, par contact avec l'objet mû (le mobile) tout au long du mouvement. Si les projectiles poursuivent leur trajectoire alors qu'il ne sont plus en contact avec ce qui les a lancés, cela ne peut être expliqué que de deux façons : soit « du fait d'un échange réciproque » et c'est la thèse de l'antipéristase, attribuée à Platon et explicitée plus tard par Simplicius[13] ; soit « du fait que l'air qui a été mis en branle produit un mouvement plus rapide que le transport de l'objet mis en branle qui porte cet objet dans son lieu propre » (*Phys.*, IV, 8, 215a14-18). C'est cette seconde thèse, celle de la mise en branle du milieu, qui a été retenue par Aristote. L'air traversé par les corps est selon lui plus apte à recevoir la poussée ; il est mis en mouvement plus rapidement et entraîne avec lui le projectile.

Le milieu est donc indispensable à cette dynamique, y compris pour le mouvement de chute naturelle d'un corps grave, même si c'est d'une autre façon. Dans ce dernier cas Aristote « constate », faussement, mais comme presque tous ses contemporains [14], qu'il y a inégalité de mouvement (de vitesse) entre des corps de grosseurs différentes, et postule que cette inégalité peut avoir deux causes : la différence de résistance des milieux traversés et la différence de poids du mobile. Le temps de chute est donc proportionnel au premier paramètre et inversement proportionnel au second. On formule souvent aujourd'hui cette « loi fondamentale de la dynamique » aristotélicienne ainsi : la vitesse de chute v est proportionnelle au poids de ce corps [15] P et inversement proportionnelle à la résistance du milieu R soit $v = P/R$ [16]. Si, dans ce rapport, la résistance s'annule, on voit apparaître ce que l'on nomme aujourd'hui une indétermination mathématique : la division par zéro. La vitesse devient infinie et la chute se fait dans un « non-temps » (un instant), ce qui est inadmissible puisque tout mouvement nécessite un temps. Il s'agit là, pour Aristote, d'une preuve décisive de l'inexistence du vide et c'est ainsi qu'il conclut, dans sa *Physique*, son long raisonnement concernant le lieu et le vide.

Jean Philopon a contesté de façon radicale ce rôle essentiel donné au milieu. Il a combattu un à un les arguments d'Aristote contre l'existence du vide pour établir une conception géométrique de l'espace, celle d'une étendue tridimensionnelle [17], vide de tout corps. Comme il n'a cependant pas remis en question la nécessité d'un moteur à tout transport, il a été amené à placer la cause du mouvement à l'intérieur du projectile [18]. C'est ainsi qu'il établit la notion d'inclination ou d'impulsion (*rhopè*) acquise par le projectile.

Pour autant, l'introduction de ce mot n'est pas nouvelle puisqu'on le trouvait déjà sous la plume de nombreux auteurs grecs, y compris Aristote, dans son *De Caelo*. L'inclination (*rhopè*) naturelle y apparaissait comme un principe qui permet à chaque élément d'être mû dans un lieu qui lui est propre : le feu et l'air vers le haut, l'eau et la terre vers le bas. On pourrait s'interroger sur son absence dans la *Physique*, notamment dans la partie II, 1, où Aristote définit ce qui est « par nature » dans la réalité physique de chaque élément. H. S. Lang [19] analyse cette absence par le fait qu'il s'attachait, dans cette partie, à définir les choses naturelles comme étant celles qui contiennent un principe ou une cause d'être mû, ou bien d'être au repos. Ce principe souvent appelé « lieu naturel », c'est par exemple pour le feu, celui d'être transporté vers le haut, et ce principe est « par nature ». Ainsi, ajoute-t-elle, pour cette partie de la *Physique*, « l'inclination n'est pas nécessaire, voire hors sujet car ce serait un principe explicatif additionnel ». De plus, ce terme de *rhopè* ne porte pas de contenu conceptuel particulier au-delà du terme courant et commun d'impulsion. F. Zimmermann[20] a remarqué que la traduction arabe du *De Caelo*, éditée par A. Badawī, transforme la fin de la proposition : « mais que certains corps possèdent nécessairement une impulsion de pesanteur ou de légèreté[21]... » par la phrase : « certains éléments ont une pesanteur, d'autres une légèreté ». Autrement dit, cette traduction néglige le terme d'impulsion.

Le mot *rhopè* n'est donc pas nouveau, mais il accompagne chez Philopon une innovation majeure qui concerne la conception de l'espace, ce qui *de facto* lui donne un tout autre contenu. En séparant les mobiles du milieu dans lequel ils évoluent, Jean Philopon conçoit une physique dont les lois sont valables dans le vide, une physique débarrassée de l'exigence de contact permanent entre mobile et moteur ou, plus précisément, de l'extériorité du moteur. Il affirme que le mouvement d'un mobile qui doit traverser une certaine extension nécessite un temps « même si l'extension est vide », et qu'un « certain autre temps est pris à cause de l'empêchement », autrement dit, à cause de la résistance du milieu traversé. Le mouvement dans le vide est imaginé comme un passage à la limite de l'évolution du mouvement du mobile dans un milieu de plus en plus ténu en précisant que si ce milieu « est rendu de plus en plus fin à l'infini », le temps du mouvement ne pourra être inférieur au temps mis par le mobile pour traverser la même extension vide[22].

Philopon refuse la « loi de la dynamique » d'Aristote, et accuse ce dernier d'avoir « malhonnêtement » supposé que, quelles que soient les différentes proportions dans lesquelles sont les différents milieux, « c'est aussi la proportion dans laquelle sera le temps de déplacement[23] ». Il refuse cette loi de proportionnalité falsifiée qui consiste à dire que si le milieu est deux fois moins dense, le temps de chute sera deux fois moins long, car alors, dans le cas d'un milieu infiniment moins dense comme l'est le vide par rapport aux autres milieux, le temps de chute devrait tendre vers zéro.

Pour affirmer la possibilité d'existence du vide, il va « montrer » que le temps de chute dans le vide n'est pas nul. Selon lui, le temps de chute t d'un corps dans un milieu quelconque est la somme du temps de chute qu'aurait ce corps dans le vide t_0 – un temps « plus ou moins proportionnel à son impulsion propre » –, et d'un temps supplémentaire (un retard) Δt lié au milieu, qui augmente avec la densité de celui-ci et qui peut varier, précise-t-il, en fonction de la forme de l'objet. Cette loi, qui s'écrirait aujourd'hui : $t = t_0 + \Delta t$, ne contient plus l'indétermination de celle d'Aristote dans le cas du vide, puisque t est au minimum égal à t_0.

Le mouvement dans le vide de Philopon renouvelle donc entièrement le sens du terme *rhopè* et bouleverse la dynamique aristotélicienne. Cette innovation n'aura pourtant aucun écho dans le monde grec de l'époque, en raison de l'anathème dont Philopon fut frappé par les autorités chrétiennes.

En revanche, dans le monde islamique, à la faveur du mouvement de traduction du IXe siècle, la *rhopè* de Jean Philopon est devenue *mayl* – mot qui en est l'exact équivalent – dans les textes de philosophie naturelle arabe et notamment dans les commentaires de la physique d'Aristote. Le mot grec *rhopè* dérive du verbe *rhépō*, qui veut dire « incliner vers ». De même, *mayl* est un substantif formé sur le verbe *māla*, « pencher », « incliner ». On retrouvera un terme correspondant dans le monde latin, à la faveur du mouvement de traduction de l'arabe vers le latin au XIIe siècle, celui d'*inclinatio*. Enfin, un quatrième terme, *impetus*, apparu sous la plume de Buridan en France au XIVe siècle, est encore utilisé aujourd'hui y compris pour traduire les trois premiers.

Peut-on homogénéiser, sans plus de procès, ces quatre termes en les traduisant indifféremment par leur équivalent français « inclination », ou par le terme d'*impetus* comme le font certaines études ? R. Sorabji a déjà relevé que dans les commentaires des historiens actuels sur les utilisations postérieures, deux significations du terme d'*impetus* méritent d'être clarifiées[24] :

> L'*impetus* au sens strict est assimilé à la *vis impressa* – une force interne imprimée de l'extérieur. Mais il y a aussi une utilisation plus souple du terme appliqué à un corps en mouvement, que la force imprimée soit externe ou non.

Des variations plus importantes encore dans la signification de ce terme existent. Un des enjeux de cet ouvrage est de montrer que l'origine de celles-ci réside en grande partie dans la conception de l'espace physique, ainsi que dans celles de continuité et de causalité. Or, le pouvoir explicatif de tels mots-concepts ne fonctionne qu'au sein d'une théorie organisée. Voilà pourquoi il nous semble risqué d'englober tous ces concepts sous un même vocable, même si cela fluidifierait le discours.

Nous allons nous attacher dans ce qui suit, à montrer la diversité des théories qui intègrent ce *mayl* ainsi que la labilité de ce terme.

Les mayl*-s arabes*

Comme pour la *rhopè*, il existe un usage « commun » du terme *mayl* dans le monde médiéval arabo-musulman. Il est par exemple utilisé à la même époque qu'Abū al-Barakāt par l'astronome et médecin al-Ḫāzinī (Merv, m. 1130) dans son *Livre de la balance* (*Mīzān al-ḥikma*), rédigé vers 1120, sans qu'il en ait énoncé la moindre définition. Présentant une théorie de la gravité selon laquelle celle-ci augmente avec la distance au centre de la Terre, al-Ḫāzinī écrit que toutes les parties d'un corps pesant inclinent vers le centre de la Terre « d'un *mayl* équivalent[25] ». L'emploi du terme *mayl* n'a ici d'autre signification que la tendance à se diriger vers, sans prendre position sur l'origine de cette tendance.

Il n'en est pas de même pour Avicenne qui, parmi ceux dont les écrits nous sont parvenus, est le premier à développer une théorie se démarquant à la fois de celles d'Aristote et de Philopon sur le sujet, tout en reprenant l'idée d'une force acquise pour expliquer le mouvement des projectiles. S. Pines signale dans ses *Études* qu'al-Fārābī (m. 950) avait sûrement eu connaissance de cette théorie[26]. Il suggère des interactions possibles de cette thèse avec celle de l'*iʿtimād* des mutazilites que nous allons évoquer, et semble convaincu qu'une théorie du *mayl* aurait atteint un haut degré d'élaboration dès le xe siècle. Le faible nombre de textes sources, sur la période antérieure à Avicenne, ne nous permet pas de trancher. Un indice révélant cependant que celui-ci n'est pas le premier réside dans le passage du *Šifāʾ* où il l'introduit en disant : « nous avons trouvé que la meilleure des doctrines est celle de celui qui pense que le mobile acquiert une force du moteur que l'on appelle *mayl* » (*ST*, IV, 14, p. 326.6-7). Ce passage que l'on retrouve chez Abū al-Barakāt[27] laisse entendre que différentes doctrines se côtoyaient, parmi lesquelles une théorie du *mayl*. Avicenne est le seul dont les développements à ce sujet nous permettent d'en voir le contenu. Il nous est nécessaire de nous arrêter sur ces développements, car bon nombre de philosophes postérieurs n'ont fait que reprendre ses idées.

La définition du *mayl* avicennien dans le *Šifāʾ* est mot pour mot celle que reprendra al-Baġdādī dans son *Muʿtabar*[28] :

> Chaque mouvement provient d'un *mayl* qui est confirmé par le fait que la chose qui se tient devant le mobile reçoit une impulsion (*indifāʿ*) et qu'elle a besoin d'une force pour résister <à ce mobile>.

Le *mayl* a d'emblée une réalité double : il est l'impulsion qui provoque le mouvement et que ressent ce qui est en face du mobile (par exemple celle que ressentent les bras d'un joueur qui reçoit une balle), et il est aussi la force que doit exercer ce qui est en face du mobile pour y résister (la force du joueur à la réception pour bloquer la balle).

Si Avicenne, pour élaborer cette définition, s'est inspiré de la *rhopè* de Jean Philopon, il en a totalement récusé le cadre philosophique. Il refuse en particulier d'admettre le vide et le concept d'espace tridimensionnel que celui-ci lui avait associés. Ainsi Avicenne pouvait même penser que sa propre théorie du *mayl* était d'inspiration péripatéticienne, puisque le terme de *rhopè* est, comme on l'a vu, déjà utilisé par Aristote. F. Zimmermann ajoute un autre motif à cette possible croyance en citant (après S. Pines) un passage d'Alexandre d'Aphrodise qu'aurait pu lire, en arabe, Avicenne[29]. Dans ce texte traitant des causes du mouvement, Alexandre rapporte qu'Aristote a clarifié le mouvement naturel des corps en expliquant que « la source de leur mouvement provient de l'inclination qui existe en eux et en vertu de laquelle ils se déplacent naturellement[30] ».

Cette idée d'inclination est aussi présente, nous l'avons dit, chez les *mutakallimūn* dont la thèse est intéressante à plus d'un titre puisqu'elle montre, d'une autre façon, l'impossibilité de dissocier la question de l'espace de celle du mouvement. Abū al-Barakāt l'évoque dans le chapitre où il passe en revue les thèses connues pour rendre compte de la persistance du mouvement violent (*KM*, II, 27, p. 113.13-15) :

> D'autres ont dit que le mouvement engendre le mouvement et que l'*iʿtimād* engendre l'*iʿtimād*: le premier mouvement provenant de la main du lanceur, lorsqu'il est anéanti, est suivi d'un repos dans lequel il y a un *iʿtimād*; puis un mouvement est engendré par l'*iʿtimād* de la même façon qu'il est engendré dans le mouvement du marteau sur l'enclume.

Le terme *iʿtimād*, associé à la thèse de l'engendrement, a pour racine *ʿa/ma/da*, qui renvoie à l'idée de soutien, de support, et de propension. S. Pines montre que ce terme est utilisé par Avicenne lui-même comme un équivalent de *mayl* puisqu'il se définit comme « ce qui produit dans le corps une répulsion à l'égard des corps qui font obstacle à son mouvement dans une direction déterminée[31] », une définition très voisine de celle admise par lui pour le *mayl*. Les mutazilites considèrent, en outre, que non seulement la matière est constituée d'indivisibles, mais aussi le mouvement. Ce dernier, malgré son apparence continue, est fait d'unités discrètes, des « atomes de mouvement », qui peuvent être séparées par des instants de repos.

S'il emploie le terme d'*iʿtimād*, Avicenne en récuse complètement le contexte atomiste. Il met en cause le fait que les partisans de cette théorie « n'interdisent pas que le mouvement soit anéanti, puis suivi d'un repos, puis qu'un mouvement soit engendré après cela par l'*iʿtimād* » (*SṬ*, IV, 14, p. 325.18-19). Cette idée, inadmissible pour Avicenne, le sera tout autant pour Abū al-Barakāt qui reprendra à la lettre la réfutation de celui-ci. Ils partagent tous les deux l'idée que le mouvement, comme le temps et l'espace, font partie des êtres continus et qu'il est nécessaire qu'il y ait « en permanence une cause ».

Alors qu'est-ce que la thèse avicennienne du *mayl*?

Dans une étude détaillée de la dynamique d'Avicenne, A. Hasnaoui relève que le *mayl*, tel qu'il est défini en différentes parties de l'œuvre du philosophe oriental, présente une polysémie qui rend difficile toute « définition univoque ». Son *mayl* a les caractéristiques suivantes[32] :

> a. Il s'agit d'une réalité intermédiaire entre le moteur – qu'il soit naturel, « psychique » ou externe – et le mouvement. b. C'est une réalité dont l'intensité est variable. Ibn Sīnā la définit parfois comme une qualité (*kayfiyya*), voire d'une manière plus précise comme un état (*malaka, hexis*).

Le principe du *mayl* peut être naturel, « psychique » (comme par exemple celui qui provient de la volonté chez les animaux) ou « violent » lorsqu'il s'oppose au mouvement naturel. Avicenne classe en outre les *mayl*-s selon les deux grandes catégories de mouvement local : le circulaire et le rectiligne. Dans le cas du mouvement des projectiles qui nous intéresse, il cherche lui aussi à remédier à cette faiblesse majeure de la théorie d'Aristote qui tentait d'expliquer la poursuite du mouvement du projectile loin du lanceur par le fait « que l'air qui a été mis en branle produit un mouvement plus rapide que le transport de l'objet mis en branle qui porte cet objet »

(*Phys.*, IV, 8, 215a14-19). La contradiction n'avait pas manqué de sauter aux yeux d'Avicenne, dont A. Hasnaoui résume ainsi l'analyse[33] :

> L'air poussé, ou bien persiste dans son mouvement une fois son moteur arrêté, ou bien s'arrête. Dans ce dernier cas, on ne voit pas comment il jouerait son rôle de porteur du projectile, et dans le premier cas, ce qui a été dit du projectile s'applique à lui, c'est-à-dire qu'il faut bien supposer que le premier moteur lui a imparti une force acquise, une puissance de se mouvoir.

Pourquoi effectivement admettre pour l'air, ce qu'on refuse au projectile, à savoir le pouvoir de conserver la force motrice acquise du lanceur ? Avicenne conçoit donc son *mayl* comme une « force acquise » qu'il accorde au mobile. Mais l'épuisement de cette impulsion requiert la résistance du milieu, alors que l'impulsion de Philopon s'anéantit d'elle-même, au fur et à mesure que le mobile s'éloigne de son point de départ. Nous verrons que cette position d'Avicenne l'amène à affirmer que dans le vide, le mouvement forcé se poursuivrait indéfiniment, une position souvent mal interprétée alors qu'elle n'est, pour son auteur, qu'une invalidation de l'hypothèse du vide.

Inspiré sans aucun doute par Jean Philopon, Abū al-Barakāt reprend non seulement le concept de *rhopè*, mais aussi celui d'un espace tridimensionnel[34], potentiellement vide. S'il introduit son propos sur le *mayl* par la même définition qu'Avicenne, sa démarche va s'écarter radicalement de l'orthodoxie aristotélicienne. Pour mesurer l'écart entre ces deux conceptions du *mayl*, nous allons les mettre à l'épreuve d'un problème qui fit couler beaucoup d'encre, depuis Aristote jusqu'à la fin du Moyen Âge, tant dans le monde arabe que dans le monde latin, celui de la *quies media* (le repos intermédiaire). Il s'agit de trancher la question suivante : lorsqu'un objet est jeté en l'air, vers le haut, et qu'il enchaîne son mouvement ascendant d'un mouvement descendant vers le sol, existe-t-il un instant de repos (*quies*) entre ces deux mouvements ?

Le problème de la *quies media*

Le mouvement d'un projectile lancé à la verticale vers le haut se décompose en deux parties (voire trois si l'on ajoute le repos controversé) : le mouvement vers le haut, contre nature, violent ou forcé, et le mouvement de chute qualifié de naturel. L'étude de la *quies media* apparaît dans les derniers chapitres de la *Physique* et Abū al-Barakāt l'introduit par une interpellation. La première chose qu'il convient d'examiner, lance-t-il, c'est ce qui a motivé « celui qui a parlé de ce repos entre les deux mouvements jusqu'à en faire une thèse » (*KM*, II, 24, p. 94.10-13). « Il a refusé sa réfutation », ajoute notre philosophe, et « il a installé des doutes là-dessus ». L'accusé est Avicenne, qui défend effectivement dans la physique du *Šifā'* la thèse du repos intermédiaire. Il n'est jamais nommé dans le texte d'al-Baġdādī mais ses arguments sont repris, les uns après les autres, tout au long de ce chapitre d'une dizaine de pages.

Dès le paragraphe suivant, Abū al-Barakāt convoque l'autorité de Platon qui aurait dit que « celui qui imagine qu'entre le mouvement de la pierre qui répugne à son envol vers le haut, et sa chute, il y a un <temps> d'arrêt, celui-ci se trompe » (*KM*, II, 24, p. 94.14-15). L'opposition entre aristotéliciens et platoniciens sur cette question de la *quies media* semble, à travers ce propos, connue et assumée depuis longtemps. Nous allons voir qu'elle renvoie effectivement à un corpus théorique qui dépasse de loin l'anecdote de la trajectoire d'un caillou. T. Langermann, dans une étude consacrée aux (longs) développements de cette question dans le Moyen Âge arabe, signale que la phrase que nous venons de citer se retrouve, mot pour mot, dans un manuscrit attribué à al-Fārābī, et qu'elle sera encore citée par des auteurs postérieurs à Abū al-Barakāt lorsqu'ils aborderont ce débat[35].

Le mouvement ascendant forcé

Sa conception du *mayl* comme force acquise permet à Avicenne, en apparence du moins, d'internaliser l'inclination forcée ou violente dans le corps, et de s'affranchir de l'explication d'Aristote par le mouvement de l'air. Ce *mayl* acquis et interne au mobile agit comme une cause du mouvement. Or, dans l'ontologie aristotélicienne, que reprend à son compte Avicenne, la cessation d'un effet correspond toujours à la « privation de sa cause » : puisque le mouvement forcé s'arrête en haut de la trajectoire, ce *mayl* doit y être annihilé.

Quelle est la cause de cette cessation ? Cette cause, en tant que cause, ne peut pas s'annihiler elle-même, sinon « elle n'existerait pas un instant » ; elle doit l'être par une autre cause et Avicenne voit deux cas possibles. Soit cette deuxième cause est à l'intérieur du mobile, soit elle est externe. Si cette cause de ralentissement du mouvement montant est interne, elle est une cause qui est dominée tant que le mobile poursuit son mouvement ascendant, puis prend le dessus et devient alors « effectivement une cause », ce qui nécessite selon la logique avicennienne l'apparition d'une troisième cause, celle de la cessation, et le raisonnement débouche sur une régression à l'infini (*SṬ*, II, 8, p. 133.11-13). Il en conclut que la cessation ne peut avoir qu'une « cause externe » et ne peut provenir que du milieu, ce qui rend inenvisageable l'absence de résistance de celui-ci (*SṬ*, II, 8, p. 133.6-9).

Avicenne pense avoir atteint l'objectif qu'il s'était fixé dès le titre de ce chapitre 8, à savoir la démonstration de « l'incohérence des partisans du vide ». Il conclut quelques lignes plus loin : « Il est clair que dans un vide pur, il ne peut y avoir de mouvement forcé » (*SṬ*, II, 8, p. 134.3). Le *mayl* avicennien n'internalise donc pas complètement la cause du mouvement dans le mobile, puisque le milieu est indispensable à son mouvement ascendant. D'autres raisons fondamentales imposant une terminaison de ce mouvement sont exposées par Avicenne. Elles mettent en jeu l'analyse du mouvement de chute, qui suit celui d'ascension du mobile. L'idée d'une continuité entre le montant (*ṣāʿid*) et le descendant (*hābiṭ*), de sorte que « les deux mouvements n'en formeraient qu'un seul », et qu'ils seraient ainsi « en continuité », lui semble absurde (*SṬ*, II, 8, p. 293.15-16.). Les arguments de continuité et ceux liés à la notion de contraires sont, dans cette démonstration, tout aussi importants que ceux concernant l'espace.

Abū al-Barakāt va se démarquer radicalement de cette analyse et attaquer un à un les éléments de la thèse avicennienne. Son premier argument concerne non pas le *mayl* forcé mais le naturel, et sa démarche invoque des réalités physiques là où son aîné utilisait des arguments philosophiques et logiques. Il veut démontrer la présence de ce *mayl* dès le début du mouvement (*KM*, II, 24, p. 99.23-p. 100.2) :

> [...] s'il n'y avait pas de *mayl* résistant dans <le mobile>, alors qu'est-ce qui distinguerait l'état des deux pierres lancées d'une seule main, dans une trajectoire unique, avec la même force, dans la vitesse et la lenteur ? Or elles se différencient entre la petite et la grosse, de sorte que la plus grosse des deux est plus lente en montant ou bien <qu'elle monte> sur une plus courte distance et la plus petite est plus rapide et parcourt une distance plus grande.

Il établit ainsi que le *mayl* naturel est présent dès le début du mouvement ascendant en comparant deux projectiles de grosseur différente. Le rôle de ce *mayl* naturel – que l'on peut assimiler, en première approximation seulement, à son poids – est d'introduire une variation sur l'effet de la force du lanceur. Pour une même force de lancement, la hauteur d'élévation et/ou la vitesse à laquelle le projectile s'élève, seront d'autant plus grandes que le *mayl* naturel résistant sera plus faible.

Abū al-Barakāt utilise ensuite une autre expérience de pensée, mettant en scène un corps soumis à deux forces antagoniques, pour montrer que l'une peut l'emporter sans que l'autre soit forcément nulle, mais seulement d'intensité moins grande (*KM*, II, 24, p. 100.5-10) :

> Ne vois-tu donc pas avec l'anneau tiraillé par deux <forces> antagonistes, que pour chacune des deux tractions il y a, face à son action, une force de résistance à la force de l'autre mais pas si l'une des deux gagne et que l'anneau est attiré dans sa direction. L'autre force de traction s'est affranchie de la première ou plutôt cette force est présente mais dominée, et, sans elle, l'autre n'aurait pas besoin de toute cette traction. Ainsi la pierre propulsée contient un *mayl* résistant au *mayl* de propulsion. Cependant il est dominé par la force de propulsion parce que la force violente est accidentelle en lui et elle est <ensuite> affaiblie par la résistance <que lui oppose> cette force et ce *mayl* naturels et par la résistance du milieu traversé.

Le *mayl* forcé d'Abū al-Barakāt coexiste donc dans le projectile, dès le début du mouvement montant, avec le *mayl* naturel. Le premier est fourni par le lanceur, il n'est donc pas dans l'essence-même du mobile, et c'est le sens ici du terme « accidentel ». Il va dominer le second du début à la fin de l'ascension. Mais le second va tout de même agir car, comme dans l'expérience de l'anneau tiraillé, il épuise le premier. En effet, celle des deux forces antagonistes qui domine dans le cas de l'anneau « n'aurait pas besoin de toute cette force » si la force opposée n'était pas là. Le *mayl* forcé est donc peu à peu épuisé par le naturel. Il peut éventuellement l'être aussi par le milieu traversé, car plus celui-ci est « épais », plus « l'annihilation de ce *mayl* violent est rapide », comme on peut s'en rendre compte en comparant la traversée de l'eau à celle de l'air, ou celle de l'air immobile à celle de « l'air en mouvement dont la direction s'oppose à celle du *mayl* » (*KM*, II, 24, p. 100.10-13).

Mais le rôle du milieu ne consiste qu'à rajouter un facteur de ralentissement secondaire. Quel que soit le médium traversé, le corps contient toujours son *mayl* naturel, « premier » responsable de l'épuisement de son impulsion initiale. Un subtil argument survient deux pages plus loin pour expliquer cette impossibilité du milieu à rendre compte de tout le ralentissement (*KM*, II, 24, p. 102.5-6) :

> Si c'était la résistance du <milieu> traversé qui l'affaiblissait et l'anéantissait, il ne serait plus, dans le moment du repos, en train de traverser, et il n'y aurait plus de milieu traversé et donc rien <susceptible de> l'affaiblir.

Cet affaiblissement de l'élan initial dû à la résistance du milieu dépend aussi de la vitesse du mobile. Si cette dernière diminue, il y a de moins en moins de résistance et donc la cause d'épuisement des aristotéliciens devrait être de moins en moins effective au fur et à mesure que le projectile s'approche du sommet de la trajectoire, ce qui est une vraie contradiction.

Une autre particularité du *mayl* violent, dans l'argumentation que développe Abū al-Barakāt, est d'avoir très souvent un statut intermédiaire entre cause et effet. D'une part, la cause véritable est le lanceur que le mobile a quitté, et d'autre part, si le *mayl* violent s'affaiblit, c'est « parce que la cause du *mayl* – et ce qui l'a produit – réside dans la contrainte dont il est séparé » (*KM*, II, 24, p. 101.10-11). Mais à cette idée que pourrait défendre Avicenne, il va ajouter que la fin du mouvement montant ne correspond pas du tout à son anéantissement, seulement à son affaiblissement. Autrement dit, il persiste dans le mobile un *mayl* « montant » alors que le mouvement ascendant est terminé. Il y a là une différence radicale avec le *mayl* avicennien et un démenti à l'affirmation selon laquelle « la cause des privations est la privation des causes ».

Abū al-Barakāt pourrait sembler en contradiction avec le principe d'extériorité du moteur qu'il a lui-même affirmé au chapitre 10, sauf si l'on précise que ce moteur doit être extérieur à l'essence même du mobile, ce qu'il fait en disant que « la force violente est accidentelle en lui » (*KM*, II, 24, p. 100.9). La réalité de ce *mayl* forcé est souvent discutée jusqu'à la fin de l'ouvrage où Abū al-Barakāt insiste sur l'idée de « séparation de sa cause », dès que la pierre a quitté la main du lanceur. La force dans le projectile provient de ce lanceur, « comme la chaleur dans l'objet chauffé provient de la <source de>

chaleur» (*KM*, II, 27, p. 115.4-5). Il rejoint ici encore Avicenne qui compare cette force à la chaleur acquise par l'eau éloignée du feu (*ST*, II, 8, p. 132.17).

Cette première exploration de la théorie d'Abū al-Barakāt met donc en évidence le maintien de la nécessité d'un moteur au mouvement, mais apporte trois innovations de portées différentes :

a. Le mouvement forcé se poursuit sans contact avec un moteur extérieur, mais sous l'action d'un *mayl* forcé, interne au mobile.

b. Le milieu traversé n'est pas nécessaire au mouvement, celui-ci se poursuivrait aussi dans le vide, une fois acquis ce *mayl* forcé.

c. Deux *mayl*-s peuvent coexister dans un même mobile, le naturel pouvant faire varier les effets du forcé.

La première de ces innovations est reprise d'une certaine manière à Avicenne, mais d'une certaine manière seulement, puisque la deuxième, d'inspiration philoponienne comme nous l'avons vu, s'appuie sur une conception de l'espace radicalement différente de celle des aristotéliciens. Enfin la troisième est une véritable originalité de notre philosophe qui va s'avérer très féconde dans la description de la deuxième phase du mouvement.

Le repos intermédiaire

L'existence ou non de la *quies media* découle directement des arguments utilisés par chacun des deux protagonistes du débat pour décrire le mouvement ascendant. Puisqu'il y a disjonction des causes du mouvement forcé d'une part, et naturel d'autre part, il y a forcément pour Avicenne un temps d'arrêt entre le montant et le descendant. La *quies media* est nécessaire à son raisonnement et il rejoint bon nombre d'aristotéliciens qui lui sont antérieurs ou postérieurs en affirmant que « l'instant de la première existence du second *mayl* n'est pas le même instant que celui de la fin du premier *mayl*» (*ST*, IV, 8 p. 298.18-p. 299.2). Or, entre deux instants, il y a toujours un temps, affirme-t-il, et ce temps pendant lequel il n'y a pas de cause de mouvement est un temps de repos.

Cet argument basé sur la continuité du temps va être contesté par Abū al-Barakāt. Celui-ci, en faisant coexister les deux *mayl*-s, élimine toute rupture causale entre le montant et le descendant. Le sommet de la trajectoire ne correspond qu'à un rapport particulier des intensités respectives des deux *mayl*-s : l'égalité. L'un des deux est présent tout au long du mouvement (le naturel) et l'autre, très vigoureux au début, s'épuise tout au long de la trajectoire montante sans être nul à son sommet. La *quies media* n'existe pas.

Les arguments des opposants à la *quies media* sont souvent mentionnés dans la littérature grecque ou arabe. Celui de la meule et du caillou est repris par Abū al-Barakāt. Si ce repos était à ce point nécessaire, une meule qui, en tombant, rencontrerait un caillou ou un noyau de datte projeté vers le haut, devrait être immobilisée par le repos de ce dernier en haut de sa propre trajectoire. Il interpelle son lecteur à cet endroit (*KM*, II, 24, p. 97.23-98.1) :

> Est-ce que tu penses que la meule va entraîner le caillou avec elle dans sa chute à partir de l'endroit où elle l'a rencontré, empêchant ainsi son repos avant son mouvement de chute, ou bien c'est lui qui arrêtera <la meule> lors de sa rencontre avec elle ?

L'incongruité de cet arrêt de la meule suffit à balayer la thèse d'un nécessaire repos intermédiaire. L'argument est cependant nettement plus faible que les précédents et le médecin de Bagdad ne le développe pas davantage.

Revenant à la démonstration d'Avicenne, Abū al-Barakāt envisage à nouveau ce repos supposé du projectile en haut de la trajectoire, qui imposerait au mobile « de rester dans son état, jusqu'à ce que lui survienne une cause qui assigne au mouvement violent de poursuivre vers le haut ou bien au naturel d'aller vers le bas ». Mais à l'inverse, « s'il n'attend pas une cause », il ne reste pas à cet endroit. En fait, le *mayl* violent ne cesse de diminuer « en raison de la privation de sa cause », puis devient « à égalité » avec le naturel, et ce dernier va finir de l'épuiser pendant la chute. Mais « l'instant de la fin de sa montée est égal à l'instant précis du début du temps de sa chute » (*KM*, I, 24, p. 101.20-102.4.).

Les différences avec la théorie d'Avicenne sont patentes. Ici les mouvements ascendant et descendant sont réunis par la coexistence des *mayl*-s : le forcé accidentel acquis par le corps projeté vers le haut, et le naturel. Il n'y a pas de raison pour que ce dernier ne survienne qu'en haut de la trajectoire. Puisque le mobile contient les deux *mayl*-s, « il n'attend pas une cause » lorsqu'il est au sommet. Le mobile poursuit donc son mouvement à cet endroit et il y a continuité complète avec le début de la chute, ce que nous résumons ainsi :

d. Si deux *mayl*-s coexistent dans un mobile, les mouvements contraires sont en continuité et le terme du premier n'est plus l'anéantissement de ce qui l'a provoqué.

Le mouvement descendant

Dans ses *Discussions* (*Mubāḥaṯāt*), Avicenne a évoqué l'augmentation de vitesse des corps en chute libre. Dans un bref passage signalé par A. Hasnaoui[36], il insiste sur l'idée que pour rendre compte d'un changement de vitesse, il faut qu'il y ait un changement dans la cause de ce mouvement. Mais comme le mobile ne change pas, il faut trouver la cause de la variation dans le fait qu'un morceau de terre « se met en mouvement non par sa seule nature, mais par sa nature et par la propriété qui lui est associée d'être près ou loin[37] ». Autrement dit le mouvement naturel est régi par le principe du « lieu naturel » déjà évoqué, qui associe à la fois la nature du corps et sa position dans l'espace. La variation du mouvement (de la vitesse) ne peut donc dépendre que de la variation de la distance au centre de la Terre, terme et cause du mouvement, « parce que <le morceau de> terre dans son mouvement vers le centre <de la Terre> voit son *mayl* s'intensifier pour <atteindre> l'arrêt[38] ». Dans cette approche où le *mayl* augmente en vue du centre de la Terre, sa destination, l'avenir du mobile commande le mouvement.

Abū al-Barakāt poursuit, quant à lui, l'idée d'une coexistence des deux *mayl*-s en début de descente où le forcé est à égalité avec le naturel. Son effet, contraire à celui du poids, ralentit le début du mouvement de chute. Il le précise ainsi (*KM*, II, 24, p. 100.23-101.4) :

> D'une part la lenteur de la montée est due à l'affaiblissement du *mayl* forcé et au rapprochement du *mayl* naturel qui lui résiste. D'autre part la chute est <encore> faible parce qu'on en est au début de la force du *mayl* naturel. Comme le *mayl* naturel prend le contrôle, il entraîne l'anéantissement de ce qui reste comme puissance au *mayl* forcé au fur et à mesure, jusqu'à ce qu'il cesse ; alors sa résistance cesse <aussi>. C'est pour cela que le *mayl* naturel devient de plus en plus vigoureux à la fin, alors que le *mayl* violent était le plus vigoureux au début.

Cette justification de l'augmentation de vitesse n'est que partielle puisqu'elle ne fonctionne qu'en début de chute d'un corps préalablement projeté vers le haut. Elle s'appuie sur la croyance, largement partagée à l'époque, selon laquelle un mobile qui tombe après avoir eu un mouvement ascendant tombe moins vite que le même mobile qui serait seulement lâché depuis la même hauteur. Cette thèse reprend sans doute une idée ancienne attribuée à Hipparque (m. 120 av. J.-C.) par Alexandre d'Aphrodise. Mais on aperçoit déjà comment Abū al-Barakāt l'utilise pour unifier les deux mouvements. La description qu'il a imaginée – basée sur une erreur d'observation –, fonctionne de façon relativement symétrique : le *mayl* naturel était responsable de la diminution de la vitesse dans le mouvement ascendant, et c'est maintenant au tour du *mayl* violent d'être responsable, par sa disparition progressive, de l'augmentation de la vitesse en début de chute.

Dans la deuxième partie de cette chute, lorsque tout le *mayl* forcé est éliminé, notre philosophe va apporter une autre innovation dont nous verrons plus loin ce qui peut l'avoir inspirée. Il énonce alors le principe suivant (*KM*, II, 24, p. 101.16-17) :

> Tant qu'une force met <un corps> en mouvement dans une trajectoire étrangère à sa nature, il lui survient un *mayl* après un autre, et, grâce à cela, la force du *mayl* augmente aussi longtemps que se poursuit le mouvement.

L'expression « trajectoire étrangère à sa nature » relève de la conception aristotélicienne du lieu : la pierre qui se décroche du haut de la montagne est dans une trajectoire « étrangère à sa nature » ce qui « explique » qu'elle se dirige inexorablement vers son « lieu naturel », le bas de la montagne. Mais l'explication physique de l'augmentation de vitesse[39] qui suit s'appuie sur l'idée d'un *mayl* interne au mobile qui rompt avec l'aspect téléologique de l'explication avicennienne. Elle met en relation ce que nous appelons aujourd'hui le poids du mobile avec l'augmentation de sa vitesse, introduisant une nuance entre le *mayl* naturel et le poids. Le poids du projectile est constant, mais il provoque un *mayl* naturel qui se renforce en permanence et vient lui ajouter ses effets croissants. Et c'est parce que celui-ci est interne, qu'il peut « se renforcer de *mayl* en *mayl* », c'est-à-dire avoir cette vertu accélératrice.

À l'inverse, pendant le mouvement ascendant, le lanceur (la cause) ne peut pas « créer dans le mobile un *mayl* après un autre, qui compenserait la portion du *mayl* qui a été affaiblie » (*KM*, II, 24, p. 101.11-12). Abū al-Barakāt compare alors la situation à ce que pourrait faire une personne qui pousserait sa balle par petits coups de pied en avançant avec elle (*KM*, II, 24, p. 101.13-15) :

> Par conséquent, lorsque la balle s'approche de la fin de son mouvement provoqué par un coup, tu vois que celui qui l'a lancée <doit> fournir un autre <coup> à la suite <du premier>, de sorte que <la balle> atteigne le but. Et si celui qui projette vers le haut pouvait en faire de même, il le ferait.

À partir du moment où le projectile échappe à son lanceur, il a une impulsion donnée et limitée qui ne peut qu'être épuisée par l'action inverse de l'autre *mayl*, à laquelle s'ajoute éventuellement l'effet retardateur du milieu. Mais cette impulsion « montante » est privée de tout renouvellement parce que le *mayl* forcé n'a pas sa source dans le mobile, comme le *mayl* naturel. Ce dernier, à l'inverse, peut cumuler ses effets pendant le mouvement descendant.

Nous essayerons de mesurer plus loin toutes les audaces que contient cette thèse, énoncée au beau milieu du XIIe siècle à Bagdad. Comment Abū al-Barakāt la combine-t-il avec son explication de l'augmentation de vitesse au début de la chute ? Il l'éclaircit un peu plus loin (*KM*, II, 24, p. 101.5-10.) :

> On dit que le renforcement du *mayl* naturel vers sa fin n'est pas dû à l'élimination du <*mayl*> violent, mais à une raison qui particularise <le *mayl* naturel> en lui-même. Ceci peut être démontré pour la pierre lancée depuis le haut, sans qu'elle revienne d'une montée par un mouvement forcé et qui n'a donc pas en elle de *mayl* violent. Alors tu vois que plus le commencement de sa chute libre est loin <du sol>, plus la fin de son mouvement est rapide et plus la puissance de son *mayl* est grande. C'est pour cela que < l'objet> se casse et est pulvérisé, ce qui n'aurait pas lieu s'il était lâché sur une distance plus courte.

Ce nouvel extrait amène deux remarques. La première est qu'il y a deux causes pour cette augmentation de vitesse lors de la chute d'un projectile, ce qui ne gêne pas outre mesure Abū al-Barakāt qui estime que « s'il y a deux causes pour une chose unique, cela ne réfute pas l'influence de l'une des deux en considération de l'influence de l'autre» mais que l'on doit, au contraire, examiner «la part d'influence de chacune» (*KM*, II, 24, p. 101.19-20).

La seconde remarque est qu'Abū al-Barakāt relie l'augmentation de la vitesse[40] à une grandeur physique qui la «paramètre», dirions-nous aujourd'hui. À la fin du paragraphe que nous venons de citer sur l'accélération, il enfonce le clou en énonçant que la variation de vitesse est «expliquée par la mesure de la longueur de la trajectoire qu'il emprunte». Il affirme donc que c'est de la hauteur de chute déjà parcourue que dépend la vitesse. Nous retiendrons donc de cette étude du mouvement descendant deux autres innovations :

e. Un corps, soumis à sa propre gravité, subit une accélération du fait de ce *mayl* interne dont les effets s'accumulent.

f. L'augmentation de vitesse s'évalue à l'aide de la hauteur de chute.

Conclusion provisoire

Cette étude de la *quies media* pose plus de questions qu'elle n'en résout et c'est en cela qu'il nous a semblé judicieux d'aborder d'emblée son exploration, alors qu'elle n'est traitée que dans les derniers chapitres de la *Physique* du *Kitāb al-muʿtabar*. Elle a permis de mettre à jour des différences notables entre la théorie d'Abū al-Barakāt et celle de ses prédécesseurs et contemporains. Nous donnons ci-dessous une autre représentation des différences entre sa théorie et celle d'Avicenne. Celle-ci utilise des graphes qui n'auraient pu être imaginés par les protagonistes de ce débat, et ceci pour de multiples raisons, mais elles permettent de lire les différences que nous venons d'évoquer. Trois grandeurs y sont représentées :

- Le temps, dont on verra qu'al-Baġdādī n'aurait pu, pour sa part, donner une représentation spatiale, étant donné qu'il ne change jamais son sens d'écoulement.
- La vitesse, qui dans la physique aristotélicienne s'apparente systématiquement à une vitesse moyenne, alors que les discussions que nous venons d'évoquer font intervenir une vitesse qui augmente ou qui diminue, une vitesse que l'on qualifierait aujourd'hui d'instantanée (représentée en pointillé).
- Le(s) *mayl*-s, dont l'intensité est évaluée par nos philosophes-physiciens en comparant leurs effets sur le même corps dans les mêmes conditions (représentée en trait plein).

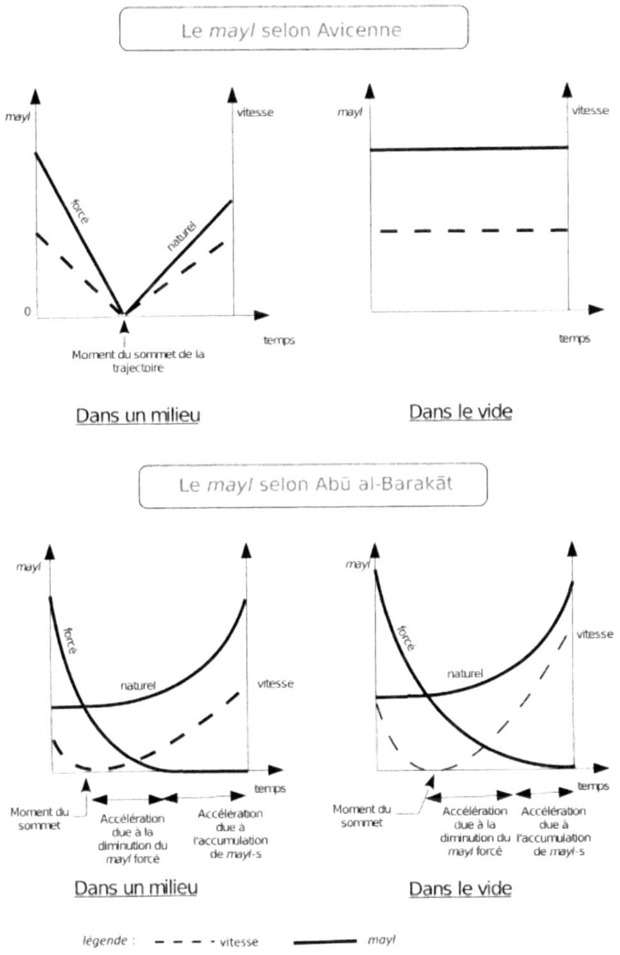

Nous avons voulu montrer, par ces graphes, les différences radicales de conception entre les deux philosophes. Au sommet de la trajectoire, l'évolution de la vitesse chez Avicenne présente un « point anguleux » dû à la discontinuité des *mayl*-s associés à chacun des deux mouvements contraires, avec un intervalle de temps non nul entre la fin du premier et le début du deuxième. Pour Abū al-Barakāt, il y a une évolution continue de la vitesse et un simple instant pendant lequel la vitesse s'annule, ce que traduit la courbe tangente à l'axe horizontal.

Ces graphes mettent aussi en évidence l'hétérogénéité de la physique du vide et de celle du plein, analysées par Avicenne, puisqu'il choisit de caricaturer l'hypothèse du vide en abolissant y compris la cause de la gravité. L'analyse d'Abū al-Barakāt, en revanche, ne fait apparaître que des modulations dans la variation des grandeurs entre le vide et le plein. Il ne fournit bien sûr aucune relation quantitative qui permettrait de préciser la forme de ces courbes, mais leurs allures respectives traduisent qualitativement le rôle secondaire donné au milieu traversé par le projectile.

Il est manifeste que la physique des projectiles d'Abū al-Barakāt ne peut pas se résumer à une série d'amendements de la physique d'Aristote ou à quelques nuances apportées à celles d'Avicenne, contrairement à ce que laisse parfois entendre S. Pines. Elle produit, grâce à la coexistence des *mayl*-s une évolution continue de la vitesse tout au long du mouvement.

La physique d'al-Baġdādī met en cause de façon radicale les conceptions de son temps, une mise en cause que les premiers chapitres ne laissaient pas entrevoir. Elle introduit des innovations majeures dont nous allons étudier les conséquences.

Rappelons-les :

a. Le mouvement forcé se poursuit sans contact avec un moteur extérieur, mais sous l'action d'un *mayl* forcé interne au mobile.

b. Le milieu traversé n'est pas nécessaire, le mouvement se poursuivrait aussi dans le vide, une fois acquis ce *mayl* forcé. Il s'épuiserait sous l'effet du *mayl* naturel, mais cet épuisement serait moins rapide que dans un milieu.

c. Deux *mayl*-s peuvent coexister dans le même mobile, l'un pouvant faire varier les effets de l'autre.

d. Si deux *mayl*-s coexistent dans un mobile, les mouvements contraires sont en continuité et le terme du premier n'est plus l'anéantissement de ce qui l'a provoqué.

e. Un corps, soumis à sa propre gravité, subit une accélération du fait de ce *mayl* interne dont les effets s'accumulent.

f. Deux paramètres physiques sont invoqués : l'un pour rendre compte de la diminution du *mayl* forcé, et donc de la décélération, l'autre de l'augmentation du *mayl* naturel, et donc de l'accélération. Ce sont des distances mesurables qui appartiennent au « passé » du mobile.

Si la première de ces innovations est reprise à Avicenne, il n'en est pas de même pour les suivantes. Nous avons entrevu que les deux philosophes ne partagent ni les mêmes concepts d'espace, ni de vide, et qu'ils analysent différemment les causes du mouvement. D'autres divergences, notamment dans la posture épistémologique, sont apparues au cours de cette première étude. L'objet de la partie qui suit est d'analyser les modifications des concepts d'espace et de temps qui forment le cadre de cette nouvelle physique, et qui sont exposées dans les chapitres que nous avons laissés en chemin. Loin d'être des élaborations *ad hoc*, les thèses d'al-Baġdādī jettent les bases d'un renouvellement théorique dont nous essayerons de prendre la mesure.

---

1. Ce titre est emprunté à l'excellent ouvrage de Gilles Châtelet cité plus loin.
2. Entéléchie signifie « actualisation », voir glossaire, n° 12.
3. Voir glossaire, n° 15.
4. Voir glossaire, n° 14.
5. Voir glossaire, n° 20.
6. Avicenne, *SṬ*, II, 2, p. 93. Ces développements ont été analysés par Ahmed Hasnaoui (2004, p. 615).
7. Le terme que nous traduisons par « réalité » est *maʿnā*, voir glossaire n° 18.
8. Le terme grec *hylè* est plus amplement présenté dans le glossaire, n° 21.
9. L'opposition étranger/accordé est exprimée par le couple *mubāyan/munāsib*, voir glossaire, n° 16.
10. Aristote qualifiait d'antérieur « ce dont la non-existence entraîne celle des autres choses, alors que lui peut exister sans elles » (*Phys.*, VIII, 7, 260b18-19).
11. Voir glossaire, n° 4.
12. Voir McGinnis, 2006, p. 154.
13. Nous développons cette théorie dans le chapitre sur le vide p. 105-120.
14. À l'exception notable des atomistes qui défendent une égalité de temps de chute.
15. Nous utiliserons le terme « poids » tel que les Grecs le faisaient, c'est-à-dire en dehors de toute différentiation avec la masse.
16. Cette expression est bien sûr tout à fait anachronique. On exprimait durant l'Antiquité et tout le Moyen Âge cette loi en deux temps : le rapport des vitesses de deux corps de poids différents dans un même milieu est comme le rapport de ces deux poids ; et le rapport des vitesses d'un même corps dans deux milieux de résistances différentes est comme le rapport inverse de ces résistances. Cette définition sera davantage explorée dans la quatrième partie p. 162-165.
17. Philopon emploie l'expression « qui a une longueur, une largeur et une profondeur ».
18. Cette théorie de Philopon ne concerne pas seulement le mouvement des projectiles mais aussi celui des sphères célestes. Elle a été étudiée en détail par Richard Sorabji (1991, p. 1-40).
19. Lang, 1998, p. 62.
20. Zimmermann, 1987, p. 128, n. 26.
21. Aristote, *Traité du ciel*, p. 129.

22. Philopon, « Corollary on Void », 682,26-33, p. 56-57.
23. Philopon, « Corollary on Void », 682,26-33, p. 58-59.
24. Sorabji, 1991, p. 10.
25. Al-Ḫāzinī (Abū al-Fatḥ ʿAbd al-Raḥmān), *Mīzān al-ḥikma* (*La balance de la sagesse*), I, 1, section 6, extait édité par Khanikoff, 2001.
26. Pines, 1937-38, *in* Stroumsa, 2000b, p. 48, n. 196.
27. *KM*, II, 27, p. 113.18-21.
28. *KM*, II, 24, p. 95, reprenant *ST*, IV, 8, p. 298.
29. Zimmermann, 1987, p. 127.
30. Alexandre d'Aphrodise, *The Refutation of Galen's Treatise.*
31. Pines, 1937-38, *in* Stroumsa, 2000b, p. 42 43.
32. Hasnaoui, 1984, p. 104.
33. Hasnaoui, 1984, p. 110.
34. L'expression que nous traduisons par tridimensionnel est, comme en grec, une périphrase : *lahu ṭūl wa-ʿarḍ wa-ʿumq* (qui a une longueur, une largeur et une profondeur).
35. Tzvi Langermann (2008, p. 56) cite à l'appui le manuscrit (unique) attribué à al-Fārābī (Istanbul, Ahmet III 2460, f. 47, col. 2) où l'on trouve cette phrase.
36. Hasnaoui, 1984, p. 115.
37. Avicenne, « *Al-Mubāḥaṯāt* », § 190, p. 160.
38. Avicenne, « *Al-Mubāḥaṯāt* », § 190, p. 160.
39. L'expression utilisée emploie l'élatif *asraʿ* « plus rapide », que nous rendrons par la suite par « accéléré ».
40. Notons que tout au long de ces pages, la notion de vitesse, elle non plus, n'est pas définie, et nous essayerons de montrer plus précisément dans la quatrième partie ce qu'elle recouvre.

Chapitre III

Espace et temps

La physique n'a cessé d'interroger les concepts de temps et d'espace tout au long de ses développements historiques. C'est, de nos jours, une évidence. L'ampleur de la tâche qu'a eu à accomplir la discipline pour s'affranchir des versions aristotéliciennes de ces concepts, se mesure « en creux » dans les préambules de Newton à ses *Principia*, écrits en 1687. Il cherche alors à définir les concepts fondamentaux indispensables à son projet de mathématisation de la physique. Pour ce faire, il précise en introduction de ses scholies, à propos du temps, de l'espace, du lieu et du mouvement, que « pour n'avoir considéré ces quantités que par leurs relations à des choses sensibles, on est tombé dans plusieurs erreurs [1] ». L'espace et le temps absolus de Newton sont aujourd'hui, à leur tour, mis en cause par la théorie de la relativité. Ils n'en ont pas moins été une étape indispensable pour rompre avec ce diktat de la « relation aux choses sensibles » qui cantonnait l'exploration de la philosophie naturelle à celle d'un monde clos, d'un monde « enveloppé », comme l'affirmait Aristote. L'espace de Newton est une construction postcopernicienne radicalement étrangère aux philosophes médiévaux, pour lesquels la Terre est encore le centre autour duquel le monde s'ordonne. Ce sont néanmoins les enveloppes de l'espace et du temps auxquelles Abū al-Barakāt – avec les outils de son époque – s'est attaqué avec vigueur, et nous voulons aborder maintenant cet aspect de son œuvre, jusque-là sous-estimé.

Notes pages 146-148

L'espace

Alors que le monde arabo-musulman a, dès les premiers siècles, traduit les Éléments d'Euclide et développé d'autres branches de la géométrie, ses philosophes vont poursuivre une approche de l'espace physique à travers la notion de lieu, déconnectée du concept mathématique d'espace. La hiérarchie aristotélicienne des sciences place la physique au-dessus de toute autre, mais le champ de la physique ne peut cependant pas être confondu avec celui des mathématiques. L'espace tridimensionnel infini des géomètres, notamment, ne peut pas être admis par les physiciens pour décrire le monde. D'ailleurs les philosophes de la nature ne parlent pas d'espace mais de lieu. Cette séparation entre la physique et les mathématiques sera aussi à l'œuvre dans la philosophie arabe médiévale. Avicenne s'en explique dès le premier livre de sa *Métaphysique* où il affirme que l'objet de la physique, ce sont « les corps, en tant qu'ils sont en mouvement et au repos » alors que ce que recherchent les mathématiques, ce sont « les modes qui adviennent à la quantité en tant que telle[2] ».

Les philosophes arabes savent qu'Aristote avait vivement rejeté la thèse, défendue par Platon dans le *Timée*, qui identifie le lieu à la position occupée dans l'espace géométrique. Cet espace « n'admet pas de destruction » et il n'est « perceptible que par un raisonnement bâtard où n'entre pas la sensation ». Platon fait même dire à Timée que « nous l'entrevoyons comme dans un songe » à partir de la nécessité que « tout ce qui est soit quelque part dans un lieu déterminé[3] ». Malgré cette allusion au songe et les obscurités du texte du *Timée*, il semble bien que l'espace platonicien existe comme réceptacle des images changeantes des formes idéelles, sans pouvoir être assimilé à la matière constituant les corps sensibles. Il doit demeurer pour « accueillir » le mouvement et la génération mais il n'est pas perceptible comme le sont les êtres changeants.

Pour Aristote au contraire, le lieu est un corps relatif aux autres corps qu'il localise. Il a, d'autre part, « une certaine puissance[4] » car, explique-t-il, chacun des corps naturels simples comme le feu ou la terre « est transporté vers son lieu quand il n'en est pas empêché, l'un vers le haut, l'autre vers le bas » (*Phys.*, IV, 1, 208b9-12). De telles propriétés distinguent radicalement l'espace physique de l'espace géométrique.

Cette séparation entre les deux espaces a eu des conséquences importantes sur l'évolution des sciences et sur le sujet qui nous occupe, comme le fait remarquer G. Châtelet[5] :

> Aristote avait-il soupçonné la violence de la frontière qu'il avait établie entre les natures physiques et les natures mathématiques ? Il se complaît, en tout cas, à les opposer point par point : les natures physiques sont vouées à la mobilité et soumises aux causes finales, mais jouissent d'une existence séparée ; les natures mathématiques, immobiles et nécessaires, sont séparables seulement par la pensée, et notre esprit doit leur prêter une existence.

Notons que le statut particulier de sciences comme l'astronomie n'est pas une exception à cette règle ; il la confirme. Celles qu'Aristote nommait « les parties les plus physiques des mathématiques », comme l'optique, l'harmonie, l'astronomie, ont en commun d'étudier des objets mathématiques qui se rapportent à des objets physiques : la ligne droite du rayon lumineux, les angles entre les directions d'étoiles (*Phys.*, II, 2, 194a8). À la fin du XIIe siècle, Averroès reprendra à son compte l'idée selon laquelle le traitement mathématique s'applique « aux choses immatérielles ou aux aspects des choses matérielles qui ne sont pas affectés par la matière[6] ».

On rencontre de nombreux échos de cette séparation entre physique et astronomie dans l'Antiquité. Les commentaires d'un certain Poséidonios (m. 50 av. J.-C.) permettent d'en mesurer l'ancrage profond. Ce philosophe est l'auteur d'un *Abrégé des Météorologiques*, repris par Géminos, astronome-mathématicien grec[7] ayant vécu un ou deux siècles avant Alexandre d'Aphrodise et que ce dernier cite. Simplicius rapporte cet enchaînement de citations dans son commentaire aux quatre premiers livres de la *Physique*. Poséidonios (relu par Géminos) aurait écrit, selon Alexandre : « La science physique a pour rôle d'étudier le ciel et les astres, en considérant leur essence, leurs facultés, leur naissance et leur destruction ». La physique, en clair, est centrée sur les causes profondes, liées à l'essence des choses. En revanche l'astronomie « évitant le premier type de sujet, indique la position relative des corps célestes[8] ». En aucun cas cette dernière ne peut faire d'hypothèse sur ce qui est doué de mouvement et ce qui ne l'est pas, l'auteur ajoute :« surtout que si la Terre tournait, le Soleil restant immobile, cela pourrait tout aussi bien sauver l'anomalie apparente du mouvement solaire ». Cette savoureuse remarque confirme le fait que, depuis le début de notre ère, au moins, le principal obstacle à une conception héliocentrique du monde réside dans les principes fondamentaux de la philosophie naturelle. Ces principes prescrivent l'immobilité du centre de la Terre vers lequel se dirigent tous les corps graves pour y terminer leur mouvement et par rapport auquel on peut juger du mouvement du ciel.

Les aristotéliciens réfutent non seulement la qualification de l'espace mathématique à rendre compte du lieu des corps, mais son existence même dans la nature. Cette thèse, très largement partagée, a cependant été mise en cause dès le VIe siècle par Jean Philopon, dans un débat qui l'a opposé à un autre philosophe de l'école d'Alexandrie, sans doute Ammonius, qui défendait, quant à lui, la position d'Aristote. Ce dernier étant philosophe de la nature, Ammonius comprend qu'il ne peut admettre « qu'une extension tridimensionnelle [...] soit le lieu des corps naturels, qu'elle existe ou non, car elle n'est pas naturelle[9] ». En effet, ce qui est naturel est obligatoirement soumis au changement et, en tant que tel, il est objet d'étude pour le philosophe de la nature. On peut alors concevoir que l'extension tridimensionnelle (immuable) échappe au champ de la physique, et Philopon lui-même semble le concéder. Dans les lignes qui suivent, il rétorque cependant à Ammonius que non seulement Aristote a affirmé que « le lieu des corps naturels n'est pas une extension », mais qu'il a en permanence essayé « de montrer qu'il n'y a pas d'extension autre que celle des corps (584,2) ». Autrement dit, c'est l'existence même d'une étendue indépendante des corps, donc vide, qui est refusée par les aristotéliciens car ils considèrent l'extension comme une propriété définissant les corps. C'est bien le statut de l'objet « extension tridimensionnelle » qui fait débat : fait-il partie des existants susceptibles d'être qualifiés pour décrire le lieu des corps, ou n'est-il qu'un pur produit de l'imagination, inexistant dans la nature et incapable de répondre aux exigences requises pour être un lieu ?

Jean Philopon a remis en question l'autre thèse péripatéticienne, celle octroyant une puissance aux lieux. « Il est complètement ridicule », affirme le Grammairien dans son commentaire sur le lieu, « de dire que le lieu a une puissance quelconque en lui-même », ou d'imaginer que c'est « par désir d'une surface que les choses se déplacent chacune vers son propre lieu ». Mais la thèse qu'il oppose aux aristotéliciens a de quoi surprendre. Il explique que ce déplacement se fait « par désir de la position dans l'ordre qui leur a été donné par le Créateur» et, ainsi, ce n'est pas le lieu qui agit mais «ce sont les corps qui ont le désir de conserver leur propre position[10]». Cet argument de la position assignée par le Créateur ne semble pas à première vue révolutionnaire car il y persiste, comme l'a fait remarquer R. Sorabji, «une cause finale ou un but du mouvement, différent mais parallèle au but d'Aristote[11]». Nous avons vu cependant, à l'occasion de l'étude du mouvement forcé d'un projectile, l'avantage décisif qu'il y a à placer la cause du mouvement dans le corps et à libérer ainsi l'espace des «puissances» que lui conféraient les aristotéliciens. Philopon peut ainsi redéfinir le lieu comme «une certaine extension en trois dimensions, différente des corps qui prennent place en elle». Cette extension tridimensionnelle n'est pas un corps et elle est vide «car le vide et le lieu sont en réalité de la même substance[12]». Sa redéfinition du lieu est donc indissociable de l'affirmation du vide, à laquelle il consacre son deuxième corollaire. Il annonce, dès l'introduction de ce dernier, que son objection porte «sur les arguments d'Aristote qui cherchent à montrer que s'il y avait un vide, rien ne pourrait se déplacer à travers lui». Philopon concède «qu'il n'y a pas de vide entièrement séparé des corps», il y a un vide «qui est rempli» et qui est aussi «le lieu des corps»[13]. La question centrale de ce débat est bien celle du mouvement.

Au Moyen Âge arabo-musulman, la question de l'espace est aussi une controverse très vivante. L'atomisme arabe porté par les théologiens mutazilites a conjugué la physique et la géométrie d'une façon singulière, et ce dès le xe siècle. Nous allons retrouver quelques-unes de ses thèses au cours de notre étude. Mais même du côté des philosophes, des théories nouvelles ont déjà vu le jour. Nous en présentons deux, dont on peut raisonnablement supposer qu'elles étaient connues d'Abū al-Barakāt.

Ibn al-Hayṯam (m. 1039) – l'Alhazen des Latins – contemporain d'Avicenne, a défendu, dans son traité *Sur le lieu* (*Fī al-makān*) l'existence d'un vide imaginaire, un vide qui est rempli par les corps. Il est donc défini comme un objet mathématique, dépourvu de matière, mais il présente une nuance avec l'espace tridimensionnel de Philopon. «Le vide n'est que des distances dépourvues de matière» dit Ibn al-Hayṯam, et il poursuit en affirmant que ce vide est constitué de «distances imaginées, sur lesquelles se sont superposées les distances des corps, qui sont devenues les seules et mêmes distances[14]». Ce n'est pas une affirmation de l'existence en acte du vide physique puisque, quelques lignes plus loin, Ibn al-Hayṯam précise que

« les distances peuvent être imaginées isolées, dépourvues de matière, même si elles ne sont jamais vides d'un corps qui les remplisse[15] ». R. Rashed a comparé cette thèse à celle de Jean Philopon, et relevé qu'Ibn al-Hayṯam introduit une nuance importante en supposant, d'une part, un double ensemble de « distances imaginées » : les distances fixes du « vide-extension, de cette région de l'espace » et, d'autre part, « l'ensemble des distances imaginées entre tous les points d'un corps quelconque ». Ainsi, précise R. Rashed, on dira qu'un vide est le lieu d'un corps si, et seulement si, les distances imaginées à partir de ce corps « se superposent et s'unissent » aux distances du vide imaginé[16]. Ce saut conceptuel témoigne d'une évolution dont R. Rashed a suivi les traces jusque chez le théologien Faḫr al-Dīn al-Rāzī (m. 1209)[17]. Nous verrons qu'Abū al-Barakāt s'inscrit tout à fait dans ce mouvement.

Abū Bakr al-Rāzī, défenseur d'une doctrine atomiste au Xe siècle, peut aussi avoir inspiré Abū al-Barakāt. Les thèses de celui à qui Avicenne déniait le titre de philosophe[18] ne nous sont parvenues qu'à travers les écrits d'un troisième Rāzī (Abū Ḥātim, m. 933) qui le combat fermement, tout en exposant ses arguments à travers un dialogue. Abū Bakr al-Rāzī aurait affirmé qu'il existe deux types de lieu : « un lieu absolu (*makān muṭlaq*) et un lieu relatif (*makān muḍāf*) ». Le lieu relatif aux corps localisés relève, selon lui, du sensible, tandis que le lieu absolu existe par un exercice de raison et d'imagination (*wahm*[19]). En retirant par la pensée tous les corps, ce lieu absolu existe encore, et il est le contenant du monde : « si je retire de l'imagination la sphère, la chose à l'intérieur de quoi elle se trouve n'est pas retirée de l'imagination mais au contraire, reste ». Abū Bakr ajoute que le lieu relatif « n'est relatif qu'aux localisés » et donc, dans ce cas, « s'il n'y a pas de localisé, il n'y a pas de lieu[20] ». L'idée que le lieu a cette double réalité[21] va longtemps être associée au nom d'al-Rāzī, mais elle a couru durant tout le Moyen Âge, tant oriental que latin, à tel point que Newton estimera nécessaire de s'en démarquer dès les scholies de ses *Principia*[22]. Abū Bakr ne nie pas, voire revendique, l'influence platonicienne qui transpire d'une telle définition puisqu'il rétorque, un peu plus loin, à Abū Ḥātim qui conteste la légitimité de ses propos : « ce que je dis au sujet du lieu est aussi le propos de Platon alors que ce à quoi tu t'accroches, c'est ce qu'a dit Aristote » et il enchaîne en lui proposant de « se soigner à ce sujet », par la lecture de son livre[23]. Nous n'avons malheureusement que peu d'indications sur les théories physiques de ce Rāzī puisque, comme nous l'avons dit, ses écrits concernant l'existence du vide et l'espace à trois dimensions ne nous sont pas parvenus. De plus, peu de philosophes ont revendiqué son héritage, peut-être en raison de ses déclarations réfutant la création *ex nihilo*, ou parce qu'il passait pour un hérétique ou un mécréant.

Nous n'avons pas la prétention d'avoir retracé de façon exhaustive plus d'un millénaire de débats sur la notion d'espace. Mais il nous semble important d'en avoir posé quelques jalons afin de situer la thèse de notre auteur, que nous allons examiner. Comment celui-ci se place-t-il dans ce vaste ensemble théorique ? Nous allons voir qu'Abū al-Barakāt possède une grande indépendance d'esprit et qu'il est capable de faire « table rase de toutes les philosophies et de tous les philosophes », comme l'a noté Aḥmad al-Ṭayyib [24]. Il est peut-être en cela l'héritier de Galien qui critiquait explicitement la thèse péripatéticienne du lieu, et se méfiait des écoles philosophiques de son temps. Nous allons passer en revue son argumentaire sur les deux notions fondamentales que sont le vide et le lieu, en commençant par le lieu, même s'il est difficile de les séparer complètement. Nous verrons que la démonstration de l'existence du vide est seconde dans son raisonnement centré sur l'élucidation des problèmes posés à la science du mouvement.

La controverse sur le lieu

Abū al-Barakāt aborde la question du lieu au chapitre 12 de sa *Physique*, en la séparant dans un premier temps de celle du vide, qu'il traite dans le chapitre suivant. Mais trois autres chapitres seront consacrés aux deux thèmes, le seizième exposant sa synthèse sur le sujet. Enfin ces notions sont reprises dans les derniers chapitres, après l'étude du mouvement des projectiles.

Le terme qu'il utilise pour parler du lieu est la plupart du temps celui de *makān*. Mais il va aussi employer celui de *faḍā'*, qui signifie « étendue » ou « espace », et d'autres qui sont des classiques de la littérature philosophique arabe comme celui de *ayna* (où), celui de *ḥayṯu* (là où) et celui de *buʿd* (intervalle) qui désigne les portions de cet espace. Abū al-Barakāt emploie parfois des mots plus rares comme celui de *taǧwīf* que l'on peut traduire par « cavité » ou « creux ».

On est en droit de se demander si tous ces termes sont équivalents et quelles notions recouvrent ces usages lexicaux dans le monde oriental médiéval. Des éléments de réponse se trouvent dans une Épître sur le lieu [25], citée par A. Dhanani [26]. Avicenne, qui en est l'auteur, explicite dans ce court texte sa position sur l'usage des mots désignant l'espace, après avoir retranscrit une question soulevée par un inconnu qui lui demande « quel est le nom de cette immensité qui s'étend sur les choses ? ». L'inconnu avoue sa perplexité devant la diversité des mots employés par les anciens. Il énumère ceux que nous avons cités et ajoute que « les *mutakallimūn* l'ont appelé *ǧiha* (région) et *ḥayyiz* (espace) », et que « les mutazilites l'appelaient *muḥāḏāt* (vis-à-vis) ». L'inconnu cite, pour étayer sa question, un ouvrage du théologien ʿAbd al-Ǧabbār [27] dans lequel celui-ci aurait écrit que « les partisans de *faḍāʾ* veulent dire la même chose que ce que nous voulons dire avec le terme de *muḥāḏāt* », le « nous » désignant les mutazilites. ʿAbd al-Ǧabbār aurait précisé que cette différence n'était qu'une question de vocabulaire à la condition que l'on n'affirme pas « que cette étendue est un corps, ni qu'elle est capable de mouvement, ni qu'elle est contiguë, ni qu'elle est inhérente ». ʿAbd al-Ǧabbār prend ici nettement position contre l'opinion des philosophes. Avicenne répond, sans surprise, à la suite de cette longue question de l'inconnu en disant que ʿAbd al-Ǧabbār se trompe. Le sens de *faḍāʾ* n'est pas le même, selon lui, que celui de *muḥāḏāt* car « le terme de vis-à-vis est un attribut relatif du corps opposé au corps auquel il fait face [28] ».

Ce terme *muḥāḏāt* (vis-à-vis ou contigu) met effectivement en jeu une définition du lieu relative au corps, et donc un espace qui serait défini par les propriétés positionnelles des corps qui s'y trouvent. Avicenne l'oppose à *faḍāʾ* qui correspondrait alors à un espace décrit indépendamment de ces corps. Pour autant, il n'est pas sûr que que ce soit là que réside son désaccord. L'ouvrage du théologien ʿAbd al-Ǧabbār étant perdu, on ne peut vérifier ce qu'il en disait lui-même. Mais le terme *muḥāḏāt* est défini dans la littérature mutazilite comme « l'espace que des atomes peuvent occuper », chaque atome du corps étant en vis-à-vis d'un atome du lieu qu'il occupe. C'est davantage cette référence à l'atomisme des théologiens du *kalām* qui n'est pas du goût d'Avicenne, plus que la « relativité » de la définition, car la sienne, comme nous allons le voir, exclut qu'il y ait un lieu sans corps, ou un corps sans lieu.

Comme on pouvait s'en douter, les termes employés ne sont pas neutres et portent les traces des débats que nous avons évoqués. Abū al-Barakāt fait pour sa part un usage particulier de ces mots : tant qu'il bataille contre la définition du *topos* d'Aristote, il utilise abondamment le terme de *makān* (lieu). À partir du passage où sa définition est établie, les autres termes sont de plus en plus fréquemment employés, notamment celui de *ḥayyiz*, dans les derniers chapitres, parfois simplement apposé à celui de *makān*. Or ce terme de *ḥayyiz* est bien celui auquel « les *mutakallimūn* atomistes donnent le sens du vide », celui qui est conçu par l'imagination et qu'occupent les objets localisés. C'est ce qu'affirme Naṣir al-Dīn al-Ṭūsī, philosophe du XIIIe siècle, dans son commentaire du *Kitāb al-išārāt* d'Avicenne, dont S. Pines a consulté le manuscrit [29].

Il faut reconnaître que le maître des philosophes n'avait pas rendu la tache aisée aux commentateurs qui l'ont suivi. Il avait choisi de définir le lieu en deux temps : d'abord comme frontière commune appartenant à la fois au corps contenu et à l'objet contenant (*Phys.*, IV, 4, 212a5), afin de coïncider avec l'acception usuelle « un corps loge dans son lieu », mais aussi comme un corps matériel et immuable afin de pouvoir « juger » de l'immobilité ou du mouvement des corps (*Phys.*, IV, 4, 212a18). D'où la curieuse définition du lieu comme « la limite du corps enveloppant à l'endroit où il touche le corps enveloppé » (*Phys.*, IV, 4, 212a6). Cette définition ne fonctionne complètement, comme le fait remarquer B. Besnier, que pour le lieu du grave qui est la surface de la Terre, et celui du léger qui est l'orbe de la Lune car « la surface de la Terre enveloppe en permanence l'élément le plus lourd [...] et la surface inférieure de l'éther offre une enveloppe permanente pour l'élément le plus léger [30] ». Elle participe de toute évidence à la hiérarchie des éléments aristotéliciens et elle met en jeu l'organisation de l'Univers que nous examinerons dans l'étude du *Traité du ciel*.

Dans son douzième chapitre, Abū al-Barakāt brosse à grands traits une histoire assez savoureuse du concept de lieu depuis l'aube de l'humanité. Il y compare l'évolution de la connaissance à celle de la vision des choses « de loin puis de plus en plus près » (*KM*, II, 12, p. 40-41). De loin, ce sont les savoirs intuitifs des gens ordinaires, savoirs qui sont portés par la langue commune. De près, ce sont les connaissances précises élaborées par les savants. Le mot « lieu » (*makān*), dans son acception courante, concerne « l'emplacement qui loge la chose dont on dit qu'elle est localisée » (*KM*, II, 12, p. 40.7), même si cet emplacement est réduit à peu de choses : Abū al-Barakāt cite le cas d'un bouclier posé renversé sur le sommet d'un dôme, la surface de contact est alors aussi petite qu'une pièce d'un *dirham* mais cela n'empêche pas de la nommer « lieu du bouclier ». De façon générale on nomme « lieu » la portion de la surface de la Terre sur laquelle réside le localisé : le lieu d'un homme assis est cette surface, sans tenir compte du mur sur lequel il est éventuellement adossé, ni de l'air environnant. Abū al-Barakāt présente ici avec condescendance le fait d'assimiler le lieu à une surface comme le produit d'une approche vulgaire.

Se pose ensuite la question du lieu de la Terre. En comparant celle-ci à un bateau, les anciens ont pensé que ce lieu devrait être l'eau, sinon « la Terre irait dans un abîme ». D'autres ont dit « qu'elle est plutôt portée par un animal qui est transporté dans l'eau » (*KM*, II, 12, p. 41.18-21). Ces représentations d'une Terre portée par l'eau ou par un animal relèvent, de toute évidence, pour Abū al-Barakāt, de la mythologie. R. Arnaldez, dans une notice[31], s'attarde sur ce chapitre et rappelle que la thèse selon laquelle la Terre repose sur l'eau avait déjà été évoquée par Aristote dans le *Traité du ciel* pour l'attribuer à Thalès de Milet qu'il critiquait sévèrement. Abū al-Barakāt mentionne ensuite une autre représentation cosmogonique : celle du ciel qui serait porté par la Terre à la manière d'une tente. Ce ciel est-il fini, borné, et plongé dans un espace infini, ou bien est-il lui-même infini ? On devine qu'il faudrait alors dans ce cas que la Terre soit elle-même infinie. Or les gens ont « pris conscience de la sphéricité du monde » grâce à l'observation du lever et du coucher des astres. Ils ont su d'autre part « que la Terre est le lieu de chute de tous les corps pesants ». Ils en ont déduit « qu'il y a de par le monde des gens dont la position des pieds est à l'opposé de la position des pieds d'autres gens » (*KM*, II, 12, p. 42.14-16). À la représentation d'une Terre plate infinie, portant le ciel comme une tente, une autre image du monde s'est imposée puisque « par la sphéricité du ciel et de la Terre, l'intervalle entre les deux leur est apparu le même dans toutes les directions » (*KM*, II, 12, p. 43.5-6). Dans cette représentation la surface de la Terre n'est plus infinie, elle est celle d'une sphère de rayon fini.

Au milieu de ce récit des représentations du lieu de la Terre, Abū al-Barakāt s'interrompt pour affirmer que les gens se sont aussi rendu compte « que les mobiles autour d'eux ne se mettent en mouvement que s'il n'y a pas d'obstacle », et si le milieu traversé « ne l'empêche pas par des rencontres », comme c'est le cas, ajoute-t-il, « de l'étendue (*faḍā'*), de l'air ou de l'eau ». Les gens ont alors été convaincus « qu'il ne peut y avoir de mouvement que dans un vide » (*KM*, II, 12, p. 42.4-6). Cette affirmation, plutôt étonnante à ce stade de l'histoire des idées (à savoir juste après les représentations issues des mythes fondateurs), pourrait correspondre au vide de Démocrite, dont Abū al-Barakāt n'a sans doute connaissance qu'à travers les critiques qu'en fait Aristote. Cet argument reliant la nécessité du vide au mouvement sera repris par notre philosophe dans les chapitres où il défendra positivement sa théorie.

Abū al-Barakāt amène ensuite la question de la troisième dimension : celle de la verticale. Car ce lieu, dont les savants ont cru comprendre qu'il était relatif au corps localisé, ne peut pas se réduire à la portion de surface de la Terre sur laquelle il repose, parce qu'alors un corps posé sur la terre et un autre enterré exactement sous lui seraient dans le même lieu, ce qui contredirait le principe admis par tous : deux corps distincts ne peuvent avoir le même lieu en même temps. Il a donc été nécessaire de définir le lieu comme « la surface intérieure du corps enveloppant avec laquelle est en contact la surface, distincte de celle-ci, du corps enveloppé » (*KM*, II, 12, p. 43.24-44.1). C'est précisément la définition aristotélicienne, reprise par Avicenne.

La dernière étape de la réflexion scientifique présentée dans ce chapitre est en même temps celle dont Abū al-Barakāt est le promoteur. Il s'agit de la prise de conscience que ce qui est vidé lorsque la boisson est retirée de la jarre, ce n'est pas seulement la surface intérieure de celle-ci, c'est aussi tout le vide qui est entre ses parois, « du vide en longueur, largeur et profondeur, pas seulement en surface » (*KM*, II, 12, p. 44.6-7). À la suite de quoi l'auteur conclut cette histoire des idées par sa propre définition du lieu comme « une étendue qui a une largeur, une longueur et une profondeur, qui est remplie par un corps qui est dedans, et qui est vidée par son retrait de lui », donc comme un espace tridimensionnel.

Comment Abū al-Barakāt explique-t-il cette « prise de conscience » ? Il en appelle, dans le chapitre suivant qui traite du vide, au bon sens, à la « connaissance vulgaire ». Une autre notion de lieu s'est imposée aux esprits « quand les gens ont vu se vider et se remplir les lieux lorsqu'ils sont privés des corps localisés », ou lorsque « l'on on a distingué la jarre de la boisson ». Cet emplacement qui se vide ou se remplit est « antérieur dans l'existence à ce qui le remplit ou ce qui peut en être retiré » (*KM*, II, 13, p. 44.14). Une telle affirmation d'antériorité a pour cible la position selon laquelle il n'y a pas d'autre extension que celle des corps.

Abū al-Barakāt examine ensuite les arguments des aristotéliciens portant sur l'impénétrabilité des corps. Ceux-ci affirment que si l'espace vide était existant, il serait un corps et à ce titre, deux corps ne pouvant se superposer, il ne peut exister. Pour cela Abū al-Barakāt utilise un raisonnement géométrique portant sur la superposition d'intervalles, tout à fait analogue à celui d'Ibn al-Hayṯam. Partant du fait que les péripatéticiens ont admis que le lieu d'un corps est une surface, ils ont bien imaginé « la superposition de la longueur par la longueur, de la largeur par la largeur ». Il ne « leur reste plus », pour se représenter mentalement le lieu, qu'à imaginer de la même façon « la superposition de la profondeur par la profondeur » pour qu'il devienne tridimensionnel (*KM*, II, 15, p. 57.4-6).

Peu à peu, Abū al-Barakāt construit l'idée d'une connaissance *a priori* de l'espace et, dans le chapitre suivant, il enjoint son lecteur d'imaginer : « que cet intervalle[32] est <perçu de façon> innée (*mafṭūran*[33]) et subsiste même si l'on fait abstraction des corps qui s'y trouvent ». Il justifie cette démarche en la comparant à celle qui permet d'accéder à la représentation mentale (*taṣawwur*[34]) des universaux. L'espace vide peut être imaginé de façon abstraite « comme nous imaginons la réalité de l'humanité abstraite des attributs individuels », ou bien « la réalité de l'animalité abstraite de ses espèces particulières… » (*KM*, II, 16, p. 68.1-9). Abū al-Barakāt soutient l'idée d'une perception innée qui subsiste, même en l'absence de corps, en explicitant le procédé d'abstraction qui permet de concevoir des notions séparément des entités qui les composent, même si, dans la réalité, un concept comme celui d'animalité n'existerait pas sans les animaux. Ce procédé d'abstraction permet de concevoir l'espace vide tridimensionnel « même si on n'accepte pas que dans l'existence il soit vide en lui-même » (*KM*, II, 16, p. 68.5).

On pourrait s'étonner qu'après un tel argumentaire, il ne semble pas décisif pour Abū al-Barakāt de trancher si le vide physique existe en acte ou si c'est seulement une potentialité, un objet intellectuel obtenu par abstraction. D'autant que ce passage se situe après trente pages de démonstrations pour réfuter la notion de lieu-surface, et pour établir l'existence possible d'un espace vide tridimensionnel. Le terme qu'il utilise pour parler de cette démarche imaginative (*wahm*) est celui utilisé par Abū Bakr al-Rāzī, et par Ibn al-Hayṯam dans les textes évoqués plus haut. Alors que ce dernier était à la recherche d'un espace dans lequel il pouvait rendre compte des transformations géométriques par le mouvement des figures, Abū al-Barakāt cherche à établir le cadre dans lequel reposer les questions de la dynamique : un espace qui existe indépendamment des corps qui s'y trouvent, premier dans l'esprit humain. Voilà pourquoi la démonstration de l'existence d'un vide physique en acte, un vide séparé, passe au second plan ici ; de toute façon, ajoute-t-il, comme le faisait Philopon, il se remplit dès qu'il est créé en quelque part.

La définition du lieu sera reformulée au chapitre 16 (*KM*, II, 16, p. 67.18-22), après le long détour par les chapitres sur le vide :

> En conformité avec les dénominations, le lieu est ce qui loge l'objet localisé ; il ne le disperse pas, il le stabilise mais il n'a pas d'inclination. Les partisans du vide imaginent, eux, que le lieu est l'étendue qui est dans le creux du récipient… La définition du lieu devient pour eux : l'étendue que le corps contenant entoure <à savoir celle> qu'occupe le corps contenu résidant en elle et se déplaçant à partir d'elle ou bien se mettant en mouvement dans elle. Cette étendue a une profondeur et une surface délimitées par le corps contenant.

Cette approche de la notion de lieu-espace tridimensionnel (qui a une surface et une profondeur), en opposition au lieu-surface des péripatéticiens, ressemble beaucoup à celle de Jean Philopon qui précisait à plusieurs endroits que « ce vide, quoiqu'il ait sa propre existence, n'est jamais sans corps[35] ». Abū al-Barakāt dit, de la même façon, que « soit le lieu survient effectivement dans l'existence, vide ou rempli, soit il est dans l'imaginaire (*wahm*) et l'esprit » (*KM*, II, 16, p. 68.3). Abū al-Barakāt précise à cette occasion que le lieu n'a pas d'inclination, plus précisément qu'il « n'incline pas », c'est-à-dire qu'il n'a aucune puissance. Il achève cette définition en assénant, à l'encontre des aristotéliciens, que : « nous imaginons le lieu – même s'il n'est jamais vide – dans sa longueur, sa largeur et sa profondeur, et il est antérieur dans l'esprit au plein » (*KM*, II, 16, p. 68.8-9).

Abū al-Barakāt, dans ce même chapitre 16, fait la synthèse des diverses thèses existantes. Elles se résument à ses yeux à trois opinions : 1. le lieu est ce sur quoi réside le localisé comme la Terre est un lieu pour tout ce qui est dessus, 2. le lieu est le contenant pour le contenu (comme la jarre pour la boisson), 3. le lieu est l'étendue tridimensionnelle à l'intérieur du contenant, et les choses sont transportées dans cette étendue ou à partir d'elle. Ceux qui contestent cette dernière proposition (les aristotéliciens) considèrent qu'il y a toujours un corps qui remplace un autre corps. Ils ont donc défini le lieu comme la surface enveloppant le contenu, la profondeur du lieu devenant alors l'épaisseur de la paroi du récipient. Mais ceux qui acceptent la notion d'étendue admettent que le lieu est « ce qui loge les localisés » et qu'un tel espace a un volume disposé à l'augmentation, c'est-à-dire que ce volume a une grandeur. C'est l'étendue que le corps contenant (la jarre) entoure et qu'occupe le corps contenu résidant dans elle et se déplaçant à partir d'elle.

Même si Abū al-Barakāt prône, dans l'introduction de sa *Physique*, une conception très classique de ce qui sépare cette discipline des mathématiques, son espace admet, comme celui des géomètres, la quantité. La résolution de cette contradiction se trouve dans sa *Métaphysique* où il précise : « puisque la recherche du mathématicien porte sur les mesures, les formes et les nombres, elle porte aussi sur ce qui existe » (*KM*, IV, 1, p. 5.3-4). Autrement dit, les constructions intellectuelles qui existent dans les esprits sont des existants à part entière, et il conteste à plusieurs reprises les formulations des aristotéliciens qui invalident cette modalité d'existence. Nous avons vu que l'espace tridimensionnel existe en tant que produit d'une abstraction et qu'il est antérieur à la matière et aux corps qui sont placés dedans. Mais cet espace est-il aussi isotrope que l'est celui des mathématiques ? La question mérite un examen, avant d'aborder les détails de la controverse sur le vide.

Le lieu naturel

La question du lieu naturel est une question connexe à celle de l'espace. Elle évoque la place assignée « par la nature » aux différents éléments : le centre de la Terre pour les corps « absolument graves », l'orbe de la Lune pour les corps « absolument légers », et des positions intermédiaires pour les autres. Elle porte donc sur la relation entre l'espace et la matière. Mais on ne peut perdre de vue que l'espace d'Aristote est rempli de matière, ce qui rend *ipso facto* ces deux concepts indissociables. À cet égard, on pourrait presque dire que la théorie de l'espace aristotélicien s'identifie à celle du lieu naturel.

Elle est abordée explicitement à la fin du livre IV en affirmant qu'il est « rationnel que chaque chose soit transportée vers son propre lieu » et donc que « tout demeure par nature dans son lieu propre » (*Phys.*, IV, 5, 212b30-35).

Les transports des corps simples comme le feu, la terre, l'air ou l'eau, « non seulement montrent que le lieu est une certaine chose, mais aussi qu'il a une certaine puissance » (*Phys.*, IV, 1, 208b10). Nous avions signalé que l'affirmation d'une certaine « puissance » du lieu naturel ne doit pas être prise au pied de la lettre. Tant qu'il s'en tient à la définition strictement physique, remarque B. Besnier, Aristote « s'efforce de dépouiller le lieu de toute causalité (même finale) », comme le montre le passage où il affirme que le lieu « n'est cause ni comme matière des étants, ni comme forme et définition des choses, ni comme fin ». Il ajoute même que le lieu « ne meut pas les étants » (*Phys.*, IV, 1, 209a19-22). Si le lieu « s'approprie » le corps localisé, ce n'est pas en tant que lieu qu'il agit, c'est en vertu d'une autre relation : celle de la partie au tout. B. Besnier développe cette analyse un peu plus loin en montrant que pour Aristote, le corps simple qui rejoint son lieu est « comme une partie qui en aurait été divisée et qui rejoint son tout, qui joue à son égard le rôle de lieu ». Ainsi, un morceau de terre qui tombe sur le sol et s'y trouve au repos a rejoint son tout qui est homogène et en continuité avec lui[36].

Ce concept de lieu naturel n'est donc pas tant une réponse d'ordre topologique aux questions posées, qu'un moyen de rendre compte de la hiérarchie de la matière dans l'espace. Une fois admis que l'air va « par nature » vers le haut, et la terre « par nature » vers le bas, on est conduit à appréhender cette « nature » comme étant une relation entre l'élément naturel, et la partie de l'espace où il se dirige. Il n'en reste pas moins vrai que cette relation de la partie au tout fonctionne de manière causale, au sens de la cause finale : le mouvement du corps simple est dû à la « nécessité » de rejoindre ce tout qui constitue « son avenir ».

Il pourra sembler étonnant qu'Abū al-Barakāt accepte lui aussi ce concept de « lieu naturel ». Il développe pourtant cette notion dans le chapitre 26 qui suit l'étude de la *quies media*, en affirmant : « On dit que les parties sont analogues par nature et que les parties des espaces et des lieux le sont aussi ». Il pose ensuite la question suivante : « vers quel endroit de son espace le mobile se met-il en mouvement ? » La réponse qu'il fait à sa propre question est celle des aristotéliciens : « la partie est unie au tout et semble <ne former> avec lui qu'une seule chose » (*KM*, II, 26, p. 108). Abū al-Barakāt relève que si l'eau, l'air et le feu « fusionnent » en rejoignant leur lieu naturel avec ce qui s'y trouve « d'analogue », du fait de leur fluidité, il n'en est pas tout à fait de même pour les graves : un caillou ne « fusionne » pas avec la terre en tombant dessus. Mais il ne s'agit que d'une nuance puisque la terre tombe vers la terre et s'unit à elle dans l'espace.

Il reprend un à un, dans ce chapitre, tous les éléments de cette thèse : chaque corps a un espace naturel et un seul, le « principe » qui l'y mène est naturel, au même titre que les couleurs ou les formes des corps ; c'est un principe de mouvement vers cet espace, ou de repos en lui. Si un corps quitte son espace naturel, c'est parce qu'une contrainte, ou force externe, l'en a délogé, et il y retourne quand cette contrainte cesse. Enfin l'organisation des quatre éléments à partir du centre de la Terre, lieu des corps les plus denses et les plus froids, jusqu'à la surface inférieure du ciel, lieu du plus chaud qu'est le feu, en passant par l'eau et l'air, est, elle aussi, d'inspiration classique. On ne retrouve aucune trace des concepts novateurs élaborés dans les chapitres précédents : le terme de *mayl* n'est d'ailleurs pratiquement pas utilisé et c'est le classique « principe de mouvement ou de repos » qui est employé pour décrire cette « cause » de la mise en mouvement naturel, à laquelle participe aussi bien le mobile que le lieu vers lequel il se dirige. Il décrit ainsi cette cause (*KM*, II, 26, p. 108.11-14) :

> Une puissance ou forme particulière dans ce corps, le spécifie dans cet espace et le met en mouvement vers lui. Cette nature particulière dans ce corps est le principe de mouvement par nature et de repos par nature. La mise en mouvement de transport selon le lieu provient d'elle après qu'une cause a inopinément extrait le corps de son espace naturel, et c'est elle qui le met en mouvement vers <cet espace naturel>.

Abū al-Barakāt répète même trois fois dans ce passage la définition du lieu naturel, la dernière formulation étant : « chaque corps naturel a, par sa nature et sa spécificité, un espace naturel, dont s'écarte ce qui, dans sa nature et son principe, diffère de lui » (*KM*, II, 26, p. 108.17-20). Le mouvement qui ne sort pas le corps de son lieu est le mouvement circulaire qui a, selon le philosophe, « la réalité du repos ». Et c'est à son propos qu'il développera plus loin une position qui se démarque de celle des aristotéliciens. Mais pour ce qui est du mouvement rectiligne (la chute d'un grave par exemple), Abū al-Barakāt reprend à son compte les thèses de ses aînés, citant des passages entiers de la partie du *Šifāʾ* qui lui correspond.

Pouvait-il en être autrement ?

Si notre philosophe admet un espace vide tridimensionnel, et place à l'intérieur des corps l'inclination responsable des mouvements, qu'ils soient naturels ou forcés, il continue d'admettre la hiérarchie des quatre éléments. Comment rendre alors compte du fait que le *mayl* naturel des graves les fait tomber vers le bas, tandis que celui de l'air ou du feu les mène vers le haut ? Il faut bien que ce *mayl* soit, d'une manière ou d'une autre, en lien avec cet espace assigné. Qu'il soit appelé « principe » ou « inclination » ne change rien dans ce cas. Ce qui est incontournable est la nécessité d'une relation entre le *mayl* de chaque élément et la place qui lui est assignée dans l'ordre des éléments. En d'autres termes, il faudra un *mayl*-feu pour que le feu rejoigne la sphère concave de l'orbe de la Lune, son lieu naturel.

Une fois l'espace aristotélicien vidé de sa matière omniprésente, la physique doit tout de même rendre compte de l'anisotropie de l'espace dans une représentation du monde qui reste géocentrée. Pour ce faire, la thèse du lieu naturel est un outil performant tant que celle des quatre éléments est admise, c'est-à-dire pour de nombreux siècles encore. Cette anisotropie distingue l'espace des géomètres de celui des physiciens, même si pour notre philosophe, le premier est le modèle qu'il emploie pour reconstruire le second. La caractéristique essentielle de son espace tridimensionnel réside dans le fait qu'il soit séparé des corps qu'il contient. Et c'est ce rapport à la matière que nous allons explorer maintenant.

La controverse sur le vide

Une fois affirmée la thèse d'un espace tridimensionnel potentiellement vide qu'il va défendre, Abū al-Barakāt doit affronter toutes les questions que soulève l'existence de ce vide. On peut identifier durant le Moyen Âge trois types d'interrogations héritées, elles aussi, de l'aristotélisme : a. le vide existe-t-il de façon séparée ? b. le vide est-il interne à la matière ? c. notre monde est-il plongé dans un vide infini ? Ces trois types de questions sur le vide vont être abordés à divers endroits de la physique du *Muʿtabar*. Les chapitres 13 et 14 consistent essentiellement à exposer les arguments aristotélo-avicenniens, tout en nous donnant déjà un aperçu de la thèse que va défendre Abū al-Barakāt. S. Pines a fait une étude très exhaustive et méticuleuse de ces arguments dans ses *Études*, auxquelles nous renvoyons.

Nous nous contenterons d'en rappeler les principaux afin de concentrer l'analyse sur les arguments positifs de la thèse d'Abū al-Barakāt et nous aurons, parfois, quelques nuances à apporter aux conclusions de S. Pines. Précisons que la thèse d'Aristote a été reprise dès la naissance de la philosophie arabe. Al-Fārābī, dont la *Physique* est perdue pour nous, contestait l'hypothèse du vide sous l'angle logique au moins, en montrant l'absence de nécessité à son existence. D'une manière générale, il réfutait vivement les commentaires de Jean Philopon, notamment dans un texte qui ne nous est pas parvenu – *Les existants susceptibles de changement* (*al-Mawǧūdāt al-mutaġayyira*) – mais qui est cité par Avempace (Ibn Bāǧǧa), Averroès et Maïmonide[37]. Les deux fronts de contestation de la thèse aristotélo-farabienne, dans le monde arabo-musulman, sont, là encore, l'atomisme arabe et le courant néoplatonicien inspiré par Jean Philopon.

Abū al-Barakāt conteste la thèse classique selon laquelle le vide serait impossible, à la fois pour des raisons « ontologiques » et pour des raisons « physiques ». Avant d'aborder ces dernières, centrées sur la possibilité du mouvement local, nous allons examiner ceux de ses arguments qui portent sur l'existence même du vide.

Le premier groupe d'arguments est illustré par un syllogisme qu'il expose pour s'y attaquer. Le vide, commencent par dire les opposants au vide, « est une chose existante possédant longueur, largeur et profondeur », c'est-à-dire des grandeurs qui peuvent subir « l'augmentation et la diminution ». Or cela « est la réalité du corps[38] ». Le vide est donc « un corps par cette acception » alors que les partisans du vide disent de lui « qu'il est un lieu qui n'a pas de localisé » en lui (*KM*, II, 14, p. 48.5-9). Le paralogisme que dénonce Abū al-Barakāt peut se résumer ainsi : le vide ne peut être rien/s'il est une chose existante, il a une étendue tridimensionnelle et, à ce titre, il est un corps/donc le vide est un corps, ce qui est évidemment absurde.

La prémisse « le vide ne peut être rien » est récurrente dans la littérature. Avicenne, par exemple, a montré que les propriétés du vide imposent « qu'il soit quelque chose d'existant, qu'il soit une quantité, qu'il ait une substance, ou qu'il ait une puissance active ». Or il ne peut être une quantité parce que « le *rien* ne peut pas se trouver plus ou moins grand entre deux choses » ; le vide « mesuré entre le ciel et la Terre » est forcément « plus grand que celui entre deux villes de la Terre » (*ŠT*, II, 8, p. 123.8-10). On retrouve aussi cette affirmation dans de nombreux argumentaires péripatéticiens antérieurs ou postérieurs à Abū al-Barakāt : les grandeurs sont des accidents des corps, elles ne peuvent être l'accident de « rien ». Le chrétien jacobite Bar Hebraeus, par exemple, dans son *Entretien de la sagesse* rédigé vers 1260-1270, donc un siècle après notre auteur, affirme lui aussi que si le vide existait, il devrait être plus grand entre deux corps éloignés qu'entre deux corps rapprochés. Mais « le long et le court, étant des accidents, ont nécessairement une substance comme support ». Le vide est donc une substance. Comment « une substance pourrait-elle être le néant » ? La conclusion est donc « que le vide ne peut exister ni à l'intérieur, ni à l'extérieur du monde[39] ».

Dans les commentaires de la traduction arabe de la *Physique*, on trouve cependant une critique notoire de cet argument par Yaḥyā (alias Philopon), qui dénonce la confusion faite ici entre propriété essentielle et propriété accidentelle. Le fait de posséder des dimensions n'est pas une propriété définissant les corps, affirme-t-il. Au contraire, « les dimensions sont des accidents de la substance » parce que la quantité est accident et que « les dimensions relèvent de la catégorie de la quantité ». Yaḥyā ajoute que « la quantité est accident pour le corps, mais un accident inséparable ». Il rappelle ensuite ce qui définit véritablement un corps, selon la tradition hylémorphiste : être une « substance composée d'une *hylè* et d'une forme[40] » ; ce n'est donc pas le fait de posséder des dimensions.

Abū al-Barakāt aborde cette discussion en dénonçant à son tour la corruption du syllogisme énoncé par les aristotéliciens. Celle-ci réside, à ses yeux, dans le fait que le corps est à la fois une conséquence de la conditionnelle et le sujet du prédicat, mais pas selon la même acception. Dans la conditionnelle (si le vide était existant), il est fait allusion au caractère tridimensionnel du vide, alors que la proposition attributive (un corps n'est pas fait de vide) évoque « les sensations de toucher ». L'idée philoponienne, selon laquelle la tridimensionnalité n'est pas une propriété définissant les corps, est reformulée tout au long de ce chapitre de diverses manières, et Abū al-Barakāt fustige ses adversaires qui pensent qu'il ne peut y avoir d'existence « pour ce qui serait long, large, profond et qui serait exempté des autres qualités des corps » (*KM*, II, 15, p. 54.9-10).

Cette discussion sur la tridimensionnalité est intimement mêlée à une autre question : lorsque le vide est pénétré par un corps, subsiste-t-il comme vide ? La résolution d'Aristote est rappelée : puisque le vide est anéanti par la pénétration, et que deux corps ne peuvent pas se pénétrer, c'est que le lieu est autre chose que le vide, il est la surface environnante des corps. D'autre part, si le vide s'anéantit, cela impliquerait qu'il soit parfois en puissance, parfois en acte, ce qui nécessite une *hylè*. Le vide est donc un corps puisqu'il a une *hylè* ; mais alors deux corps peuvent-ils se pénétrer ? Les aristotéliciens réfutent cette perspective par la parabole suivante. Dans ce cas, le monde entier – que l'on peut partager en petits grains – rentrerait dans un grain de farine : on rentrerait un grain dans un autre, puis encore un autre dans le premier, et ainsi jusqu'à la sphère du monde. La plus grande chose pourrait pénétrer la plus petite. S. Pines signale que cet argument a des variantes hindoues sous forme d'une graine de moutarde [41] et qu'il a couru pendant tout le Moyen Âge.

Bar Hebraeus l'expose, lui aussi, dans un passage où il dénonce le vide des atomistes. Il commence sa démonstration en affirmant que même si une partie indivisible (un atome) de matière existait, on pourrait toujours la diviser par la pensée. On peut donc considérer qu'un corps, aussi petit soit-il, est constitué de trois parties. Il faut alors examiner deux hypothèses. Soit « la partie médiane empêche le contact de celles qui sont à ses côtés », car cette partie médiane a deux surfaces distinctes en contact avec des parties distinctes ; dans ce cas elle est à son tour divisible de la même façon et la matière infiniment divisible. Soit la partie médiane « n'empêche pas le contact », on aurait alors « des corps qui se pénètrent l'un dans l'autre » sans que « l'accroissement des parties entraînât un accroissement des dimensions du composé ». Ce qui est absurde car sinon « il pourrait y avoir une coquille d'œuf qui serait capable de contenir tout le cercle de la sphère [42] ». Les arguments portant sur l'impénétrabilité des corps ne relèvent donc pas seulement de la conception de l'espace. Ils mettent aussi en jeu la conception de la matière et le fait d'admettre ou non l'existence de parties indivisibles.

Al-Baġdādī connaît ce « propos des exégètes » qui consiste à dire que, si le vide était pénétré par le plein, alors « on vérifierait que le monde entier peut rentrer dans un grain de millet » (*KM*, II, 15, p. 56.3-6). Il lui oppose le fait que deux intervalles peuvent s'interpénétrer et n'en former plus qu'un seul, qui n'est pas plus grand que chacun des deux premiers, autrement dit, qui ne s'ajoute pas mathématiquement : il suffit que l'un des deux intervalles soit vide et que le corps qui y pénètre s'unifie à lui en y prenant place, et chacune des trois dimensions du corps se superpose à chacune des trois dimensions du vide. À l'argument portant sur l'augmentation des dimensions que produirait cette superposition, Abū al-Barakāt rétorque que la résolution est la même car « si le premier est vide et que le second coïncide exactement », il n'y a pas de problème de superposition des dimensions :

l'objet entrant a ses dimensions qui se superposent exactement avec celles du vide et l'une ne dépasse pas l'autre, même s'il y a deux choses au même endroit, le vide et le corps. L'analogie avec la superposition d'objets mathématiques comme des points ou des droites rend compte de la conception géométrique que défend ici Abū al-Barakāt pour l'espace. Cet argument était déjà celui de Philopon dans le texte grec de son corollaire sur le lieu[43], mais il est absent des extraits de ce commentaire qui jalonnent le livre IV de la *Physique* arabe. Le texte qui inspire notre philosophe pourrait tout aussi bien être le traité d'Ibn al-Hayṯam sur le lieu. Nous avons vu qu'il y emploie des raisonnements tout à fait similaires.

La démonstration d'al-Baġdādī s'achève sur une redéfinition de la notion de corps, partant de l'idée que la seule chose qui fait « empêchement » c'est la résistance qu'oppose un corps : la tridimensionnalité n'est donc pas une caractéristique définissant les corps. L'obstacle au déplacement réside dans « la densité, ou la dureté, ou la résistance » (*KM*, II, p. 57.12-13). Ce qui caractérise un corps est donc sa dureté, et l'absence de cette caractéristique dans le vide montre qu'il n'est pas un corps. Le vide est donc tridimensionnel, comme les corps, sans avoir les mêmes propriétés de résistance qu'eux.

Dans la même famille d'arguments, il y a ceux qui associent vide et infini, obligeant les partisans du vide à défendre la notion d'infini pour établir celle du vide. Une logique que Philopon avait combattue en son temps, parce qu'il refusait cet infini spatial. La démarche d'Abū al-Barakāt est tout autre puisqu'il est partisan d'un cosmos infini[44]. Ce qu'il veut combattre ici est l'amalgame que font les aristotéliciens entre vide et infini comme le fait systématiquement Avicenne (*ST*, II, 8, et *ST*, III, 8). Abū al-Barakāt dénonce cette association en termes logiques. Réfuter le vide n'est pas équivalent à réfuter l'infini : « l'argument qui réfute le vide par le refus de l'infini ne s'impose pas aux partisans de l'existence du vide, mais il s'impose à ceux qui disent qu'il est infini » (*KM*, II, 15, p. 55.18-19). Pour statuer sur le vide il faut statuer sur ce qui est inséparable de lui (ou du plein).

Pour illustrer son propos, al-Baġdādī évoque une démonstration d'Avicenne (sans le nommer). Celle-ci porte sur le mouvement circulaire et déroule des arguments qui semblent, à première vue, ne relever que de la géométrie. Nous résumons ci-dessous sa présentation dans la deuxième partie du *Šifāʾ*, afin que la réponse d'al-Baġdādī soit compréhensible. La démonstration a pour but d'établir qu'aucun mouvement circulaire n'aurait lieu dans le vide parce que celui-ci est forcément « du caractère de ce qui ne finit pas» (*ST*, II, 8, p. 127.1-18). Pour ce faire, Avicenne se place dans un espace infini vide et veut montrer que, si l'on imagine un mouvement dans cet espace, on aboutit à une absurdité.

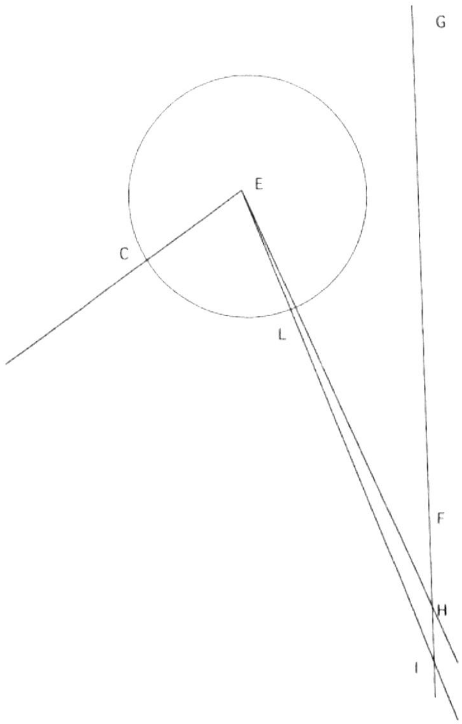

Il suppose un corps en rotation qui, à n'en pas douter, figure la sphère des étoiles fixes. Son centre est E.

Il prolonge un rayon EC de cette sphère vers l'infini. Il trace une droite FG, elle aussi infinie, qui n'a aucun point commun avec EC au départ.

Puis il fait tourner la sphère de telle sorte que la demi-droite issue de E balaye l'espace. Lorsque EC devient parallèle à FG, elles n'ont toujours aucun point commun. Mais lorsque cette position est dépassée, il y a un point d'intersection qui parcourt depuis l'infini (dans la direction de F), la droite FG.

Pour Avicenne, «il doit y avoir un premier instant de projection qui partagerait le temps en deux, et cet instant correspondrait à un certain point le long du chemin». Supposons que ce soit le point H. «Prenons maintenant un point I qui serait placé avant H et relions E et I par une ligne ELI (où L est un point de la circonférence du cercle). Dans ce cas, lorsque la ligne EC atteint, au cours de sa rotation, l'endroit où C correspond au point L, il va y avoir une projection de I sur la ligne FG qui était auparavant celle du point H. Mais on avait dit que H était le premier point pour lequel on avait une projection de EC sur FG. C'est donc une contradiction. En fait, la ligne aurait toujours une projection sur FG et toujours en dehors d'elle, ce qui est absurde. Ainsi, conclut-il, « il ne peut y avoir de mouvement circulaire dans le vide, comme ils l'ont supposé ».

Cette démonstration consiste donc à établir la contradiction suivante : la demi-droite EC va couper la droite infinie FG en un point H qui va balayer une longueur infinie, puisqu'on peut toujours trouver un point I avant le point H supposé être le premier point d'intersection. *A priori*, la démonstration semble donc attaquer l'affirmation de l'infini, bien davantage que celle du vide.

Abū al-Barakāt expose cette démonstration dans son chapitre 15 et l'éclaircit en précisant que le problème soulevé réside dans le fait que cette demi-droite EC balaye une longueur infinie de la droite FG « dans un temps fini qui est une partie du temps du mouvement circulaire » (*KM*, II, 15, p. 60.16-61.3). Effectivement, il faut mentionner le temps fini pour mettre en évidence la « contradiction », à savoir qu'il ne peut y avoir de révolution dans un vide infini pendant un temps limité, et si Avicenne ne l'a pas indiqué, c'est parce qu'il l'avait fait « apparaître dans son enseignement avant cela en disant "avant l'avant et après l'après, <le temps> est infini" » (*KM*, II, 15, p. 61.2). La démonstration réside alors dans le fait que le mouvement du point d'intersection des droites EC et FG balayerait une longueur infinie dans un temps fini. Tout cet effort, ajoute Abū al-Barakāt, a pour objectif de montrer « qu'il n'y a pas de mouvement dans ce qui est infini ». Sa réponse ne va pas s'attaquer à la teneur géométrique de cette démonstration, qui ne pose pas de problème : H balaye bien une longueur infinie en un temps fini. Mais il interroge ses présupposés et ce que veut dire « avoir lieu dans quelque chose » quand on parle du mouvement « dans l'infini ».

Une première objection consiste à relever que, dans le cas du mouvement circulaire, la huitième sphère est dans une « cavité sphérique ». Elle est en contact avec cette cavité qui est finie, mais elle n'est pas pour autant contiguë à un corps infini, quand bien même on suppose l'espace infini. Ainsi, dit-il, « la contiguïté n'est pas plongée dans l'infini, qui n'est ni en mouvement, ni en repos et surtout pas en mouvement[45] ». Nous verrons que dans son *Traité du ciel*, Abū al-Barakāt imagine une neuvième sphère immobile (d'où le « surtout pas en mouvement ») qui servirait, entre autre, de référentiel fixe pour notre monde. Cette neuvième sphère, immatérielle, est plongée selon lui dans le vide infini. Pour autant, l'espace au-delà des sphères n'est pas mobilisé dans sa totalité par le mouvement de la sphère des fixes. « Le paralogisme », dénonce notre philosophe, « est de dire que le mouvement mettrait en œuvre le contact et la contiguïté » (*KM*, II, 15, p. 62). Or, Avicenne ne parle pas de contiguïté de manière explicite – un terme utilisé pour parler du contact d'un corps avec un autre corps – mais de l'impossibilité pour le rayon EC de balayer une distance infinie. Abū al-Barakāt soupçonne que l'origine (inavouée) de cette impossibilité réside dans la conviction des aristotéliciens que tout l'espace, autour de la dernière sphère, est un corps matériel. Pour eux, le mouvement ne peut se produire que dans un lieu, et ce lieu est un corps contigu. Le point H est alors un « point matériel » qui parcourt une distance infinie dans un temps fini, c'est pourquoi il rappelle que le « dans quoi » d'un mouvement n'est pas forcément le « ce à quoi il est contigu ». Le « dans quoi » d'un mouvement c'est « la distance parcourue » (*KM*, II, 15, p. 61.14-15). C'est donc la confusion entre les droites, ou les rayons que l'on peut imaginer, et des corps tangibles, qui est dénoncée par notre philosophe, révélant du même coup que l'utilisation de la géométrie euclidienne par Avicenne est inappropriée pour rendre compte des propriétés matérielles d'un espace plein.

Cette analyse est confirmée par le passage du chapitre 20 sur l'infini, où est rediscutée la même démonstration avicennienne. Abū al-Barakāt met en cause ceux qui s'imaginent, entre ces deux droites supposées, le rayon et la droite FG, « une rencontre avant une autre, en un point situé avant un autre et qui se trouve à l'infini » (*KM*, II, 20, p. 86.14), comme si ces deux droites étaient « deux flèches en bois ou en fer, l'une bloquant l'autre et arrêtant le mouvement » (*KM*, II, 20, p. 86.15). S. Pines, commentant cette deuxième version de la réponse d'al-Baġdāḏī, la décrit comme étant effectivement une dénonciation de la volonté des péripatéticiens « d'attribuer à ces deux lignes imaginaires une force d'immobilisation ».

Enfin, les autres justifications des adversaires du vide mettent en avant la possibilité d'augmenter ou diminuer les volumes et les grandeurs sans augmenter les substances. Abū al-Barakāt les conteste une par une.

- La raréfaction d'un corps dont la densité diminue est une des possibilités envisagées ; elle nécessite elle aussi pourtant le vide, notamment quand on envisage celle de l'air (*KM*, II, 15, p. 58.9-13).
- Pourquoi la bouteille qui contient de l'eau et que l'on fait chauffer, casse-t-elle ? S'agit-il d'une augmentation de substance à l'intérieur de la bouteille ou d'une augmentation de volume due à la présence de vide entre les parties, celles de l'eau vaporisée ? Abū al-Barakāt affirme que ce n'est pas à cause de l'augmentation de volume mais à cause des tiraillements entre les parties qui montent dans toutes les directions et ce qui reste dans le bas (*KM*, II, 15, p. 58.14-59.2).
- L'entrée de la nourriture dans un être vivant en croissance : certes, Abū al-Barakāt admet avec ses contemporains que celle-ci ne nécessite pas que le corps tout entier soit vide, mais il démontre malgré tout que cette entrée par force entre les parties du corps passe par l'établissement d'un vide passager dans lequel rentre la nourriture (*KM*, II, 15, p. 59.8-21).

Ces démonstrations disparates, à la fois dans le type d'arguments employés et dans la rigueur du raisonnement, ont cependant en commun de positionner résolument notre philosophe du côté des « partisans du vide », un vide qui n'est peut-être que passager mais dont l'existence potentielle permet d'imaginer un espace géométrique dans lequel les corps prennent place.

Le mouvement local et le vide

La deuxième famille d'arguments concerne le mouvement local et elle est décisive pour comprendre les thèses d'Abū al-Barakāt. La première question qu'il pose est d'ailleurs celle de la légitimité de cette question : « Peut-on établir le vide par le mouvement ? » Est-il correct de statuer sur l'espace à partir d'un raisonnement sur le mouvement ? Ne doit-on pas commencer par décrire l'espace dans lequel se fait ce mouvement pour ensuite analyser ce dernier ? Il faut alors décrire l'espace indépendamment des corps qui sont dedans, et donc admettre que le lieu n'est pas un corps.

Concernant le mouvement local, nombreuses sont les discussions sur le vide qui mettent en jeu les deux postulats de la dynamique aristotélicienne déjà énoncés : la nécessité d'un moteur extérieur au mobile (le médium) pour qu'il y ait mouvement, et la nécessité d'un contact permanent entre ce moteur et ce mobile au cours du mouvement. Abū al-Barakāt va critiquer énergiquement, dans les chapitres qui suivent sa contestation de la *quies media*, l'un des principaux arguments d'Aristote à ce sujet : « les projectiles se meuvent alors que ce qui les a mis en branle ne les touche plus, du fait d'un mouvement de l'air » (*Phys.*, IV, 8, 215a15). Reprenant à cet endroit les passages du *Šifā'* où Avicenne conteste lui aussi cette proposition, il évoque alors deux explications du mouvement des projectiles : celle de « ceux qui ont dit que la cause en est le retour de l'air propulsé par le projectile par derrière lui », provoquant ainsi une poussée vers l'avant ; et celle de ceux qui ont dit que « le lanceur pousse l'air et le projectile ensemble », mais l'air, « recevant plus facilement la poussée » est propulsé plus vite, de la même façon qu'est poussé « le morceau de bois flottant à la surface de l'eau par la poussée de l'eau ». Il mentionne enfin la position d'Avicenne qu'il a mise en pièces dans le débat sur la *quies media* : elle consistait à imaginer que « cela est en raison d'une force que le mobile acquiert du moteur », une force qui persiste dans le mobile « jusqu'à ce que l'anéantissent les empêchements (*muṣākkāt*[46]) qu'il rencontre et qui proviennent de ce qu'il touche et qu'il traverse » (*KM*, II, 27, p. 112.13-17).

Les deux premières thèses sont celles utilisées par Aristote pour montrer que dans le vide « il n'y a pas de transport ». Nous avons déjà exposé les conséquences de celle qui invoque « le fait que l'air qui a été mis en branle produit un mouvement plus rapide ». C'est la thèse qui reçoit ses faveurs. Mais une autre version est mentionnée au préalable, sans être développée, et qu'il nomme « échange réciproque » (*Phys.*, IV, 8, 215a15). Celle-ci reprend, d'après Simplicius qui l'a commentée, un passage du *Timée* [59a], dans lequel Platon expose comment le feu pénètre l'eau liquide et s'en échappe en poussant « l'air voisin » qui pousse à son tour « la masse liquide, encore facile à mouvoir[47] ». Cette version fera couler autant d'encre que la première et, même si le commentaire de Simplicius est inconnu des arabes, les écrits de Jean Philopon, qui a rapporté pour la rejeter cette version du « remplacement mutuel », sont parvenus jusqu'à Avicenne et Abū al-Barakāt. Pour expliquer pourquoi « le mouvement des choses lancées reste continu », écrit Simplicius, on peut imaginer que l'objet lancé est propulsé « par un remplacement mutuel de l'air qui est poussé devant le projectile grâce à l'impulsion du lanceur ». Cet air, pour une raison obscure, se concentre à l'arrière du mobile et « pousse le projectile en avant comme si l'air lui soufflait derrière lui », cela « jusqu'à ce que la puissance en lui s'affaiblisse peu à peu[48] ».

Abū al-Barakāt conteste cette deuxième version en interrogeant ainsi : « comment expliques-tu “que l'air revienne derrière” et “concentre une pression pour ce qui est devant” » ? (*KM*, II, 27, p. 113). Puis il reprend à son compte l'argument d'Avicenne : pourquoi accorder à l'air ce qu'on refuse au projectile ? Mais Abū al-Barakāt reconnaît par ailleurs que tout ceci ne constitue pas véritablement une démonstration et juge l'hypothèse de l'antipéristase superfétatoire, « non indispensable » à l'analyse du mouvement. Il veut aller au-delà de la démonstration d'Avicenne et montrer que le vide est non seulement possible, mais nécessaire au mouvement local. Abū al-Barakāt a développé cette argumentation dans les premiers chapitres sur le vide, où il évoque tout d'abord le déplacement du plus dense dans le plus ténu, sans lequel on ne pourrait comprendre le mouvement de l'air. Ou alors, on considère que l'air remplit complètement l'espace, alors l'air ne pourrait pas plus se mettre en mouvement que l'eau dans un flacon complètement rempli. Lorsque l'eau ne remplit pas toute la bouteille et qu'il reste un espace libre « elle bouge et ondoie dedans ». Mais on constate que « l'air s'ébranle et se met en mouvement par les vents », et il est donc aisé d'en déduire que « son mouvement se fait dans un vide qui participe à l'étendue vide » (*KM*, II, 13, p. 44.22-45.4).

Cet argument, déjà présent chez Philopon, de la nécessité du vide pour comprendre le vent, a été présenté comme celui des gens de bon sens. Il est repris dans le chapitre 15 avec quelques précautions, puis réaffirmé plus nettement encore en conclusion du chapitre suivant. L'argument possède quelques relents d'atomisme, notamment celui des Grecs tel que l'on peut le trouver reformulé dans le long poème que le latin Lucrèce (m. 55 av. J.-C.) dédiait à Memmius : « où les poissons peuvent-ils aller, si la vague ne leur fait place ? » Le poète en déduisait que soit on nie le mouvement des corps, soit on admet « qu'il y a du vide mêlé à la matière, et que la matière entre en mouvement grâce au vide[49] ». Abū al-Barakāt ne semble cependant pas vouloir généraliser ce raisonnement en affirmant l'existence d'un vide subsistant à l'intérieur de la matière. Celui-ci n'est pas une nécessité absolue, puisqu'un vide provisoire suffit pour qu'un mobile écarte sur son passage les parties du médium dans lequel il se meut, sauf dans le cas du mouvement de l'air.

Il doit aussi aborder la question du mouvement naturel et répondre aux arguments d'Aristote qui affirmait : « le vide, en tant que vide, ne contient aucune différence » (*Phys.*, IV, 8, 215a1), et « le vide étant indifférent, il n'y aurait pas non plus de raison à la terminaison du mouvement» (*Phys.*, IV, 8, 215a20). En termes modernes, le vide est homogène et isotrope: il n'y a aucune raison qu'un mobile s'y déplace naturellement puisqu'aucune direction n'y est privilégiée, ni même une raison pour qu'il s'arrête dans un endroit plutôt qu'un autre; ce qu'Avicenne formulait ainsi: «il n'y a pas dans le vide un emplacement dans lequel le repos par nature serait préférable à un autre» (*ST*, II, 8, p. 130). Abū al-Barakāt conteste ce second amalgame car les partisans du vide, comme lui, n'invoquent pas un monde entièrement vide. Ils imaginent que le «dans quoi» a lieu le mouvement peut être vide, mais «le "d'où" et le "vers où" peuvent être des corps existants dans le vide total» et cet amalgame est «une duperie dans leur propos sur le vide» (*KM*, II, 15, p. 60.1-8). Même entre le ciel et la Terre – où l'on peut considérer qu'il y a le vide rempli d'air – le mobile se met en mouvement d'une chose vers une autre selon sa nature (sous-entendu les graves vers la Terre et les légers vers le ciel).

Nous avons vu qu'Abū al-Barakāt reprend à son compte l'explication aristotélicienne du mouvement naturel. En maintenant le «d'où» et le «vers où», il souhaite ici mettre en cause uniquement le rôle moteur du milieu, non les causes d'un mouvement comme la gravité: si on supprime l'air de l'atmosphère, les pierres tombent toujours du haut des montagnes. Mais si on supprime par la pensée la montagne, la vallée et la Terre entière, il n'y a plus aucune cause à ce mouvement. Or la suppression de la gravité est inenvisageable. Les corps chuteraient donc, y compris si le médium est le vide.

Mais alors quel serait le temps de ce mouvement? Aristote partait, à son sujet, de deux affirmations pour montrer que la seconde est impossible si la première est vraie (*Phys.*, IV, 8, 215a30-216a12): a. toutes choses égales par ailleurs, la vitesse d'un mobile varie de façon inversement proportionnelle à la résistance du milieu à travers lequel il se déplace, et b. un corps se déplaçant à travers le vide prendrait un temps non nul pour le traverser. Traduit avec d'autres notations, un corps A se déplacerait sur une distance donnée:

– à travers un milieu épais de résistance M_1 avec un temps t_1;
– à travers un milieu plus ténu de résistance $M_2 < M_1$ dans un temps plus bref t_2, donc avec une vitesse v_2 plus grande.

D'après a., on peut écrire que le rapport de M_1 à M_2 est égal à celui de t_1 à t_2. ou à celui de v_2 à v_1. D'après b., on peut affirmer que dans un milieu de résistance nulle comme le vide, le corps se déplacerait sur la même distance dans un temps très court, appelons-le t_3, plus court que t_2. Or d'après l'affirmation a., il doit exister un milieu M_3 encore plus subtil que M_2 tel que le rapport de M_2 à M_3 soit égal au rapport de t_2 à t_3. Donc A prend le même temps t_3 pour parcourir une même distance à travers le vide ou à travers le milieu M_3, ce qui est absurde. Aristote met ici en avant l'impossibilité de considérer la non-résistance du vide par un passage à la limite en considérant des milieux de plus en plus ténus, depuis l'eau jusqu'à l'air. La discontinuité vient du fait « qu'il n'y a aucun rapport de supériorité entre <un milieu corporel> et le vide, de même pour le rien par rapport au nombre[50] » (*Phys.*, IV, 8, 215b14). Le rapport du temps de parcours dans le vide au temps de parcours dans le plein ne peut donc pas exister puisque le « rapport du vide au plein » n'existe pas. Cela est la preuve que l'affirmation b. est impossible et qu'il n'existe pas d'extension vide. Aristote affecte, en conclusion, tout le temps du mouvement à la résistance du milieu. Le mouvement dans le vide, qui se ferait dans un non-temps, rendant ainsi la vitesse du corps infinie, est définitivement inenvisageable.

Abū al-Barakāt affirme que cette démonstration « contient aussi un paralogisme sous deux aspects » (*KM*, II, 15, p. 62.16-17). Le premier aspect est de prendre pour hypothèse le fait « que le temps du mouvement dans le vide n'est pas égal à celui dans le milieu supposé » (*KM*, II, 15, p. 62.17-18), autrement dit, de bâtir un raisonnement qui pose *a priori* une grande différence de temps entre ces deux mouvements, ce que suggère l'hypothèse selon laquelle le mouvement de A dans le vide se ferait en un temps très court. Pour notre philosophe, au contraire, la différence de temps de parcours peut être tellement petite qu'elle nous est imperceptible, autrement dit, elle ne relève que d'une cause secondaire.

L'hypothèse de la proportionnalité de la vitesse du mobile à la « ténuité » du milieu est aussi invalidée, selon Abū al-Barakāt, par une expérience de pensée qui suppose dix personnes mettant en mouvement une grosse pierre sur une distance donnée avec une vitesse donnée, alors qu'une seule personne ne déplace pas forcément la même pierre avec une vitesse dix fois moindre sur cette distance : il se peut qu'il ne la déplace pas du tout[51]. En fait, cet argument fait intervenir une troisième grandeur, le moteur F, et montre que pour une même résistance, sur une même distance, il n'y a pas proportionnalité entre la vitesse et le moteur, autrement dit que l'on ne peut pas affirmer l'égalité du rapport de v_1 sur v_2 à celui de F_1 sur F_2. Ce raisonnement d'Abū al-Barakāt est nettement plus faible que le précédent car il ne permet pas, en toute logique, d'invalider l'hypothèse aristotélicienne d'une vitesse inversement proportionnelle à l'épaisseur du milieu, à moteur égal, sauf à admettre la loi de la dynamique d'Aristote que notre auteur veut justement infirmer.

L'argument qui suppose la totalité du temps employée à vaincre la résistance du médium est mis en cause par un autre raisonnement. S'il était vrai, affirme Abū al-Barakāt, le mouvement des sphères serait instantané « étant donné qu'elles ne rencontrent aucune résistance dans leur mouvement de rotation » (*KM*, II, 15, p. 63.5-6). Cet argument a un présupposé important puisqu'il admet que la physique céleste relève des mêmes lois que la physique sublunaire, ce qui distingue l'approche d'al-Baġdādī de celle de ses contemporains de façon plus radicale encore[52]. Il y a bien un temps déterminé pour le mouvement de ces sphères alors qu'elles ne rencontrent aucune résistance dans leur déplacement.

La synthèse que fait Abū al-Barakāt de tous ces arguments est une « loi » dont nous avons pu mesurer l'importance dans l'étude de la *quies media*; il l'énonce ainsi (*KM*, II, 15, p. 63.3-4) :

> Nous, nous disons que le temps est pour le mouvement, d'abord en raison de la puissance du moteur et du caractère du mobile, ensuite, après cela, la résistance augmente <ce temps>, ou bien elle ne l'augmente pas, ou encore le mouvement est complètement empêché.

L'essentiel du temps du mouvement est donc lié à des paramètres dépendants de la nature du mobile pour le mouvement naturel, et la résistance du milieu ne fait que rajouter un (petit) temps supplémentaire au premier. Mais le temps, ajoute Abū al-Barakāt un peu plus loin, est inséparable du mouvement en tant qu'il est nécessaire au parcours d'une certaine distance « avec un avant et un après », le temps dû à la résistance du milieu s'ajoutant à celui-ci. Il y a donc là une contradiction pour ceux qui définissent le temps comme mesure du mouvement, irréductiblement lié à ce dernier, et qui envisagent ensuite, dans leur argumentation contre le vide, la possibilité d'un mouvement « sans temps ».

Il précise plus loin que c'est ce temps supplémentaire, et seulement lui, qui est proportionnel à la résistance (*KM*, II, 15, p. 63.12-15) :

> Pour le corps mobile, le retard augmente selon l'empêchement et la résistance <du milieu>. Si vous mettez en relation la portion du temps qui caractérise cette résistance <avec cette résistance>, et si vous partagez le temps <total> – *quelle que soit la répartition que vous choisissiez* –, laissez la partie originelle pour le temps dans le vide. Ce temps n'augmentera pas par empêchement, et ne diminuera pas par attraction.

Pour un mobile donné, sur une distance donnée, le temps du mouvement t dans un milieu est la somme du temps du mouvement dans le vide invariable t_0 (qui n'augmente pas et ne diminue pas), et d'un temps supplémentaire Δt, qui est proportionnel à la résistance du milieu (cette dernière affirmation sera cependant rediscutée lorsque sera abordée la question de la forme de l'objet). C'est la loi proposée par Jean Philopon, dans son corollaire sur le vide[53], que nous avions résumée par $t = t_0 + \Delta t$, et la similitude des arguments est évidente. Abū al-Barakāt relègue, comme Philopon, le rôle du milieu à celui d'ajouter un retard, ce qui rend possible le mouvement dans le vide, qu'il soit naturel ou forcé. Une telle possibilité est refusée, comme nous l'avons vu, par les aristotéliciens. Version 1 (celle d'Aristote), il n'y a plus contact entre le moteur et le mû. Version 2 (celle d'Avicenne), il n'y a plus de raison que le mouvement forcé s'arrête, ce qui est absurde. Abū al-Barakāt commence par relever, à l'encontre de la version 1, que l'air supposé servir de moteur est lui-même dispersé dans le vide, comme il l'a déjà montré avec le vent et les éventails, sous-entendant ainsi que, dans ce modèle, la question du contact entre les particules d'air entre elles et avec le mobile, reste entière. Réservant à un chapitre ultérieur, que nous avons déjà étudié, la réfutation du rôle moteur du médium traversé, Abū al-Barakāt enchaîne par l'étude de la seconde version, celle d'Avicenne, contre laquelle il a déjà argumenté.

Celle-ci suppose, dit-il, un vide vide, c'est-à-dire un espace dans lequel il n'y a pas de point de départ, ni d'arrivée, ni, à la limite, de cause du mouvement. Or lui-même parle d'un vide qui est parmi le plein, et ce plein n'est pas identique à lui-même, il est anisotrope dirions-nous aujourd'hui : le haut et le bas n'y sont pas équivalents (*KM*, II, 15, p. 64.4-6). Le vide qu'imagine Abū al-Barakāt n'abolit pas « ce qui est proche ou éloigné », autrement dit, les extrémités de la trajectoire. Il n'abolit donc pas le « lieu naturel » des graves ou celui des corps légers qui se dirigent les uns vers le bas, les autres vers le haut. Cet argument du lieu naturel, qui resurgit ici, est une façon de réaffirmer que la cause des mouvements n'est pas le milieu. La question que notre philosophe adresse, peu après, à Avicenne, le confirme. Il y dénonce une caricature de l'argument des partisans du vide (*KM*, II, 15, p. 64.15-18) :

> Mais eux, ceux qui disent que les forces corporelles ne peuvent mouvoir en permanence mais que leur moteur <doit> cesser, comment créent-ils cette force si elle est supposée être dans le vide et toujours en mouvement ? Ils ont dit que les causes des privations sont les privations des causes et ces dernières anéantissent sa cause, je veux dire le lanceur dont il a été séparé.

Autrement dit, en supprimant le point de départ du mouvement pour montrer l'impossibilité du vide, Avicenne a aussi supprimé le lanceur sans lequel le mouvement forcé n'aurait pas lieu et la présente discussion non plus. L'argument n'est certes que défensif, mais il est imparable.

Une remarque étonnante suit cet argumentaire. Elle concerne le mouvement de chute dans le vide d'objets de taille ou de forme différentes. Les opposants au vide arguent souvent du fait que rien ne permettrait de rendre compte de leur différence de vitesse dans le vide. On aboutirait alors à ce résultat, inconcevable pour les philosophes de l'époque : l'égalité de leur temps de chute. Cette thèse, que défendaient par ailleurs les atomistes, ne semble pas du tout effrayer Abū al-Barakāt (*KM*, II, 15, p. 64.18-20) :

> Leur propos selon lequel les corps, s'ils se déplaçaient dans le vide, le mouvement d'un petit <mobile> serait égal à celui d'un grand, et le cône orienté vers la tête aurait le même mouvement que celui orienté vers la base, cela est accepté par <les partisans du vide> dans le vide vide, pour ne pas rallonger le discours.

Abū al-Barakāt envisage donc ici l'égalité de temps de chute des corps dans le vide, quelle que soit leur forme – ce qui est cohérent avec son analyse du rôle du médium – mais aussi quel que soit leur *mayl* naturel. Ce passage semble en contradiction avec de nombreux autres où il affirme que ce temps de chute dépend du moteur, S. Pines ne voit là qu'un écart de langage incohérent avec le reste de sa thèse[54]. Il n'est pas sûr que ce propos ne soit qu'une maladresse de notre auteur, comme nous le verrons dans l'étude des variations de vitesse. Les chapitres sur le vide et l'espace contiennent un ensemble homogène de propositions qui ne doit rien au hasard.

La force du vide

Depuis Empédocle, au ve siècle avant J.-C., la clepsydre est le modèle standard pour mettre en évidence l'invisible « puissance du vide ». Cette puissance est évoquée par Aristote pour démontrer l'horreur que la nature a de celui-ci. Jean Philopon, dans son commentaire, s'est lui-aussi interrogé à propos des clepsydres et autres objets appelés « preneuses » sur l'origine de cette force. Ces récipients tubulaires, dont la base est « dotée de nombreuses perforations », retiennent l'eau quand on bouche l'extrémité supérieure avec le doigt, et ce « en dépit du fait qu'elle ait un poids et qu'elle ait d'aussi nombreuses sorties ». L'eau reste « supportée par l'air » au niveau des perforations, mais lorsqu'on débouche l'extrémité supérieure, elle s'écoule. Philopon affirme que « la cause de cela n'est rien d'autre que la force du vide » car, explique-t-il, « si l'eau sortait par en dessous, l'air ne serait pas capable de se déplacer de partout vers l'intérieur pour remplacer l'eau quand elle sort[55] ». Cette présentation de la force du vide (*bia tou kenou*) par Philopon ressemble fort à celle exposée par Abū al-Barakāt dans le paragraphe suivant, extrait du chapitre 13 (*KM*, II, 13, p. 45-46) :

> Cela devient évident avec des récipients que nous appelons « preneuses[56] ». On fait en sorte pour un de ces récipients, qu'une des extrémités rentre dans l'eau, et qu'il ait un petit trou ou plusieurs trous dans sa partie inférieure, puis il est rempli d'eau et son extrémité supérieure est obstruée. L'eau reste suspendue en l'air, horizontale et sans impulsion (*mayl*) en elle, jusqu'à ce que le poids de l'eau l'amène au trou <unique> ou multiple de la partie inférieure. Mais l'air ne peut pas traverser l'eau en montant par le ou les trous qui sont dans la partie inférieure, alors l'eau ne sort pas de la preneuse tant que l'on n'ouvre pas sa partie supérieure. Elle est dans son emplacement et elle en sort quand elle sort par les trous inférieurs grâce à l'ouverture du trou supérieur. C'était donc à cause de l'obstruction de l'extrémité supérieure qu'elle ne sortait pas. Ils ont appris que l'obstacle provenait de l'empêchement de l'air qui ne pouvait pas rentrer, mais lorsque l'extrémité est débouchée et que l'air rentre, l'eau s'écoule et l'air se précipite derrière elle <pour occuper> son lieu qui ne reste pas vide. Si le vide était possible l'eau s'écoulerait des trous inférieurs, la partie supérieure restant obstruée.

L'utilisation de cet exemple présente la même ambiguïté pour nos deux philosophes : l'eau est retenue dans la preneuse parce que le vide ne peut pas exister en acte. Il est donc curieux de l'utiliser pour montrer l'existence du vide. C'est que cette existence a un statut ontologique tout à fait particulier et l'objet d'étude n'est pas ici – pas plus qu'à Alexandrie au VIe siècle – le vide comme absence de matière en acte. Il s'agit bien, comme dans le débat sur le mouvement local, d'affirmer l'existence potentielle d'un espace, indépendamment de celle de la matière. Abū al-Barakāt le confirme en enchaînant le raisonnement précédent par celui-ci (*KM*, II, 13, p. 46) :

> En fait, les corps s'entraînent les uns les autres dans leurs mouvements et ils se poussent les uns les autres à se succéder par voisinage ; un corps ne se sépare pas d'un autre corps sans qu'un <troisième> ne survienne entre eux, et un corps ne se met pas en mouvement sans bousculer ce qui est dans sa direction et sans être entraîné par ce qu'il y a comme corps derrière lui. Le plus dense entraîne le plus subtil et le plus délié, il le pousse et le transperce, mais les choses ne s'inversent pas.

Il s'agit donc ici d'un vide potentiel, où les corps se succèdent et se poussent les uns les autres, les plus denses étant plus à même d'entraîner les moins denses. Abū al-Barakāt précise un peu plus loin que deux groupes se sont opposés à ce sujet : « l'un a affirmé l'existence du vide » et l'autre « a affirmé sa non-existence absolue » (*KM*, II, 13, p. 46). Le groupe plaidant pour la non-existence absolue est bien sûr celui des péripatéticiens. Mais dans le groupe de ceux qui affirment l'existence du vide, il y a, selon le philosophe, au moins trois sous-groupes : ceux qui ont confondu le vide et l'air, position qui est mise à mal par « ce qui a été dit de la ventilation et des outres gonflées » ; ceux qui défendent la possibilité d'un vide pur ou absolu, un vide séparé, mais qui ignorent les résultats des expériences avec les clepsydres et les vases où l'air et l'eau se chassent mutuellement, expériences qui « nous apprennent qu'aucun des deux n'en sort ou bien n'y rentre s'il n'est de la <même> mesure que ce qui rentre ou qui sort de l'autre » : et enfin ceux qui, comme Abū al-Barakāt, prennent en compte ce remplacement mutuel des corps les uns par les autres.

Cependant le fait que l'air prend toujours la place de ce qui est vidé d'un récipient était aussi un argument d'Aristote contre le vide (*Phys.*, IV, 4, 211b18-19), confirmé par Simplicius (*Phys.*, IV, 4, 573.2-27). Alors de quoi parle

Abū al-Barakāt ? La question fondamentale qu'il veut aborder est sans doute, à nouveau, celle qu'il pose quelques lignes plus loin : « pourquoi le mobile se mettrait-il en mouvement s'il n'y avait pas le vide ? » Abū al-Barakāt répond par un long argument (*KM*, II, 15, p. 64-67) qui débouche sur une nouvelle définition du vide. Partant de l'expérience d'aspiration de l'air contenu dans une bouteille à col étroit (*qārūra*), que l'on retourne ensuite sur l'eau, il s'interroge sur la transformation subie par l'air restant, juste après l'aspiration. Il est différent car son volume a augmenté sans que sa substance ne le soit (sinon, d'où viendrait cet air ?) : il est donc augmenté de vide (car le vide a un volume, sans avoir de substance), et si ce n'était pas le cas, pourquoi l'eau rentrerait-elle ensuite lorsqu'on renverse la bouteille ? Le fait que la bouteille attire l'eau ensuite, alors qu'elle ne l'attirait pas auparavant, montre que l'air restant dans la bouteille après l'aspiration est bien différent de l'air avant celle-ci. En quoi est-il différent ? Il est plus léger (moins dense) alors que l'air initial plus dense « ressemble » à l'eau et ne peut donc pas l'attirer. De plus, ce n'est que sous la contrainte de l'aspiration que le volume de l'air peut augmenter, mais dès que la contrainte cesse, il retourne à son volume initial, de la même façon que la pierre retombe ou que l'eau chaude refroidit.

Comment expliquer autrement l'augmentation de cette grandeur ? Abū al-Barakāt évoque le débat entre certains partisans du vide et un philosophe qu'il ne nomme pas, mais qui pourrait être aussi bien Avicenne qu'Aristote. Ce dernier écarte, dès le premier chapitre sur le vide, la thèse des atomistes qui imaginent un vide séparé, existant en acte, « qui divise le tout corporel de sorte qu'il n'est pas continu », ainsi que celle des pythagoriciens qui imaginent un espace vide extérieur au monde, « en dehors du tout corporel » (*Phys.*, IV, 6, 213a33-213b2). Abū al-Barakāt expose ce refus aristotélicien d'une grandeur qui s'insérerait entre les parties, et développe sa propre position dans la dernière page du chapitre : lorsque l'air est aspiré, c'est une partie de sa substance, de sa quantité, qui est rejetée dehors. L'air restant augmente de volume mais cette augmentation ne peut en aucun cas être attribuée à de la matière qui viendrait en remplacement, sinon, pourquoi l'eau serait-elle attirée ensuite ? Ce qui s'est ajouté à l'air restant est d'un autre genre : c'est une chose tridimensionnelle qui a pu pénétrer le lieu sans provoquer le départ d'autre chose ; elle a donc pu faire coïncider ses dimensions avec celles de l'air dans le lieu et ne contient donc pas de matière. Cette grandeur est le vide, et elle ne nécessite pas de matière support.

La définition du vide prônée par Abū al-Barakāt se déduit de cette longue démonstration : il est une grandeur tridimensionnelle, sans matière ni substance, dont les dimensions peuvent pénétrer celles d'un autre corps et coïncider avec elles.

La réponse à la question « pourquoi le vide attire-t-il ? », qui anime beaucoup l'argumentaire d'Avicenne, est reportée à plus tard, et on comprend bien la difficulté qu'elle pose à notre philosophe, puisqu'il a affirmé à plusieurs reprises que c'est bien l'air en dépression qui attire l'eau dans la bouteille. Où situer la cause de cette attraction ? Abū al-Barakāt semble dans un premier temps avouer son impuissance en affirmant que l'absence d'explication ne peut pas remettre en question la démonstration de l'existence du vide. Mais il ajoute immédiatement après : « le plein adjacent au vide est ce qui tire vers le vide par sa force et sa nature, pas par la force du vide » (*KM*, II, 15, p. 66.21-22). Plutôt que « l'attraction de ce qui le remplit », il opte donc pour l'action « de ce qui l'entoure », une action qui fait que le volume de l'air dans la clepsydre ou le flacon que l'on aspire, après avoir augmenté, retourne à son volume initial. La rupture avec le concept paradoxal de « force du vide » est de taille, car invoquer le « plein adjacent » permet une approche rationnelle des processus d'aspiration et une analyse en terme d'équilibre, sans avoir recours à la fameuse « horreur du vide ».

Conclusion partielle

Dans le chapitre 16, relativement bref, Abū al-Barakāt fait la synthèse de ses deux théories, celle sur le lieu et celle sur le vide.

Localement, le lieu est « l'étendue (*faḍā'*) qui est à l'intérieur du corps contenant et qui est occupée par le contenu ». Le lieu est un espace à trois dimensions auxquelles se superposent les dimensions des corps matériels. Il n'est pas subordonné à la présence des corps, il est « connu par une science innée et subsiste même si on fait abstraction des corps qui sont dedans ». Enfin le lieu, donc le vide, n'a aucun pouvoir, « aucune inclination ».

Le vide qui « remplit » l'espace existe de façon conceptuelle, par abstraction, « comme nous imaginons la réalité de l'humanité abstraite des attributs individuels ». Et c'est ainsi que se forme le concept d'espace tridimensionnel dans nos esprits, « même s'il n'est jamais vide », et il est « antérieur dans l'esprit à l'espace plein ». Une telle antériorité signifie que l'espace peut exister sans avoir de corps localisés en lui, avant que de la matière n'y prenne place. Le lieu est la *hylè* dans laquelle la forme du corps sensible prend place, mais il n'a ni résistance ni dureté ni mollesse. On peut imaginer ce vide par un passage à la limite, puisque sa résistance est « dans la proportion de l'air comme l'air est dans celle de l'eau, et l'eau dans celle de la terre », un raisonnement que refusent les aristotéliciens. On a la preuve de son existence à l'intérieur de la matière en réfléchissant par exemple à ce dans quoi l'air se met en mouvement. Il permet aussi de rendre compte de la dilatation ou de l'expansion de corps fluides.

Cette conclusion synthétique s'achève sur une question ouverte concernant ce vide existant mais non sensible, qui a, comme le disait Platon, une *hylè* (*KM*, II, 16, p. 69) :

> Est-ce que cela en fait un vide toujours vide ou bien <un vide> qui est vide parfois et se remplit une autre fois ? Est-ce qu'il est un intervalle (*mafraq*) répandu dans les corps ou bien sont-ce les corps qui sont répandus dans lui, ou bien est-il entièrement plein ?

Autrement dit, le vide est-il interne à la matière de façon permanente sous forme d'intervalles, ou bien est-il diffus dans la matière qui le remplit ? Abū al-Barakāt ne répond pas, mais ne semble pas aussi effrayé que son aîné Avicenne par les propositions des atomistes mutazilites. Il utilise, comme eux, l'argument selon lequel « il n'y a pas de mouvement s'il n'y a pas de vide à l'intérieur de la matière qui constitue le médium ». Mais il ne reprend pas à son compte leur conception d'une matière discontinue ou celle d'Abū Bakr al-Rāzī qui affirmait que les éléments sont issus d'un mélange, en des proportions diverses, d'atomes et de particules de vide.

Le concept d'espace qu'il a construit au cours de cette démonstration n'exige pas de trancher cette question. L'espace tridimensionnel, « en puissance le lieu des localisés », est l'espace requis pour une dynamique qui place les causes du mouvement à l'intérieur des corps. Il contient, comme nous le verrons dans la cinquième partie, le monde supralunaire des sphères célestes. En imaginant ses mobiles, leurs points de départ et d'arrivée, plongés dans le vide, notre physicien débarrasse la science du mouvement des « puissances du médium » et retient des paramètres dépendants du mobile. Cet espace peut être qualifié d'absolu, au sens où le définissait Abū Bakr al-Rāzī : un contenant qui continue d'exister, même si l'on retire tous les corps qu'il contient. Abū al-Barakāt revendique le modèle des géomètres pour décrire une telle extension qui n'est plus relative à la matière. Elle reste cependant anisotrope puisque la hiérarchie des éléments est maintenue.

Platon avait fait dire à *Timée* que le lieu est, avec l'être et la génération, « l'un des trois principes distincts et antérieurs à la formation du monde[57] ». Abū al-Barakāt ne le formule pas aussi clairement, mais il est manifeste qu'il cherche à établir l'existence d'un espace vide qui fonctionne comme un principe premier de sa physique. Cet espace, indépendant des corps et potentiellement vide, est indissociable des innovations qu'il a introduites dans l'analyse du mouvement des projectiles, comme le fait de placer la cause du déplacement forcé à l'intérieur du mobile, à l'instar de Philopon, ou de paramétrer le mouvement par des distances relevant de son passé. Une telle position est aussi originale que sous-évaluée par les historiens de la physique médiévale[58], et cela malgré les travaux de S. Pines. Elle méritait largement qu'on s'y attarde un peu.

Le temps

C'est à la suite des chapitres sur le lieu et le vide qu'Abū al-Barakāt aborde la question du temps qui nourrit les chapitres 17 « Du temps » et 18 « Des autres recherches sur le temps et l'instant » de la *Physique* du *Muʿtabar*.

Nous avons déjà évoqué le problème fondamental posé par sa définition, puisque celle du mouvement est « le passage et l'altération qui se font dans un temps ». On se trouve devant une difficulté logique si le temps est lui-même défini par le mouvement, selon la tradition péripatéticienne.

Cette imbrication des deux concepts soulève encore des interrogations pour les scientifiques du XXIe siècle. É. Klein, physicien spécialiste de ces questions, cite parmi d'autres le problème posé aux cosmologistes d'aujourd'hui qui s'interrogent sur son irréversibilité. Est-ce le mouvement de l'Univers (son expansion) qui est responsable de la flèche du temps en orientant tous les processus physiques selon ce cours irréversible[59] ? D'autres problèmes, non moins fondamentaux, s'ajoutent à celui-ci : le temps a-t-il été créé ou existe-t-il de tout temps ? Comment a-t-il commencé ? Aura-t-il une fin ? Le temps est-il dans quelque chose ou le monde est-il dans le temps ? Existe-t-il indépendamment des hommes qui le mesurent ? De quoi est-il fait, quelle est sa quiddité ? Abū al-Barakāt aborde ces questions en physicien dans les deux chapitres de sa *Physique* cités précédemment, et en métaphysicien dans la dernière partie du *Mu'tabar*. Le temps métaphysique est celui que S. Pines a particulièrement étudié, tout en soutenant, un peu rapidement, que les deux chapitres de la *Physique* « n'apportent rien qui éclaire le fond de la pensée d'Abū al-Barakāt concernant le temps[60] ». Ce sont ces chapitres sur lesquels nous allons nous concentrer en premier, puis nous verrons comment s'articulent les caractéristiques du « temps physique » avec celles du « temps métaphysique ».

Définir le temps

Le fil conducteur de ces deux chapitres est la contestation radicale de l'approche péripatéticienne selon laquelle, le temps n'existe pas indépendamment du mouvement. Pour ce faire, notre philosophe est amené à définir le temps et à préciser ce qu'il est, sa quiddité (*māhiyya*).

Comme il l'a fait précédemment à propos de l'espace, Abū al-Barakāt souligne dès les premières lignes que si, dans l'approche commune, le temps relève de l'évidence, il n'en est pas de même dans l'approche logique et rationnelle pour laquelle il « procède du mystère suspect et obscur ». Notre philosophe choisit, une fois encore, de ne pas renoncer à l'intuition lorsqu'elle permet une approche plus simple. Un appel aux évidences qui fonctionne comme un rasoir d'Ockham, et renoue par ailleurs avec une philosophie de l'*a priori* qui avait été condamnée par les péripatéticiens grecs puis arabes.

Aristote refusait de donner le statut d'existant à quelque chose dont « le passé n'est plus et l'avenir n'est pas encore » car comment parler d'existence pour quelque chose qui est composé de « non-étants » ? (*Phys.*, IV, 10, 217b35) Al-Baġdādī en appelle, lui, « au bon sens » puisque les gens « reconnaissent tout à fait et *a priori* l'existence d'une chose telle que le temps », même si cette existence « s'achève et se renouvelle » (*KM*, II, 17, p. 70.1-2). Il avance, dès la première page de ce chapitre, une définition qu'il reformulera plusieurs fois à l'issue de démonstrations (*KM*, II, 17, p. 69.18-20) :

> Nous disons donc, d'après ce qui est compris dans la connaissance vulgaire, que le temps est la chose dans laquelle ont lieu les mouvements et par laquelle <ceux-ci> coïncident ou se différencient selon la simultanéité, l'antériorité et la postériorité du point de vue de leur vitesse et de leur lenteur.

Nonobstant l'appel à la connaissance vulgaire, un projet très élaboré transpire de cette définition, et le parallèle avec celle de l'espace est évident. Le temps est ce dans quoi les mouvements ont lieu, et qui permet de juger de leur simultanéité et/ou de leurs différentes vitesses. Cette définition, comme nous allons le voir, est étroitement liée au projet du philosophe que nous développerons dans la partie suivante : celui de rendre compte des variations de vitesse.

Elle échappe, en outre, à la circularité de celle d'Aristote qui, dans sa *Physique*, avait défini le temps comme « le nombre du mouvement selon l'antérieur et le postérieur » (*Phys.*, IV, 11, 219b 2-4) en ajoutant le corollaire suivant : « donc le temps n'est pas un mouvement mais ce par quoi le mouvement a un nombre ». Aristote limitait ainsi sa définition à la question du nombre qui n'est pas exempte de difficultés puisqu'il reconnaît, par ailleurs, que le temps est caractérisé par sa continuité alors qu'il classe les nombres dans la catégorie des quantités discrètes. Mais il se gardait bien de dire que le temps est « ce dans quoi a lieu le mouvement » car la formulation est sans doute plus épineuse encore.

Notons que la définition d'Avicenne ne s'écarte pas vraiment de celle des aristotéliciens. Elle commence par affirmer que « le temps est le nombre du mouvement lorsqu'il est divisé entre l'avant et l'après », mais elle explicite la modalité selon laquelle se fait cette division « non pas par le temps, mais par la trajectoire, sinon nous aurions une définition circulaire » (*ST̤*, II, 11, 157.6-7).

Cette précision sur l'antérieur et le postérieur « par la trajectoire » est une réponse aux critiques ultérieures qu'a reçues la définition classique. Aristote lui-même avait dû produire de longs développements sur son expression « selon l'avant et l'après ». Il précisait que cette dernière se prédique d'abord de la position. Mais « puisque ce qui se meut se meut de quelque chose vers quelque chose et que toute grandeur est continue, le mouvement suit la grandeur » (*Phys.*, IV, 11, 219a11-12). Autrement dit, les propriétés de continuité de la grandeur spatiale peuvent être attribuées au mouvement. Partant, elles peuvent être attribuées aussi au temps car « quelle que soit la quantité du mouvement, on est d'avis que le temps aussi a une quantité correspondante » (*Phys.*, IV, 11, 219a14).

D'après Simplicius, nous savons que « l'esprit universel qu'est Galien » avait attaqué la définition aristotélicienne, sans soute dans les écrits que nous avons déjà évoqués et qui ne nous sont pas parvenus. Simplicius rapporte ses propos qui ont circulé dans le monde arabe[61] :

> Après avoir énuméré de nombreuses choses qui sont signifiées par <les termes> « avant » et « après », <Aristote> ajoute que <ces autres choses> ne sont pas adaptées à la définition, mais seulement « l'avant et l'après dans le temps ». Ainsi le temps est le nombre du changement dans un temps.

Galien avait donc raillé cette précision sur « l'avant et l'après » qui en appelle au temps, ajoutant ainsi une circularité de plus à la définition. Puisqu'il y a deux types « d'avant et d'après », l'un spatial qui n'est pas temporel, et l'autre temporel qui n'est pas spatial, il faut donc préciser dans la définition suivante : « le temps est le nombre du mouvement selon l'avant et l'après qui est dans le temps ». Simplicius explicite la position de Galien, après avoir rapporté les deux arguments que lui a opposés Themistius, mais qui ne semblent pas le convaincre, et on devine qu'il trouve la critique du médecin de Pergame particulièrement fondée. Ce débat s'est poursuivi dans le monde arabe et Avicenne lui fait donc écho dans sa propre définition. Mais il n'en demeure pas moins qu'il lie sa définition à la trajectoire d'un mouvement, ce qui va soulever d'autres objections de la part d'Abū al-Barakāt.

Quant à la partie de cette définition qui identifie le temps à un nombre, elle va être contestée par Abū al-Barakāt, mais elle est à peine discutée à cet endroit, alors qu'elle a suscité de longs développements de la part des philosophes de Bagdad. La question de la mesure n'est évoquée qu'en tant que constitutive de l'approche intuitive. Pour mesurer le temps, on l'a divisé en parties grâce aux mouvements des astres et en premier lieu du Soleil. Un peu plus loin, Abū al-Barakāt reviendra sur cette mesure du temps, en le ramenant à un cas général : ce qui est ignoré se mesure à l'aide de ce qui est connu. Ainsi, on peut tout aussi bien associer le temps à la distance qu'aux mouvements (*KM*, II, 17, p. 76.14-16) :

> Le mouvement se mesure par le temps et le temps par le mouvement ; ce qui est ignoré <se mesure> par ce qui est connu. On dit que le temps du mouvement est un *mīl*[62] et on dit que la distance est d'un ou deux jours, c'est-à-dire la distance que les gens parcourent en un jour ou deux, et il n'y en a pas un des deux qui mesure l'autre prioritairement.

Il s'agit là d'une évocation des mesures et de leurs pratiques usuelles puisque le temps nécessite des mouvements ou des distances pour être mesuré. Mais Abū al-Barakāt refuse toute concession à la thèse péripatéticienne selon laquelle le temps n'existe qu'en tant que mesure du mouvement. Plusieurs pages, au contraire, sont consacrées à démontrer que le temps existe indépendamment du mouvement; nous allons en exposer ici les arguments.

La question du rapport du temps au nombre est reposée différemment, en introduction au chapitre 18: « <le temps> est-il une quantité ou a-t-il une quantité? »; mais peu d'éléments nouveaux vont être avancés sur cette question précise. Abū al-Barakāt évoque la spécificité du temps qui n'existe jamais comme un tout, puisque son passé n'existe plus et son avenir pas encore, ce qu'il résume par l'aphorisme « il est continu par sa quiddité et séparé dans son existence » (*KM*, II, 18, p. 77.24), formule qui fait sans doute écho à celle d'Aristote: « le temps est continu par le maintenant et il se divise selon le maintenant » (*Phys.*, IV, 11, 220a5). Mais il balaye sans plus d'argument le long débat mené par Aristote à cet endroit pour préciser ce rapport du nombre au temps et comment entendre « nombre » (*Phys.*, IV, 11, 219b7). Abū al-Barakāt conclut par cette affirmation: « <le temps> ne relève pas des deux espèces de quantité qu'ils ont mentionnées » (*KM*, II, 18, p. 78.1). Ces deux espèces sont le nombre proprement dit, dont Aristote admet qu'il peut être infini en puissance, mais pas en acte, ainsi que la grandeur qui, elle, ne peut en aucun cas être infiniment grande. Al-Baġdādī affirmera dans les chapitres sur l'infini (que nous explorerons dans la cinquième partie) que nombres et grandeurs peuvent être infinis. Mais ce n'est pas le sujet de la présente controverse.

Abū al-Barakāt situe la réalité du temps tout à fait ailleurs. Sa quiddité est tout autre que celle d'un nombre, même s'il peut se mesurer. Le temps étant ce « dans quoi » a lieu le mouvement, il a, à ce titre, un point commun avec la trajectoire. Ils ont trouvé, écrit Abū al-Barakāt en faisant sans doute allusion à Aristote et ses disciples, « que le temps est, pour les mouvements, comme la mesure qui évalue les distances et qu'il suit les mouvements dans l'antérieur et le postérieur ». Toutefois, il diffère de la trajectoire qui continue d'exister « avant et après le mouvement du mobile », et avec le mouvement car ce dernier « cesse et s'interrompt ». Le temps s'écoule et se renouvelle, sans discontinuité, alors que ce n'est pas le cas de la distance, ni du mouvement. « Hier s'achève, et demain vient, qu'il y ait là mouvement ou repos d'un mobile » (*KM*, II, 17, p. 71.2-6). Le temps diffère donc fondamentalement de la trajectoire puisque « personne ne peut s'imaginer son anéantissement ». Il diffère aussi fondamentalement du mouvement car plusieurs mouvements, de plusieurs mobiles, sur plusieurs trajectoires, peuvent avoir lieu dans un même temps : l'avant et l'après appartiennent au temps par essence alors qu'ils appartiennent aux mouvements par accident.

En conséquence, le mouvement est dans un temps, mais le temps n'est pas un mouvement, ni dans un mouvement. Il est même, ajoute Abū al-Barakāt, antérieur aux mouvements et aux trajectoires, plus exactement « sa connaissance est antérieure dans les esprits à la connaissance du mouvement ». Cette antériorité dans la connaissance signifie, pour notre philosophe, une antériorité dans l'existence.

En outre la flèche du temps, dirions-nous aujourd'hui, a un sens unique, ce qu'al-Baġdādī résume ainsi : « on ne peut inverser son "avant" par son "après" et son "après" par son "avant" » (*KM*, II, 17, p. 71.11-12), alors que la trajectoire d'un mobile peut être parcourue dans les deux sens. Notons au passage que cette idée constitue un obstacle majeur à une représentation spatiale du temps. Enfin, comme la trajectoire subsiste après le mouvement, « deux mobiles qui fendent la même <trajectoire> se différencient si l'un la parcourt aujourd'hui et l'autre demain ». Le temps est donc « autre que les mouvements, que les mobiles et que les trajectoires » (*KM*, II, 17, p. 72.22). Il revient alors à sa propre définition : il est « ce dans quoi a lieu le mouvement ». Il nous semble difficile de soutenir, comme le fait S. Pines, qu'il est « patent que cette conception du temps-mesure est calquée jusqu'à un certain point, sur la définition péripatéticienne du temps[63] ».

Cette démonstration permet, au passage, d'en éliminer deux autres déjà combattues par Aristote. L'une de ces thèses identifie le temps à la sphère céleste elle-même en affirmant : « toutes choses sont dans le temps et aussi, dans la sphère du tout » (*Phys.*, IV, 10, 218b7). Aristote la cite pour la rejeter, la jugeant « trop naïve » ; Simplicius l'attribue aux pythagoriciens[64]. Abū al-Barakāt l'élimine aussi, en affirmant que « ce qui enveloppe les mobiles leur appartient aussi par accident, puisque le mobile est inclus dans l'environnement <de cette sphère> » (*KM*, II, 17, p. 72.19-20), sous-entendant ainsi que le temps ne peut être un accident pour les mobiles, puisqu'il peut exister sans ces mobiles.

L'autre thèse identifie le temps « au mouvement du tout » et c'est, selon Simplicius, celle de Platon rapportée par Eudème, Théophraste et Alexandre[65]. Abū al-Barakāt la combat à l'aide des arguments précédents puisque que le mouvement du tout est un mouvement qui ne diffère des autres que par des accidents comme la vitesse et la lenteur (*KM*, II, 17, p. 72.13-16) :

Ce n'est pas l'avis de celui qui dit qu'il y a un mouvement unique parmi <les mouvements> et que les autres sont dans lui, qu'ils soient dans ce mouvement-ci ou qu'ils l'accompagnent – comme des gens l'ont dit du mouvement de l'équateur céleste[66] parce qu'il est le plus rapide des mouvements et qu'il englobe les <autres> mobiles. Même s'il en est ainsi, ce mouvement participe de la quiddité des autres mouvements, et se distingue par ses accidents inséparables externes.

Cette question est d'une importance cruciale pour le philosophe, au point qu'il la reprendra dans la conclusion de sa *Physique*, en insistant, à propos de la vitesse de l'équateur céleste, sur le fait « que la vitesse n'est pas reliée à la permanence (*dawām*) ou à l'intermittence, le lent étant plus perpétuel, ou le perpétuel plus rapide, ou le rapide moins permanent » (*KM*, II, 28, p. 119.13-14). Puisqu'il n'y a aucune relation entre vitesse et perpétuité, la dernière sphère n'a pas vocation à s'identifier à l'éternité du temps. En tant que mouvement, le mouvement de l'Univers ne peut donc pas être identifié au temps. Ce temps est même indépendant de l'existence du monde, monde dont l'éternité n'est pas, pour Abū al-Barakāt, une hypothèse indispensable ici.

Le repos étant, dans la tradition aristotélicienne, le contraire du mouvement, il faut expliciter son rapport au temps de façon séparée. C'est par un passage à la limite qu'il va le faire, en imaginant un mouvement dont « la faiblesse, sur une faible distance, à la limite de la vitesse et de la lenteur », ne le distingue pas « du repos de ce qui est immobile » pendant la même durée, une « durée dans laquelle il peut être mis en mouvement » (*KM*, II, 17, p. 71.22-25). La formulation, quelque peu alambiquée, présente le repos à la fois comme la possibilité du mouvement et comme la limite d'un mouvement affaibli et imperceptible.

L'idée que le temps a une relation au repos identique à celle qu'il a au mouvement, se trouvait déjà sous la plume d'Aristote (*Phys.*, IV, 12, 221b7), mais P. Pellegrin, son traducteur, signale que de nombreux manuscrits grecs de la *Physique* portaient la restriction « par accident » après « le temps est le nombre du repos[67] ». Ce n'est pas le cas du manuscrit de Leyde, édité par A. Badawī, qui comporte même un commentaire de Yaḥyā à ce sujet, affirmant que la mention « par accident » concernant le repos est absente de nombreuses copies, et arguant des écrits de Themistius et d'Alexandre d'Aphrodise[68]. Ce dernier est en effet l'auteur d'un traité sur le temps, perdu en grec mais traduit en arabe par Ḥunayn b. Isḥāq, et édité de nos jours par le même A. Badawī, ouvrage dans lequel il affirme : « nous disons que le temps, quoiqu'il soit le nombre du mouvement, est aussi le nombre du repos [69] » sans la restriction « par accident ». Le repos a donc la même relation au temps que le mouvement, et c'est le point commun avec la formulation d'Abū al-Barakāt qui résume sa position ainsi : « le temps est ce dans quoi ont lieu le mouvement et le repos », mais sans identifier le temps à un nombre.

Abū al-Barakāt confère au temps une modalité d'existence particulière qu'il explicite dans la phrase où il affirme que le temps est « autre que les mouvements, que les mobiles et que les trajectoires », en précisant, à cet endroit, « par son existence absolue (*anniyya*) » (*KM*, II, 17, p. 72.22). Ce terme « *anniyya* » que nous traduisons par « existence absolue [70] » n'est pas une nouveauté puisqu'il est déjà utilisé par Ḥunayn b. Isḥāq dans sa traduction du traité sur le temps d'Alexandre : « pour chaque chose il est un temps, alors quelle est la preuve de son existence absolue (*anniyya*) [71] ? » La nouveauté, par rapport à la doctrine péripatéticienne, est d'affirmer positivement cette modalité d'existence absolue.

À l'aide d'arguments psychologiques, Abū al-Barakāt va à nouveau développer cet aspect du temps. Il évoque la légende selon laquelle des jeunes gens se sont retrouvés enfermés dans une grotte et y ont dormi pendant trois siècles, sans avoir la moindre conscience du temps écoulé [72]. S'ils n'avaient pas dormi, auraient-ils pu avoir une approche du temps écoulé, même dans les ténèbres ? Abū al-Barakāt répond oui, sans hésiter, car, dit-il, nous avons une perception « intérieure » du temps, indépendante de toute perception des changements (*KM*, II, 17, p. 73.12-16) :

> Mais si <on prenait> un seul parmi nous ainsi, calme et au repos, qui n'appréhenderait rien par la vue, et ne percevrait le mouvement d'aucun mobile, il percevrait ce qui s'est écoulé pour lui comme temps dans une telle situation, car il estimerait ce qui s'est fixé dans son esprit par les mouvements. Il se dirait : « dans ce même temps il m'était possible de parcourir une certaine distance » et il aurait l'intuition des durées par comparaison avec <ce temps>. Il dirait : « il s'est écoulé telle durée ou à peu près », et il percevrait le temps malgré l'absence de perception du mouvement.

Nous avons donc une perception intuitive du temps qui nous permet d'évaluer des durées alors que nous ne percevons aucun mouvement, parce que ceux que nous avons observés auparavant ont fixé cela dans nos esprits. Aristote, évoquant une légende grecque analogue (*Phys.*, IV, 11, 218b25-26) selon laquelle « ceux qui dorment auprès des héros de Sardaigne » n'ont pas la perception du temps en l'absence de changement, en tirait la conclusion inverse : le temps n'est plus perçu en l'absence de mouvement. Ce qui lui permettait d'enchaîner sur la question qui prélude à sa propre définition : si le temps n'est ni un mouvement, ni sans mouvement, qu'est-il donc pour le mouvement ? Nous connaissons sa réponse. Il faut reconnaître que celle-ci, en cantonnant le temps au rôle de nombre du mouvement, évitait une autre question difficile : quelle est alors la quiddité du temps ? Est-il une substance ? Est-il un accident, est-il un accident dans les esprits ?

Abū al-Barakāt aborde cette question dans sa conclusion. La substance est ce qui n'existe pas dans un substrat, alors que l'accident est ce qui existe dans un substrat, sans faire partie de lui. Lorsqu'on retire un accident d'une chose, comme la couleur ou la chaleur, cet accident ne peut exister de façon autonome. On peut aussi penser que le temps est un accident car il s'écoule et se renouvelle, il est donc soumis au changement comme par exemple la couleur d'un fruit qui mûrit. Pour autant, fait remarquer Abū al-Barakāt, la substance n'est pas forcément quelque chose d'immuable.

Le temps n'est pas du côté des sensibles, reconnaît al-Baġdādī, ni même des accidents dérivés comme les privations. En effet, les objets qui sont autour de nous sont visibles par l'un de leurs « accidents » : la couleur. Mais il existe un accident consécutif dérivé (*lāḥiq*[73]) de la couleur qui est l'absence de couleur, autrement dit, la transparence. En conséquence, nous risquons de ne plus voir l'objet. De même, le vide peut être analysé comme l'accident dérivé d'un milieu dont la résistance est nulle, une non-résistance. Le temps n'est manifestement pas ainsi puisqu'il n'y a aucun accident « premier » qui s'y rattache.

Et si le temps était accident, de quoi serait-il accident ? Dans quelle chose serait-il ? Ce sont les choses qui sont dans un temps, plutôt que le temps dans les choses. On ne peut pas imaginer son retrait de cette chose qui serait son substrat. Si son sujet est le corps du mobile, en tant qu'il est mobile, alors il serait un accident dans un accident, puisque c'est un accident pour un corps d'être mobile.

Mais alors, puisque plusieurs mouvements peuvent être dans le même temps, il faut explorer trois hypothèses. La première consiste à affirmer que le temps est accident pour tous les mouvements, par association. Or on n'observe jamais de variation du temps alors que les mouvements varient. Cette hypothèse doit donc être rejetée. De même, s'il y avait autant de temps que de mouvements, alors il y aurait de nombreux temps concomitants, ce qui est absurde et ne peut être retenu. Enfin la dernière hypothèse est plus difficile à repousser. Le temps est-il accident pour un seul parmi les mouvements, celui-ci se distinguant des autres, non pas par sa quiddité, puisqu'elle est la même pour tous les mouvements, mais par autre chose, comme son mobile, sa vitesse, son lieu ? Ce sont ces choses-là qui seraient le sujet du temps, pas le mouvement en tant qu'il est mouvement. Abū al-Barakāt passe donc en revue « ces autres choses » (*KM*, II, 17, p. 76.1-3) :

> <Elles sont> le mobile – je veux dire le corps – et il n'est pas un sujet pour le temps, et le temps n'est pas un accident en lui relativement à son mouvement, parce que <le corps> peut être supposé immobile alors que le temps reste un existant ; la vitesse et la lenteur ne sont pas non plus <un sujet pour le temps> car les deux sont dans le temps et par le temps ; enfin, ni la distance, ni le point de départ, ni celui d'arrivée <ne peuvent en être>.

Il faut donc en conclure que le temps n'est pas un accident pour les mouvements, et qu'il existe sans eux. On peut imaginer que tous les mouvements s'arrêtent, le temps subsistera encore et avec lui, une possibilité de mouvement, argument qui avait déjà été utilisé pour montrer que le temps n'est pas le mouvement. Abū al-Barakāt ajoute à cet endroit : « et une telle possibilité pour les mouvements est comme le lieu pour les mobiles » (*KM*, II, 17, p. 76.7-8). Ainsi le temps est « en puissance » le temps du mouvement, comme l'espace est « en puissance » le lieu des localisés.

Zamān, dahr, sarmadiyya[74]

La question du temps (*zamān*) a bien sûr des liens évidents avec celle de l'éternité (*sarmadiyya*). Il existe, dans le monde arabe, un mot particulièrement difficile à traduire et qui décrit une deuxième réalité du temps : *dahr*. Ce terme est discuté par Abū al-Barakāt au cours de ces deux chapitres et en premier lieu dans la dernière page du chapitre 17 (*KM*, II, 17, p. 77.1-4) :

> Par rapport au mouvement en acte ou en puissance, dans la mesure où l'on imagine le temps ainsi, je veux dire unique et établi dans la continuité, on

appelle <le temps> *dahr*. Et quand il y a des changements en lui, en ce qui concerne les transformations des mobiles on l'appelle *zamān*.

Ainsi il y aurait deux temps : l'un lié aux mouvements et l'autre indépendant d'eux. Le *dahr* est une particularité de la théologie musulmane. S. Pines traduit ce terme par *aevum* à cause de son caractère intermédiaire entre les notions de temps et d'éternité[75]. Il a fait l'objet de nombreuses études théologiques[76]

Abū al-Barakāt, quant à lui, ne semble pas vraiment reprendre à son compte cette conception, si ce n'est que l'existence absolue de ce *dahr*, indépendant des mouvements terrestres ou célestes, ressemble à ce qu'il décrivait par le terme d'*anniyya*. Pour lui, le temps absolu est le temps et il se démarque rapidement de ceux qui ont divinisé le *dahr* : « Ils en sont arrivés à dire que le *dahr* est Dieu le Très Haut » (*KM*, II, 17, p. 77.5). Abū al-Barakāt semble donc informé de l'accusation dont fut victime son audacieux précurseur, le médecin Abū Bakr al-Rāzī, sur les idées d'espace et de temps absolus. Comme au sujet de l'espace, les propos de celui-ci au sujet du temps nous sont rapportés par son homonyme Abū Ḥātim al-Rāzī[77] :

> Le *dahr* est éternel ; il est en mouvement et il ne s'arrête pas. Le temps limité (*maḥṣūr*) est celui qui relève des mouvements de la sphère et de la course du soleil et des astres. Si tu fais cette distinction et que tu imagines le mouvement du *dahr*, tu peux alors imaginer le temps absolu ; il est l'éternité sans fin. Alors que si tu imagines le mouvement de la sphère, tu imagines le temps limité.

Il faut donc comprendre le « temps limité » comme une réalité partielle du temps, qui permet de décrire les mouvements, y compris celui de la dernière sphère. Abū Bakr al-Rāzī n'en dit pas plus sur les relations entre ces deux temps : le second est-il simplement inclus dans le premier ? Son détracteur Abū Ḥātim soulève des objections très aristotéliciennes en demandant une réalité de ce *dahr*, c'est-à-dire le mouvement dont il serait le temps. En dehors d'une telle réalité, le temps n'existe pas car, affirme Abū Ḥātim, si on retire de notre imagination « les mouvements de sphère, le passage des jours et des nuits, l'achèvement des heures », on retire *ipso facto* le temps. Abū Bakr aurait rétorqué en affirmant que « le temps absolu est quelque chose qui ne s'achève pas et ne meurt pas ». Puis, accusé par son protagoniste de trahir Aristote, il invoque, comme il l'a fait pour l'espace, l'autorité de Platon car ce qu'il a dit « ne s'oppose pas à ce que nous pensons du temps et pour moi c'est le plus pertinent des propos [78] ».

Le temps absolu d'Abū al-Barakāt a la même caractéristique que le *dahr* d'al-Rāzī, celle d'exister indépendamment du monde, sans début ni fin. Mais il refuse de diviniser celui-ci et de considérer que le temps a une double réalité, l'une limitée et l'autre absolue. On peut se demander si sa définition est compatible, elle aussi, avec celle invoquée par Platon. Ce dernier a fourni dans le *Timée*, plutôt qu'une théorie du temps, une cosmogonie où il évoque la genèse de ce dernier : « Le temps est né avec le ciel, afin que, nés ensemble, ils soient aussi dissous ensemble ». Et c'est pour « donner l'existence au temps » que Dieu, après les avoir engendrés, a mis les astres en mouvement « pour distinguer et conserver les nombres du temps [79] ». Faut-il voir dans cette « fiction », comme la qualifie Aristote, l'affirmation que le temps a été engendré ? Ce n'est pas l'avis d'A. Badawī dont la thèse de doctorat portait justement sur le temps [80]. Il estime que Platon n'a pas dit ce qu'Aristote « veut le forcer à dire » car « le terme "engendré" n'a pas le sens de "créé", entendu au sens religieux ». La véritable théorie de Platon, selon A. Badawī, est celle qu'il a développée dans le *Parménide* (156d, e) pour concilier la marche du temps avec l'indivisible qu'est l'instant. C'est une problématique que nous allons retrouver dans la suite de cette étude. Mais nous pouvons conclure à une grande différence avec la thèse d'al-Baġdādī qui affirme, quant à lui, que le temps existe indépendamment des corps, de tous les corps, y compris la dernière sphère.

L'instant et le temps

Quels sont les rapports entre le temps et l'instant ? En affirmant le temps comme « nombre du mouvement », Aristote associait les deux concepts puisque « le temps n'est pas sans mouvement », ce qui lui permettait d'affirmer, dans une autre partie de sa *Physique*, que « temps et mouvement sont également éternels » (*Phys.*, VIII, 1, 251b14). Après avoir fustigé la cosmogonie de Platon sur la genèse du temps que nous venons d'évoquer, il réaffirme que le temps est indissociable du « maintenant », et il ajoute que « le maintenant est une sorte de médiété puisqu'il renferme ensemble un début et une fin ». Le maintenant est à la fois la fin du passé qui le précède et le début de l'avenir, et il est nécessaire « qu'il y ait toujours du temps de part et d'autre de lui » (*Phys.*, VIII, 1, 251b25-27). En d'autres termes, ce qui fonde l'existence du temps est le « maintenant ». Ce « maintenant » est une limite entre le passé et l'avenir et ne se conçoit pas sans eux. Il y aura donc toujours un passé et un avenir. Mouvement et temps sont coéternels et c'est peut-être là le bénéfice recherché d'une définition du temps en termes de nombre du mouvement, selon l'antérieur et le postérieur. Le « maintenant » confère au temps le statut de présent éternel.

Comment Abū al-Barakāt se situe-t-il par rapport à cette conception ? Il note que l'on pourra diviser le temps aussi finement que l'on veut, on n'arrivera jamais à obtenir que le passé et le futur coexistent. Mais la division du temps ne rend pas compte de sa continuité et l'instant présent n'est qu'une limite jamais atteinte. La prise de conscience du statut fugitif de l'instant débouche sur celle de la non-existence du présent en dehors de nos représentations, première étape d'une connaissance scientifique du temps se distinguant de l'approche commune et du bon sens évoqués plus haut (*KM*, II, 17, p. 70.6-8) :

> Il n'y a pas de présent dans le temps. L'existence se divise entre passé et avenir alors que le présent n'existe que dans les esprits et les imaginations et qu'il n'est qu'une coupure du temps que l'on considère [...]

L'instant est donc un produit de l'imagination. Ce qui a une véritable existence, c'est le temps continu, le temps absolu, dont la réalité est de s'écouler et de se renouveler en permanence. Mais comment concevoir l'instant comme un indivisible, alors que le temps, constitué de ces instants, est caractérisé par sa continuité ? Le temps, qui est divisible, « formerait un ensemble divisible à partir de ce qui est indivisible, ce qui est absurde » (*KM*, II, 18, p. 78.12). En promenant une pointe sur un support, on trace une ligne continue et lorsqu'on s'arrête, on s'arrête bien en un point. Quel est alors le statut de cet instant « point du temps » ? Il est, répond Abū al-Barakāt, une construction de l'esprit (*KM*, II, 18, p. 79.4-5) :

> On ne dit pas que l'instant existe puis cesse d'exister. On dit plutôt qu'il existe par hypothèse et par une considération intellectuelle (*iʿtibār*) et il n'est pas spécifié comme existant dans le temps par essence. C'est par lui que le temps rencontre l'existence.

Le temps n'est pas fait d'instants par essence, autrement dit n'est pas constitué d'une somme d'instants. Abū al-Barakāt refuse ainsi de considérer l'instant comme un indivisible de temps, ce qui caractérise la position des atomistes. L'instant est une « hypothèse intellectuelle », mais le temps n'est pas une somme d'instants. Il est, pour lui comme pour les aristotéliciens, infiniment divisible.

Il ajoute cependant que c'est par l'instant que le temps rencontre l'existence, ce qui va être décrit par une autre expérience de pensée. Celle-ci utilise un fil (supposé infini) auquel il identifie le temps qui se déroule continûment – et sans doute, même si ce n'est pas dit, uniformément – en passant sur le tranchant d'une épée. Le temps défile « en entier » sur la lame, mais selon une modalité particulière puisqu'il ne « la rencontre que limite après limite, point après point », sans jamais s'arrêter puisqu'il est « continu dans son défilement » (*KM*, II, 18, p. 78.19). Dans cette représentation, le fil est certes en permanence partagé en deux par l'épée, entre passé et futur, mais Abū al-Barakāt insiste sur la modalité de rencontre du temps et de l'existence par une de ses limites, l'instant, qui est, ajoute-t-il, « indivisible d'une autre manière », car « l'instant est connu, comme le point l'est de la ligne ». L'existence est donc la rencontre entre un point de l'espace tridimensionnel et le temps qui « défile » au sens propre, fugitif par essence. À la comparaison entre le rapport de l'instant au temps et celui du point à la droite, Abū al-Barakāt ajoute une autre différence, « c'est que le point constitue pour une ligne finie sa terminaison dans l'existence » (*KM*, II, 18, p. 79.7-8). Or, l'instant n'est jamais la terminaison du temps.

La conception d'un temps infiniment divisible, présentée ici, sera développée dans la section que nous consacrons au concept de continuité, mais nous pouvons d'ores et déjà identifier une approche assez classique. C'est à propos de la coéternité du temps et du mouvement que la position d'Abū al-Barakāt se distingue de celle des aristotéliciens.

Le temps est un nom

Le temps existe, dit à plusieurs reprises Abū al-Barakāt, parce qu'il existe dans les esprits et qu'on ne peut en imaginer le retrait. On trouve peu de traces de cette thèse dans le Moyen Âge arabe, mais P. Duhem cite, dans son étude de la physique parisienne[81], celle du philosophe anglais Guillaume d'Ockham (m. 1347), qui semble avoir quelques ressemblances. Ockham reconnaît dans sa *Physique* que le temps sert à mesurer et comparer les mouvements, mais il ajoute ensuite[82] :

> [...] le temps n'est pas, comme certains le disent, une chose latente et inconnaissable. Il y a plus : il nous est bien connu, et il n'est pas connu seulement des savants, mais de tous ceux qui ont l'usage de la raison. Il n'est pas d'idiot qui n'ait connaissance de quelque chose par le temps, qui ne sache par exemple, quel est de deux corps, celui qui demeure le plus longtemps au repos [...] Si l'on dit que le temps est fort inconnu, c'est à cause de certaines difficultés rencontrées par ceux qui veulent traiter de la nature du temps à l'aide de textes mal compris qu'ils empruntent aux auteurs ; les gens qui philosophent de la sorte, sans entendre les manières de parler et les textes autorisés des philosophes, ont plus de doutes au sujet du temps que les simples gens qui se servent uniquement du commun langage.

On retrouve ici la volonté de privilégier le sens commun sur les constructions philosophiques de ceux « qui ont mal compris les textes ». Quelle est alors la nature du temps, et existe-t-il vraiment en dehors des hommes qui s'en servent pour « nombrer le temps » ? Ockham répond[83] :

> Cette définition <d'Aristote> « le temps est ce qui énumère, dans le mouvement, l'avant et l'après », n'est pas, il faut bien le remarquer, une définition proprement dite ; c'est seulement une définition qui exprime le sens d'un nom, définition comme on en peut donner des verbes, des conjonctions, des adverbes [...] et cela parce que le temps ne saurait recevoir aucune définition. En effet, comme nous l'avons dit à plusieurs reprises, ce nom de temps ne signifie pas une certaine chose une, distincte en sa totalité de toutes les choses permanentes et dont la nature ou l'être puisse s'exprimer par le moyen d'une définition. Mais il nous faut imaginer que ce nom signifie le premier mouvement continuel et uniforme ; qu'il signifie aussi ou, mieux, en même temps, l'âme qui, dans ce mouvement, conçoit l'avant, l'après et ce qui est entre les deux.

Nous avons déjà rencontré chez Abū al-Barakāt ce lien permanent entre les questions de définitions scientifiques et le mouvement de dénomination. Le temps existe, il est un nom, et sa définition exprime le sens d'un nom. Pour Ockham, dire que le temps est mouvement revient à dire qu'il est le mouvement par lequel l'âme connaît la grandeur de tout autre mouvement, propriété qui ne peut, sans l'âme, appartenir à un mouvement ; il est donc impossible qu'un mouvement soit le temps, de même qu'il est impossible que, sans l'âme, le temps soit mesure du mouvement.

Propos que l'on peut comparer à celui d'Abū al-Barakāt, qui affirme que le temps est une réalité dont l'esprit humain, à l'instar de l'âme, « ne peut imaginer le retrait de l'existence » (*KM*, II, 17, p. 71.20-22) :

> Ils ont pensé que <le temps> participe d'une connaissance <préalable> établie dans l'âme, étant donné qu'on ne peut imaginer qu'il se retire de l'existence du mouvement ni de sa non-existence, avant lui ou après lui : avec le mouvement c'est évident, et avec le repos dans le cas de la non-existence, car il y a <alors> une possibilité déterminée d'existence <d'un mouvement>.

Le temps existe dans l'âme, c'est-à-dire, pour Abū al-Barakāt, dans l'intellect. Mais il n'existe pas de la même façon que les universaux qui sont produits par abstraction à partir d'objets réels, car alors de quoi serait-il l'abstraction ? C'est la différence avec le concept d'espace absolu, élaboré dans les chapitres qui précèdent, par ce processus. Cependant il a, comme pour Ockham deux siècles plus tard, la réalité d'un nom (*KM*, II, 17, p. 72.23-73.4) :

> Mais il n'est pas connu par abstraction de sa quiddité et sa définition est une explication de son nom donnée par ceux qui ont cette connaissance de lui [...] Le nom a ici été commenté en fonction de cette connaissance parce que sa connaissance première est perçue par l'âme en soi, en même temps que l'hypothèse de l'existence des mouvements et des mobiles et, sans <l'hypothèse> de leur existence, la perception n'aurait pas eu lieu.

Le temps est donc un nom, répète-t-il plusieurs fois, dont la connaissance est perçue par l'hypothèse de l'existence des mouvements. Il est ce dans quoi ceux-ci sont en puissance ou en acte.

Quelles sont les conséquences de ces débats pour la physique ? C'est en reprenant le fil de son discours sur l'existence d'un temps dont « l'essence demeure et ne change pas », qu'al-Baġdādī en montre la nécessité physique, celle de pouvoir décrire les mouvements relatifs de deux corps (*KM*, II, 18, p. 79-80) :

> Si tu vois deux mobiles qui sont mis en mouvement dans deux directions différentes, et que tu ne les considères pas en les comparant à autre chose qu'à eux deux, mais plutôt en les comparant l'un à l'autre, tu ne peux pas savoir s'ils se meuvent différemment l'un de l'autre, ou bien si l'un des deux est plus rapide et l'autre plus lent, ou bien si l'un se meut pendant que l'autre est immobile. Ainsi, lorsque tu vois des choses variables et changeantes, le temps varie par leur changement et ainsi, toi tu ne sais pas si ce changement ou cette variation a lieu dans les deux choses ou dans une seule d'entre elles.

Autrement dit, la perception du temps est modifiée par la vitesse du corps qui sert de référence: on ne peut rien dire de la vitesse d'un corps (sous-entendue absolue) si l'on est soi-même dans un véhicule qui se déplace à une vitesse différente et/ou dans une direction différente, et donc avec une perception du temps différente. Abū al-Barakāt a conscience de la nécessité d'une référence pour construire son temps absolu, qui serait au temps ce qu'un corps de référence, absolument immobile, serait à l'espace [84]. La formulation est confuse car elle associe temps et vitesse sans clarifier davantage leur relation. Mais ce qui apparaît clairement ici, est sa volonté de reconstruire de façon parallèle les deux concepts de temps et d'espace afin que le premier soit indépendant des mouvements qui s'y déroulent, de la même façon que le second est indépendant des corps qui y prennent place.

Conclusion partielle

Faisant le point sur les différentes théories concernant le temps, Faḫr al-Dīn al-Rāzī souligne, quelques années plus tard, dans un texte sur la quiddité du temps [85]:

> La doctrine d'Aristote, adoptée par ses commentateurs tels qu'Abū Naṣr al-Fārābī et Abū ʿAlī ibn Sīnā, c'est que <le temps> est la mesure du mouvement de la sphère suprême. Le cheikh Abū al-Barakāt al-Baġdādī, auteur du *Kitāb al-muʿtabar* dit, lui, qu'il est la mesure de l'existence (*miqdār al-wuǧūd*).

Nous allons revenir sur ce « temps-mesure de l'existence », qui n'est complètement exposé que dans la *Métaphysique*, mais dès sa *Physique*, la construction théorique faite par Abū al-Barakāt présente des caractéristiques tout à fait nouvelles pour son époque:

- il est peut-être analogue au *dahr*, mais cette réalité ne s'ajoute pas à celle d'un autre temps, celui des changements;
- il est un cadre indépendant de tout le reste, et dans lequel tous les changements, les mouvements et les repos, sont en acte ou en puissance;
- il est indépendant du mouvement des astres et il n'est pas la mesure de celui de la sphère suprême au titre que celle-ci englobe tout le reste du monde et/ou qu'elle a le mouvement le plus rapide.

Cette dernière question mérite qu'on s'y attarde, car elle est de la plus haute importance pour le système du monde d'Abū al-Barakāt. Elle sera reprise dans le dernier chapitre pour former la conclusion de la *Physique* (*KM*, II, 28, p. 119.14-16):

> Il n'est donc pas vrai que le temps dépende de quelque chose provenant des mouvements de sorte qu'il lui soit nécessaire qu'un mouvement éternel existe, sans début ni fin (*sarmadiyya*), comme on le dit. Ce qui est vrai, c'est la nécessité d'une fin des mouvements et que les mobiles sont en continuité avec un moteur qui n'est pas en mouvement, parce qu'il n'est pas nécessaire qu'existe parmi <les mouvements> ce qui est infini, dans l'avant comme dans l'après.

En dissociant le temps et les mouvements du monde, Abū al-Barakāt peut envisager que ces derniers aient une fin sans que, pour autant, le temps s'arrête. Il ne défendra pourtant pas cette thèse dans ses chapitres sur l'infini. Mais il n'y a, dans sa physique, aucune nécessité à l'éternité du monde, et en cela le philosophe se démarque de la majorité des philosophes de son époque qui, depuis al-Fārābī, ont affirmé positivement cette éternité.

Le temps est perçu par une intuition d'ordre psychologique que nous ne devons pas repousser. Pour autant, il ne se réduit pas à une démarche de l'âme, car même si nous ne connaissons aucune chose qui, « si nous l'excluons de l'esprit, supprime le temps », nous ne pouvons pas en conclure que le temps « n'affecte que les esprits ». Imaginer que quelque chose soit présent dans les esprits sans avoir d'existence dans les choses concrètes « est un mensonge absurde » (*KM*, II, 17, p. 76.20-23).

Nous retrouvons là ce trait caractéristique de l'épistémologie d'al-Baġdādī, déjà rencontré dans l'étude de l'espace: ce qui existe dans les esprits existe positivement car les esprits sont eux-mêmes des existants parmi les choses concrètes. Il n'y a rien de bergsonien avant la lettre dans cette approche, car il ne réduit pas non plus le temps au résultat d'un processus d'organisation purement subjectif, un temps qui n'existerait que dans les esprits ou les âmes.

Dans l'étude du « temps métaphysique », S. Pines donne la traduction d'un long passage de cette partie dans ses « Nouvelles études[86] ». Un passage dont les arguments diffèrent peu, au début, de ceux que nous avons relevés : la notion de temps est antérieure aux mouvements, l'esprit ne conçoit rien qui ne soit dans le temps, le mouvement comme le repos sont dans le temps, et tout ce qui existe, existe dans le temps. L'apport important de ce passage est dans une formulation qui explicite la modalité d'existence du temps, ce qu'al-Baġdādī reconnaît ne pas avoir fait dans sa *Physique*. Après une longue démonstration montrant que l'on confond souvent « mesurer le temps » et « mesurer l'existence », il conclut que, si le temps mesure quelque chose, c'est l'existence elle-même (*al-zamān miqdār al-wuǧūd*) car « la réflexion théorique impose que le temps ne puisse être supprimé que par la suppression de l'existence », ce qui, ajoute-t-il, est inimaginable. Il enchaîne (*KM*, IV, 8, p. 40.16-19) :

> On ne dit pas de l'existence qu'elle est un existant ni qu'elle est un non-existant. Or nous ne jugeons de la non-existence que pour un existant. Cela fait partie de ce que nous n'avons pas mentionné dans la *Physique*, et ceci s'oppose aux partisans <de l'idée> que le temps n'a pas d'existence.

Cette modalité d'existence du temps que défend Abū al-Barakāt apparaît comme très originale dans le paysage philosophique de son époque. Peut-être résulte-t-elle de l'influence de Galien, dont on sait qu'il avait condamné les théories d'Aristote sur le lieu et le temps. On peut en effet supposer que c'est à lui que répond Alexandre d'Aphrodise dans son traité sur le temps mentionné plus haut[87] car, dès les premières lignes de ce traité, il évoque ainsi certains opposants aux positions péripatéticiennes[88] :

> On doit considérer, parmi les remarques de ceux qui ne sont pas d'accord avec nous à propos du lieu, le propos de celui qui prétend qu'il a trois dimensions. De la même façon on doit considérer ce qui est dit par ceux qui prétendent, à propos du temps, qu'il n'est ni la sphère céleste, ni son mouvement, ni le nombre du mouvement de la sphère.

Alexandre va expliquer ensuite pourquoi le temps ne peut être la sphère elle-même, en reprenant les arguments connus du Stagirite. Il va ensuite exposer les arguments de ceux qui refusent que le temps soit aussi « le nombre du mouvement ». Ils ont affirmé, dit Alexandre, que le temps est « une chose unique qui rencontre les choses », affirmation à laquelle fait écho cette métaphore du fil rencontrant le tranchant de l'épée présentée dans le chapitre sur le temps d'Abū al-Barakāt. Ils ont aussi refusé de lier le temps au mouvement de la sphère céleste, mais Alexandre réfute aussi cette position car « si nous imaginons l'arrêt de la sphère alors le temps est aboli[89] ».

Cet argument portant sur un arrêt fictif de la sphère céleste n'est pas formulé de cette façon dans le texte d'al-Baġdādī, mais il condamne pour la même raison ceux qui font dépendre le temps des mouvements « de sorte qu'il lui soit nécessaire qu'un mouvement éternel existe, sans début ni fin ». De plus, la logique qui anime cet argument est omniprésente : tout ce qui existe, objets, mouvements, nombres, tout cela existe dans le temps. L'hypothèse d'une influence de Galien sur la thèse d'Abū al-Barakāt – s'il se confirme que c'est bien sa position qui est stigmatisée par Alexandre dans cet extrait – semble plausible. Si elle était validée, elle donnerait aussi une forte indication sur les sources de la défense de l'espace tridimensionnel par Philopon, puis par al-Baġdādī.

Il se peut aussi qu'Abū al-Barakāt ait abouti à cette conception du temps dans le seul but d'être cohérent avec celle de l'espace, car la profonde unité de ces deux thèses est frappante, et elle aura d'autres développements dans les chapitres sur l'infini. Une telle unité révèle un projet plus vaste, aux conséquences très importantes pour la science du mouvement, même s'il ne semble pas avoir eu de postérité dans les siècles qui ont immédiatement suivi.

On peut relever, avec É. Klein, que la démarche de la physique moderne est bien de rechercher des « relations invariables entre les phénomènes, des rapports soustraits au changement », pour exprimer des lois à la fois intemporelles et comme « extérieures à l'Univers[90] ». Sa démarche est donc bien « d'exprimer le devenir à partir d'éléments qui échappent au devenir[91] ». Il est, à ce titre, remarquable qu'un physicien médiéval, dont les outils conceptuels et mathématiques sont très éloignés de ceux du XVIIe siècle, ait affirmé l'existence d'un temps absolu, potentiellement le temps de tous les mouvements, de la même façon qu'il avait affirmé un espace absolu, potentiellement lieu de tous les corps. Cet espace et ce temps absolus forment le cadre d'une approche radicalement nouvelle des variations de vitesse, et c'est cet aspect de son œuvre, déjà entrevu dans l'étude du mouvement d'un projectile et de la *quies media*, que nous allons développer dans les lignes qui suivent.

---

1. Newton, *Principia*, p. 12.
2. Avicenne, *Métaphysique*, I, 1, p. 86.9-13.
3. Platon, *Timée*, 52a-52c, p. 430.
4. Nous nuancerons cette affirmation p. 103.
5. Châtelet, 1993, p. 40.
6. Averroès, *Grand commentaire de la Métaphysique*, I, p. 51.
7. Géminos est l'auteur d'une *Introduction aux phénomènes* (célestes) qui a été traduite dans le monde arabe sous le titre d'*Introduction à l'Almageste de Ptolémée.*
8. Géminos, « Abrégé des Météorologiques de Poseidonos », p. 110.
9. Philopon, « Corollary on Place », 583,24-28, p. 46.
10. Philopon, « Corollary on Place », 581,18-21 puis 581,30-31, p. 44. Cet argument se trouve dans les marges du manuscrit de Leyde sous le nom de Yaḥyā, texte édité par ʿAbdurraḥmān Badawī, 322.23-26, cité par Elias Giannakis (1998, p. 291).
11. Sorabji, 1991, p. 18.
12. Philopon, « Corollary on Place », 567,30-33, p. 28.
13. Philopon, « Corollary on Place », 675,21 à 676,1, p. 49-50.
14. Ibn al-Hayṯam, *Fī al-makān*, p. 675.21, p. 677.1.
15. Ibn al-Hayṯam, *Fī al-makān*, p. 677.7-8.
16. Rashed R., 2006, p. 655.
17. Rashed R., 2006, p. 658.
18. Shlomo Pines mentionne que, selon Avicenne, « al-Rāzī était juste bon à examiner les urines et les choses de ce genre » (1974, *in* Stroumsa, 2000h, p. 78).
19. Voir glossaire, n° 23.
20. Al-Rāzī, Abū Ḥātim, *Kitāb aʿlām al-nubuwwa*, p. 306.
21. Al-Rāzī affirme que l'espace absolu et l'espace relatif sont de même espèce.
22. Newton, *Principia*, p. 5.
23. Al-Rāzī, Abū Ḥātim, *Kitāb aʿlām al-nubuwwa*, p. 307.
24. Al-Ṭayyib, 1980, p. 129.
25. Avicenne, *Risāla li-baʿḍ al-mutakallimīn*, appelée aussi *Risāla fī al-makān* (Épître *sur le lieu*), p. 155.
26. Dhanani, 2003, p. 127-128.
27. ʿAbd al-Ǧabbār est né vers 325 h. et a vécu à Bagdad jusqu'au moment où il fut appelé à Rayy en 360/971. Il y fut nommé *qāḍī* (juge), c'est pourquoi on le nomme, dans la littérature mutazilite postérieure, le *Qāḍī al-ḍāt.* Il est mort en 1025 et il est l'aîné d'Avicenne. Voir Stern, 1979, p. 59.
28. Dhanani, 2003, p. 159.
29. Pines, 1937-38, *in* Stroumsa, 2000b, p. 4, n. 15.
30. Besnier, 2004, p. 601, n. 54.
31. Arnaldez, 1992.

32. Le terme *buʿd* utilisé par Abū al-Barakāt, traduit ici par « intervalle », est le singulier de *abʿād*, le terme utilisé par Ibn al-Hayṯam pour parler de distances. Il pourrait être traduit par distance au singulier si cela n'induisait pas une idée de métrique de l'espace qui ne semble pas présente dans le propos d'Abū al-Barakāt.

33. Shlomo Pines signale (1937-38, *in* Stroumsa, 2000b, p. 21, n. 87) une explication de ce terme dans un commentaire d'une œuvre d'al-Abharī (*Hidāyat al-ḥikma*) : il signifie que l'espace serait connu par la spontanéité de l'esprit, le terme *mafṭūr* dérivant de *fiṭra* (naturel).

34. Voir glossaire, n° 2.

35. Philopon, « Corollary on Void », 694,24, p. 73.

36. Besnier, 2004, p. 589.

37. Hasnaoui, 1998.

38. Ces trois lignes sont la reprise mot à mot du texte d'Aristote (*Phys.*, IV, 1, 209a5) à propos du lieu.

39. Bar Hebraeus, *L'entretien de la sagesse*, p. 69.

40. *AṬ*, I, p. 317.15-18.

41. Pines, 1937-38, *in* Stroumsa, 2000b, p. 7, n. 33.

42. Bar Hebraeus, *L'entretien de la sagesse*, p. 69.9 du texte syriaque et p. 213-214 de la traduction.

43. Philopon, « Corollary on Place », 563.6, p. 22.

44. Voir cinquième partie, p. 181-195.

45. Les attendus de ce terme de contiguïté sont développés dans le glossaire, n° 19.

46. Voir glossaire, n° 17.

47. Platon, *Timée*, p. 437.

48. Simplicius, *On Aristotle On the Void*, p. 193, (668,24)-(669,7).

49. Lucrèce, *De natura rerum*, [1,380]. Lucrèce a été « oublié » dans le monde chrétien et ses manuscrits n'ont été retrouvés qu'au xve siècle. Mais les thèses atomistes se sont diffusées de façon différente dans le monde arabo-musulman.

50. Rappelons que le zéro n'aura le statut d'un nombre qu'une dizaine de siècles après Aristote.

51. Cette supposition a été faite par Aristote, alors qu'elle est en contradiction avec sa propre loi affirmant la proportionnalité entre la vitesse et le moteur (*Phys.*, VII, 5, 250a18), contradiction qu'il ne commente pas.

52. Signalons cependant qu'à la même époque, en Espagne musulmane, Ibn Bāǧǧa utilise cet argument pour mettre en cause la loi de la dynamique aristotélicienne et en proposer une très ressemblante à celle de Philopon et d'al-Baġdādī.

53. Philopon, « Corollary on Void », 684,6-9, p. 60.

54. Pines, 1937-38, *in* Stroumsa, 2000b, p. 18.

55. Philopon, « Corollary on Place », 569,18-570,5, p. 30-31.

56. *Sirāqāt*, terme que l'on pourrait traduire aussi par « voleuses » et correspondant aux pipettes nommées « preneuses » par Jean Philopon.

57. Platon, *Timée*, 52c, p. 431.

58. Par exemple le récent ouvrage de Joël Biard & Sabine Rommevaux (2012, p. 99-164) n'expose, dans sa section « Le vide dans le monde arabe », que des doctrines opposées à l'existence du vide.

59. Klein, 2003, p. 134.

60. Pines, 1955, *in* Stroumsa, 2000e, p. 113.

61. Simplicius, *On Aristotle Physics 4*, p. 127, (718,15-17).

62. Le terme *mīl* utilisé ici est homographe de celui de *mayl*, mais il n'a pas la même origine ni le même sens. Il peut signifier l'inclinaison (l'écart angulaire) des rayons du soleil qui permet de mesurer une durée à l'aide d'un cadran solaire, ou, plus probablement, une unité de longueur, « la distance qui est devant l'observateur jusqu'à l'endroit où sa vue s'arrête » selon le *Lisān al-ʿarab* (1956, XI, p. 636-9). Il se vocalise alors *mīl*. Abū al-Barakāt veut montrer que le temps peut être évalué par une distance, et, dans la phrase suivante, une distance par un temps.
63. Pines, 1955, *in* Stroumsa, 2000e, p. 126.
64. Simplicius, *On Aristotle Physics 4*, 10, p. 108, (700.20). Simplicius précise qu'il s'agit peut-être d'une mauvaise compréhension de la part des pythagoriciens de la thèse d'Archyteas, ou de celle des stoïciens qui disaient que le temps « est un intervalle dans la nature du tout ».
65. Simplicius, *On Aristotle Physics 4*, 10, p. 108, (700.18).
66. L'équateur céleste est le cercle imaginaire produit par l'intersection du plan équatorial terrestre et de la voûte céleste.
67. Aristote, *Physique*, Pierre Pellegrin (trad.), p. 261, n. 1.
68. *AṬ*, I, p. 460, n. 2.
69. Alexandre d'Aphrodise, « Traité sur le temps », p. 22.
70. Voir glossaire, n° 1.
71. Alexandre d'Aphrodise, « Traité sur le temps », p. 20, l. 10.
72. Cette légende a de nombreuses variantes, y compris grecques anciennes. Elle est parfois appelée « Légende des dormants d'Éphèse ». Elle est reprise dans le Coran, XVIII, *al-Kahf* (la Caverne), 9-21.
73. Voir glossaire, n° 13.
74. « Temps », *dahr*, et « éternité ». Le terme *dahr* est présenté dans le glossaire, n° 7.
75. Pines, 1955, *in* Stroumsa, 2000e, p. 31.
76. Voir Massignon, 1963, p. 606-612.
77. Al-Rāzī, Abū Ḥātim, *Kitāb aʿlām al-nubuwwa*, p. 303.
78. Al-Rāzī, Abū Ḥātim, *Kitāb aʿlām al-nubuwwa*, p. 303.
79. Platon, *Timée*, 38a-38d, p. 417.
80. Un résumé en français dactylographié de cette thèse a été conservé à la bibliothèque de l'Institut dominicain du Caire (Ideo).
81. Duhem, 1913, VII, p. 374 *sq*.
82. Ockham, *Summulae in libros Physicorum*, pars IV, chap. III, fol. 24, col. b.
83. Ockham, *Summulae in libros Physicorum*, pars IV, chap. III, fol. 24, col. b.
84. La question du référentiel spatial sera abordée dans l'étude de la cosmologie p. 213-215.
85. Al-Rāzī, Faḫr al-Dīn, *Kitāb al-maṭālib al-ʿāliya*, IV, « Sur la quiddité du temps », p. 276-277.
86. Pines, 1955, *in* Stroumsa, 2000e, p. 116-120. Le passage traduit correspond aux p. 39-41 (erreur dans la référence de Shlomo Pines) de la *Métaphysique* dans le *Kitāb al-muʿtabar*.
87. C'est aussi l'avis de Fritz Zimmermann (1989) qui pense que ce traité sur le temps « n'est pas un extrait du commentaire sur la *Physique*, mais peut-être d'une partie de la *Réfutation de l'enseignement de Galien sur le temps et le lieu* dont parle le *Fihrist* ».
88. Alexandre d'Aphrodise, « Traité sur le temps », p. 19, 389a5-7.
89. ALexandre d'Aphrodise, « Traité sur le temps », p. 20, 3-8.
90. Klein, 2003, p. 52.
91. Klein, 2003, p. 53.

Chapitre IV

Une physique de la variation

Les innovations apportées par Abū al-Barakāt dans l'analyse du mouvement, dans sa conception des *mayl*-s, de l'espace tridimensionnel et du temps absolus, lui ont permis d'aborder une difficulté majeure de la physique aristotélicienne : le changement du changement, c'est-à-dire, pour le mouvement local, les variations de vitesse.

Ces variations sont de deux sortes. Les variations de vitesse entre des corps différents, plongés éventuellement dans des milieux différents, forment un premier groupe dont l'étude permet d'isoler les paramètres descriptifs du mouvement. Les variations de vitesse d'un même mobile au cours des différentes étapes de son mouvement, forcé et/ou naturel, forment un second groupe dont le cas d'école est celui du projectile qui ralentit en montant et accélère en descendant; leur étude dévoile la « loi de la dynamique » sous-jacente et les « causes » du mouvement, donc de la vitesse. Dans le second cas, de façon évidente, mais aussi dans le premier, les outils de la tradition péripatéticienne s'avèrent limités et soulèvent souvent plus de problèmes qu'ils n'en résolvent. Centrée sur les points de départ et d'arrivée des mobiles, cette physique définit le changement comme le passage d'un contraire à un autre. À ce titre, ses raisonnements sont impuissants à rendre compte de la variation.

Par ailleurs, le programme de reconstruction de la science du mouvement que s'est fixé notre philosophe débouche sur une mise en cause radicale de ce que ses prédécesseurs analysaient comme des discontinuités. Nous avons entrevu, dans l'étude de la *quies media*, une partie des problèmes posés par l'enchaînement des mouvements ascendant et descendant et par le statut de ce repos supposé, en haut de la trajectoire. Pour comprendre les enjeux de ce débat, il nous faut approfondir davantage les concepts qui lui sont liés.

Notes pages 179-180

Problèmes de continuité

Le concept de continuité est à l'œuvre dans toute la physique d'Abū al-Barakāt. Il est employé, comme nous l'avons vu, pour concevoir certaines réalités par « passage à la limite ». Le vide s'oppose au plein, il est difficile à imaginer mais nous pouvons accéder à sa connaissance en diminuant mentalement, et de façon continue, la résistance du milieu. « Tu imagines le vide », dit Abū al-Barakāt à l'adresse de son lecteur, « dans la proportion de l'air comme l'air est dans celle de l'eau, et l'eau dans celle de la terre ». Le déplacement du mobile dans le médium est « plus facile dans l'eau que dans la terre, dans l'air que dans l'eau, dans le vide que dans l'air », jusqu'à être « à la limite de la facilité » lorsqu'il ne rencontre plus du tout de résistance (*KM*, II, 16, p. 68.14-18).

Un tel passage à la limite, déjà employé en son temps par Philopon, est inadmissible pour la plupart des philosophes. Ceux-ci reprennent à leur compte la démonstration d'Aristote, détaillée dans la troisième partie (p. 116-117), de l'impossibilité qu'il y ait un temps pour le mouvement dans le vide, parce qu'il n'y a aucun rapport entre le vide et le plein, de même que « pour le rien par rapport au nombre ». Ce n'est donc pas le principe du « passage à la limite » qui est étranger à la physique aristotélicienne car elle l'utilise fréquemment. C'est son application à des situations pour lesquelles des discontinuités essentielles sont identifiées, comme celle du vide par rapport au plein.

Le continu spatio-temporel

Si Abū al-Barakāt met en cause cette discontinuité, il se range pourtant clairement du côté des philosophes qui ont opté, à la suite d'Aristote, pour une conception continuiste des grandeurs temps, espace et même mouvement. C'est cette position qu'il affirme très nettement lorsqu'il dit, dans son étude du mouvement d'un projectile : « le mouvement et le repos n'ont pas de début d'apparition, car ils n'existent sous quelque aspect que dans un temps ou après un temps » (*KM*, II, 24, p. 95.23-24). Cette théorie a en effet de curieuses conséquences puisqu'on ne peut pas envisager, en vertu de l'infinie divisibilité du temps, de début à un mouvement : il est toujours possible de trouver, entre l'instant t de la fin du repos qui précède, et l'instant t' du début du mouvement, un nouvel instant t''.

Un tel paradoxe est la conséquence d'une longue construction qu'Aristote a développée dans les trois derniers livres de sa *Physique* notamment, pour combattre l'hypothèse atomiste. Si une longueur est composée d'éléments indivisibles, ou un temps d'instants indivisibles, pourquoi ces indivisibles ne peuvent-ils pas se diviser, interroge Aristote, s'ils sont de même genre que la grandeur correspondante? Ou alors cet indivisible n'est pas une grandeur, mais comment une somme de non-grandeurs peut-elle constituer une grandeur? La solution péripatéticienne consiste à dire que les grandeurs continues, espace et temps, sont divisibles à l'infini et que les points pour les droites, les instants pour le temps, sont des limites mais pas des petits éléments de même genre. La droite n'est pas « composée » de points, ni le temps une somme d'instants, autrement dit, une grandeur continue n'est pas composée, constituée, de la somme de ces infiniment petits.

Si l'infinie divisibilité de l'espace a été admise, celle du temps est le fruit d'une démonstration que mène Aristote, à la fin du livre V et au début du livre VI, pour trouver une « parade » au célèbre paradoxe de la dichotomie de Zénon. Ce dernier avait imaginé un mobile parcourant une distance finie en un temps fini, et il avait considéré que celui-ci devait parcourir la moitié de cette distance, puis la moitié de la moitié, et ainsi de suite. Le mobile a donc une série de distances de plus en plus petites à parcourir, mais cette série est infinie alors que le temps de parcours est fini. Zénon d'Élée en conclut qu'il n'y a pas de mouvement possible. Pour montrer que le temps est lui aussi une extension continue, Aristote met en correspondance la distance D parcourue par un mobile en mouvement uniforme, avec le temps T mis pour le parcourir. Si la vitesse augmente, le temps mis pour parcourir D diminue et si cette vitesse diminue, il ne pourra parcourir dans le même temps T qu'une distance D' inférieure à D. Puisque la vitesse peut prendre toutes les valeurs possibles (sauf infiniment grande), il en conclut que « le plus rapide divise le temps et le plus lent divise l'espace ». Zénon dit qu'on ne peut pas parcourir les infinis en un temps limité. C'est vrai, dit Aristote, s'il veut parler de l'infini « par les extrémités », ou par la quantité, mais c'est faux s'il veut parler de l'infini « selon la division », car le temps est lui aussi infini en ce sens. Aristote a étendu la notion de continuité au mouvement. De la même façon que la longueur est divisée par le point, le temps par l'instant, celui-ci est divisé par ce qu'il nomme *kinèma*. Mais le *kinèma* n'est pas un petit mouvement, pas plus que l'instant n'est une petite durée ou le point un petit segment. Aristote a formulé ainsi, pour la première fois, une théorie générale des grandeurs physiques espace, temps et mouvement[1].

Abū al-Barakāt s'inscrit dans ce cadre théorique dont il reprend tous les attendus. Il s'oppose cependant, dans son étude de la *quies media*, à l'idée qu'il y ait vraiment un repos, entre ce qu'Avicenne nomme le « contact avec le sommet de la trajectoire », qui est matériel parce que dans un médium, et la séparation qui est le début du de la chute, c'est-à-dire d'un autre mouvement « en vue » du centre de la terre. Ce contact qui pourrait, y compris dans la thèse aristotélicienne, ne correspondre qu'à un point de l'espace et à un instant du temps, est forcément séparé du début de la descente par un temps si l'on définit cette descente comme un second mouvement. Parce qu'il combat la thèse sous-jacente des « mouvements contraires », Abū al-Barakāt rétorque à cet argument : « qu'ils renoncent au mot "séparation" et qu'ils affirment à la place le non-contact » (*KM*, II, 24, p. 98.11), il devient possible que l'instant qui suit le contact soit un non-contact. L'extrémité du temps du contact avec le sommet de la trajectoire est donc le même instant, comme il le dit quelques lignes plus haut, que celui du début de la descente, ce qui n'empêche pas que la fin du temps du mouvement montant « soit une chose dans laquelle il n'y a pas de mouvement, mais plutôt une chose différente du mouvement ».

Ce passage, fort obscur en première lecture, s'est avéré contenir le nœud du problème de la *quies media* posé à notre auteur – et sans doute, à bon nombre de ceux qui l'ont précédé ou suivi. Si au sommet de la trajectoire il y a quelque chose de différent du mouvement, cela ne peut être que le repos. Mais comment penser le repos dans un instant ? Cela n'est finalement pas plus simple que le mouvement dans un instant. Comment nommer ce passage à la limite où la vitesse ne s'annule qu'en un temps infinitésimal ? Cet infini-là semble encore plus difficile à concevoir que l'infiniment grand, qu'il soit spatial ou temporel. Certes, notre philosophe est convaincu qu'il n'y a pas de repos, mais il n'y a pas de mouvement non plus et l'absence d'outils permettant de penser ce passage à la limite, l'amène à dire qu'il y a « une chose différente du mouvement ». Ce n'est donc pas en tant que limite, au sens de borne (*eschata*), du mouvement que le passage par une vitesse nulle en un instant ne peut être pensé. C'est, comme dans le paradoxe de la dichotomie, en tant que cette limite finie serait la valeur de convergence d'une série infinie de mouvements de plus en plus petits.

Notons que les raisonnements sur les extensions continues ne s'appliquent pas aux autres réalités du mouvement, et justement, dans le cadre du débat sur la *quies media*, Abū al-Barakāt rapporte à cet endroit un argument d'Avicenne qui soutient l'idée d'une possible apparition du *mayl*. En effet, pour lui « cette chose que l'on nomme *mayl* peut être existante dans un instant unique » alors que le mouvement est « ce qui a besoin dans son existence de la continuité du temps ». Al-Baġdādī partage cette exigence de continuité du temps, mais il combat l'idée qu'un *mayl* survienne en haut de la trajectoire, et qui ferait apparaître en ce point une discontinuité, donc un temps de repos.

Le cadre conceptuel dans lequel Abū al-Barakāt va élaborer sa démonstration de l'unité du mouvement montant et du descendant est donc, pour une large part, d'inspiration aristotélo-avicennienne. Cependant, l'analyse physique en termes de compétition de *mayl*-s, qui unifie les deux mouvements contraires, est radicalement novatrice et l'amène à l'interpellation suivante (*KM*, II, 24, p. 102.17-19) :

> Et puis que c'est étrange cette affaire de repos dont la génération serait nécessaire aux mobiles de telle sorte que s'ils augmentent ou diminuent en taille, ils accélèrent ou ralentissent mais dans une limite unique de temps ! Et <comme c'est étrange> que <ce repos> soit dérobé à la perception de ceux qui ont la connaissance ! Est-ce que sa durée augmente ou diminue dans certains cas et pas dans d'autres ?

Cette hypothétique *quies media* n'est influencée par aucune des caractéristiques du mouvement : que celui-ci soit lent ou rapide, que le mobile soit gros ou petit, ce repos n'est en rien modifié, et reste toujours aussi peu perceptible. Pourquoi échappe-t-il à toute modification ? À nouveau apparaît clairement ce projet de construire sa dynamique en isolant les paramètres des variations, démarche qui n'apparaît qu'aux marges de la physique aristotélicienne. C'est bien ce projet qui est à l'origine de son refus d'appliquer la notion de contraire aux deux mouvements du projectile, alors que cette notion de contraire est au cœur de la théorie aristotélicienne du changement.

Multiples, contraires et opposés

Les notions de multiples, de contraires et d'opposés jouent un rôle décisif dans le débat sur le mouvement des projectiles. Rappelons l'argument d'Avicenne pour montrer l'impossibilité d'une continuité entre le mouvement montant et le descendant de la pierre que l'on jette en l'air : les deux mouvements contraires « n'en formeraient qu'un seul, puisqu'ils seraient en continuité », ce qui, à ses yeux, est totalement « absurde » (*SṬ*, II, 8, p. 133.15-16).

Abū al-Barakāt aborde ce problème dès les premières lignes du chapitre 23 en commençant par affirmer qu'un mouvement est unique s'il affecte « un mobile unique, dans une trajectoire unique et dans un temps unique ». Dans ce cas, il n'est pas « coupé par un repos », mais il est « continu par la continuité du temps, unique et déterminé » (*KM*, II, 23, p. 92.6-7).

L'affirmation d'unicité est fondée sur la continuité de l'espace, évoquée par le terme de trajectoire unique, et sur celle du temps, explicitement. Notre philosophe décline ensuite les conséquences. Si on a plusieurs mobiles dans le même temps, ils ne pourront pas emprunter la même trajectoire ou, s'ils sont dans la même, ils seront alors dans des temps différents. C'est pourquoi le mot trajectoire n'a pas seulement une signification physique de longueur, car « la distance ne doit pas être imaginée fendue sur terre uniquement » (*KM*, II, 23, p. 92.10). La trajectoire intègre également le temps.

En revanche, si le temps est multiple parce que le mobile enchaîne un mouvement jour et nuit, mais que ce mouvement est continu, cela n'affecte pas l'unicité du mouvement. Cette dernière est donc reliée à la continuité du temps et de la trajectoire car « la continuité du temps est indispensable à la continuité du mouvement, et l'unicité du mouvement est dans sa continuité avec le temps et la trajectoire » (*KM*, II, 23, p. 92.14-15).

Cela a une conséquence importante pour le débat sur la *quies media*. Si les trajectoires sont multiples (allers-retours) mais qu'elles ont été parcourues en continuité, sans repos entre elles, le mouvement a beau être multiple dans les trajectoires, cela n'est qu'accidentel car il est continu dans le temps et continu par la continuité de ces trajectoires.

Enfin l'unicité du moteur n'est pas requise pour établir l'unicité du mouvement : plusieurs personnes peuvent coopérer pour déplacer une grosse pierre ensemble, ou bien enchaîner leurs efforts en continuité les unes des autres : tant qu'il n'y a pas d'arrêt entre eux, ces mouvements continus n'en forment qu'un seul. Cet argument prépare lui aussi, de toute évidence, l'admission de la coexistence des *mayl*-s.

Parmi les multiples, il y a ceux qui relèvent de l'opposé, et ceux qui relèvent des contraires[2]. Les premiers ne fonctionnent que par l'altérité et la différence. L'exemple que fournit Abū al-Barakāt est celui du mouvement de rotation. Celui-ci part d'un point pour aller à l'opposé, à la limite de l'intervalle, et revient dans la continuité à son point de départ, sans repos intermédiaire. Le terme commun aux deux portions du mouvement est appelé *ġāyat al-buʿd* (extrémité de l'intervalle).

On peut se demander pourquoi Abū al-Barakāt classe ce mouvement continu et sans repos intermédiaire dans la catégorie des mouvements multiples, mais il n'est pas le premier à le faire et cette conception du mouvement de rotation fait partie de la tradition aristotélicienne[3]. Les contraires, eux, sont définis ainsi (*KM*, II, 23, p. 93.8-11) :

> Si l'opposé <existe> par l'altérité et par la disparité, le contraire, lui, est entre chacun des deux mouvements qui se dirigent vers deux extrémités différentes entre lesquelles se trouve le terme <commun> de l'intervalle. Parmi les choses contraires, il y a le mouvement d'un contraire à l'autre, et inversement, comme le mouvement du blanc vers le noir ou du noir vers le blanc. Dans le mouvement selon le lieu, il y a le mouvement rectiligne de l'extrémité d'une distance quelconque à l'autre et le retour de la <seconde> à la <première>.

La nuance réside donc dans la nature des deux extrémités du mouvement qui, dans le cas des contraires, sont justement contraires, c'est-à-dire présentent une opposition au sens le plus fort. Comme Aristote l'a posé, les choses qui diffèrent le plus dans un même genre sont des contraires, car « la différence extrême est celle des espèces extrêmes d'un genre[4] ». Cette précision est de la plus haute importance pour ce qui nous occupe, car le passage d'un contraire à un autre est ce qui définit le changement. Nous touchons à l'un des nœuds de l'affaire : le changement et le mouvement ne peuvent avoir lieu qu'entre deux contraires.

Pour statuer sur cette question, Abū al-Barakāt commence par rappeler la définition classique des mouvements contraires, comme le transport « d'un contraire à l'autre » passant par un terme commun. À cet endroit, les deux mouvements contraires n'existent pas ensemble dans un seul sujet et il y a nécessairement une discontinuité. Il rappelle les thèses de ses prédécesseurs concernant le mouvement d'altération, dans lequel le blanchissement et le noircissement sont deux altérations contraires : la première finit par le blanc, la seconde finit par le noir. Elles ont un terme commun (le blanc) mais le blanchissement et le noircissement n'existent pas ensemble dans le même sujet. Pour le mouvement local, on a l'exemple du mouvement rectiligne selon une ligne droite, aller et retour, mais avec un terme (un arrêt) à l'extrémité. Pour le mouvement de croissance et de diminution c'est la même chose si ce mouvement est fini, quelque chose de petit devient grand puis redevient petit, on peut parler de mouvements contraires.

Or, pour Abū al-Barakāt, les propriétés qui viennent d'être citées (discontinuités du temps et de l'espace) caractérisent certes les mouvements contraires, mais ne s'appliquent pas au mouvement du projectile. L'essentiel de sa démonstration consiste à infirmer l'hypothèse de multiplicité que faisait Avicenne. Il étendra même le raisonnement au mouvement d'altération dont on a vu qu'il s'appuie sur l'idée que le blanchissement et le noircissement ne peuvent pas, pour les aristotéliciens, résider ensemble dans le même sujet.

Cependant, la démonstration concernant le mouvement local va bénéficier d'un élément qui n'a pas son pendant dans celui d'altération, c'est la coexistence des deux *mayl*-s. La continuité entre le mouvement montant et le descendant est en effet totalement reconstruite par la double présence, à l'intérieur du projectile, du *mayl* naturel et du *mayl* forcé, le premier épuisant le second et les deux se trouvant à égalité au sommet de la trajectoire.

Les ficelles d'Abū al-Barakāt

C'est à un mathématicien et astronome du xᵉ siècle, al-Qūhī, qu'Abū al-Barakāt semble avoir repris l'expérience de pensée décisive de sa démonstration. Ce mathématicien, dont quelques audaces ont été étudiées par R. Rashed[5], a produit des travaux originaux sur les mathématiques infinitésimales et est mentionné dans la biographie du fils de Ṯābit ibn Qurra, mathématicien du ixᵉ siècle[6]. Ṯābit lui-même semble avoir produit une contestation de la *quies media*, aujourd'hui perdue[7]. Le récit de l'expérience de pensée imaginée par al-Qūhī ne nous est parvenu qu'à travers un témoignage : celui du médecin Ibn Buṭlān, qui est lui-même un disciple d'Abū al-Farağ ibn al-Ṭayyib, philosophe chrétien de l'école de Bagdad. Le témoignage d'Ibn Buṭlān et la contestation de Ṯābit montrent la vivacité de cette controverse, bien avant l'écriture du *Muʿtabar*, ainsi que son renouvellement par l'irruption d'arguments mathématiques.

La présentation du dispositif d'al-Qūhī est presque mot pour mot celle qu'en fait Abū al-Barakāt, mais sa justification théorique ne nous est pas parvenue. Al-Baġdādī l'expose à l'endroit crucial où sont posées les questions de continuité entre deux mouvements contraires (*KM*, II, 24, p. 97.3-6 et 9-11)[8] :

> Un homme distingué a pris une règle, a fait en son centre un trou puis il a fait passer dans ce trou un fil auquel était suspendu un plomb. Ensuite il a placé l'extrémité finale du fil à l'extrémité fermée de la règle dans une rainure et il a fait déplacer le fil en ligne droite dans ce trait du début de la règle à sa fin en passant près du trou : tant que ce fil se dirige vers le trou, le fil à plomb est conduit vers le bas jusqu'à ce qu'il parvienne à une extrémité, lorsqu'il est proche <du trou>. Ensuite, il remonte en poursuivant son mouvement lorsque <le fil> s'éloigne <du trou> pour se diriger vers l'autre extrémité <de la règle>. [...] Lorsque le fil est près du milieu, les deux mouvements contraires sont alors indispensables au fil à plomb dans la poursuite du chemin d'un mouvement unique rectiligne, dans une trajectoire unique provenant d'un moteur unique, atteint dans un temps unique. Et quand, alors, aurait lieu le repos ?

Le dispositif imaginé par cet « homme distingué », sans doute al-Qūhī, est schématisé ci-dessous :

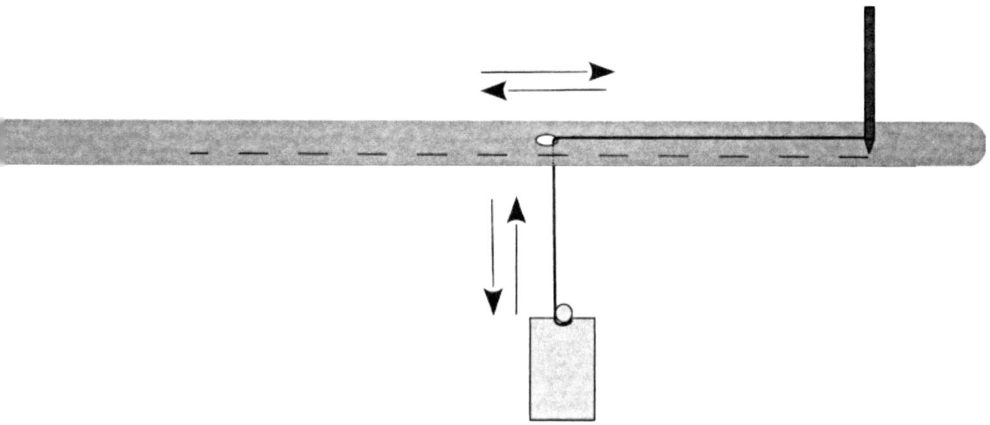

Dans cette expérience, les deux mouvements, ascendant et descendant, du plomb sont associés à un déplacement continu du stylet qui évolue le long de la règle. Lorsque le stylet est à une extrémité, le plomb est en position haute. Lorsqu'on déplace le stylet vers le centre de la règle, la position du stylet qui correspond au minimum d'altitude du plomb est celle, voisine du trou, où les deux mouvements contraires sont réunis. Le stylet passe par cette position dans son mouvement continu et constant sur la règle, alors que l'observateur voit une discontinuité dans la trajectoire du plomb et dans l'évolution de la vitesse, qui s'inverse à cet endroit. Le plomb décrit des mouvements qu'Avicenne qualifiait de contraires, justifiant ainsi qu'ils ne puissent avoir la même cause. Or ces mouvements ne peuvent être contraires parce qu'ils n'en forment qu'un seul, selon la règle d'unicité rappelée plus haut, appliquée au mouvement du stylet.

La continuité des grandeurs extensives, espace et temps, est au cœur de cette démonstration. En effet, en invalidant l'hypothèse de deux causes discontinues associées à chacun des mouvements, on ne peut « retirer aucun temps de la continuité », comme le montre Abū al-Barakāt dans ce passage (*KM*, II, 24, p. 101.20-102.4) :

> Si l'existence de ce repos était vérifiée entre les deux mouvements au moment de l'égalité des deux forces, la violente et la naturelle, à la fin du trajet montant pour qu'il y ait un temps quelconque, cela imposerait qu'il reste dans son état jusqu'à ce que lui survienne une cause qui assigne au <mouvement> violent de poursuivre vers le haut, ou bien au naturel d'aller vers le bas, jusqu'à ce que le naturel prenne le dessus, qu'il épuise le <*mayl*> violent et achève son anéantissement. S'il n'attend pas une cause, il ne reste en aucune façon, parce que si le <*mayl*> violent ne cesse de s'atténuer en raison de la privation de sa cause, le début de ce qui est à égalité avec le <*mayl*> naturel poursuit son anéantissement et il est épuisé ; c'est le <*mayl*> naturel qui l'épuise et la pierre chute. L'instant de la fin de sa montée est celui qui est égal à l'instant précis du début du temps de sa chute et il n'y a pas de raison pour que la résistance demeure un temps car <ce temps> serait retiré de la continuité.

Le temps d'arrêt n'existe pas parce qu'il n'y a rien qui « s'achève » en haut de la trajectoire de la pierre : il y a seulement égalité des deux *mayl*-s qui coexistent en elle. Il apparaît ainsi que la compétition des deux *mayl*-s gouverne le mouvement du début à la fin. Le « moteur résultant » est une construction qui lui sert à unifier les deux mouvements, mais qui va lui permettre aussi de rendre compte des décélérations et des accélérations.

Nous avons vu que la définition du mouvement unique mettait en jeu la continuité du temps. Le mouvement unique, dit notre auteur à cet endroit, « n'est pas interrompu par un repos » mais il est « connecté à la continuité du temps, unique et déterminé ». Cette conception du temps était illustrée par une autre ficelle, défilant sur le tranchant d'une épée, et que nous avons déjà évoquée dans la section sur le temps (voir *supra*, p. 139). Dans cette représentation de la continuité du temps, l'instant est le point de rencontre entre le temps et l'existence. Cette expérience prolonge la première dans laquelle on peut assimiler le fil à plomb à une figure de cette double continuité. En ruinant la nécessité d'un repos en haut de la trajectoire, ce dispositif permet à notre philosophe de formuler une dynamique irréconciliable avec celle d'Avicenne.

L'invention d'un continuum

Cette expérience de pensée va permettre en outre à Abū al-Barakāt de dépasser les problèmes que nous avons évoqués concernant la relation entre les extensions continues et les indivisibles. Elle met en jeu la continuité des « causes » et semble ouvrir une voie tout à fait nouvelle, celle que M. Blay appelle la géométrisation du mouvement, c'est-à-dire, en reprenant ses termes[9] :

> […] la construction d'un ensemble de grandeurs ou paramètres qui puissent se représenter géométriquement et dont l'évolution puisse être interprétée sur le même mode déductif que la géométrie euclidienne.

Certes, Abū al-Barakāt ne représente aucune de ces grandeurs et n'a pas le début d'un discours mathématique formel. En ce sens, sa démarche est radicalement différente de celle du XVIIe siècle, lorsque Galilée se propose de lire le « grand livre de la Nature » ou plutôt celui de la philosophie naturelle, avec la certitude que celui-ci est « écrit en langue mathématique[10] ». Mais il en a mis les éléments en place. G. Châtelet, cité précédemment dans l'étude de l'espace, s'interroge sur les moyens qui ont permis aux physiciens de franchir les frontières entre natures physique et mathématique, et évoque le rôle de ces expériences de pensée[11] :

> C'est l'épreuve par laquelle le physicien-philosophe prend sur lui de se désorienter, de connaître la perplexité inhérente à toute situation où le discernement ne va nullement de soi. Il s'agit pour lui d'orchestrer une subversion des habitudes associées à des clichés sensibles (la « réalité » décidant pour lui) et de se transporter par la pensée dans les enceintes hors causalités, à l'abri des forces, pour se laisser flotter entre mathématiques et physique.

Abū al-Barakāt a introduit, à l'aide d'une première expérience de pensée, la compétition possible entre les deux *mayl*-s : celle de l'anneau tiraillé par deux forces contraires. Elle met en scène une compétition entre deux « moteurs » qui n'entraîne pas la disparition de l'un mais seulement son épuisement progressif par celui qui « prend le dessus », ce dernier ne produisant pas le même effet que s'il était seul puisque le premier, même dominé, agit sur lui. Cependant, l'originalité radicale de la seconde expérience réside dans le fait qu'elle constitue une réorganisation du réel pour mettre en jeu, non pas un fait d'observation, mais ce continuum qu'il a imaginé, en l'isolant et en lui donnant le rôle de « moteur ». C'est ce dispositif qui devient alors objet d'étude et qui permet d'appréhender ce qui se passe au sommet de la trajectoire, que notre philosophe n'arrive pas vraiment à nommer « mouvement » et qu'il refuse de considérer comme un repos. Désorientation et reconstruction, le dispositif permet à Abū al-Barakāt de se « laisser flotter » en dehors des chemins balisés de la causalité aristotélicienne, d'échapper aux impasses de l'infiniment divisible et de construire une grandeur qui rende compte de la variation du mouvement dans sa totalité.

La difficulté à concevoir un instant pendant lequel la distance parcourue est nulle est contournée par ce moteur continu, le stylet qui parcourt la règle dont le passage au voisinage du trou ne présente aucune discontinuité. La vitesse peut donc être nulle pendant un infinitésimal de temps, parce que ce passage par zéro correspond tout simplement à l'égalité de deux grandeurs continues évoluant en sens inverse (*KM*, II, 24, p. 99.12-13) :

Chacun des deux moteurs, le forcé et le naturel, a un terme dans le mouvement et entre les deux, il y a le terme de leur différence et puisque le temps de leur deux mises en mouvement est continu, il n'y a pas de repos qui s'intercale entre leurs deux mouvements.

Ce continuum, redisons-le, n'a pas vocation à devenir un concept opératoire pour la physique des siècles à venir. Il ne semble pas aller « dans le sens de l'histoire » selon l'expression parfois utilisée. Il resurgira pourtant au XVIe siècle italien, comme nous le verrons dans la dernière partie, justifié par un autre dispositif, montrant la même volonté d'unifier les mouvements réputés contraires, dans une description unique, sans rupture de causalité.

L'unification produite se dispense de toute cause externe au mobile et elle est donc possible dans le vide. L'espace et le temps absolus permettent d'envisager une variation continue du « moteur » et forment le cadre de cette démarche renouvelée en profondeur. Elle ouvre, comme nous l'avions annoncé, des perspectives nouvelles pour analyser les variations du mouvement.

Théorie de l'accélération

Le postulat selon lequel la cessation des effets correspond à l'anéantissement des causes semble être un horizon indépassable de la physique médiévale. Abū al-Barakāt le reformule plusieurs fois sans préciser s'il se l'approprie, mais, de fait, il prend de grandes libertés avec lui puisque le sommet de la trajectoire ne coïncide plus, dans la thèse que nous avons exposée, avec la fin de la cause du mouvement forcé.

Ce principe a pour corollaire la nécessité d'identifier une variation des causes lorsque les effets varient, ce qui, appliqué à la vitesse, impose une variation du moteur, mais pas forcément *stricto sensu* puisque les aristotéliciens donnent un rôle essentiel au médium pour expliquer la poursuite du mouvement d'un projectile (version Aristote), ou pour expliquer le ralentissement de son mouvement forcé (version Avicenne). Il n'en est pas moins vrai que la physique aristotélicienne peine à rendre compte des variations de vitesse – ce que nous appelons l'accélération ou la décélération – et que le problème a soulevé bien des commentaires depuis l'Antiquité. Avant d'aborder l'accélération proprement dite, il nous faut dire quelques mots de la notion de vitesse et de son acception dans le monde médiéval.

Le concept de vitesse

Tour à tour appelée vitesse (*surʿa*), mouvement (*ḥaraka*), ou vigueur (*šidda*), la vitesse ne fait pas l'objet d'une définition originale chez Abū al-Barakāt. Il reprend celle d'une vitesse moyenne ou globale et la formule de diverses façons, mais toujours en deux étapes, comme nous l'avions signalé lors de la présentation de sa « loi de la dynamique » (*KM*, II, 17, p. 72.18-19) :

> Le rapide en mouvement est celui qui fend une distance plus grande que la distance fendue par le plus lent dans le même temps, ou bien une même distance dans un temps plus court que le sien.

La définition euclidienne des grandeurs proportionnelles ne permet pas de faire un rapport de grandeurs hétérogènes qui exprimerait la vitesse comme le quotient de la distance parcourue par le temps mis pour la parcourir. Voilà pourquoi les philosophes la définissent en disant, d'une part, que les vitesses de deux mobiles sont comme le rapport des distances qu'ils parcourent pendant un laps de temps donné, et d'autre part, qu'elles sont « comme l'inverse des temps » de parcours d'une même distance.

Le terme arabe *surʿa* – tout comme l'équivalent latin *velocitas* qu'il aura au Moyen Âge – correspond cependant à une véritable grandeur, celle que nous nommons aujourd'hui vitesse moyenne. Elle n'est pas un terme vague comme le laissent entendre parfois certaines études, un terme qui « attendrait » l'invention du concept de vitesse instantanée pour être précisé. Lorsqu'Abū al-Barakāt dit, à propos de deux mobiles qui effectuent leur mouvement sur une même durée, que « les vitesses sont comme les distances parcourues dans un temps unique », cela signifie que le rapport des vitesses est précisément égal à celui des distances. Comme l'a relevé P. Souffrin, l'histoire contemporaine des sciences a souvent minoré l'historicité de ce concept de vitesse « pour réduire l'histoire de la cinématique théorique à celle du concept de vitesse instantanée », et nous devons nous garder d'une interprétation trop hâtive des textes médiévaux[12].

L'impossibilité de faire le rapport entre une distance et un temps peut cependant être contournée. Ibn al-Hayṯam, aîné d'Abū al-Barakāt et plus versé que lui dans les mathématiques, avait défini, dans son ouvrage *La configuration des mouvements*, un moyen original de mesurer le temps et d'apprécier les variations de vitesse. Il avait pour cela construit un concept de « temps requis », qui est le temps de parcours mesuré par un arc de cercle[13]. Ainsi, précise R. Rashed qui analyse cette démarche, la vitesse moyenne peut être exprimée dans le cadre de la théorie des proportions, « grâce au fait que les temps, aussi bien que les distances sont représentées par des arcs[14] ». En effet, dans le cas particulier des mouvements circulaires uniformes, « le temps peut toujours être représenté par des arcs de cercle », et les rapports de grandeurs homogènes sont possibles. Mais cette approche particulière ne peut être réinvestie dans l'approche des mouvements variés rectilignes et reste une exception.

Un problème plus fondamental encore est soulevé par la définition communément admise pour le mouvement, problème qui fonctionne comme un véritable obstacle épistémologique à l'appréhension d'une vitesse instantanée. Celle d'al-Baġdādī, partagée par tous les physiciens, que nous avons déjà citée, précise bien que « le mouvement s'applique seulement à propos de ce qui est progressif, [...] mais non à ce qui est d'un coup » (*KM*, II, 9, p. 28). Le mouvement ne peut donc être défini que sur une durée non nulle. Les changements qui se font « dans l'instant », comme l'éclairement brusque par une lampe, ne rentrent pas dans la définition du mouvement. Au problème du quotient de grandeurs hétérogènes, s'ajoute donc l'impossibilité d'imaginer une vitesse instantanée qui mettrait en relation la distance infinitésimale parcourue avec le temps infinitésimal de ce parcours.

Sa conception du temps permet cependant à Abū al-Barakāt une approche de l'évolution de cette vitesse qui peut être aisément imaginée continue, comme le sont les extensions temporelle et spatiale qui y participent. Les aristotéliciens avaient formulé un double interdit : le temps étant la mesure du mouvement, il ne pouvait pas être une grandeur véritablement indépendante de ce dernier. De plus, le mouvement ne pouvait pas être défini comme la mesure du temps, car sa définition devenait circulaire. Mais l'affirmation de l'existence d'un temps absolu affranchit Abū al-Barakāt de ce double interdit et ouvre la possibilité de mesurer le mouvement (la vitesse) à l'aide du temps aussi bien que l'inverse (*KM*, II, 17, p. 76.11-14) :

> La mesure est connue et on dit qu'une partie de chaque chose sert à mesurer le tout, comme le coude pour les coudées, comme le *mikyāl*[15] pour les *mikyāl*-s. Lorsqu'on a deux choses égales, l'une peut mesurer l'autre, de la même façon que la seconde peut mesurer la première. Il n'y en a pas une des deux qui est dans l'autre, mais plutôt l'une subsiste par elle-même sans l'autre, et si on veut le même <raisonnement> pour le mouvement et le temps, le mouvement se mesure par le temps et le temps par le mouvement ; ce qui est ignoré <se mesure> par ce qui est connu.

Le temps acquiert, dirions-nous aujourd'hui, le statut d'une « variable indépendante », au même titre que la distance. Abū al-Barakāt ne pourra cependant aller plus loin sur le plan cinématique, faute d'outils mathématiques.

En 1638, Galilée, qui avait défini la vitesse d'un mouvement uniforme en deux étapes, exactement comme dans la définition que nous venons de mentionner, se trouvait en difficulté pour aborder le mouvement naturellement accéléré. M. Blay expose les tentatives de Galilée pour rendre compte de la variation continue de la vitesse[16] :

> À cet effet Galilée met en œuvre son concept de degré de vitesse qui, tout en pouvant dans une certaine mesure annoncer le concept de vitesse instantanée, n'en reste pas moins assujetti à la conceptualisation galiléenne du mouvement qui voit dans la vitesse une grandeur intensive s'accroissant par adjonctions successives de degrés. Ce concept de degré de vitesse ne fait pas, comme celui de vitesse, l'objet d'une définition explicite.

Les difficultés à construire les outils cinématiques qui permettraient de mathématiser davantage les lois de la dynamique sont très grandes. Rappelons que les concepts de vitesse et d'accélération en chaque instant ne seront ébauchés par Pierre Varignon qu'à la fin du XVIIe siècle et une science algorithmique du mouvement ne verra le jour qu'au XVIIIe siècle.

Une innovation de l'astronomie arabe mérite toutefois d'être signalée. Les mouvements des astres n'étant pas tous des mouvements uniformes, loin s'en faut, la tradition, tant grecque qu'arabe, interprète les mouvements d'accélération ou de ralentissement comme des « apparences » qu'une analyse géométrique poussée permet de ramener à une combinaison de mouvements uniformes. Le problème, déjà abordé par Ptolémée et résolu à l'aide d'orbes excentriques, a été repris par les astronomes arabes. Ṯābit ibn Qurra (m. 901), le mathématicien de Ḥarrān dont nous avons signalé la contestation pionnière de la *quies media*, développe, dans son quatrième traité d'astronomie, une approche géométrique du mouvement d'un astre sur un excentrique. Il analyse le ralentissement et l'accélération de son mouvement apparent en l'étudiant au voisinage d'un point. Ce raisonnement, qui sera repris un siècle et demi plus tard par al-Bīrūnī, est sans doute la première analyse cinématique du mouvement accéléré. R. Morelon, qui a analysé sa démarche, observe une autre innovation dans la présence implicite de la notion de vitesse instantanée en un point, lorsque Ṯābit affirme que « le mouvement moyen uniforme sur l'écliptique ne se produit réellement en aucun endroit » à l'exception de deux points[17]. La vitesse est ici conçue comme une grandeur pouvant varier continûment, et prendre une valeur déterminée en un point, c'est-à-dire, dans la pratique, sur un intervalle de longueur très petit. Nous avons vu comment la définition des aristotéliciens est inopérante dans le cas d'un temps de parcours qui tend vers zéro, en cela, l'approche de Ṯābit est une réelle audace. Ces travaux d'astronomie excluent cependant une recherche d'explication physique à l'accélération des astres puisque les constructions mathématiques consistent à ramener systématiquement ces observations au statut d'apparences.

Sur le plan de la dynamique, des avancées sont cependant possibles, et l'absence d'outils pour formaliser la vitesse à chaque instant n'empêche pas d'analyser les causes des différentes variations rencontrées.

La variation de vitesse entre différents mobiles

Nous avons déjà mentionné l'interpellation lancée par Abū al-Barakāt à propos des différences de vitesse acquise par deux mobiles différents, lancés vers le haut, dans un même médium (*KM*, II, 24, p. 99.23-100.2) :

> S'il n'y avait pas de *mayl* résistant dans <le mobile>, alors qu'est-ce qui distinguerait l'état des deux pierres lancées d'une seule main, dans une trajectoire unique, avec la même force, dans la vitesse et la lenteur ?

Cette affirmation de la compétition des deux *mayl*-s, dès le début du mouvement forcé, pour rendre compte de leurs différentes vitesses, bouleverse, comme nous l'avons vu, l'analyse du mouvement et de ses causes. Elle s'oppose aussi à une conception de la vitesse largement répandue chez les philosophes : celle de l'actualisation « d'une capacité à fendre le milieu ». C'est la position défendue par Avicenne et c'est celle à laquelle s'attaque Abū al-Barakāt dans cette diatribe que nous avons déjà commentée (voir *supra*, p. 76).

Pour l'aîné des deux, la cause des variations de vitesse de mobiles différents réside dans leurs capacités variables à « repousser vigoureusement ce qui s'oppose à la chose et lui résiste », mais cette cause, bien sûr, « n'est pas établie dans le vide » (*ST*, II, 8, p. 130.3-9). Comment expliquer, en effet, que deux corps de grosseur différente, lancés vers le haut, n'auront pas la même vitesse et/ou n'iront pas jusqu'à la même altitude si l'on refuse d'admettre le vide ? Avicenne a démontré, comme nous l'avons vu, qu'il est impossible que le ralentissement du mobile ascendant soit due à une cause interne au mobile, cause qui serait dominée au début, puis prendrait le dessus ensuite, car alors il faudrait une troisième cause à ce renversement, et on déboucherait sur une régression à l'infini. Ce qui est présent dans la phase ascendante, en même temps que le *mayl* forcé, ce n'est qu'un principe qui va permettre à ce *mayl* naturel de devenir effectif, en haut de la trajectoire. Le refus d'admettre la présence, dès le mouvement montant, du *mayl* naturel comme force agissant sur le projectile, condamne donc son auteur à requérir le milieu pour rendre compte de ce ralentissement, un ralentissement qui serait inexplicable dans le vide.

S. Pines soutient, après avoir cité cette démonstration, que, selon Avicenne, il y a deux causes au ralentissement du mouvement ascendant : l'effet du milieu et celui de l'inclination naturelle du corps, cette seconde cause étant omise à cet endroit [18]. Avicenne dit pourtant clairement, quelques pages plus loin, que « si la taille ou l'augmentation de poids était la cause d'une plus grande susceptibilité à être projeté », ce serait alors le plus lourd « qui serait susceptible d'être projeté loin ». Mais, ajoute-t-il, « la réalité est différente » (*ST*, IV, 12, p. 315.4-8). Auparavant, il a clairement précisé (*ST*, IV, 12, p. 314.7-8) :

Il n'est donc pas possible qu'il y ait dans un corps simple isolé, ou dans <la partie> qui domine d'un corps composé, deux forces, l'une qui requiert un lieu donné, et l'autre qui l'en empêche.

Avicenne réaffirme ici l'impossibilité que coexistent deux *mayl*-s opposés, deux *mayl*-s qui seraient actuels. Et c'est bien cette position que fustige Abū al-Barakāt en affirmant que deux corps ayant un *mayl* naturel différent – à *mayl* forcé égal et dans un même médium – parcourent des distances qui sont en raison inverse de ces *mayl*-s naturels. Il en est de même pour les vitesses de ces deux mobiles dont les *mayl*-s constituent une résistance à la mise en mouvement. Dans cette dynamique, la vitesse n'est donc plus l'actualisation d'une « capacité à fendre le milieu » : elle est le résultat de la compétition entre deux forces.

Abordons maintenant le cas de petits corps, brins de paille ou grains de moutarde, pour lesquels les paramètres comme la forme et la taille du projectile provoquent d'autres variations de vitesse. Nous avons vu comment Abū al-Barakāt de son côté, à l'instar de Jean Philopon, avance l'idée que le temps du mouvement est presque indépendant du milieu et que le rôle du médium résistant n'est que de rajouter un petit temps supplémentaire, un retard à la traversée. Par passage à la limite, ce temps supplémentaire tend vers zéro si le milieu est de plus en plus ténu. Nous avions signalé ce passage étonnant où le philosophe de Bagdad admet le fait que dans le vide, la taille de l'objet ou sa forme n'auront aucun impact sur la vitesse (*KM*, II, 15, p. 64.18-20) :

Leur propos selon lequel les corps, s'ils se déplaçaient dans le vide, le mouvement d'un petit <mobile> serait égal à celui d'un grand, et le cône orienté vers la tête aurait le même mouvement que celui orienté vers la base, cela est accepté par <les partisans du vide> dans le vide vide, pour ne pas rallonger le discours.

S. Pines estime que la mention « pour ne pas rallonger le discours » trahit une gêne d'al-Baġdādī qui se trouve ainsi en position de défendre une thèse atomiste qu'il combat sur d'autres plans[19] :

Abū al-Barakāt ne pourrait sans inconséquence, accepter l'opinion des atomistes de l'Antiquité sur l'uniformité de la chute dans le vide : cette conception est incompatible avec sa croyance à la différence d'intensité existant entre les inclinations – elles mêmes contraires – des éléments lourds et légers et de leurs composés.

Or, dans le dernier chapitre de sa *Physique*, « Des causes motrices et de l'adéquation entre elles et les mobiles », Abū al-Barakāt revient sur le problème et l'éclaire d'une tout autre façon. Il n'est pas question pour lui d'abandonner le rôle moteur du *mayl* mais il y ajoute une analyse beaucoup plus élaborée (*KM*, II, 28, p. 117.11-14) :

> Si nous supposons <maintenant> la division par deux du mobile, on dit que le moteur se meut sur une distance double dans un même temps – ou sur la <même> distance dans un temps moitié, et cela n'est pas correct, car dans le <cas du> moteur naturel, il n'est pas vrai que le moteur reste dans son état. Le mobile dans lequel il se trouve a été divisé par deux, et cela car la force naturelle est <elle-même> divisée par deux à cause de la division par deux du mobile dans lequel elle se trouve.

Abū al-Barakāt sous-entend donc qu'en l'absence de résistance du milieu, un mobile dont la masse est divisée par deux subit une force de gravité moitié (un moteur moitié) moindre, mais ce *mayl* étant lui-même conçu comme une « résistance à la mise en mouvement », il est aussi deux fois moins « résistant ». Au final, le résultat devrait donc être le même, les deux mobiles parcourant la même distance dans le même temps. Un tel raisonnement est d'ailleurs cohérent avec l'analyse faite par Abū al-Barakāt de la différence de vitesse et/ou de longueur parcourue par deux corps lancés vers le haut avec la même impulsion. La plus grande résistance à la mise en mouvement par le plus lourd est, pour lui, la preuve de la présence du *mayl* naturel dès le début du mouvement forcé. Il conclut donc son raisonnement par la possible égalité du temps de chute dans le vide, une perspective refusée catégoriquement par ses contemporains.

Cette position d'Abū al-Barakāt est une originalité de plus à mettre à son crédit : aucun autre philosophe ne semble l'avoir défendue, tant dans le monde oriental que latin. Certes, on trouve une évocation de cette question dans les dernières lignes du commentaire de Philopon sur le vide. Le Grammairien y admet l'égalité de temps de chute de corps de formes différentes (une balle et un objet plat de même poids) dans le vide, à *rhopè* égale. Mais, puisque ce qui a mis ces objets en mouvement « c'est seulement leur impulsion naturelle », il refuse cette égalité dans le cas d'inclinations différentes[20]. La *rhopè* de Philopon n'a pas, aussi clairement que le *mayl* d'Abū al-Barakāt, la double réalité de puissance et de résistance à la mise en mouvement. Nous avons aussi signalé que certains *mutakallimūn* soutenaient l'idée d'une égalité de temps de chute des corps dans le vide, mais à partir de considérations philosophiques tout à fait différentes, relevant d'une « métaphysique de l'atome » : puisque les indivisibles sont parfaitement identiques entre eux, l'inclination de chaque atome doit être identique.

La démarche d'Abū al-Barakāt s'appuie, elle, sur une analyse physique intégrant la double réalité de son *mayl*[21]. Par ce raisonnement, qu'il ne pousse malheureusement pas davantage, puisqu'on est au dernier chapitre de sa *Physique*, Abū al-Barakāt entrevoit cette possible égalité de temps de chute dans le vide, et en donne, à notre connaissance, la première explication physique. Cette thèse semble contredite dans d'autres passages du *Muʿtabar* où notre philosophe réaffirme que la « vitesse du mobile est d'abord en raison du moteur ». Elle n'en montre pas moins les audaces que permet cet espace vide, associé à la conception particulière du *mayl* d'Abū al-Barakāt.

Les variations de vitesse d'un même mobile

Plusieurs types de variations de vitesse sont évoqués par les philosophes arabes. Certaines sont étonnantes de nos jours, même si elles n'apparaissent qu'à la marge des commentaires : la flèche de l'archer dont tout le monde semble admettre qu'elle va plus vite et/ou qu'elle a plus de force à une certaine distance de l'arc plutôt que tout près, et la différence de vitesse, elle aussi admise par le plus grand nombre, entre un objet qui retombe après avoir été lancé en l'air, et celui qui est lâché directement depuis la même altitude, le premier étant plus lent que le second.

La première de ces variations, celle de la flèche, est traitée rapidement dans le chapitre 27, au détour de l'étude des différentes théories expliquant le mouvement forcé. Abū al-Barakāt se contente d'y recopier des passages entiers du *Šifāʾ* et n'y réinvestit aucune des innovations faites ailleurs.

Avicenne lui-même, lorsqu'il aborde ce sujet, expose les différentes théories en présence et ne semble pas d'un avis tranché. Il faut reconnaître que l'explication par la « force acquise » qu'il a défendue permettrait de justifier une vitesse plus grande au début, et un ralentissement ensuite, lorsqu'elle s'épuise sous l'effet du milieu. L'explication péripatéticienne qui consiste à admettre que l'air environnant la flèche est mis en mouvement plus facilement que la flèche elle-même, permet d'affirmer que l'air à mi-parcours étant raréfié, il aura une vitesse plus grande. A. Hasnaoui, qui présente un exposé détaillé de cette longue discussion[22], montre que « tout se passe comme si Avicenne ne croyait pas à la validité absolue de l'une ni de l'autre théorie[23] ». Cette théorie de l'air raréfié à mi-parcours aura, contre toute évidence expérimentale, une longue existence puisqu'on la retrouve sous la plume de Léonard de Vinci au XVIe siècle[24], alors que le maître italien avait admis, comme bon nombre de ses contemporains, une explication de la poursuite du mouvement violent à l'aide d'un *impeto* communiqué par le moteur.

Al-Baġdādī, qui, sur ces sujets annexes, est souvent d'une bien moins grande rigueur que son aîné, construit une explication *ad hoc* en affirmant (*KM*, II, 27, p. 114.19-21) :

> Parce que cette force apparaît dans <la flèche>, devient vigoureuse et s'empare de son mouvement dans le temps de son mouvement, de la même façon que les autres changements qui ont lieu dans un temps.

La seule innovation, par rapport à la tradition aristotélicienne tant grecque qu'arabe, réside dans l'analyse de la fin du mouvement, où, comme précédemment, Abū al-Barakāt invoque d'abord « l'éloignement de sa cause », puis la présence du *mayl* naturel dans le projectile et, de façon secondaire, la résistance du milieu.

Quant à la seconde variation, faussement constatée, entre un objet qui retombe après avoir été lancé en l'air, et celui qui est lâché directement depuis la même altitude, elle est analysée dans un texte ancien, attribué à Hipparque par Alexandre d'Aphrodise, et qui est rapporté par Simplicius dans son commentaire du *Traité du ciel*. Hipparque aurait écrit, dans son traité *Sur la chute des corps en raison de leur gravité* aujourd'hui perdu[25] :

> Lorsqu'un grave est jeté en l'air, la cause qui l'entraîne vers le haut est la force de projection tant qu'elle l'emporte sur la puissance du corps ; plus cette force projetante a de la vigueur, plus rapide est la montée. Mais quand elle diminue, il commence par ne pas se mouvoir aussi vite, et ensuite il redescend grâce à sa propre inclination, même s'il reste un peu de sa force ascensionnelle en lui ; et plus celle-ci diminue, plus il accélère jusqu'à atteindre sa plus grande vitesse lorsque cette force est épuisée.

Cette théorie rend donc déjà compte du ralentissement du mouvement ascendant par la compétition entre la « force de projection » et l'inclination naturelle du corps. Elle explique l'accélération moins importante de sa chute par la persistance, dans le corps, de la « force ascensionnelle » qui l'a projeté vers le haut. L'épuisement progressif de cette force provoque ensuite l'augmentation de la vitesse. Pour expliquer l'accélération d'un corps qui serait simplement lâché depuis le haut, sans revenir d'un mouvement montant, Hipparque ajoute que le corps « conserve un certain temps la puissance de ce qui le retenait [26] ». Alexandre d'Aphrodise, qui rapporte cette thèse, la conteste car si elle peut convenir pour « des corps auparavant en mouvement forcé », ou bien des corps « retenus par force dans un lieu opposé à leur nature », elle ne rend pas compte de l'augmentation de vitesse d'un « corps qui rejoint son lieu naturel en vertu de sa propre nature [27] ». Il propose une explication « plus raisonnable » à l'accélération de la chute d'un corps, qui aurait été retenu un certain temps en l'air, en considérant que « les choses se transforment en une nature contraire : de lourdes, elles deviennent légères », de sorte qu'une fois acquise cette légèreté provisoire, elles « se changent ensuite en direction de la première forme au cours de la descente », devenant ainsi de plus en plus lourdes et donc de plus en plus rapides [28]. Alexandre, toujours selon Simplicius, conclut ce passage en louant l'explication d'Aristote qui dit que la lourdeur (respectivement la légèreté) d'un corps augmente au fur et à mesure qu'il s'approche de son lieu naturel, c'est-à-dire qu'il prend possession de sa forme. Il est vraisemblable que ce texte d'Alexandre, comme de nombreux autres aujourd'hui perdus, a circulé en Orient.

S'il est probable que les philosophes arabes connaissent l'explication de l'accélération par Hipparque, celle-ci est incompatible avec les principes de la dynamique aristotélicienne qui ne laissent d'ailleurs pas beaucoup d'alternatives. Puisque la vitesse varie selon l'inclination naturelle du corps en chute, et à l'inverse de la résistance du milieu, soit la première augmente, soit la seconde diminue. C'est la première alternative qu'a défendue Aristote dans son *Traité du ciel*, où il affirme : « la terre se meut d'autant plus rapidement qu'elle est plus rapprochée du centre, et le feu qu'il est plus près du haut[29] ». L'accélération des graves serait donc due à l'augmentation de leur gravité, au fur et à mesure qu'ils se rapprochent du centre du monde. Nous savons par Simplicius que la seconde alternative a été explorée durant l'Antiquité. Elle met en avant le fait que l'épaisseur d'air, qui se trouve sous un corps, diminue au fur et à mesure qu'il se rapproche du sol. L'air devient donc « plus facile à traverser » et l'objet semble alors « plus pesant[30] ». À la Renaissance, Léonard de Vinci fournira une explication analogue à l'augmentation « apparente du poids des graves », alors même qu'il propose une loi d'évolution de la vitesse très élaborée affirmant que « la vitesse du mouvement d'un grave est proportionnelle à la durée de la chute[31] ». Mais les variations de vitesse, d'une manière générale, ne sont mentionnées dans la littérature médiévale que sous forme d'un constat de l'ordre des choses, qui sert de critère à la distinction des deux mondes, celui où les mouvements ont un terme et celui où ils sont éternels. Le mouvement naturel s'achève dans le lieu naturel et « toujours ce qui doit <par nature> s'arrêter est transporté de plus en plus vite » (*Phys.*, V, 6, 230b25-26).

Le passage où Abū al-Barakāt expose sa théorie de l'accélération des graves par une « accumulation de *mayl*-s » est donc d'une grande importance historique[32]. Cette thèse semble être la première théorisation de l'accélération dans le cas de la chute des graves qui n'utilise que des paramètres liés à la nature du mobile. Le *mayl* naturel, interne au corps, peut cumuler ses effets sur la vitesse tout au long de la chute. Ce *mayl* se distingue donc du *mayl* forcé qui voit, lui, ses effets diminuer, d'une part parce que, séparé de sa cause, il ne peut pas être renouvelé, d'autre part parce que le premier *mayl* l'épuise. Nous donnons une version de ce passage légèrement différente de celle de S. Pines (*KM*, II, 24, p. 101.7) :

> Alors tu vois que plus le commencement de sa chute libre est loin <du sol>, plus la fin de son mouvement est rapide et la puissance de son *mayl* grande et pour cela < l'objet> se casse et est pulvérisé, ce qui n'aurait pas lieu s'il était lâché sur une distance plus courte. Donc la variation de cela est expliquée par

la mesure de la longueur de la trajectoire qu'il emprunte. <Le *mayl* naturel> s'oppose au forcé qui est affaibli par la résistance du milieu traversé le long de sa trajectoire et cela parce que la cause du *mayl* et ce qui l'a produit résident dans la contrainte dont il est <maintenant> séparé. <Ce lanceur> ne <peut> pas créer dans lui un *mayl* après un autre qui compenserait la portion du *mayl* qui a été affaiblie par le milieu résistant. En revanche, le principe du *mayl* naturel est, lui, présent dans la pierre et il lui fournit un *mayl* après un autre. De la même façon, lorsque la balle s'approche de la fin de son mouvement après un coup, tu vois celui qui l'a lancée fournir un effort pour qu'un autre <coup> suive <le premier> afin qu'elle atteigne le but. Et si celui qui projette vers le haut pouvait en faire de même, il le ferait. Le principe du *mayl* naturel n'est pas séparé <du corps> et il ne cesse de contribuer jusqu'à ce que <le projectile> atteigne son lieu naturel. Tant qu'une force met en mouvement <un corps> dans une trajectoire étrangère à sa nature, elle produit un *mayl* après un <autre> et ainsi la force du *mayl* est augmentée par cela, tant que le mouvement continue. Nous disons de cela que c'est une vérité raisonnable [...]

Nous avons commenté cette image d'un joueur poussant par à-coups sa balle pour qu'elle poursuive son mouvement (sans doute horizontal). Chaque coup qu'il donne compense l'incrément de *mayl* perdu par la balle en roulant sur le sol. Mais cette compensation ne peut se faire lorsque la balle monte en l'air et que son *mayl* forcé s'épuise sous l'effet du *mayl* naturel qui « n'est pas séparé du corps ». Sur chaque intervalle de temps, le *mayl* naturel lui retire un incrément de « vigueur ». Il prend donc des valeurs successives M, M-m_1, puis M-m_1-m_2..., « jusqu'à ce qu'il soit incapable de résister au *mayl* naturel », c'est-à-dire jusqu'à être à égalité avec P, le poids du corps, au sommet de la trajectoire (*KM*, II, 24, p. 100.13).

Le continuum (M-P) s'annule mais M continue de diminuer de la même façon au début du mouvement descendant, jusqu'à s'annuler. Le mobile tombe sous l'effet de sa gravité naturelle P qui acquiert, au bout d'une brève durée, un incrément de *mayl* p_1 qui s'ajoute à cette gravité. Le mobile tombe dans un deuxième temps plus vite que dans le premier ; mais il acquiert alors un deuxième incrément de *mayl* qui s'ajoute à P + p_1, pour donner P + p_1 + p_2 et ainsi de suite, augmentant ainsi « la force du *mayl* ».

Une telle thèse a peut-être été inspirée par Avicenne. Nous avons vu qu'il explique qu'un morceau de terre, lors de sa chute, « voit son *mayl* s'intensifier pour <atteindre> l'arrêt[33] ». A. Hasnaoui observe que ce n'est pas vraiment une augmentation de gravité qui est invoquée pour expliquer cette accélération, mais une variation de la cause du mouvement qui inclut à la fois la nature du grave et sa position dans l'espace[34], puisque la corporéité de ce morceau de terre ne change pas au cours de la chute. Une thèse plus élaborée est signalée par le même auteur dans un passage de *La génération et la corruption*. Avicenne y expose une idée qui s'approche de celle d'une sommation de *mayl*-s en comparant le *mayl* naturel à une puissance chauffante afin de rendre compte de l'intensification du mouvement. La chaleur agit à la manière « dont le *mayl* naturel produit un *mayl* après un *mayl*, par voie d'intensification[35] ». Le *mayl*, comme la chaleur, agit en fonction de sa nature et agit sur toute la durée du mouvement. Le corps qui a déjà acquis un certain degré de vitesse est plus apte à recevoir un *mayl*, c'est-à-dire un degré de vitesse plus intense tant qu'il n'y a pas d'obstacle à cette puissance. Mais en dehors de cette brève remarque, on ne trouve pas, dans les propos d'Avicenne, de théorie rendant compte de la variation de vitesse de façon générale comme elle est développée dans le chapitre 24 du *Muʿtabar*[36].

La construction du continuum permet au partisan du vide qu'est Abū al-Barakāt de rendre internes au mobile les causes de la variation de sa vitesse, et d'unifier accélération et décélération, formant ainsi la première théorie globale et cohérente dans le monde médiéval, de ces variations de vitesse. Nous allons maintenant essayer d'en mesurer la portée.

Les ruptures introduites

L'innovation majeure de la dynamique d'Abū al-Barakāt, qui avait en partie échappé à la sagacité de S. Pines, réside dans cette unité reconstruite entre le mouvement montant et le mouvement descendant. En s'opposant à la disjonction des deux mouvements opérée par les aristotéliciens, Abū al-Barakāt assigne au continuum, que forme la compétition entre les deux *mayl*-s, un effet continu de modification de la vitesse du mobile.

En associant le mouvement continu de la main au mouvement alternatif du fil à plomb, Abū al-Barakāt interroge la notion de contraire et, en retour, l'opposition classique entre le mouvement circulaire, supposé ne pas en admettre, et le mouvement rectiligne du monde sublunaire. Cette distinction, qui justifie à elle seule que les cieux ne soient pas soumis à la génération ni à la corruption, est un pilier de la cosmologie aristotélicienne. G. Saliba remarque qu'après Abū al-Barakāt, l'astronome et mathématicien Naṣīr al-Dīn al-Ṭūsī (m. 1274), avec son théorème connu sous le nom de « couple de Ṭūsī », va à son tour s'affranchir de ce dogme en décrivant la production d'un mouvement linéaire d'oscillation comme le résultat d'un mouvement circulaire[37]. Si les conséquences philosophiques d'une telle innovation n'ont pas été poussées plus loin par l'astronome, elles ont été commentées un demi-siècle plus tard par son élève, Quṭb al-Dīn al-Šīrāzī (m. 1311), qui a vu dans la correspondance entre les deux mouvements mis en jeu par le « couple de Ṭūsī », la preuve définitive de l'absence de repos entre les mouvements contraires[38].

L'interprétation du mouvement du projectile reconstruite par Abū al-Barakāt introduit en outre, de façon nouvelle dans l'histoire de la physique, une séparation des concepts de force et de vitesse que la fameuse « loi d'Aristote » identifiait l'un à l'autre. Cette force, assimilée à une cause, n'est bien sûr pas à entendre au sens de la physique moderne ; mais il devient possible qu'un mobile ait une vitesse vers le haut, tout en ayant, à l'intérieur de lui-même, une inclination à aller vers le bas. Une telle situation est impensable dans la causalité aristotélicienne et contredit le postulat selon lequel la cause des privations devrait résider dans la privation des causes.

Enfin, l'autre innovation contenue dans le long extrait que nous avons cité réside dans le paramètre physique retenu pour évaluer les effets du *mayl* naturel : la hauteur de chute. « Plus le commencement de <celle-ci> est loin du sol, plus la fin du mouvement est rapide ». Une telle relation de proportionnalité, entre la vitesse et la distance déjà parcourue, débouche, nous le savons aujourd'hui, sur une évolution exponentielle de la distance parcourue en fonction du temps, au lieu de la solution parabolique obtenue en posant une proportionnalité de la vitesse au temps[39]. Mais elle délivre l'analyse du mouvement de sa cause finale : le paramètre qui gouverne le mouvement dépend de son passé (la distance x parcourue depuis qu'il a été lâché), et non plus de son avenir. Il est, en outre, une extension géométrique mesurable.

On peut le mettre en parallèle avec l'éloignement de la main du lanceur pendant le mouvement ascendant qui rend compte du ralentissement ; nous avons vu cependant que cet éloignement semble davantage fonctionner comme une explication causale, plutôt qu'en simple paramètre.

La « loi » d'Abū al-Barakāt de l'accélération des graves n'affirme cependant pas qu'une force constante produit une accélération uniforme, ce qui est l'un des énoncés possibles du deuxième principe de Newton. Cette « force » qui fait tomber naturellement les corps n'a rien à voir avec la force de gravitation telle qu'on la définira au XVIIe siècle ; elle fonctionne comme une relation de la partie au Tout. De même, le concept de vitesse est exempt de toute définition algorithmique ressemblant de près ou de loin à celle que nous admettons aujourd'hui. Deux autres raisons importantes s'opposent à ce raccourci :

- La première est que la force, ou ce qui la préfigure, n'est pas vraiment constante ; le détour imaginé pour rendre compte de l'accélération est cette accumulation de *mayl*-s qui provoque l'augmentation de la vitesse, même si la gravité du corps à proprement parler est constante. L'accumulation de *mayl*-s semble bien correspondre à une augmentation de la « force » ou de la cause du mouvement. De même pour la décélération, l'effet du *mayl* naturel est bien de diminuer le forcé et donc de diminuer le « moteur » du mouvement vers le haut.
- La seconde raison est intimement liée à la première car elle réside dans le fait que ces incréments de *mayl* (que nous avons notés m_1, m_2... ou p_1, p_2...) ne sont sans doute pas égaux entre eux, comme l'impliquerait un accroissement constant.

Un détour par l'analyse que fit René Descartes en 1629 de cette augmentation de la vitesse des graves, permet de mieux comprendre ce qui les distingue. Dans une lettre à Pierre Mersenne, celui-ci expose ainsi sa théorie[40] :

> [...] au premier moment, la gravité imprime une vitesse qui est comme un ; au second moment, la même gravité imprime de nouveau une vitesse qui est comme un, etc. Mais un du premier moment et un du second font deux, et un du troisième font trois ; et ainsi la vitesse croît en progression arithmétique. Il me semble que cette vérité est suffisamment prouvée par le

fait que la gravité agit perpétuellement sur le corps en lequel elle se rencontre; la gravité ne peut agir sur le corps qu'elle ne le pousse sans cesse vers le bas.

Descartes pense, comme Abū al-Barakāt, que la gravité agit en permanence dans le mobile. Mais s'il peut ainsi affirmer que les incréments de vitesse sont en progression arithmétique c'est, comme nous allons le voir avec la suite de ce passage, parce qu'il a en tête le principe d'inertie dont il est le premier à avoir donné une formulation complète. Il propose alors une audacieuse expérience de pensée, nécessitant certes une assistance divine, mais qui n'en est pas moins éclairante[41] :

> Supposons par exemple, qu'une masse de plomb tombe sous l'action de la gravité, et, après qu'elle a commencé à tomber pendant un premier moment, supposons que Dieu enlève à ce plomb toute gravité... : cette masse continuerait néanmoins à se mouvoir, du moins dans le vide, mais sa vitesse n'irait pas en croissant. Si au bout d'un certain temps, Dieu rendait la gravité à ce plomb, mais pendant un moment seulement, pour la lui retirer de nouveau aussitôt ce moment écoulé; n'est-il pas vrai que, pendant ce second moment, la force de gravité donnerait au plomb exactement la même impulsion qu'au premier moment, en sorte que la vitesse du mouvement se trouverait doublée? On pourrait en dire autant des moments qui suivront.

Descartes suppose donc que le mobile, partant du repos, acquiert sous l'effet de son poids une première vitesse sur un intervalle de temps Δt_1. Puis il « éteint la gravité » à l'aide d'un interrupteur imaginaire pendant l'intervalle de temps Δt_2 qui suit. Le mobile poursuit sa chute, mais avec une vitesse uniforme cette fois, celle qu'il a acquise juste avant cette extinction, et cela en raison du principe d'inertie: « un corps qui ne subit aucune force persévère dans son mouvement rectiligne uniforme ». En basculant à nouveau l'interrupteur, on ajoute, à cette vitesse acquise, une autre vitesse égale à celle qu'il avait pu atteindre en partant de la vitesse nulle sur le premier intervalle de temps.

Pour affirmer l'égalité des incréments de *mayl*, responsables directs des incréments de vitesse, il aurait donc fallu à Abū al-Barakāt une claire conscience de la poursuite d'un mouvement rectiligne et uniforme en l'absence de ce *mayl*, ce qui n'est bien évidemment pas le cas. Et c'est justement parce qu'il n'en a pas conscience qu'il est obligé de renforcer le *mayl* pour renforcer la vitesse. Une ambiguïté persiste d'ailleurs au niveau du langage dans tous les passages concernés entre le *mayl* « force motrice » et la vitesse acquise : on ne sait pas vraiment lequel renforce l'autre, mais il semble bien que la vitesse acquise renforce le *mayl* naturel et ce renforcement est, à son tour, responsable de l'accroissement de la vitesse.

S. Pines puis C. Sirat, en créditant Abū al-Barakāt d'une loi formulée ainsi : « une force constante, engendre un mouvement accéléré[42] », nous semblent aller un peu vite en besogne car cette force n'est pas constante même si ce que nous appelons aujourd'hui le poids (constant sur une faible distance) du corps en est l'origine. De plus, al-Baġdādī n'imagine pas un instant, pas plus qu'Avicenne, qu'en l'absence de force, le mouvement puisse rester constant. Le même S. Pines avait regretté l'abandon par Abū al-Barakāt « de la conception si importante d'Avicenne qui pose la persistance indéfinie d'un mouvement sans obstacle[43] », en négligeant le fait que l'ineptie d'une telle persistance, pour le philosophe de Boukhara, constituait la preuve absolue de l'impossibilité du vide.

Nous reviendrons, dans la conclusion de cette étude, sur l'opacité que peut produire, dans la recherche en histoire des sciences, la quête systématique de certains invariants, isolés de leur corpus philosophique et scientifique. Cette lunette déformante a empêché S. Pines de lire le véritable geste créateur produit ici par al-Baġdādī, malgré l'érudition et l'ampleur de ses travaux. Ce geste réside, redisons-le, dans l'unification des deux mouvements contraires par un continuum responsable des variations de sa vitesse, autorisant un passage à la limite en haut de la trajectoire, là où la vitesse est nulle en un seul instant.

Cette physique n'a plus recours au milieu pour expliquer la persistance d'un mouvement violent ni pour expliquer sa terminaison. L'espace tridimensionnel vide permet de placer les causes du mouvement et celles de sa variation à l'intérieur des corps. La reconstruction théorique qu'elle propose abandonne l'exigence que tout mouvement soit une transition entre deux contraires. Abū al-Barakāt ne formalise pas de façon générale ce renoncement, mais il propose un continuum qui, de fait, l'engage sur une voie radicalement différente. Cette description l'amène à isoler des paramètres relevant de ce que l'on nomme aujourd'hui les conditions initiales du mouvement. Une telle démarche ouvre la voie à une physique prédictive puisque l'on peut imaginer, partant de ces conditions initiales, la recherche de « lois » permettant de comparer des mouvements avant qu'ils n'aient lieu. Elle consacre une rupture radicale avec une science descriptive de l'ordre du monde.

---

1. Voir l'étude complète de cette théorie par Waschkies, 1988.
2. Les termes en arabe, *taqābul* et *taḍādd*, sont précisés dans le glossaire, n° 3.
3. Aristote dit dans le *Traité du ciel* (I, 8, 277a24, p. 38) : « Même dans le mouvement circulaire, il y a une certaine opposition entre les extrémités du diamètre, bien que le mouvement pris dans la totalité, n'ait aucun contraire. »
4. Aristote, *Métaphysique*, 10, p. 186.
5. Rashed R., 1998.
6. Ibn al-Qifṭī, *Tārīḫ al-ḥukama'*, p. 195.
7. Le biographe Ibn al-Nadīm (*Fihrist*, I, p. 263), cité par Régis Morelon (1988, p. 42), signale qu'un *mutakallim* contemporain de Ṯābit lui aurait adressé un traité réfutant cette contestation.
8. Ce passage est aussi commenté par Shlomo Pines (1937-38, *in* Stroumsa, 2000b, p. 68, n. 3).
9. Blay, 2010, p. 37.
10. Galilée, *Il Saggiatore*, p. 25.4-8, consulté le 24/09/14, http://gallica.bnf.fr/ark:/12148/bpt6k512672/F39.image
11. Châtelet, 1993, p. 35.
12. Souffrin, 1997.
13. Rashed R., 2006, I.
14. Rashed R., 2006, I, p. 207.
15. Mesure de grain.
16. Blay, 1990, p. 125.
17. Morelon, 1987, p. LXXVI-LXXVII.
18. Pines, 1937-38, *in* Stroumsa, 2000b, p. 54.
19. Pines, 1937-38, *in* Stroumsa, 2000b, p. 18.
20. Philopon, « Corollary on Void », 695,1-6, p. 73.
21. Cette double réalité est déjà contenue dans la définition d'Avicenne.
22. Hasnaoui, 1984, p. 109-112.
23. Hasnaoui, 1984, p. 111.
24. Cité par Duhem, 1904, p. 869.
25. Simplicius, *On Aristotle On the Heavens*, I, 8, p. 87, (264,25)-(265,3).
26. Simplicius, *On Aristotle On the Heavens*, I, 8, p. 87, (265,4-5).
27. Simplicius, *On Aristotle On the Heavens*, I, 8, p. 87, (265,7-9).
28. Simplicius, *On Aristotle On the Heavens*, I, 8, p. 87-88, (265,9-17).

29. Aristote, *Traité du ciel*, I, 8, p. 38, 277a28-30.
30. Simplicius, *On Aristotle On the Heavens*, I, 8, p. 88, (266,7).
31. Cité par Duhem, 1904, p. 872.
32. Shlomo Pines l'avait d'ailleurs relevé en son temps (1937-38, *in* Stroumsa, 2000b, p. 73).
33. Avicenne, « *Al-Mubāḥaṯāt* », § 190, p. 160.
34. Hasnaoui, 1984, p. 115.
35. Ce passage est extrait du *Šifā'*, *al-Kawn wa-l-fasād*, p. 177.10-14.
36. Il annonce cependant qu'il a développé cette théorie dans un autre écrit mais celui-ci, précise Ahmed Hasnaoui (1984, p. 116), ne nous est pas parvenu.
37. Saliba, 2004, p. 264-265.
38. Al-Šīrāzī, *Nihāyat al-idrāk*, ms. Köprülü 957, fol. 47v-48r, cité par Saliba, 2004, p. 266.
39. En appelant x cette distance, et en posant k constante de proportionnalité, la solution de l'équation différentielle $v = dx / dt = k.\ x$ est du type $x = exp\ (k.t)$, alors que celle de l'équation $v = dx / dt = k.t$ est du type $x = \frac{1}{2} k.t^2$.
40. Descartes, « Lettre à Mersenne du 18 décembre 1629 », p. 89.
41. Descartes, « Lettre à Mersenne du 18 décembre 1629 », p. 89.
42. Pines, 1937-38, *in* Stroumsa, 2000b, p. 73-74 ; Sirat, 1983, p. 162.
43. Pines, 1937-38, *in* Stroumsa, 2000b, p. 65.

Chapitre v

Système du monde

Il est difficile, dans la seule *Physique* d'Abū al-Barakāt, de cerner la totalité des choix philosophiques et scientifiques qui l'ont guidé dans cet ouvrage et lui ont permis de bousculer la dynamique des projectiles, ainsi que les concepts d'espace et de temps. Comme on pouvait s'y attendre, son système du monde, c'est-à-dire l'ensemble des thèses formant sa cosmologie, s'écarte de manière significative de celui de la tradition philosophique. L'analyse de sa *Physique* associée à celle du *Traité du ciel* révèle, dans ce domaine, des réponses audacieuses bien avant la révolution scientifique galiléenne. Leur mise en évidence donne à relire l'histoire de la discipline qui néglige encore cet apport.

Cette cinquième partie explore les questions de l'infini, de la composition des cieux, de leurs mouvements, pour essayer d'évaluer la portée des innovations introduites. Nous donnerons aussi un aperçu de la théorie de la connaissance qui est à l'œuvre dans ces pages.

Les questions de l'infini

Avec le chapitre 19, Abū al-Barakāt ouvre le débat sur la question de l'infini, ou plutôt des infinis, qu'il développera dans les trois chapitres qui suivent. S. Pines, dans ses *Études*, en avait analysé les grandes lignes, essentiellement sur les questions de l'espace. Nous fournissons ici d'autres extraits pour illustrer ce panorama, ainsi que les éclairages portés par des recherches plus récentes.

Après avoir rappelé qu'Aristote avait admis l'infini pour le temps et les mouvements, qui n'ont selon lui ni commencement ni fin, mais pas pour

Notes pages 223-226

le lieu, qui est clos par la sphère des étoiles fixes, Abū al-Barakāt entreprend de définir l'infini. Il commence par rappeler que la fin d'une droite est un point, la fin d'une surface une ligne et la fin d'un volume une surface, sauf que la surface qui est la limite d'un volume a elle-même une étendue, qui peut être finie dans l'existence et dans l'imagination comme ne pas être finie. Il définit ensuite l'infini pour un corps ou un objet géométrique par le fait que celui-ci « ne s'anéantit pas au sens où <usuellement> nous percevons cette fin » (*KM*, II, 19, p. 82.4-5).

Une telle définition fait figure de lapalissade, mais elle est immédiatement suivie de la précision des modes de perception qui permettent de juger de cet « anéantissement » ou de son contraire ; il cite la perception sensible (*ḥiss*), l'entendement (*idrāk*), et aussi la conjecture (*farḍ*) (*KM*, II, 19, p. 82.5.6). On peut donc se représenter cet infini dans les domaines de l'étendue, de la durée, du nombre, et de l'intensité (*KM*, II, 19, p. 82.6-7). Le long extrait qui suit est présenté comme un exposé des thèses en présence, mais il contient déjà des partis pris qui nous semblent intéressants à relever (*KM*, II, 19, p. 82.8-21) :

> Quant à l'étendue, comme celui qui a <parlé d'infini> à propos du lieu qui peut être le vide, ou à propos du plein, on est convaincu de l'existence d'un vide infini. Dans <ce vide>, il y a le ciel et les corps que l'on connaît et ces corps continuent d'exister dans ce qui n'a pas de fin ni de terminaison. Quant à la durée, c'est-à-dire au temps, on est convaincu qu'il n'y a pas eu, dans le passé, un jour qui était le premier jour, un jour qu'aucun temps n'aurait précédé. Au contraire, dès que l'on suppose qu'un jour est le premier, on <peut> en supposer un autre avant, et un autre encore avant, et ainsi de suite quoique l'on imagine, se représente, conjecture ou dise. Il en est de même pour le <temps> à venir qui ne s'achève pas par un jour qui serait le dernier, un jour après lequel il n'y aurait pas de temps. Quant au nombre (*ʿidda*), on imagine l'existence des dénombrés (*maʿdūdāt*) d'un genre ou de genres qui surviennent soit dans l'existence, soit dans l'imagination, et ils n'ont pas de fin ni d'anéantissement. Au contraire, chaque fois que celui qui dénombre s'arrête à une chose, il trouve après elle des choses à compter et ainsi de suite. Quant à l'intensité, on imagine cela pour les puissances en acte comme une chaleur de plus en plus forte, une froideur de plus en plus intense ou une force de plus en plus puissante, selon que sa durée est infinie, ou bien son nombre, ou encore son intensité. La vitesse pour les

mouvements est de cette sorte. Concernant l'infini dans l'étendue, certains en ont parlé dont celui qui a dit que cela relève des vérités fondamentales évidentes que l'esprit ne parvient pas à rejeter, même par l'imagination ; et on ne peut pas juger de ce que l'on n'imagine pas. Or nous n'imaginons pas l'interruption de l'étendue lointaine de sorte qu'elle finirait par une limite au-delà de laquelle il n'y aurait plus d'étendue, ni de vide, ni de plein.

Nous allons commenter, partie par partie, ce long extrait et les développements qu'il reçoit dans la suite de l'ouvrage. À l'issue de cette présentation de tous les infinis possibles, Abū al-Barakāt va retenir l'infini selon le temps comme on pouvait s'y attendre, plus généralement celui des grandeurs (les extensions spatiale et temporelle), celui des nombres, enfin pour les puissances, il soutient l'infini possible en durée, mais pas en intensité. Nous n'avons pas trouvé mention, chez un autre auteur de cette période, de telles audaces rassemblées dans un corpus scientifique. Si les théories de notre philosophe souffrent parfois de quelques contradictions, comme nous l'avons vu pour les principes du mouvement, ces nouvelles affirmations dessinent une approche globale, qui modifie radicalement le cadre de la physique.

L'infini pour les puissances

Dans le chapitre 22, l'infini pour les puissances est évoqué brièvement. Il peut s'agir d'un infini selon l'intensité (la chaleur d'un fer chauffé à blanc est plus intense que celle de l'eau), selon le nombre (un ou dix hommes qui soulèvent quelque chose), ou selon la durée pendant laquelle elle s'exerce. La durée ayant une borne inférieure qui est l'instant, « la puissance en acte des corps finis ne peut pas être infinie en intensité » (*KM*, II, 22, p. 91.2). En effet, plus la puissance d'un corps est grande, plus le mouvement qui actualise cette puissance va se faire en un temps court, toutes choses égales par ailleurs. Plus la puissance augmente, plus la vitesse du changement va augmenter et le temps de celui-ci va tendre vers zéro. Or le temps d'un mouvement ne peut être nul en vertu de sa définition même, donc la puissance ne peut être infinie. Notons que ce raisonnement reprend à son compte – certes avec des exemples portant sur les changements selon la qualité – la proportionnalité qu'Aristote avait établie entre la vitesse d'un changement et la puissance qui le provoque[1], proportionnalité qu'Abū al-Barakāt a contestée dans sa démonstration de l'existence du vide.

En revanche, la puissance qui agit dans les corps peut agir sur une durée infinie si cette puissance n'est pas corporelle. On pense bien sûr, même si ce n'est pas explicité à cet endroit, à celle qui pourrait faire tourner la huitième sphère, celle des étoiles fixes. Les commentaires, à propos de ce point d'exégèse, sont très nombreux dans le monde arabe. Abū al-Barakāt est loin d'en développer à cet endroit tous les tenants et aboutissants. Aristote avait posé comme principe fondamental qu'un corps fini ne peut avoir une puissance infinie, ce qui lui permettait d'en déduire que le mouvement éternel des sphères ne peut être dû à un moteur fini, ou plutôt à un moteur localisé dans les objets finis que sont les sphères. Le Premier Moteur était donc incorporel. Proclus avait étendu ce principe à l'existence même des sphères qui ne pouvait être due qu'à un être incorporel. Philopon, quelques siècles plus tard, s'est saisi de cette idée pour en faire une des preuves de la Création : puisque les sphères et le reste du monde physique ne peuvent exister éternellement par la vertu d'une puissance qui serait contenue par les sphères, le monde physique peut donc ne pas exister. Averroès puis Crescas[2] ont réfuté la position du philosophe chrétien en introduisant la distinction entre une puissance infinie par l'intensité et une puissance infinie par la continuité[3]. Une telle distinction semble déjà en germe dans les propos d'al-Baġdādī mais nous ne pouvons en dire davantage, faute de développement de sa part.

L'infini des nombres

La question de l'infini selon le nombre est peu développée dans ces chapitres mais d'ores et déjà, on lit, dans le long extrait que nous avons reproduit, qu'Abū al-Barakāt ne reprend pas à son compte la nuance faite par le Stagirite entre le nombre infini en puissance et celui en acte, distinction permettant d'admettre l'infini du temps et donc celui du « nombre du mouvement » uniquement parce qu'il ne serait « qu'un infini en devenir » (*Phys.*, III, 7, 207b14). Abū al-Barakāt ne fait cette distinction qu'à propos de l'infini spatial, et seulement dans son *Traité du ciel.* Il affirme ici un infini qui semble bien en acte, un infini de principe, lié à la démarche de dénombrement de celui qui compte les choses.

Une telle affirmation est très rare dans le monde des philosophes médiévaux et bien au-delà. L'exception notable est, encore une fois, celle du mathématicien Ṯābit ibn Qurra, dont les opinions à ce sujet nous sont parvenues au travers des réponses données à son disciple[4]. T. Levy, dans un ouvrage consacré à ces questions, présente les avancées de celui qui semble être le premier, dans l'histoire de cette science, à avoir ébauché « une véritable arithmétique de l'infini ». Ṯābit affirme « clairement un infinitisme de principe », et la défense « d'une conception du nombre et des figures géométriques qui rompt radicalement avec les dogmes aristotéliciens[5] ». Il n'hésite pas, par exemple, à affirmer que « les nombres qui ont un tiers (les multiples de trois) sont infinis et ils constituent le tiers du nombre dans sa totalité ». Concernant le nombre, il distingue le « nombrant » (*ʿadad*) du « nombré » (*ʿidda*[6]), considérant que le nombre dans les choses concrètes n'est pas « un état inhérent à la chose nombrée en tant qu'il serait conservé dans l'âme[7] ». Le nombre abstrait existe puisque tous ceux qui dénombrent une même collection arrivent à un même total. Nous avons pris soin de translittérer les mots utilisés par Abū al-Barakāt, car son approche nous semble assez voisine de celle de Ṯābit, lorsqu'il distingue les nombrés de la démarche de dénombrement « de celui qui compte », démarche qui peut se poursuivre *ad infinitum*.

M. Rashed, dans son propre commentaire des réponses de Ṯābit, analyse la posture de celui-ci comme relevant d'un platonisme mathématique. L'existence de l'infini actuel, pour des objets comme les nombres, réside dans le fait « qu'ils sont tous des structures parfaitement intelligibles et atteignables par la démonstration », que l'activité du mathématicien « se borne à découvrir[8] ». Il est fort possible que les travaux de ce sabéen de Ḥarrān (en Turquie actuelle), qui a migré avec bon nombre d'autres savants vers Bagdad à l'appel du calife al-Maʾmūn, aient été connus d'al-Baġdādī, car nous savons qu'ils faisaient l'objet d'âpres discussions[9]. Nous avons d'ailleurs signalé qu'il était peut-être le précurseur de la réfutation de la *quies media* dans le monde arabe et l'auteur d'une ingénieuse approche de la notion de vitesse instantanée. Nous ne pouvons en dire davantage en l'absence de références plus précises dans le *Muʿtabar*.

L'infini spatial

Concernant l'espace, Abū al-Barakāt prend radicalement position contre l'affirmation non moins radicale d'Aristote qui soutenait qu'« aucune grandeur n'est infinie » et qu'il est impossible que toute grandeur puisse être dépassée, car alors « il y aurait quelque chose de plus grand que le ciel » (*Phys.*, III, 7, 207b20).

Nous avons déjà commenté le combat mené par al-Baġdādī, dans ses chapitres sur le vide, contre les amalgames d'Avicenne et des aristotéliciens qui assimilent la défense du vide à celle de l'infini. En dissociant les deux notions, Abū al-Barakāt avait pu démontrer la possibilité du vide sans prendre position sur l'infini. Il va maintenant pouvoir argumenter positivement pour démontrer que l'espace tridimensionnel, qui possède une grandeur sans être pour autant un corps, peut être infini. Notons que dans cette démarche, il se démarque d'Abū Bakr al-Rāzī qui a peut-être inspiré ses thèses sur le temps et l'espace absolus mais qui refusait l'infini pour le second; il se démarque aussi de Jean Philopon, qui avait certes promu l'espace tridimensionnel contre le lieu-surface d'Aristote, mais qui, dans son attaque contre l'éternité du monde, avait « amalgamé » les deux infinis (temps et espace), en les réfutant l'un comme l'autre.

Pour autant que l'on puisse en juger, Abū al-Barakāt ne conteste pas les arguments de ces deux philosophes, mais ceux des aristotéliciens, en particulier ceux brillamment développés par Avicenne dans son *Šifā'*. Nous avons exposé, dans l'étude sur le vide, la critique à l'encontre de la démonstration avicennienne infirmant la possibilité du mouvement circulaire dans le vide infini, ainsi que celle des démonstrations analogues d'Aristote dans son *Traité du ciel*[10]. Al-Baġdādī conteste ici une autre démonstration d'Avicenne qui formule de façon géométrique le refus de l'infini en acte, plus précisément le refus « qu'il existe un corps, une grandeur, ou un nombre ordonné qui soient infinis ». Nous reprenons ici l'analyse que fait T. Levy de cette démonstration[11] telle qu'elle figure dans le *Šifā'*[12] et dans le *Naǧāt*[13] (un résumé du *Šifā'* rédigé postérieurement[14]).

Elle consiste à imaginer une ligne (appelée demi-droite aujourd'hui) finie en A et infinie en B, puis un point G que l'on place sur AB. Le segment AG est fini, tout en étant une partie de AB infini. AB et GB sont toutes deux infinies, « du côté de B » :

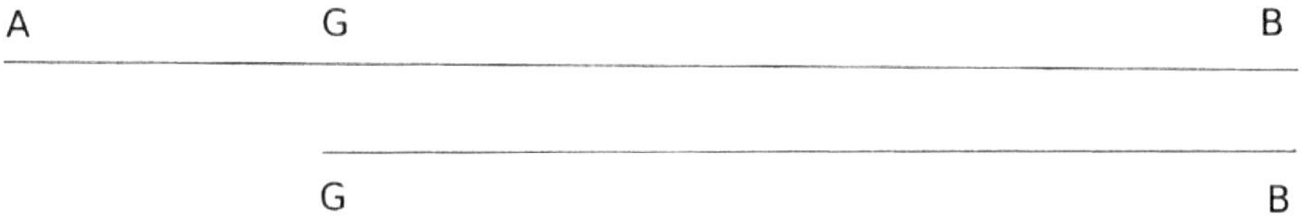

Avicenne va ensuite comparer ces deux demi-droites en les mettant « en correspondance » ou en « application » (*inṭibāq*), c'est-à-dire en faisant coïncider les points A de AB avec G de GB. Puis il pose la question : coïncident-elles jusqu'à l'infini ? Si on dit que GB coïncide avec AB à l'infini sachant que GB est une partie de AB, alors le tout et la partie coïncident, ce qui est absurde. Si on dit que GB est plus petit que AB du côté de B (puisque les deux lignes coïncident par leurs points initiaux A et G), d'une longueur finie AG, alors GB est fini, et comme l'excès AG est fini, AB est aussi fini. La conclusion étant en contradiction avec les hypothèses, on en conclut que « le nombre ordonné existant en acte est fini [15] ».

L'implicite de cette démonstration et des compléments faits dans le *Naǧāt*, relève T. Levy, c'est « qu'une grandeur infinie en acte, pour autant qu'on puisse se l'imaginer, ne peut être modifiée par addition ou soustraction », avec un corollaire non formulé, « une grandeur strictement plus petite qu'une grandeur infinie est nécessairement finie ». Ce traitement mathématique, par « application » d'un objet géométrique à un autre, est tout à fait novateur. Mais il ne convainc pourtant pas Abū al-Barakāt qui, après avoir cité les arguments d'Avicenne, lui reproche justement de transporter (c'est ainsi qu'il visualise l'application) la ligne infinie GB sur AB (*KM*, II, 20, p. 85.14-16) :

> Mais l'esprit ne peut pas se représenter le mouvement d'application de la ligne dont l'extrémité est coupée (GB) sur l'autre (AB), si ce n'est en se représentant <cette ligne> comme finie et son autre terminaison (B) se déplaçant en bloc avec la première extrémité (G) ou <en s'imaginant> qu'elle augmente et s'agrandit. Or GB est dans son emplacement, elle ne s'est pas déplacée, et la preuve n'est pas établie.

Abū al-Barakāt relève ici que l'opération mentale faite par Avicenne, pour appliquer les deux lignes l'une à l'autre, suppose que le déplacement d'un objet infini procède d'une opération identique à celui d'un objet fini. Il suppose donc que ce déplacement de la ligne GB, en « la prenant par l'extrémité G » va provoquer une translation, selon la même distance, de son autre extrémité qui justement n'en est pas une, puisqu'elle est infinie. On pourrait tout aussi bien s'imaginer qu'en « tirant » ainsi sur G, on « agrandisse » GB, et donc qu'elle coïncide avec AB. Cette dernière remarque suggère qu'al-Baġdādī admet que l'infini est ce qui n'est pas modifié par addition ou soustraction, une idée qui était déjà en germe dans les travaux de certains théologiens à Bassora au xe siècle.

Il refuse en tout cas que l'on réalise cette « application » sur un objet infini en considérant qu'il a, comme un objet fini, une extrémité. Comme nous l'avons vu dans la démonstration concernant le mouvement impossible dans le vide, al-Baġdādī refuse que l'on applique à l'infini des opérations mentales établies pour le fini.

Il passe ensuite à l'offensive et aborde sa propre thèse à l'aide du célèbre exemple de la flèche lancée vers la limite supposée du monde[16], exemple qui sera aussi celui utilisé par Giordano Bruno quatre siècles plus tard (*KM*, II, 20, p. 86.24-87.6) :

> Si la flèche lancée traverse le ciel en direction de sa limite, va-t-elle traverser ce qu'il y a derrière ou pas ? Si tu dis qu'on imagine qu'elle traverse et qu'elle poursuit au-delà de cette surface vers une certaine limite, alors tu dis que le vide existe ou bien un autre corps, extérieur au ciel. Si on te dit qu'elle ne traverse pas, est-ce en raison de la solidité du corps traversé qui est le corps du ciel ou parce que la force a été diminuée par lui ? […] alors cet empêchement derrière le ciel est bien le plein solide qui résiste, et s'il n'empêche pas, alors il est le vide et tu ne peux pas <dire> en même temps qu'il empêche et qu'il n'empêche pas.

Fustigeant ceux dont « la raison ne fait pas confiance à la recherche scientifique », Abū al-Barakāt repart à l'attaque contre celui – Avicenne à n'en pas douter – qui refuse d'imaginer le vide et de définir le lieu comme « ce qui a les choses en lui ». Sa démonstration ne débouche pas sur l'affirmation d'un infini en acte mais plutôt sur l'idée qu'aucune finitude ne peut être imposée à l'espace tridimensionnel. Nous avons déjà signalé qu'il précise dans son

Traité du ciel que cet infini est potentiel, dans le chapitre où il s'est attelé à démontrer que le mouvement circulaire n'est soumis ni au changement, ni à la corruption. Les sphères n'admettent donc pas de contraire et plongent dans un infini « qui n'existe pas en acte alors que les contraires existent en acte » (*KM*, III, 5, p. 136.2-3).

Sa démarche s'apparente à celle du personnage évoqué dans le long extrait que nous avons cité en introduction, celui qui a dit de l'infini dans l'étendue qu'il « relève des vérités fondamentales évidentes que l'esprit ne parvient pas à éliminer même par l'imagination ». Aucune indication n'est donnée concernant l'identité de ce précurseur.

L'infini temporel

Si les aristotéliciens admettent l'éternité du temps, nous avons vu que c'est en raison de son écoulement et du fait que ses parties ne se côtoient jamais, « cantonnant » ainsi cet infini à une potentialité. Cette éternité du temps est directement reliée à celle du mouvement des sphères, dont le temps est le nombre. Il n'a ni commencement ni fin et on ne peut imaginer une apparition du temps, comme le suggérait le récit cosmogonique de Platon que nous avons déjà évoqué : « le temps est né avec le ciel ». Cette position a été diversement reprise dans le monde arabe : on sait qu'al-Kindī, contrairement à Avicenne et Averroès plus tard, met en cause au moins l'infini *a parte ante* en affirmant que l'Univers a un commencement[17].

Jean Philopon, alias Yaḥyā dans l'édition arabe de la *Physique* d'Aristote, s'oppose à la position éternaliste en disant : « nous n'affirmons pas que le temps est non-généré ». Aristote a déclaré qu'il n'est pas « raisonnable de penser que le temps pourrait ne pas exister », ce à quoi Yaḥyā répond que d'autres constructions intellectuelles ne sont pas raisonnables, comme celle qui consiste « à dire qu'au-delà des cieux, il n'y a pas de plein, ni de vide, ni aucun intervalle, ni un temps[18] ».

La mise en relation est fondée, car l'éternité du monde et sa finitude forment pour les aristotéliciens un ensemble cohérent. Nous avons déjà relevé que Philopon refuse de traiter différemment le temps et l'espace et, en mettant en cause l'infinitude du premier, il admet la finitude du second[19].

Son attaque contre le temps aristotélicien est exposée dans le *De Aeternitate Mundi contra Proclum*, postérieur au commentaire de la *Physique* (env. 529), et surtout dans son *Contra Aristotelem*. Ce dernier ne nous est pas parvenu, mais nous disposons de quelques gloses arabes et nous savons que ces œuvres étaient lues, commentées et résumées dans le Moyen-Orient médiéval[20].

L'un de ces résumés a été traduit en anglais et commenté par S. Pines[21]. Ce texte présente, à travers trois traités, un exposé très clair d'une démonstration essentiellement philosophique, même s'il est évident qu'elle a des amonts religieux[22].

Le premier traité a pour titre « Premier livre de Jean le Grammairien sur la preuve d'une création temporelle du monde ». Selon l'auteur du résumé, Philopon y établit qu'une chose éternelle doit contenir en elle une force infinie qui lui assure une perpétuelle préservation de son essence. Or un monde fini ne peut avoir une force infinie. On ne peut pas non plus attribuer cette force éternelle à Dieu car un monde éternel doit l'être par une force intérieure et non extérieure.

Dans le deuxième livre, il part de l'hypothèse, largement admise, que le monde a été créé, parfait, avec d'emblée des individus vivants et mourants. Si le temps est infini comme l'affirment les éternalistes[23], il est donc une somme de temps finis qui sont les durées de vie de ces êtres qui le peuplent. Le temps sera donc infini dans l'avenir parce qu'il est la somme d'un nombre infini de durées finies. Mais, d'une part, comment une chose peut-elle être infinie à une extrémité (l'avenir) et finie à l'autre (le début de la Création) ? D'autre part, comment une somme de choses finies qui ont chacune deux extrémités peut-elle n'avoir qu'une seule extrémité finie ? Une somme de lignes finies, ayant chacune deux extrémités, a deux extrémités finies : le début de la première ligne et la fin de la dernière. Enfin, si Platon a raison en disant que le temps et le ciel ont été créés en même temps, car le temps est la mesure des mouvements célestes, alors le temps et le ciel ont un début.

La démonstration du troisième livre propose au lecteur d'admettre trois prédicats présentés comme des principes. 1. Lorsque l'existence d'une chose requiert l'existence d'autre chose avant lui, la première ne peut exister sans la seconde : s'il est nécessaire, pour qu'un bateau existe, d'utiliser du bois, l'existence du bois précède celle du bateau. 2. Un nombre infini n'existe pas en acte mais seulement en puissance[24]. 3. L'existence de quelque chose qui requiert d'être précédé par l'existence d'un nombre infini (en acte) d'autres choses est impossible : si A nécessite la préexistence de B, B celle de C, et ainsi de suite, A ne peut pas exister car l'existence de choses (préalables) en nombre infini (en acte) est impossible. Ces trois principes étant établis, Philopon montre qu'alors Socrate n'a jamais existé. En effet son existence est précédée de celle de son père, puis du père de son père, et ainsi de suite *ad infinitum*. L'existence de Socrate doit donc être précédée de celle d'un nombre infini (en acte) d'ancêtres. Le premier principe dit que Socrate ne peut exister sans ce nombre infini de personnes qui l'ont précédé. Le deuxième affirme qu'un nombre de choses infini en acte n'existe pas. Donc le troisième montre que l'existence de Socrate est impossible.

De telles démonstrations ne peuvent être admises par Abū al-Barakāt, même s'il partage d'autres propositions philosophiques de Philopon. Celles du premier livre parce qu'elles ont pour hypothèse un monde fini (qui ne peut admettre une force infinie de perpétuation), or celui d'Abū al-Barakāt est infini, au moins potentiellement. Celles du troisième parce qu'elles s'appuient sur l'impossibilité de l'existence d'un nombre infini en acte. Nous avons vu qu'al-Baġdādī ne retient pas cette impossibilité. Quant à celles du deuxième livre, elles associent la création du monde et celle du temps de deux façons. La première, partant de l'allégorie de Platon : « le ciel et le temps ont été créés en même temps », affirme que le second est la mesure du premier : ce que le philosophe récuse. La seconde pose un temps « origine » qui limite l'infini du côté du passé. Or nous allons découvrir plus loin la démonstration d'Abū al-Barakāt selon laquelle il n'y a pas de début au temps.

Le temps d'al-Baġdādī est totalement indépendant de la question de la création du monde et de son éventuelle fin, puisqu'il est indépendant de ses existants et de leurs mouvements. Il n'a donc pas besoin de supposer l'éternité du monde, contrairement à la plupart des philosophes de son temps, pour admettre l'éternité du temps. Réciproquement, il n'a pas besoin non plus d'imposer une finitude au temps pour défendre l'idée d'un monde créé et promis à sa fin, comme l'a fait Philopon. Le temps d'Abū al-Barakāt est ce dans quoi est éventuellement survenue la création du monde, mais cette création n'est pas évoquée dans ces lignes. La position d'al-Baġdādī se démarque tout aussi radicalement de celles des aristotéliciens que de celles de Platon et de Philopon.

Dans le chapitre suivant, Abū al-Barakāt reprend la discussion à propos du temps en précisant qu'il y a de nombreux différends parmi les savants au sujet de sa finitude. Certains affirment que « si le temps est infini, il ne peut pas être créé », il est donc lui-même un « principe premier » (*KM*, II, 21, p. 88.2-3). Al-Baġdādī évoque ici à nouveau ceux qui ont divinisé le temps en l'appelant *dahr* parce que « le *dahr* c'est Dieu le Très-Haut, alors que le temps est en rapport avec les choses changeantes ». Le *dahr*, ajoute-t-il, est

« en rapport avec l'éternité (*sarmadiyya*) », sujet sur lequel notre philosophe ne prend pas davantage position ici que dans ses chapitres sur le temps.

Se recentrant sur la physique, Abū al-Barakāt explore ensuite l'hypothèse d'un temps fini, qui aurait un commencement, comme le défendait al-Kindī (qu'il ne cite pas), et s'interroge sur ce « premier jour » du temps (*KM*, II, 21, p. 89.3-5) :

> Est-il possible, avant ce jour-là, que le Créateur ait créé un mouvement et un mobile qui traverse avec une vitesse déterminée une trajectoire qui s'achève au début de ce jour-là, ou pas ?

Il faut comprendre cette question comme une transposition dans le temps de l'expérience de pensée de la flèche qui traverse la limite supposée du ciel. Ici la limite est dans le passé, le jour j à l'heure h où commence le temps. Le mouvement imaginé commencerait à $h - x$ et finirait à $h + y$, enjambant ainsi la date origine. À ceux qui répondent qu'une telle hypothèse n'est pas envisageable, du fait de la non-existence du temps, il rétorque qu'ils ne font qu'agrandir la durée de non-existence du temps puisqu'ils ont rajouté un temps y à celui choisi en hypothèse. On imagine aisément la régression à l'infini qui pourrait en découler.

À ceux qui répondent que c'est possible, il demande alors s'il en est de même pour un second mobile, qui se déplacerait avec le premier, depuis le début de son mouvement jusqu'à sa fin, mais plus lentement. Ils répondent que cela est bien sûr possible, ayant admis la première hypothèse, et que le plus lent parcourra une distance plus courte et le plus rapide une plus grande mais que les deux distances ne peuvent être égales. Abū al-Barakāt remarque ensuite que rien ne permet pourtant de comparer ces deux distances (avant le début du temps) et d'en déduire laquelle est la plus longue. C'est donc bien la comparaison des temps qui permet de faire des déductions sur la longueur de la trajectoire (*KM*, II, 21, p. 89.13-15). Sans l'existence du temps, on ne peut évaluer la différence de vitesse de deux mobiles qui ne sont ni sur la même trajectoire, ni sur deux trajectoires égales.

Ce que notre philosophe veut montrer à cet endroit, c'est que pour statuer sur cette expérience de pensée, ses protagonistes fictifs ont dû « imaginer un temps avant le début du temps », ce qui prouve que « celui-ci ne peut pas être retiré des représentations » (*KM*, II, 21, p. 89.16-17). Ils peuvent décider arbitrairement d'une date zéro, mais ils n'arrivent pas à imaginer ce qui précède en dehors du temps.

On pourrait rétorquer assez facilement à cet argumentaire qu'il n'est pas possible de parler de vitesse si le temps n'existe pas, puisque la définition de la vitesse ne saurait se passer de celle du temps, donc que l'hypothèse de deux mobiles de vitesses différentes avant l'heure *h* n'a pas de sens. Cette expérience de pensée montre cependant le mode de réflexion d'Abū al-Barakāt, qui interroge systématiquement les limites et utilise la continuité d'un mouvement pour les mettre en cause, en séparant les mobiles et les mouvements du cadre spatio-temporel dans lequel ils ont lieu. « Ce sont les mouvements qui sont dans le temps », réaffirme-t-il à la fin de ce chapitre et à l'adresse des aristotéliciens, mais le temps est indépendant d'eux. Tous les mouvements peuvent disparaître, le temps, lui, restera.

Conclusion

Abū al-Barakāt avait exposé, en introduction de cette série de chapitres portant sur l'infini, la démarche qu'il entendait suivre pour aborder ces questions. Évoquant les désaccords avec ceux qui ne partagent pas son opinion, il en situe l'origine dans « ce qu'ils imaginent par leurs puissances imaginatrices », mais il en est une parmi ces puissances « qui ment » : c'est la puissance imaginaire (terme employé ici dans un sens négatif) par laquelle « on juge de ce qu'on ne connaît pas par ce qu'on connaît ou bien l'on porte un jugement relevant du sensible sur ce qui n'est pas sensible » (*KM*, II, 19, p. 82.22).

Giordano Bruno, dont nous avons évoqué la démonstration similaire propulsant une flèche vers la limite supposée du monde, a lancé, quatre siècles plus tard, la même accusation contre les partisans d'un monde clos. Il écrit dans son *De l'infinito*[25] :

> Aucun sens ne perçoit l'infini. Aucun sens ne permet de conclure qu'il existe. L'infini, en effet, ne peut être l'objet des sens. Celui qui demanderait à connaître cet infini par la voie des sens ressemblerait à celui qui voudrait voir de ses yeux la substance et l'essence ; et celui qui, de ce fait, nierait la chose parce qu'elle n'est sensible ni visible en viendrait à nier sa propre substance et son être. Pourtant, il doit y avoir moyen de faire appel au témoignage des sens, auxquels nous n'avons recours que pour les choses sensibles, non

sans quelque réserve, et à la condition qu'ils ne contredisent pas la raison. C'est à l'intelligence qu'il appartient de juger et de rendre compte des choses absentes que le temps et l'espace éloignent de nous.

Bruno distingue et ordonne hiérarchiquement trois modes différents de connaissance : la perception sensible, la raison qui doit accompagner notre jugement pour recevoir avec défiance le témoignage des sens, mais aussi l'intellect qui, comme le relève M. Blay dans son analyse de cette citation, « vise (*intuitionne*) au-delà du sensible, vers les principes et par lequel il convient donc de "juger et de rendre raison des choses absentes" [26] ».

On est frappé par la ressemblance avec la démarche d'al-Baġdādī qui en appelle à la nécessité « d'arguments rationnels et de preuves démonstratives » après avoir affirmé dans l'introduction qu'il y a trois modes de perception pour juger de l'infini : « la perception sensible, l'entendement, et la conjecture » (*KM*, II, 19, p. 82.5-6).

Certes sa cosmologie n'ira pas, comme celle de Bruno, jusqu'à remettre en cause la nécessité du mouvement de la huitième sphère. Abū al-Barakāt vit plusieurs siècles avant que Copernic « n'immobilise la sphère des fixes », comme le dit M. Blay. Mais la démarche du philosophe de Bagdad témoigne d'une grande audace intellectuelle et d'un regard complètement renouvelé sur ces questions de l'infini. Elle cherche à s'affranchir du diktat aristotélicien de la perception sensible et affirme un « infini des possibles » agrandissant aussi bien le monde physique que le champ d'exploration ouvert à l'investigation de la raison. Elle dissocie aussi, de façon nouvelle, la question de l'éternité du monde de celle du temps, en s'insurgeant contre des arguments philosophiques « qui ne sont pas établis ». Cette thèse se démarque de celle de ses prédécesseurs et notamment des apports critiques qui ont pu l'inspirer sur d'autres sujets : Philopon et Abū Bakr al-Rāzī. Elle s'inspire peut-être de celle de Galien qui avait affirmé dans ses deux ouvrages, *Sur mes opinions* et *L'art médical*, l'impossibilité de savoir si le monde a été créé ou bien est éternel. Certes, il semble que dans son traité, perdu pour nous, *Sur la démonstration*, il ait défendu l'idée contraire en affirmant « que ce qui ne se corrompt pas n'a pas non plus été engendré ». Mais nous n'avons accès à ses idées qu'au travers des reproches d'al-Rāzī dans ses *Doutes sur Galien* [27]. On peut au moins considérer que l'héritage de Galien encourage notre philosophe à s'interroger librement sur cette question.

Peu avant Abū al-Barakāt, al-Ġazālī a examiné un à un, afin de les combattre, les arguments des philosophes quant à l'éternité du monde et a conclu par une condamnation radicale de ceux pour qui le « monde n'a pas de commencement dans le passé et n'a pas été créé dans le temps[28] ». Ces conclusions ne sont pas celles d'Abū al-Barakāt dans sa *Physique*, mais il partage, de toute évidence, avec le théologien asharite, une opposition très nette à ce que « les philosophes nomment démonstration » sur ces questions. Nous allons voir qu'il en est de même pour sa conception du cosmos et notamment pour la séparation, consacrée par des siècles d'exégèse, entre la physique du ciel et celle de la Terre.

Physique du ciel, physique de la Terre

Comme science des changements, la philosophie de la Nature semble radicalement étrangère à l'étude des êtres immuables que sont les objets célestes, même si ces derniers ont une réalité complexe dans le discours d'Aristote, parfois considérés comme des objets divins éternels (relevant de la métaphysique), parfois comme des réalités matérielles mobiles. Néanmoins, la physique aristotélicienne a pris place au sein d'une construction cosmogonique radicalement nouvelle à son époque puisque, en enfermant tous les changements dans un cosmos fini et éternel, Aristote a « disqualifié la question de l'origine du monde » comme le relèvent P. Pellegrin et M. Crubellier, devenant ainsi « le premier, ou l'un des premiers, cosmologistes[29] ». On sait que le mouvement, à l'intérieur de ce monde fini et clos d'Aristote, est produit, *in fine*, par le Premier Moteur Immobile, lui aussi éternel.

Les cosmogonies juives, chrétiennes puis musulmanes auraient pu bousculer cet édifice théorique par le passage d'un monde éternel à un monde généré et promis à sa destruction. Pourtant l'immense majorité des philosophes chrétiens, même après Jean Philopon, et l'immense majorité des philosophes du monde médiéval juif ou arabe, avant et après Abū al-Barakāt, reprendront les thèses péripatéticiennes. Ce sont bien davantage les orientations philosophiques qui sont en jeu et ce sont elles que nous allons tenter d'explorer à la fois dans les traités de physique et dans ceux du ciel. Le système du monde aristotélicien est en effet parfaitement ordonné, du centre de la Terre jusqu'à la dernière sphère dans laquelle il s'achève, ou plus précisément, de la dernière sphère, cause de tous les mouvements, jusqu'à la

Terre. Certes, cette mécanique globale s'accompagne de quelques fragilités, mais l'incroyable longévité de ce système témoigne de sa cohérence interne. Quelques éléments méritent d'être relevés pour comprendre la logique à laquelle devront s'attaquer ceux qui le mettront en cause.

Aristote avait repris la proposition d'Eudoxe de Cnide (m. autour de 355 av. J.-C.) pour qui les étoiles fixes étaient serties à l'intérieur d'un orbe qu'il faut imaginer comme une couche solide ayant une certaine épaisseur. Cet orbe concentrique à la Terre tourne d'Orient en Occident avec une vitesse uniforme autour d'un axe qui est l'axe du monde ; un mouvement autour d'un autre axe se compose avec le premier pour rendre compte du mouvement annuel des constellations. Platon affirmait que les sept autres astres (le Soleil, la Lune et les cinq planètes connues) ont, chacun, un mécanisme indépendant : « les huit puissances du ciel sont sœurs, aucune ne commande aux autres ». Mais les planètes ont un mouvement apparent bien moins simple que les constellations, leur mécanisme doit donc être constitué de plusieurs orbes homocentriques combinés. Le nombre de ces sphères et les paramètres des rotations étant propres à chaque astre, il en faudra au total vingt-sept à Eudoxe pour décrire tous les mouvements célestes. Aristote, aidé par Callipe de Cyzique, a repris ce travail tout en cherchant une explication physique cohérente à la transmission des mouvements d'une sphère à l'autre. Pour lui, l'indépendance des sphères est impossible à cause de leur contiguïté, et il interpose entre deux orbes successifs d'autres orbes dont les rotations compensent exactement, pour le système intérieur, l'effet des rotations du système extérieur. Il nomme « sphères à rebours » ces sphères compensatrices, et il achève son « monde » avec pas moins de quarante-neuf orbes (ou cinquante selon d'autres décomptes[30]).

Le mouvement circulaire, parfait et achevé, que les astres et leurs orbes exécutent, a un caractère noble, voire divin, qui le distingue de tous les autres. Il est d'ailleurs la Cause Première de tous les mouvements et il est éternel. Il est considéré comme antérieur à tous les mouvements, car aucun autre n'existerait sans celui des sphères célestes. Il n'a ni début ni fin et il est incorruptible au sens où il n'est le siège d'aucune variation, contrairement au mouvement rectiligne qui a « forcément » une fin et dont la vitesse varie, « or le parfait est antérieur à l'imparfait et l'incorruptible au corruptible, à la fois selon la nature, selon le concept et selon le temps » (*Phys.*, VIII, 9, 265a24).

L'Univers ayant une grandeur finie, il y a une surface qui le borde, au-delà de laquelle il n'y a rien, « ni lieu, ni vide, ni temps[31] ». La question du lieu du Tout taraude le système aristotélicien puisque le monde s'achève avec la sphère des étoiles fixes qui est en mouvement autour de l'axe du monde. Cette sphère est le lieu de celle qui la précède, selon la définition aristotélicienne, c'est-à-dire celle de Saturne, la dernière des planètes connues. Mais dans quoi se déplace alors la sphère des fixes puisqu'Aristote affirme qu'au-delà il n'y a rien, pas même le vide ? Quel est son lieu ? Il admet, dans un premier temps, que n'ayant aucun corps qui l'enveloppe, la sphère des fixes ne fait pas partie des êtres qui sont dans un lieu (*Phys.*, IV, 5, 212a32). Mais il complète immédiatement cette proposition, en jugeant que « la totalité, en tant que telle, ne change pas de lieu tout à la fois, mais elle se meut en cercle, car c'est le lieu de ses parties ». Autrement dit, le *Tout* serait le « lieu de ses parties », parce qu'il est animé d'un mouvement circulaire. Cette affirmation a conduit les philosophes à s'interroger pendant de nombreux siècles sur l'identité exacte de ces « parties[32] », d'autant plus qu'à cette contorsion, s'ajoute une flagrante contradiction avec ce qui est dit dans le *Traité du ciel* où Aristote affirme que toutes les sphères célestes sont dans un lieu. Ces discordances ont bien évidemment donné lieu à des critiques et on peut supposer, en recoupant des sources arabes, que Galien s'est employé à montrer, dans son *Livre de la démonstration*, les faiblesses logiques de cette position d'Aristote[33].

Même si c'est au prix de quelques incohérences, l'enveloppe d'Aristote permet de borner cet Univers fini et hiérarchisé qu'il a voulu construire. Pouvait-il éviter ces entorses ? La seule solution, cohérente avec ses propres principes, aurait été d'imaginer une sphère céleste immobile. Cependant, fait remarquer P. Duhem[34], celle-ci est déjà exempte de toute génération, de toute corruption et de toute altération. Si elle était, en outre, exempte de mouvement local, elle serait incapable d'aucun changement : elle ne serait donc pas matière et rien en elle ne serait puissance. Elle serait un acte pur et une « intelligence séparée », non un corps : elle ne pourrait pas loger l'Univers puisque tout lieu est aussi un corps. À l'intérieur de cette enveloppe, les astres et leurs orbes doivent donc être constitués d'une substance qui puisse éternellement se mouvoir et qui ne soit susceptible d'aucun changement. L'existence d'une quintessence, l'éther, est donc indispensable à ce système.

Enfin le moteur du mouvement circulaire de l'éther doit être une cause en acte éternelle, et ne peut pas être matériel. Nous avons vu aussi qu'il ne peut être qu'immobile puisqu'il est acte pur. Ce Premier Moteur Immobile, pour Aristote, meut le ciel parce qu'il est « intelligible et désirable ».

L'attaque d'ampleur qu'a subie cette théorie de la part de Jean Philopon au VIe siècle a déjà été signalée. Cette attaque été menée à travers son *Contra Aristotelem* dans lequel il rejette l'idée d'un cinquième élément « qui ne serait ni chaud ni froid », et affirme que le Soleil est constitué majoritairement de feu. En effet, Aristote, en admettant que le Soleil était constitué d'éther et donc incapable de posséder les qualités contraires comme le chaud et le froid, avait été obligé de « bricoler » une explication pour le rayonnement de chaleur[35]. Nous avons vu qu'il n'est pas aisé de connaître en détail le système philoponien puisque le *Contra Aristotelem* ne nous est pas parvenu. Nous disposons cependant des commentaires (à charge) de Simplicius sur ce texte, qui ont fait l'objet de plusieurs études[36], et de quelques sources arabes que nous avons déjà mentionnées[37]. En affirmant que le monde a été créé – non seulement son ordonnancement, ce qu'acceptaient les païens, mais aussi sa matière – Philopon mettait en cause l'éternité du ciel en l'associant au temps. Il certifiait, comme nous l'avons vu, que ce dernier ne peut être fini à une extrémité, et infini à l'autre. Renonçant à la rotation éternelle, Philopon n'a plus besoin d'un cinquième élément. Il dispose d'une autre explication du moteur du monde grâce à sa *rhopè,* l'impulsion qui aurait été donnée, à l'origine, au ciel (par Dieu).

Ces quelques éléments laissent entrevoir la forte intrication des interrogations qui sont soulevées. Mécanique des sphères, nature du mouvement circulaire, lieu de l'Univers, composition des astres et de leurs orbes, sont des questions posées à la physique mais aussi à cette science du ciel qui n'est pas l'astronomie et qui est incluse dans les sciences de la nature. Si ce sont bien les outils conceptuels de la physique qui sont réinvestis dans cette exploration, la séparation consacrée depuis des siècles entre le monde sublunaire, celui du changement, et celui des sphères, va être sérieusement interrogée durant XIIe siècle arabe dans les écrits d'Abū al-Barakāt. Nous allons explorer ces changements, d'abord dans la *Physique* du *Muʿtabar*, puis dans le *Traité du Ciel* qui lui fait suite.

Le mouvement circulaire

Abū al-Barakāt expose dans sa *Physique* une conception très classique du mouvement circulaire en précisant que celui-ci est sans cesse « identique à lui-même » et qu'il se distingue des deux mouvements du monde sublunaire, « le naturel qui se renforce à la fin, ou le violent qui est plus fort au début » (*KM*, II, 25, p. 104.7-9). Nous avons vu que les astronomes ramènent systématiquement les variations de vitesse des astres à des apparences dont la géométrie permet de rendre compte. Abū al-Barakāt classe, à la suite d'Avicenne, le mouvement circulaire des sphères parmi les mouvements volontaires ou psychiques, qu'il distingue des mouvements naturels, à l'intérieur de la famille des mouvements « spontanés », ceux dont le mouvement provient spontanément du mobile. Il expose ce point de vue après avoir rappelé que le mouvement naturel se déroule entre un point de départ et un point d'arrivée différents par nature. Il reprend, dans le chapitre suivant (*KM*, II, 26, p. 109.13-14), la formulation d'Avicenne selon laquelle « le mouvement rectiligne n'est pas naturel de façon absolue[38] », c'est-à-dire qu'il n'est pas inhérent à la substance du corps car il ne survient que lorsque ce dernier a été écarté de son lieu naturel. Certes, chaque corps naturel possède – nos deux philosophes le répètent à l'envi – un principe de mouvement, mais pour que ce principe produise un mouvement, le lieu dans lequel se trouve le corps « candidat à la mobilité » ne doit pas être son lieu naturel. Pour le dire de façon triviale, pour qu'un corps tombe, encore faut-il qu'il ne soit pas déjà par terre. Qu'on l'appelle force ou *mayl*, la « puissance » qui provoque la chute d'un corps est, en ce sens, naturelle.

Mais, dans le cas du circulaire, le « mobile est dans son lieu » et il y est « d'un mouvement qui ne le sort pas de là » ; ce mouvement ne le ramène pas à une position dont il aurait été écarté. On en déduit que ce mouvement ne peut provenir que d'une puissance « hors nature » (*KM*, II, 25, p. 105.10-13) :

> Les mouvements circulaires proviennent donc soit de causes extérieures, soit d'une puissance hors nature. Or il n'y a pas de moteur hors nature spontané si ce n'est la volonté. Le mouvement circulaire, s'il ne provient pas de causes extérieures, est donc un mouvement volontaire.

Dans le cas des orbes célestes, le moteur ne peut être qu'une volonté interne, sans aucun doute divine. C'est à une conclusion similaire qu'avait abouti son aîné Avicenne.

Une autre particularité du circulaire largement admise est son analogie avec le repos, déjà relevée par Aristote quand il note qu'une sphère céleste est « toujours transportée autour du centre, et non pas vers un extrême » et que, de ce fait, « la totalité est d'une certaine manière toujours immobile et au repos, et mue continûment » (*Phys.*, VIII, 9, 265b7-9). On a vu à quel point la question du mouvement de la dernière sphère en rejoint une autre particulièrement brûlante concernant le lieu de l'Univers. Aristote a besoin d'arguments pour établir que la dernière sphère ne fait pas partie des étants qui sont dans un lieu, et on pourrait suspecter cette dernière affirmation de participer à ce projet. Or le lieu-espace tridimensionnel d'Abū al-Barakāt n'exige *a priori* aucune surface enveloppant la dernière sphère et il assume, en outre, la perspective que cet espace soit infini. Il va pourtant être plus radical dans sa formulation en affirmant que le circulaire « a la réalité du repos dans l'espace », voire la réalité d'un repos « plus achevé que le repos lui-même » (*KM*, II, 26, p. 108.20-21), une réalité qui va être utilisée d'une tout autre manière dans l'argumentaire à venir.

C'est à cet endroit qu'Abū al-Barakāt fait une hypothèse relativement étonnante, celle d'un astre ou d'une partie d'orbe céleste qui serait écarté de son lieu par une contrainte. L'hypothèse est présentée comme un pur objet de spéculation[39]. Elle est l'occasion de marquer une nouvelle rupture avec les thèses admises par les philosophes de Bagdad. Il aborde le sujet par une diatribe, accusant « certains » d'une falsification dans le raisonnement suivant (*KM*, II, 26, p. 108.24-109.3) :

> Ils ont dit que, dans chaque corps qui n'est pas écarté de son lieu par une contrainte, il y a le principe du mouvement circulaire [A] [...] Puis ils ont renversé la proposition existante et ils ont dit que ce qui contient le principe du mouvement circulaire ne peut pas être écarté de son lieu [B].

L'argumentaire, que présente ensuite Abū al-Barakāt, part de la première proposition qu'il semble accepter, comme ses protagonistes, jusqu'à ce qu'il signale un point de désaccord avec eux. Supposons qu'un corps (céleste) soit écarté de son lieu naturel, va-t-il admettre un principe de mouvement rectiligne pour l'y ramener et si oui, les deux principes (circulaire et rectiligne) vont-ils coexister à ce moment dans le corps ? Diverses alternatives sont possibles.

- Soit le principe de mouvement circulaire est permanent, et il est présent lors du mouvement rectiligne. Il va y avoir coexistence de deux *mayl*-s, mais dans une situation différente de celle de la pierre en ascension. Ici, les deux *mayl*-s opposés « n'ont pas cours de la même façon que les forces des mélanges d'éléments contraires » et ne sont pas soumis à intensification. Autrement dit, il ne saurait y avoir possibilité de doser la proportion de rectiligne par rapport à celle de circulaire et de faire varier une « force qui serait intermédiaire entre le droit et le rond », un argument que doivent invoquer les protagonistes de ce débat. Abū al-Barakāt rappelle un peu plus loin que cette coexistence ne lui poserait cependant aucun problème[40], mais elle n'est pas nécessaire ici, et, magnanime, il renonce à utiliser cet argument.
- Soit le corps écarté n'a plus de *mayl* circulaire, mais alors il faudrait qu'au retour dans son lieu, le *mayl* circulaire survienne. S'il ne survient pas, le corps en question n'a plus de *mayl* circulaire du tout, ni dans son lieu ni hors son lieu, et le corps n'est plus animé d'aucun mouvement. S'il survient, va-t-il coexister avec le principe du rectiligne ? Al-Baġdādī, rappelant à cet endroit que le mouvement rectiligne n'est pas naturel de façon absolue, combat donc l'idée que les principes de chacun des deux mouvements soient tous les deux inhérents à la nature du corps et que leur coexistence soit impossible.

Les protagonistes concluent que, puisqu'il n'y a pas coexistence et que le *mayl* circulaire ne cesse pas, le corps mobile sur le cercle ne peut pas se mouvoir en ligne droite, ni par nature ni par contrainte. C'est en substance ce que dit [B]. Mais on ne peut affirmer [B] qu'à la condition, bien sûr, de refuser la coexistence des *mayl*-s et/ou de refuser le principe selon lequel le circulaire ne peut survenir que dans le lieu naturel.

Or Abū al-Barakāt, tout en étant en accord avec les prémisses de ce raisonnement, admet cette coexistence (mais n'en fait pas un argument décisif) et surtout refuse que le principe de mouvement circulaire soit consubstantiel aux corps célestes. Sa démonstration s'appuie donc sur un parallèle absolu avec les mouvements sublunaires. Un corps en mouvement circulaire écarté de son lieu naturel y revient par un rectiligne : dans le monde sublunaire ce rectiligne se termine par le repos, dans celui des sphères par le mouvement circulaire qui a, rappelle-t-il, la réalité du repos. Le *mayl* (rectiligne) cesse dans le lieu d'arrivée, et le *mayl* (circulaire) revient. Car, ajoute-t-il, ce n'est pas toute une sphère qui a été écartée mais seulement une partie et, lorsque cette partie rejoint la totalité, elle se retrouve sous son contrôle. Abū al-Barakāt insiste sur le parallèle avec le monde sublunaire à plusieurs reprises, en évoquant la force qui ramène le corps dans son lieu naturel, et le fait que le mouvement de position relève du repos. Dans le monde sublunaire, le naturel se termine par un repos, et dans le ciel le rectiligne se termine « lors du retour à l'espace naturel et le mouvement circulaire revient » (*KM*, II, 26, p. 110.18-20).

Il n'y a donc aucun obstacle à l'idée qu'un « morceau de sphère » soit écarté de son lieu, et y retourne d'un mouvement rectiligne car, conclut Abū al-Barakāt, « ce *mayl* dans le mouvement circulaire n'est pas établi par ce qui établit le *mayl* dans le mouvement naturel et le mouvement forcé » (*KM*, II, 26, p. 110.24-111.1). Autrement dit, le naturel ne survient que lorsque le corps est écarté de son lieu naturel, alors que le circulaire ne survient que lorsque le corps est dans son lieu naturel. Abū al-Barakāt apostrophe le protagoniste de ce débat à cet endroit qui est, bien sûr et à nouveau, Avicenne.

Celui-ci développe son argumentaire à la fin d'un chapitre du *Šifaʿ*, ayant pour titre : « Chaque corps naturel possède un principe de mouvement selon la position ou[41] selon le lieu ». Il y affirme effectivement que le *mayl* rectiligne cesse lorsque le corps arrive dans son lieu propre, donc qu'il n'a plus ni gravité ni légèreté. À la lecture de ce chapitre, on vérifie qu'Abū al-Barakāt en a rapporté fidèlement les arguments ; ils ont même été, pour la plupart, recopiés à la lettre. L'argument de l'impossibilité d'une coexistence de ces deux *mayl*-s est décisif pour Avicenne, puisqu'il a défini le *mayl* circulaire comme constitutif de la nature du corps céleste, « il l'accompagne en permanence » (*SṬ*, IV, 12, p. 318.10). Il ne peut donc coexister dans un même corps avec un *mayl* rectiligne. Et c'est ainsi qu'il pense avoir démontré ce qu'il avait annoncé à la fin du chapitre précédent : « chaque corps contient un principe de mouvement naturel de sorte que chaque corps a un mouvement naturel et celui-ci est d'une seule espèce uniquement » (*SṬ*, IV, 11, p. 313.9-10).

On le voit, Abū al-Barakāt se démarque très nettement de son aîné, et la physique qu'il dessine rapproche très nettement (très dangereusement diraient les péripatéticiens) la physique des objets célestes de celle du monde sublunaire. Le principe de mouvement circulaire relève peut-être d'une volonté, pour ce qui est de la sphère dans son ensemble, mais il n'est pas inhérent aux astres qui la constituent ni à leur substance. Ceux-ci, comme les corps du monde sublunaire, subissent une inclination vers leur lieu naturel quand ils en sont écartés.

Une telle mise en cause est-elle isolée dans le monde arabo-musulman ? A. Dhanani évoque la position de ʿAbd al-Ǧabbār dans son ouvrage *Les preuves de la prophétie* (*Taṯbīt dalāʾil al-nubuwwa*), où il commente les *Météorologiques* et raille l'explication proposée par Aristote du phénomène des étoiles filantes [42]. Ce dernier avait effectivement théorisé ces phénomènes comme provenant des exhalaisons produites par la Terre. Le contact entre les exhalaisons chaudes et sèches, dans les hautes parties de l'atmosphère, avec le mouvement circulaire de l'éther, produit les jaillissements enflammés que nous nommons étoiles filantes. De tels phénomènes variables ne peuvent appartenir à la sphère céleste elle-même et relèvent donc des météorologiques, les phénomènes qui ont lieu sous l'orbe de la Lune. ʿAbd al-Ǧabbār enchaîne en contestant le statut privilégié attribué aux corps célestes par les *falāsifa* [43] :

> L'ignorance d'Aristote va jusqu'à croire que le Ciel, le Soleil et la Lune, ainsi que les astres, sont intelligents, capables de discernement, entendants, voyants, nuisibles ou bénéfiques, accordant la vie ou la mort, et que chaque événement se produisant dans le monde provient de leurs actions et de leurs influences. Mais la connaissance selon laquelle le Ciel, le Soleil, la Lune et les étoiles sont inanimés, et sans vie, est comme la connaissance selon laquelle les rayons du Soleil, ceux de la Lune, la lumière provenant des astres, l'éclairement, les nuages, les vents, la pluie, la mer, l'eau, l'air, la terre et le feu sont inanimés et sans vie. Il n'y a pas de différence entre quelqu'un qui affirme cela pour la terre, le feu, l'eau, l'air et les plantes et quelqu'un qui affirme cela pour les astres.

ʿAbd al-Ǧabbār, comme la plupart des *mutakallimūn*, rejette l'idée des philosophes selon laquelle les corps célestes ont les mêmes attributs que des êtres vivants et intelligents. Ils sont, selon eux, inanimés comme les quatre éléments du monde sublunaire. Ils n'ont donc ni âme ni intellect et sont comme des rochers dans le ciel, d'où le titre de cet article, « Rocks in the Heavens ?! ». Il s'agit là d'un rejet très clair de la distinction fondamentale entre les deux mondes, et nous avons déjà évoqué cette particularité de la théologie musulmane de cette époque.

Ce n'est pas la position d'Abū al-Barakāt, puisqu'il pense lui aussi, comme nous allons le voir, que les sphères célestes sont des êtres capables de désir et possèdent une âme. De plus, les astres émettent, selon lui, une lumière qui leur est propre et, mis à part la Lune, ils ne sont pas simplement éclairés par le Soleil. Il est donc difficile d'affirmer à cet endroit une influence du *kalām* sur les positions du philosophe de Bagdad. Cependant l'affirmation, même spéculative, de la possibilité d'un mouvement rectiligne pour les morceaux de sphère ainsi que les arguments pour l'établir écornent le dualisme si essentiel au système du monde des philosophes.

Des irrégularités dans le ciel

Dans son *Traité du ciel*, qui est la deuxième partie des *Sciences de la nature*, après un chapitre consacré à préciser, de façon classique, les définitions de forme, substance, *hylè*, corps élémentaires et corps composés, Abū al-Barakāt aborde un deuxième chapitre sur la question « des composants des corps naturels » en commençant par situer le problème posé à la recherche scientifique. Cette dernière opère en allant « de ce qui est le mieux connu par nous, à ce qui est le mieux connu par la nature (*ṭabīʿa*[44]) ». Pour mieux connaître les « corps composés (*murakkabāt*) naturels », il nous faut identifier les « éléments simples » qui entrent dans sa composition (*tarkīb*) (*KM*, III, 2, p. 125.7-8). Les corps élémentaires sont ceux qui n'ont qu'une seule forme, à la fois nature et puissance première, comme l'eau ou l'air, et qu'aucune analyse ne peut décomposer en parties différentes. À l'inverse, un corps composé est celui que l'on peut décomposer, comme la boue qui est constituée de terre et d'eau. Les corps élémentaires ont des lieux naturels et il leur correspond un mouvement naturel spécifique rectiligne vers chacun de ces lieux[45] ; nous ne revenons pas sur cette question déjà développée.

Quant au ciel, on le voit se déplacer dans son ensemble d'un mouvement circulaire, mais « nous ne voyons pas une partie du ciel sortir de son emplacement, de telle façon que nous pourrions savoir si elle y reviendrait d'un mouvement rectiligne ou pas » (*KM*, III, 2, p. 127.24-128.1). Cette hypothèse d'école dont nous avons examiné les développements, relevait donc d'une pure spéculation puisque, dans les faits, nous ne pouvons pas faire l'examen de ces objets célestes pour savoir « s'ils sont composés de ces corps qui nous entourent », à savoir les quatre éléments. Il conclut ce chapitre en formulant l'interrogation suivante : « Nous avons des doutes à propos du ciel aussi ». Est-il naturel ou fait d'une nature « extérieure » à ces éléments ? Est-il fait d'un seul élément « comme le feu » ou est-il composé « comme l'ont pensé certains parmi les anciens » ? (*KM*, III, 2, p. 128.3-4).

Ces trois interrogations résument en effet l'essentiel des thèses qui agitent les philosophes depuis l'Antiquité : celle d'Aristote et de ceux qui pensent avec lui que les cieux ne peuvent être faits que d'un cinquième élément « hors nature », c'est-à-dire autre que les quatre éléments naturels ; celle, généralement attribuée à Platon et aux pythagoriciens, qui affirme que le ciel est constitué du seul élément feu ; enfin, celle de Jean Philopon, rapportée par Simplicius, qui consiste à affirmer que, puisque les cieux sont visibles, « ils sont aussi tangibles » et qu'ils ont à ce titre les qualités des corps tangibles, à savoir « dureté, mollesse, douceur, rugosité, sécheresse, humidité, et d'autres qualités comparables comme le chaud et le froid[46] ». Philopon défendra l'idée que les cieux « sont composés d'un mélange des plus pures parties des quatre éléments » et ce mélange, dans lequel le feu est prépondérant, peut tout simplement posséder de la chaleur, comme le relève R. Sorabji[47].

Abū al-Barakāt amorce, avec ces questions, le débat sur la composition du ciel qui anime ensuite tout le chapitre 4 de ce traité. Il y commence par rappeler la position des platoniciens. Celle-ci a quelques avantages, comme nous l'avons vu, notamment celui de rendre compte de la chaleur émise par le Soleil. En outre, le feu est le dernier et le plus ténu des éléments puisqu'il se dirige vers le haut, au-dessus de l'air. Ce qui nous « prouve » que le feu est bien transparent, puisque le ciel l'est. Il reste à comprendre pourquoi nous voyons les étoiles briller, l'implicite étant qu'elles sont faites de la même substance que le ciel. Abū al-Barakāt explique alors que nous pourrions penser « que les cieux, en entier, sont un feu transparent dont la lumière apparaît par les étoiles », de la même façon qu'apparaissent dans un foyer « les braises incandescentes, mais pas dans l'air autour ». Les étoiles sont, comme les braises, des corps plus denses que ce qui les entoure (*KM*, III, 4, p. 133.18-19).

Mais cette opinion va être réfutée de diverses façons. Premièrement, elle ne rend pas compte « des différences de mouvement que nous voyons dans les orbes et les étoiles, en vitesse, en trajet, en direction ». En effet, nous voyons des différences notables – Abū al-Barakāt l'avait rappelé dès le deuxième chapitre – entre certaines étoiles, comme Saturne (les planètes),

« qui ne conservent pas leurs rapports à la totalité des autres » et dont les trajectoires ont des variations d'un autre ordre que les variations « entre étoiles plus ou moins éloignées des pôles[48] » (*KM*, III, 2, p. 125). Il y a donc une différence de nature entre les planètes et les étoiles, car « si elles étaient d'une nature unique, elles ne seraient pas différentes en mouvement, en trajet et en direction ».

Par ailleurs, si le ciel était fait de feu et de chaleur, « les sommets des hautes montagnes et les terres élevées seraient plus chauds » puisqu'ils sont plus près du Soleil. Or c'est le contraire que l'on observe et « la pluie, le froid et la neige tombent sur nous depuis ces lieux au-dessus de l'air » (*KM*, III, 4, p. 134.4-8). Ce que notre philosophe nomme une « preuve suffisante » est nettement affaibli par l'argument suivant qui veut justifier que le feu ne monte pas aussi haut qu'on le pense, et, partant, que son lieu n'est pas le ciel (*KM*, III, 4, p. 134.9-19). L'espace du feu, conclut-il, est la partie concave de la sphère lunaire. Abū al-Barakāt ne reprend donc pas la thèse platonicienne et c'est dans une autre voie dans qu'il va s'engager.

S'adressant à son lecteur, il conclut cette première partie en lui annonçant ceci : « tu apprendras que les cieux et leurs étoiles ne sont pas composés par ces natures » (*KM*, III, 4, p. 134.12-14). Le terme de « natures » (*al-ṭabāiʿ*) est utilisé par Abū al-Barakāt pour désigner les quatre éléments. Il faut donc lire ce passage ainsi : « les cieux et les étoiles ne sont pas composés par ces quatre éléments ». L'argument avancé s'appuie sur la notion de lieu naturel. Il est développé dans la phrase qui suit : « Le corps composé réside par sa nature dans l'espace de son élément dominant », ou bien, précise-t-il, « en proportion de cette domination ». Or, si le ciel était constitué de ces quatre éléments, il ne serait pas à ce point « éloigné de leurs espaces <respectifs> ». Néanmoins le terme de « composé » n'est pas réfuté, ce qui va être confirmé plus loin. Revenant à la charge contre l'idée d'un ciel fait de feu, Abū al-Barakāt mentionne le fait que ce dernier est transparent alors que les astres masquent ce qui est derrière eux ou se masquent mutuellement, faisant ainsi allusion au phénomène des éclipses. Il y a donc une hétérogénéité de nature entre les sphères célestes et les astres qu'elles portent, une hétérogénéité que la théorie d'un cinquième élément, qui serait commun aux sphères et aux astres, ne permet pas d'expliquer.

On pourrait alors imaginer – nous avons vu que c'était le cas de certains théologiens – que les astres sont faits de terre, mais les composés de terre « ne résident pas dans l'espace suprême et un corps ne reste pas dans un lieu extérieur à son lieu naturel pour toujours» (*KM*, III, 4, p. 134.24-135.1). Abū al-Barakāt ne reprend donc pas à son compte cette thèse asharite.

Il aborde alors plus en détail la question des irrégularités célestes en dressant une liste organisée de celles-ci (*KM*, III, 4, p. 135.2-7):

> Que signifient ces lumières différentes dans l'éclat <des astres> qui sont inséparables d'une différence permanente de couleur: certaines tendent vers le rouge, d'autres vers le jaune, d'autres vers le blanc? [...] Et que signifie le fait que la Lune en partie brille et en partie est éteinte, elle s'assombrit, puis s'éteint en totalité et sa lumière est totalement anéantie? Elle est lumière, elle n'est pas feu, elle n'est pas faite de ces natures mais d'autres natures.

Il va falloir expliquer deux types d'irrégularités:

1. Certaines différences entre les astres qui apparaissent comme des qualités inséparables, autrement dit, des irrégularités permanentes qui mettent en cause la perfection du ciel et l'unicité de sa substance. Nous voyons Mars toujours rouge, certaines étoiles toujours bleues, et des planètes qui ont un mouvement toujours différent de celui des étoiles; les taches sur la Lune et l'hétérogénéité de la Voie lactée vont être ajoutées à cette liste.

2. On observe aussi des variations dans le temps, certaines cycliques comme les phases de la Lune qui brille «en partie» puis «s'assombrit», d'autres non cycliques, qui seront évoquées plus loin, comme les occulations (*kusūf*) du Soleil, c'est-à-dire des taches sombres observées parfois sur le disque solaire, qui mettent en cause cette fois-ci l'immuabilité de la matière céleste.

Les irrégularités de la seconde espèce ne peuvent être le produit d'un changement par soi puisqu'il faudrait que le corps ait en lui le principe qui le fait quitter son état de départ, et celui qui le fait revenir à cet état, donc deux principes contraires. Ou alors il faudrait qu'une contrainte externe provoque ce changement jusqu'à un premier terme, opposé au premier, en vertu de la distinction entre mouvement opposé et contraire, et provoque le retour au point de départ.

Les irrégularités de la première espèce, quant à elles, posent un tel problème aux philosophes que certains classent la Voie lactée dans les phénomènes météorologiques, en dépit du fait que la Voie lactée «est toujours dans les mêmes étoiles». C'est Aristote qui a refusé d'admettre que ce « corps », dont la forme n'a pas la perfection de la sphère, soit un corps céleste. Il l'a donc classé parmi les objets du monde sublunaire, avec les comètes[49]. Cette position n'est pas celle des anciens, comme Anaxagore et Démocrite, qui pensaient, selon les dires d'Aristote, que la Voie lactée était constituée d'étoiles. Elle fut aussi contestée après lui, notamment par Philopon, par Yaḥyā Ibn al-Biṭrīq[50] dans ses propres *Météorologiques*, ainsi que par Faḫr al-Dīn al-Rāzī[51] ; Ibn Bāǧǧa, contemporain d'Abū al-Barakāt, vivant en Espagne musulmane, cherchera un compromis entre les deux thèses, la Voie lactée étant selon lui constituée d'étoiles très rapprochées dont la lumière est diffractée lorsqu'elle traverse « les corps faits de feu pur » ainsi que l'air[52].

Avant de développer sa propre interprétation de tous ces phénomènes, Abū al-Barakāt va, étrangement, affirmer la nature incorruptible des cieux. « Étrangement » car il n'est pas apparu, jusque-là, particulièrement décidé à vouloir démontrer l'éternité du monde. Au contraire, nous avons vu, dans le dernier chapitre de la *Physique*, qu'il distingue parfaitement la défense d'un temps infini de celle d'une éternité du monde et des mouvements, considérant le premier comme fondamental mais la seconde comme non nécessaire. Par ailleurs, sa thèse ne requiert pas un cinquième élément dédié au mouvement circulaire. Mais il va néanmoins démontrer que les cieux n'admettent ni l'altération, ni la corruption. Plus précisément, il va démontrer tout au long du chapitre 5 qu'ils n'admettent aucun contraire de quelque sorte que ce soit. Les contraires ont lieu entre deux choses, deux états, deux qualités, ou deux formes, qui ne peuvent se trouver ensemble dans un sujet unique, comme le noir et le blanc ; l'un se transforme en l'autre en passant par des intermédiaires que sont le jaune, le rouge, le vert[53]. Le chaud et le froid, comme le mouvement local d'une extrémité à une autre d'un segment, ou encore le léger et le lourd, sont des contraires. Mais le transparent n'est pas le contraire du coloré car il n'y a pas d'intermédiaires entre eux ; les sphères transparentes ne sont donc pas le contraire des étoiles[54].

Le ciel a-t-il des contraires en termes de lieu, de type de mouvement, ou de forme de ses astres[55] ? C'est à cet endroit qu'il répond en précisant pour la première fois que l'infini spatial « n'a pas lieu en acte ». Or les contraires doivent l'être de façon actuelle. D'autre part le ciel et le mouvement circulaire « n'ont pas de contraire » (*KM*, III, 5, p. 136.2-3). L'infini de l'étendue est donc potentiel et ne peut, à ce titre, admettre de contraire. Les étoiles n'admettent de contraire ni par leurs mouvements, ni par leurs couleurs,

« parce qu'elles sont toutes lumineuses » ; elles ne sont pas non plus chaleur, comme il a déjà été dit, et de plus, le lieu du froid est le centre du monde. Les astres ont une forme simple, la plus simple qui existe, et qui n'admet pas de contraire. Ils n'admettent pas de contraire non plus par le poids et la légèreté, puisque la légèreté a une limite définie et c'est celle du feu qui loge dans la partie concave de l'orbe lunaire[56].

Une parenthèse est néanmoins ouverte à cet endroit, à l'adresse de ceux qui veulent appeler la substance des cieux *al-ḫafīf* (le léger, ou le diaphane). Abū al-Barakāt ne veut pas contester ce qui lui semble n'être « qu'une dénomination existante et hypothétique » et « si le disciple (d'Aristote) veut appeler *al-ḫafīf* ce qui se trouve dans l'espace suprême pour y mettre la première sphère », il ne veut pas l'en dissuader. Cependant, ce disciple doit comprendre qu'alors, « cette sphère est la première et qu'il n'y a rien d'autre après comme <chose> perceptible ou non perceptible » (*KM*, III, 5, p. 136.20-22). Autrement dit, Abū al-Barakāt prévient que la thèse de l'éther est indissociable de celle de la finitude du monde au-delà duquel il n'y aurait rien, pas même le vide, ce qu'il combat. Si, à plusieurs endroits du traité, notre philosophe hésite dans les formulations entre « quatre ou cinq éléments[57] », on voit que ce cinquième élément, déjà critiqué par Philopon, n'est aucunement nécessaire à son système du monde.

Il conclut cet argumentaire en reformulant sa thèse : « les cieux n'admettent aucun changement ni corruption, parce que le changement, comme on le sait, se produit d'un contraire à un autre » (*KM*, III, 5, p. 137.18-19). En conséquence, les phases de la Lune, comme les occulations du Soleil, ne peuvent être interprétés « comme des altérations de la substance céleste », d'autant que l'on sait que « la lumière de la Lune ne provient pas d'elle-même mais du Soleil » (*KM*, III, 5, p. 137.21). Ces variations sont forcément dues à quelque obstacle opaque qui se place entre les deux, sans doute la Terre, et les taches sur le Soleil, elles aussi, sont des occultations, comme lors des éclipses provoquées par la Lune, ou les transits de Mercure et de Vénus. Une telle réponse, qui est aussi celle d'Avicenne, consiste à sauver les apparences pour préserver l'immuabilité du ciel, les variations étant des phénomènes n'affectant pas réellement la nature des cieux.

Mais ce genre d'explication ne rend pas compte des autres irrégularités : celles qui mettent en cause la perfection du ciel et l'unicité de sa substance. Nous allons voir que les réponses d'al-Baġdādī sur ce sujet ne sont pas de même nature. Dans les toutes dernières lignes de ce chapitre, est à nouveau abordée la question de l'éternité du monde (*KM*, III, 5, p. 138.11-14) :

> On a dit que <les Cieux> sont éternels, qu'ils ne cessent pas et ne sont pas anéantis, et ils ont contesté cela au sein de cette science [58] en arguant <d'une part> du fait que <la question de la composition du> ciel dépend de celle de la *hylè* et de ce qu'on en dit, or cela n'est pas établi, et d'autre part, de la question du mouvement rectiligne dont ils ont voulu empêcher l'existence parmi les sphères, or ce qu'ils disent est faux.

La question de l'éternité est bien sûr liée à celle de la composition du ciel, et la thèse de l'éther est une explication *ad hoc* mais qui « n'est pas établie » aux yeux d'al-Baġdādī. Elle est aussi liée à la séparation radicale des deux mondes qu'ont opérée les aristotéliciens en refusant la possibilité de mouvement rectiligne aux parties du ciel, c'est-à-dire en affirmant que le mouvement circulaire est consubstantiel à cette substance céleste, ce qu'il refuse. La thèse d'Abū al-Barakāt de l'immuabilité du ciel n'est donc pas liée à celle de l'éternité du monde. Il ne partage aucun des arguments (physiques) des défenseurs de cette éternité : ni ceux sur la *hylè*, ni ceux sur les mouvements.

Alors pourquoi défendre l'incorruptibilité du ciel ? Le seul argument énoncé à cet endroit ne met en avant que la permanence des astres et la « parfaite » régularité de leurs mouvements. En fait, les raisons de ce choix ne sont véritablement révélées que dans le *Traité de l'âme* où il apparaît que la permanence des cieux est celle des âmes que le philosophe associe à chaque astre.

Revenant sur la question des irrégularités, Abū al-Barakāt rappelle que les astres sont des corps simples, dotés de la forme la plus simple (la sphère). S'ils ne sont pas dotés d'une quintessence leur assurant l'éternité, la question de leur composition reste à élucider. Ils ne peuvent être constitués « de choses différentes en nature car les éléments, ayant des lieux naturels différents, seraient soumis au tiraillement de leurs forces réclamant leurs espaces naturels respectifs » (*KM*, III, 6, p. 138.21-23). En tant que mélange d'éléments contraires, ils seraient, de plus, soumis à la corruption et à l'altération, ce qui a été démontré comme impossible. Les variations de couleurs des étoiles, ou de luminosité sur les différentes parties de la surface de la Lune, ou l'aspect

« hétérogène » de la Voie lactée, restent une énigme. Sont-ils des illusions d'optique, ou un effet de relief ou de rugosité de cette surface (pour la Lune), comme le sont les montagnes pour la Terre ? Si tel était le cas, les montagnes sur Terre modifieraient, elles aussi, sa forme sphérique ; or « on sait » que, de loin, les reliefs de notre astre n'affectent pas sa rotondité de façon visible[59]. Pourquoi, dans une position symétrique, verrions-nous des montagnes sur la Lune ? La surface de la Lune est-elle le visage d'un homme, avec deux yeux, des sourcils, un nez et une bouche ? Toutes ces versions sont réfutées, parfois avec des arguments pleins d'humour[60]. Au final, la conclusion est la suivante : « ainsi nous apprenons que ces parties <de la surface de la Lune> qui ne brillent pas sont différentes par leur substance de la substance du reste ». (*KM*, III, p. 140.18-19). Conscient de l'hétérodoxie de sa position, Abū al-Barakāt interpelle alors son lecteur (*KM*, III, p. 140.20-24) :

> Ceux qui fuient <ce résultat> craignent de parler de composition. Qu'ont-ils obtenu ? Car les choses concrètes ne repoussent pas <ce résultat> et la composition selon cette modalité n'est pas empêchée. Les étoiles sont composées avec la substance des sphères et le composé, c'est le ciel étoilé, mais il n'y a pas de mélange chimique (*mizāǧ*) là-dedans. Ce corps ou ces corps différents de nature sont la Lune dans la sphère de la Lune comme les étoiles parmi leurs sphères. Quant à savoir ce qu'est <cette nature> et comment elle est, tu ne le sais pas.

Ce passage montre bien l'existence d'un désaccord établi et identifié avec ceux qui, comme Avicenne, refusent toute idée de composition dans les corps célestes. Si ces philosophes « craignent de parler de composition » c'est, à n'en pas douter, pour ne pas mettre en cause ce cinquième élément qui garantit l'éternité des cieux. Abū al-Barakāt, quant à lui, refuse d'assimiler toutes les irrégularités du ciel à des apparences et affirme que celui-ci peut être composé. Il illustre un peu plus loin ce qu'il entend par composition pour la Voie lactée qui relève, selon lui, du même type de phénomène que les traces sur la surface de la Lune, sauf que les étoiles de la Voie lactée sont « brillantes sur un fond qui ne brille pas, alors que les traces sur la Lune sont sombres sur un fond brillant » (*KM*, III, p. 141-2-3).

Abū al-Barakāt ouvre ainsi une troisième voie, si l'on peut dire, entre des cieux entièrement constitués d'un éther voué au mouvement circulaire éternel, et des cieux constitués d'un seul élément comme le feu, sans pour autant envisager qu'ils soient composés d'un mélange d'éléments contraires voués à l'altération et à la corruption. Cette voie lui permet de rendre compte d'une permanence des mouvements célestes. S'il interprète l'occultation du Soleil par un alignement d'astres, il affirme bien que les traces sur la Lune sont dues à une variété de substances. Certes, il n'en dit pas davantage sur ces substances, il dit même qu'on ne peut les connaître, mais il se démarque là encore radicalement des doctrines de son temps.

Pour mesurer à quel point cette thèse est à contre-courant, il faut avoir en tête que la perfection céleste est tout sauf un fait d'observation. Pourtant les mentions, dans la littérature, de phénomènes célestes qui la mettraient en cause sont rarissimes. Le premier signalement d'une tache solaire, par exemple, semble se trouver dans une chronique historique du Xᵉ siècle rédigée par un certain Hilāl al-Sābī. Cette tache noire, apparue en 225/840, aurait été expliquée par al-Kindī comme le résultat d'une « éclipse du Soleil par Vénus[61] », une thèse largement partagée sur la question. La première contestation de cette explication se trouve, selon M. Rashed, dans un écrit de Faḫr al-Dīn al-Rāzī, *al-Maṭālib al-ʿāliya* (*Les requêtes suprêmes*), qui évoque justement les traces sur la Lune et les taches solaires[62]. Faḫr al-Dīn al-Rāzī, dont nous connaissons l'engagement de théologien asharite, admet qu'il soit survenu réellement une tache noire sur le Soleil, ce qui est contraire au dogme de l'immuabilité du ciel. Mais, alors qu'il est identifié comme l'héritier de la philosophie naturelle d'Abū al-Barakāt, il ne reprend pas son explication pour les taches de la Lune.

Il suffit de lever les yeux vers le ciel nocturne pour voir un monde rempli d'irrégularités et de variations diverses qu'il n'est pas facile de ramener à une simple « apparence ». La perfection du ciel était une doctrine tellement hégémonique qu'elle a empêché les astronomes grecs puis arabes de voir ces irrégularités que sont, par exemple, les taches solaires, alors que les astronomes chinois de la même époque les ont soigneusement observées. Elle a empêché aussi d'interpréter comme une variété de substances les taches à la surface de la Lune. Le changement de point de vue opéré ici ne relève donc pas d'une nuance dans l'analyse des apparences, mais d'une mise en cause plus profonde, même si elle ne porte, pour Abū al-Barakāt, que sur les irrégularités de la première espèce.

Mécanique céleste

L'explication des mouvements célestes par al-Baġdādī ressemble beaucoup, à première vue, à celle des aristotéliciens. Nous devons garder en mémoire, cependant, que la substance de ces cieux n'est pas une quintessence qui serait *par nature* vouée au mouvement circulaire. Une partie des cieux qui serait écartée de sa sphère, y reviendrait par un vulgaire mouvement rectiligne.

Il a introduit dans le dernier chapitre de la *Physique* une autre nuance à l'affirmation d'Aristote (*Phys.*, VII, 1, 242a-70) selon laquelle tous les mouvements des sphères devraient avoir lieu ensemble. Abū al-Barakāt trouve cette idée absurde car il est nécessaire qu'il y ait « au début, une succession de moteurs » et donc qu'ils se suivent « d'une postériorité par nature » (*KM*, II, 28, p. 116).

Dans son *Traité du ciel*, al-Baġdādī rappelle les trois mouvements possibles, naturel, forcé et selon la volonté, cette dernière étant définie comme « le savoir de l'agent grâce auquel il effectue l'acte et sa détermination à le faire » (*KM*, III, 7, p. 142.24-25). Il démontre à nouveau, comme il l'a fait dans sa *Physique*, que ce mouvement ne peut être ni forcé, ni naturel. Il est donc « selon une volonté provenant d'un moteur qui sait, qui aspire, qui est déterminé, et qui agit » (*KM*, III, 7, p. 143.18-19).

Avant d'en dire davantage sur l'identité et la localisation de ce moteur, Abū al-Barakāt fait une importante parenthèse sur la relativité des mouvements et évoque à cet endroit la nécessité d'un corps immobile, différent du mobile, qui permette de juger de son mouvement, une exigence tout à fait aristotélicienne qu'il n'avait pas reprise dans sa définition du lieu (*KM*, III, 7, p. 144.15-18). Or le corps immobile par excellence, dans le monde géocentré de l'époque, est la Terre, dont le centre a cette particularité reconnue de tous[63]. Mais la Terre ne lui semble pas une bonne candidate à ce poste en raison de sa taille. Les cieux sont immensément plus grands qu'elle et il semble difficile à notre auteur que leurs mouvements soient « en comparaison avec la Terre et pour son bénéfice ». Cette dernière expression trahit le fait que ce n'est pas un simple référentiel que cherche Abū al-Barakāt mais aussi un « objet » auquel les mouvements soient d'une certaine manière « destinés ». Un autre argument pour récuser la Terre est sa position inférieure : inférieure dans l'ordre de la Création – les cieux sont la cause de l'existence sur Terre des plantes et des animaux, et non l'inverse –, inférieure dans la noblesse – celle des cieux est indiscutable. Dans le cas contraire, l'effet deviendrait cause de la cause. Elle est enfin inférieure dans la position spatiale. En conséquence, « le mouvement de tout le ciel et des étoiles ne peut être que par comparaison à ce qui est plus haut qu'eux » (*KM*, III, 7, p. 145.9-10).

Ce « en rapport à quoi le mouvement se fait » doit donc être au-dessus des cieux et immobile. Abū al-Barakāt place ainsi une première sphère, neuvième en partant de la Terre, par rapport à laquelle tous les mouvements célestes se font. Cette sphère immobile est délimitée du côté de notre monde, mais infinie de l'autre, ou bien est plongée dans l'infini, les deux solutions lui semblant également plausibles. La mécanique céleste que le philosophe met en place dans les lignes qui suivent, si elle semble en première lecture relever davantage de la métaphysique que de la physique, possède la même caractéristique que les deux thèses relevées auparavant : elle unifie les mouvements terrestres et célestes (*KM*, III, 7, p. 145.15-146.2) :

> Il est nécessaire que ce corps immobile suprême soit avant le mobile suprême, qui lui-même est avant le mobile inférieur [...] Ainsi le corps inférieur contenu désire par sa nature le corps qui lui est supérieur et qui le contient [...] du <même> désir que celui de la terre, l'eau et les autres <éléments> pour leurs espaces naturels. Chaque <sphère> désire l'autre selon le rapport du Tout au Tout [...] mais <aussi> chaque partie désire l'autre, selon le rapport des parties aux parties et le rapport de chaque partie du <corps céleste> contenu à chaque partie du corps contenant est comme celui de tout le contenu à tout le contenant.

Cette neuvième sphère doit être immobile. Le désir de celle qui est juste en dessous d'elle (la huitième), comme celui de la septième pour la huitième, et ainsi de suite, est analogue à la tendance qu'a une pierre élevée en hauteur à se diriger inéluctablement vers le sol, si on la lâche. Cette tendance relève de la relation de « la partie au tout », vue précédemment. Abū al-Barakāt ne reprend donc pas la thèse exposée par Philopon qui avait affirmé que Dieu implante dans les astres une puissance motrice analogue aux inclinations implantées dans les corps simples. Pour le philosophe d'Alexandrie, cette affirmation entraînait la suppression du Premier Moteur car cette *rhopè*, une fois implantée, n'avait plus besoin d'être renouvelée, l'œuvre de Dieu s'arrêtant à cette première impulsion. Or, si l'on admet comme Avicenne et Abū al-Barakāt que la substance céleste n'est « ni lourde ni légère[64] », cette assertion se heurte à une difficulté de principe, comme le fait remarquer A. Hasnaoui, car, alors, comment leur appliquer la notion d'*impetus*[65] ?

La thèse d'Abū al-Barakāt est en partie inspirée de celle d'Avicenne qui a exposé à divers endroits, notamment dans sa *Métaphysique*, que le mouvement céleste ne peut être ni naturel, ni accidentel, pour les raisons que nous avons citées. La sphère céleste se meut donc au moyen d'une âme qui est « le principe de son mouvement prochain » et cette âme a forcément une « imagination et une volonté qui se renouvellent » ; cette âme est « la perfection de la sphère céleste et sa forme ». Le premier moteur est donc une « puissance radicalement immatérielle » et ce qui meut vers ce moteur, c'est le désir[66].

Il faut tout de même élucider pourquoi les sphères d'Abū al-Barakāt se meuvent, car un tel désir pourrait tout aussi bien les immobiliser toutes, dès lors qu'elles sont en contact avec leur « objet de désir ». La solution est dans une caractéristique particulière de ce désir que l'on pourrait qualifier de « schizophrène » : chaque fois que celui d'une partie de la sphère inférieure est assouvi par la rencontre avec la partie désirée de la sphère supérieure, elle va se mettre à désirer toutes les autres parties de sorte que le mouvement va se perpétuer. Un avantage notable de ce « mécanisme » est de rendre compte de la vitesse (supposée) constante de chaque sphère :

> Le mouvement circulaire, par la volonté de son désir, fait se rencontrer les parties du mobile avec les parties de ce dans quoi le mouvement se fait, à des instants différents et il n'est empêché à aucun instant. C'est pourquoi il se poursuit toujours dans l'existence et nécessite une limite unique dans la vitesse et la lenteur.

La mécanique céleste d'Abū al-Barakāt est donc toute entière imprégnée de physique, malgré certaines apparences. Ce désir ambigu, qui nous paraît aujourd'hui relever des mythes anciens, fonctionne comme une explication rationnelle de l'uniformité de la vitesse de révolution des astres.

Une autre conséquence de cette conception du cosmos est qu'elle inverse la causalité céleste. Les cinquante sphères du Stagirite se mettaient en mouvement en partant de celle des fixes, dont le mouvement était cause de toutes les autres par l'intermédiaire de sphères ramenantes, jusqu'à ceux de la haute atmosphère et par contiguïté, du monde sublunaire. Abū al-Barakāt construit une mécanique qui part de la sphère de la Lune, cette sphère désirant celle qui est au-dessus d'elle, et ainsi de suite jusqu'à la huitième qui en désire une neuvième, immatérielle, immobile. La huitième est même qualifiée, dans l'avant-dernier extrait que nous avons cité, de « mobile inférieur ». L'âme ou la volonté qui la fait tourner est reléguée en dehors du monde. Le principe de « lieu naturel » est donc commun au monde sublunaire et à celui des cieux.

Signalons que cette unification relève sans doute de conceptions métaphysiques qui débordent largement le cadre de cette étude. Dans son *Traité de l'âme*, on apprend que, pour Abū al-Barakāt, « les âmes célestes sont la cause des âmes humaines » (*KM*, III, 20, p. 389.25). Ces âmes célestes, qu'il affecte non seulement aux huit sphères, comme le font les philosophes orientaux de son époque, mais aussi à chaque étoile, rendent compte de la multiplicité de celles des hommes[67]. Or il expose dans le même traité que la relation de l'âme à un corps relève d'un désir analogue à celui d'un corps matériel pour son lieu naturel (*KM*, III, 11, p. 345.3).

Nous arrêtons là ce survol du *Traité du ciel* qui mériterait une étude exhaustive, pour tenter d'en dégager les pistes qui concernent notre étude de la *Physique*.

Conclusion

Abū al-Barakāt a défini un espace tridimensionnel et un temps absolus et infinis qui forment la base théorique de toute sa physique, céleste et terrestre. Leur infinitude ne semble être que potentielle ; elle n'en fonctionne pas moins comme un cadre de pensée général. Abū al-Barakāt ne défend pas explicitement l'éternité du monde, du moins dans sa *Physique*. Il refuse même clairement les deux concepts fondamentaux qui lui sont associés dans l'argumentation aristotélicienne : l'existence d'un cinquième élément garantissant l'immuabilité du ciel et l'impossibilité de mouvement rectiligne pour les corps célestes. S'il défend l'idée que les cieux sont inaltérables, incorruptibles, ce n'est pas pour garantir l'éternité de ceux-ci, mais pour rendre compte de leur permanence.

Les variations que l'on y voit sont extrinsèques et s'expliquent par d'autres phénomènes comme les occultations ; mais les irrégularités, elles, ne peuvent s'expliquer que par une variation de la substance même des corps célestes dont on doit envisager qu'ils peuvent être des corps composés.

Le moteur du monde se trouve dans une sphère externe à la huitième, non pas pour le clore puisqu'elle est plongée dans l'infini, ni pour lui trouver un lieu puisque celui-ci est l'espace tout entier, mais pour rendre compte du mouvement circulaire par la « volonté désirante » d'une part, et pour fixer d'autre part un référentiel immobile et immatériel par rapport auquel on peut juger des autres mouvements. Les mouvements des sphères ne sont donc pas dus à leur contiguïté mais à un désir analogue à celui d'un grave pour le centre de la Terre. Ce désir anime les sphères, de la plus proche à la plus lointaine.

Une telle contestation du système du monde aristotélicien n'est pas celle des platoniciens avec lesquels Abū al-Barakāt ne partage ni la conception de la substance céleste, ni l'indépendance des mouvements des astres. Elle n'est pas celle de Philopon qui s'est élevé non seulement contre l'éternité du monde mais aussi contre l'infinitude du temps, celle de l'espace, et qui a défini une substance céleste soumise à l'altération et la corruption. Elle n'est pas celle d'Avicenne qui refuse toute réalité aux irrégularités vues dans le ciel, défend la quintessence, refuse l'infini spatial et n'accorde pas la possibilité de mouvement rectiligne aux corps célestes. Elle n'est pas non plus celle des mutazilites qui, comme ʿAbd al-Ǧabbār, refusent que les astres soient animés et doués de désir.

S'agit-il d'une position de compromis motivée, par exemple, par le souci d'une certaine reconnaissance sociale ? Cela semble difficile à affirmer, au regard de l'audace des thèses que nous venons d'explorer. Défendre l'idée d'un espace infini, contester la nécessité du cinquième élément et celle de l'éternité du monde, ces trois innovations à elles seules placent Abū al-Barakāt en opposition radicale aux philosophes de son temps. Il n'ignore d'ailleurs pas l'aspect conflictuel de ses idées lorsqu'il apostrophe ceux qui ont peur d'affirmer que « les cieux sont des corps composés ».

Le cosmos d'Abū al-Barakāt est un système du monde complet et relativement cohérent, produit d'une grande indépendance d'esprit, et dont nous retiendrons la principale caractéristique : celle d'œuvrer de plusieurs façons à réunir les deux physiques, celle du ciel et celle de la Terre. Les arguments employés dans son *Traité du ciel* permettent d'esquisser le projet auquel il s'est attelé. Il s'agit bien de faire éclater les enveloppes qui bornent l'exploration rationnelle du monde et les dichotomies qui séparent les phénomènes. On pourrait ne lire, dans cette démarche, qu'une entreprise de généralisation qui était déjà, à bien des égards, celle de la philosophie aristotélicienne. Elle en utilise d'ailleurs souvent les arguments. Elle met pourtant en cause des piliers de l'édifice pour rechercher une même cause à tous les mouvements, célestes et terrestres, qui soit interne aux mobiles puisque ceux-ci évoluent dans un même espace, potentiellement vide et infini. Enfin, la physique ainsi reconstruite n'a plus la mission d'établir l'éternité du monde, dont la démonstration est assignée à la métaphysique et, en partie, au *Traité de l'âme*.

Théorie de la connaissance d'Abū al-Barakāt

Nous avons plusieurs fois évoqué l'originalité de la posture épistémologique d'Abū al-Barakāt, ainsi que les principes qui le guident pour élaborer ses théories. Le simple titre de son ouvrage annonce un programme ambitieux de réexamen critique des thèses de ses prédécesseurs. C'est lorsqu'il s'attaque aux points de faiblesse de la théorie aristotélicienne – le lieu, le temps, la *quies media* – qu'il est le plus disert sur cette question.

Aristote avait en effet élaboré l'ensemble de son corpus en partant d'un nombre restreint de principes et en essayant de s'y tenir. Cette exigence de cohérence avait produit des énoncés parfois très éloignés du sens commun comme ceux sur le lieu, le temps et, dans une certaine mesure, le mouvement. Ces textes, que la plupart des aristotéliciens s'acharnaient à éclairer, commenter et affiner, sont des lieux de prédilection pour en contester les principes ou en affirmer d'autres.

La circularité des définitions du mouvement et du temps, inhérente à ces énoncés, est commentée dès les premiers chapitres. Le dépassement proposé par Abū al-Barakāt consiste à admettre pour ces notions la possibilité de partir « d'une connaissance primitive, réduite, globale, imparfaite et non exhaustive » qui est la connaissance intuitive qu'en ont tous les gens (*KM*, II, 9, p. 29.19-22). Cette connaissance primitive n'a bien sûr pas la même valeur que la connaissance scientifique, mais si l'on n'a pas d'autre moyen pour définir le mouvement que d'utiliser le temps qui n'est pas encore défini, rien n'empêche de partir de là pour tenter de parvenir à une approche scientifique et, ainsi, « la connaissance partielle sera la voie de la connaissance parfaite » (*KM*, II, 9, p. 30.5-7), principe qu'il a aussi exposé dans la *Logique* du *Muʿtabar*. Ce cheminement n'est pas proposé comme une méthode générale, mais comme moyen d'échapper à certaines contradictions qui consistent à définir « une chose par une autre », et c'est ainsi que l'on a compris, par exemple, « ce qu'est le lieu, qui, dans la connaissance commune, est comme la jarre pour la boisson » (*KM*, II, 9, p. 30.7-8).

Le cheminement de l'une à l'autre de ces connaissances se fait par la langue, comme il le précise ensuite (*KM*, II, 12, p. 41.3-5) :

> Pour chaque dénommé il y a, dans la langue courante et commune, une acception évidente qui est connue des destinataires et des locuteurs dans cette langue. Les savants commencent leur recherche par cette connaissance commune et l'achèvent par un savoir particulier. Le <concept de> lieu procède d'un tel ensemble.

On voit apparaître dans ce dernier extrait une autre caractéristique de l'épistémologie d'al-Baġdādī, traversée en permanence par une réflexion linguistique dont les principes ont été aussi présentés dans la *Logique*. Les termes qui portent sur les « dénommés » ont des « contenus de signification » qui permettent aux hommes de se comprendre. Ces dénommés acquièrent une existence autonome, ce qui, en physique, produit un véritable déplacement de l'objet de la recherche de la réalité sensible vers des constructions intellectuelles portées par des mots. On peut supposer, étant donné l'insistance avec laquelle il affirme cette démarche, que c'est ce déplacement qui a permis à notre auteur de penser des réalités nouvelles. Notons que cette attitude semble être à l'œuvre dans ce que nous pouvons reconstituer, aujourd'hui, du traité perdu de Galien. R. Chiaradonna, dont nous avons cité les recherches à ce sujet, relève le problème épistémologique central pour le médecin de Pergame qui s'interroge sur « la manière dont on passe de la connaissance ordinaire (qui correspond à nos usages linguistiques) à la définition scientifique de ce que nous recherchons[68] ».

La démarche d'Abū al-Barakāt est confirmée dans la conception qu'il a des existants particuliers que sont le mouvement et le temps. Au sujet du mouvement, il démontre longuement, tout au long du chapitre 9, qu'il est une somme de non-existants, à savoir un contact qui s'est défait, un passage, puis la réalisation d'un second contact. Le mouvement n'est donc que « passage », alors quel sens donner à son existence ? Nous avons vu que ces éléments forment un ensemble qui « est accumulé dans l'esprit » et dont « l'existence absolue [...] progresse dans la conscience ». Et c'est ainsi que nous pouvons affirmer « d'un tel résultat qu'il existe » (*KM*, II, 9, p. 31-32).

C'est donc par une analyse d'ordre psychologique que l'on peut comprendre comment se construit le concept de mouvement, alors que son existence n'est qu'une somme de réalités évanescentes. La répétition de la « prise de conscience » est ce qui fonde cette existence. Or pour Abū al-Barakāt, ce qui relève d'une construction mentale n'a pas une modalité d'existence inférieure, mais existe bien dans la réalité. Il expose ce point de vue dans sa *Métaphysique* (*KM*, IV, 12, p. 63.10-13) :

> Tout ce que connaît le <sujet> connaissant est existant et tout ce qui est existant existe, soit parmi les choses concrètes, soit dans les esprits, soit dans les deux. Mais exister dans les esprits, c'est aussi exister dans les choses concrètes en tant que c'est exister dans un existant parmi les choses concrètes, à savoir les esprits, qui sont existants.

Lorsqu'il évoque « ces choses qui existent dans les esprits », al-Baġdādī exclut, comme nous l'avons vu, les effets de la seule puissance imaginative ; il parle des constructions intellectuelles rationnelles, qui peuvent toutefois avoir pour point de départ une hypothèse qui est le fruit de l'imagination. À ce titre, par exemple, les objets mathématiques que sont les mesures, les configurations et les nombres existent, et « la science mathématique ne fait rien d'autre qu'étudier ce qui existe[69] » (*KM*, IV, 1, p. 5). C'est à ce titre aussi que l'infini spatial existe.

Les rôles de l'intuition et de la répétition dans l'élaboration d'un jugement scientifique sont précisés dans un passage de la *Logique* qu'avait relevé S. Pines dans une autre étude[70]. Reprenant un passage analogue du *Livre du salut* où Avicenne s'essayait à établir une théorie de l'expérience, al-Baġdādī cherche à préciser en quoi l'on peut dire « que la scammonée purge les corps des hommes de la bile jaune ». C'est la fréquence de l'expérience qui nous permet de supposer que la cause du phénomène n'est pas due au hasard. On appréhende cette cause parce que l'on suppose qu'elle est le produit de la nature ou le résultat d'une « cause proche ou lointaine », même si on ne sait pas comment elle agit. Il conclut (*KM*, I, propos 4, chap. 2, p. 214) :

> En effet la science expérimentale (*al-ʿilm al-taǧrībī*) est, elle aussi, constituée par la connaissance de la cause et par une induction fondée sur les données des sens, et par laquelle on atteint la science universelle (*al-ʿilm al-kullī*). C'est que les sens nous procurent la science du particulier. Si l'esprit fait

abstraction dans celle-ci de tous les accidents et associations, on parvient à un jugement, quant à la nature, qui réside dans ce particulier et qui est la même dans l'universel et le particulier.

Le terme de science expérimentale n'a bien évidemment pas le sens actuel d'une démarche de validation de modèles par des dispositifs expérimentaux. Celui de science universelle évoque la science des universaux qui, selon Abū al-Barakāt, ne sont pas appréhendés d'une façon différente des particuliers. Il décrit ainsi un processus de généralisation qui, à partir de la connaissance des particuliers, procède par induction pour remonter à la cause des phénomènes et atteindre la science universelle. Cette démarche est confirmée par l'épître intitulée *Les données scripturaires authentiques sur la quiddité de l'intellect*, dont nous avons signalé l'édition par Aḥmad al-Ṭayyib, et qui est un complément à la théorie de l'intellect et de l'âme développée dans le *Muʿtabar*. Elle met en cause la distinction fondamentale, établie par les péripatéticiens, entre les universaux perçus par l'intellect et les particuliers par l'âme. Une telle distinction impose à la science divine, qui se limite aux universaux, de ne pouvoir saisir le particulier. Pour Abū al-Barakāt, l'âme et l'intelligence sont une faculté unique : intelligence quand elle saisit les intelligibles, âme quand elle éprouve des sensations et des sentiments. Il défend dans de nombreux écrits cette unité de la perception.

Cette conception conduit al-Baġdādī à refuser la théorie des dix intelligences d'Avicenne ainsi que celle de certains philosophes musulmans ou chrétiens pour qui ces intelligences sont les anges. Il réfute également, relève R. Marcotte, le rôle attribué traditionnellement à un intellect, agent unique, qui serait « un principe transformant l'intellect humain, d'intellect en puissance en intellect en acte[71] ». Selon Abū al-Barakāt, cet agent n'est pas nécessaire à l'âme rationnelle pour passer de la puissance à l'acte et elle est en mesure de le faire « sans agent extérieur », de la même façon que « la graine qui est un arbre en puissance devient un arbre en acte par soi » (*KM*, III, 23, p. 411.16-20). L'originalité de la conception de l'âme de notre auteur a d'ailleurs suscité plusieurs études, comme celle de R. Arnaldez qui a comparé sa doctrine à celle de « l'âme obscure » de Leibniz[72], ou celle de C. Sirat qui montre comment cette thèse interroge les théories existantes de la perception sensible[73]. Ces études, maintenant anciennes, mériteraient cependant d'être renouvelées.

Concernant la démarche scientifique proprement dite, le trait essentiel qui nous semble présider à bon nombre des innovations de ce philosophe est celui annoncé par le titre même de son ouvrage. Nous avons vu comment cette pratique de l'*iʿtibar*, ou capacité de conjecture et d'exercice du doute, l'amène à prendre des libertés avec certains principes aristotéliciens encombrants pour s'autoriser à reconstruire une réalité, par exemple celle du mouvement du projectile. C'est dans le premier chapitre sur l'infini que cette mise en cause apparaît comme radicale (*KM*, II, 19, p. 82.24-83.3) :

> Leur jugement <basé sur le> sensible est porté sur ce qui n'est pas sensible et tu vois ainsi l'aveugle, privé de toute possibilité de vision, qui juge des couleurs par le toucher, le goût, ou l'odorat, et qui décide ainsi que la couleur est chaude ou froide ou rugueuse ou douce à partir de ce qu'il ressent, alors que ces <sens> ne permettent pas l'aperception d'une couleur.

Il en est de même, ajoute-t-il, pour l'aperception (en fait le refus) « de l'étendue vide infinie » pour ceux qui sont guidés par cette « puissance imaginative qui ment ». Les aristotéliciens ne peuvent appréhender l'infini parce qu'ils se méprennent sur le mode de perception, comme un aveugle qui essayerait de goûter ou de sentir les couleurs. Ce n'est donc pas tant de l'imagination[74] que se méfie notre physicien : il a revendiqué cette démarche à maintes reprises, par exemple pour établir l'existence d'un temps absolu. Ce qui ment est ce qui est imaginé à partir des seules perceptions sensibles, ou plus précisément, en appliquant les raisonnements du sensible à ce qui ne l'est pas. Il s'agit là d'une prise de position radicale contre les fondements de la démarche péripatéticienne, posture que nous avons comparée plus haut à celle d'un Giordano Bruno.

L'appel au « sens commun », voire aux évidences, n'est donc peut-être pas à prendre au pied de la lettre ; après tout, Aristote en fait souvent de même. Affirmer le caractère absolu du temps, ou le vide de l'espace potentiellement infini, en plein XIIe siècle, ne relève pas exactement du sens commun. Il s'agit davantage d'un rasoir d'Ockham utilisé pour démolir des pans entiers de l'édifice aristotélicien comme celui sur le lieu que nous avons longuement développé, ou celui sur l'infini, tout en laissant, il est vrai, d'autres pans intacts.

L'esprit critique dont Abū al-Barakāt fait preuve vis-à-vis des dogmes aristotéliciens est peut-être favorisé par le contexte philosophique dans lequel il vit. Nous avons signalé plusieurs fois que, un demi-siècle plus tôt, al-Ġazālī a mis violemment en cause la posture des philosophes en dénonçant le suivisme intellectuel et l'imitation (*taqlīd*) qui caractérisent selon lui leurs travaux. La posture épistémologique d'Abū al-Barakāt et celle du théologien asharite peuvent être mises en parallèle, comme le détaille F. Griffel dans une récente étude[75].

S. Pines estime, en conclusion des « Nouvelles études », que la démarche philosophique d'al-Baġdādī est plus proche des débuts de la philosophie européenne (Descartes) que de celle de ses successeurs arabes ou juifs[76]. Nous proposerons dans notre conclusion un exemple concret qui illustre cette comparaison. Cette démarche, en tout cas, a produit un nombre considérable d'innovations qui justifieraient, à nos yeux, une réévaluation de la place d'Abū al-Barakāt dans l'histoire et la philosophie des sciences.

---

1. Cette démonstration sur l'impossibilité d'une puissance infinie est d'ailleurs celle d'Aristote dans son *Traité du ciel* (I, 6, 273b.21-274a.6) à propos de la puissance de pesanteur.
2. Philosophe juif de l'Espagne musulmane (m. 1410).
3. Voir sur cette question Davidson, 1980.
4. Le manuscrit de ces réponses à Abū Mūsā ʿIsā ibn Usayyid, étudié par Tony Levy, se trouve à la British Library, ms. Add. 7473, fol. 12b-16b. Ibn al-Nadīm affirme, dans le *Fihrist*, qu'il a été traduit du syriaque à l'arabe. Il a été récemment traduit par Marwan Rashed (2009, p. 625-644).
5. Levy, 1997, p. 102.
6. Tony Levy (1997, p. 107) compare cette distinction avec celle que fera Cantor, un millénaire plus tard, entre les deux nombres de la langue allemande, *Zahl* et *Anzahl*.
7. Levy, 1997, p. 105.
8. Rashed M., 2009, p. 649.
9. Voir Rashed M., 2004a.
10. Aristote, *Traité du ciel*, I, 5, 271b14-272b.17.
11. Levy, 1997, p. 111-115.
12. *SṬ*, III, 8, p. 212.
13. Avicenne, *Kitāb al-naǧāt* (*Livre du salut*), p. 202-203.
14. Cette démonstration d'Avicenne est aussi exposée par Shlomo Pines (1937-38, *in* Stroumsa, 2000b, p. 23), accompagnée d'une brève analyse de la réponse d'Abū al-Barakāt.
15. Tous les mots de ce « théorème » sont soigneusement pesés puisqu'il ménage la possibilité pour un nombre comme le temps (le temps est nombre du mouvement), dont les parties n'existent pas simultanément, d'être infini. Avicenne se range avec Aristote du côté de l'éternité du monde et des mouvements.

16. D'après Simplicius (*On Aristotle Physics 4*, 108a), cette interrogation remonte à Archytas de Tarente (m. 347 av. J.-C.).
17. Al-Kindī, *Sur la philosophie première*, p. 28-34.
18. *AṬ*, II, p. 816.15-16.
19. Philopon (« Corollary on Place », 583.6-12, p. 46) défend l'idée d'une extension tridimensionnelle vide, mais borne son cosmos. Il précise dans son commentaire du lieu que « dans l'Univers, chacune des sphères intérieures occupe une partie bornée du vide, et la totalité se "cotermine" avec la totalité du Cosmos ». La frontière ne peut pas être une surface de cette extension puisqu'elle n'est pas un corps mais « il n'est pas impossible d'imaginer [...] la surface du corps le plus externe coïncidant, comme je l'ai dit, avec les frontières du vide ».
20. Ibn al-Qifṭī (*Tārīḫ al-ḥukamā'*, p. 356) signale que le *Contra Proclum* comme le *Contra Aristotelem* ont été traduits en arabe. Il nomme le premier *Réfutation de Proclus sur la question de l'éternité (dahr)* et le second *Réfutation d'Aristote*.
21. Pines, 1972, *in* Stroumsa, 2000g.
22. Il existe deux manuscrits de ce résumé : l'un se trouve à la Bodleian Library n° 240 (Hunt Collection) fol. 105-109, l'autre à celle du Vatican sous la référence Arabo 103, fol. 30a-32b.
23. Le terme arabe utilisé par l'auteur de ce résumé est celui de *dahrī*, voir glossaire, n° 7.
24. C'est la position des aristotéliciens, non celle de Philopon qui refusera de faire une telle distinction.
25. Bruno, *Penser l'infini*, *in* Blay, 2010, p. 58.
26. Blay, 2010, p. 25.
27. Al-Rāzī, Abū Bakr, *Kitāb al-šukūk ʿalā kalām Ǧālīnūs*.
28. Al-Ġazālī, *Tahāfut*, p. 88-124. Voir Griffel, 2011, p. 71.
29. Crubellier & Pellegrin, 2002, p. 239-40.
30. Pour une étude plus détaillée, voir la description minutieuse de Pierre Duhem (1913, I, p. 107-241).
31. Aristote, *Traité du ciel*, I, 9, p. 45, 279.a.11-18 : « En même temps, il est clair qu'il n'existe non plus ni lieu, ni vide, ni temps en dehors du ciel. En tout lieu que ce soit, en effet, un corps peut être présent ; et le vide est dit ce en quoi le corps, même s'il n'est pas présent, peut cependant l'être ; et le temps est le nombre du mouvement. Mais, indépendamment d'un corps naturel, le mouvement n'existe pas. Or, nous avons montré qu'en dehors du ciel, il n'y a, ni ne peut se produire un corps. Il est donc manifeste qu'il n'existe ni lieu, ni vide, ni temps en dehors du ciel. »
32. Voir Rashed M., 2007.
33. Rashed M., 2007.
34. Duhem, 1913, I, p. 297.
35. Le rayonnement de chaleur du Soleil serait provoqué par des frictions dues au mouvement de l'astre entre la zone de l'air et celle du feu.
36. Voir par exemple Wildberg, 1988.
37. Pines, 1972, *in* Stroumsa, 2000g.
38. Voir l'étude de ce concept de lieu naturel dans la partie sur l'espace, p. 102-105.
39. Nous verrons plus loin, dans le *Traité du ciel*, qu'il admet que cet événement n'a jamais eu lieu et c'est pour cela que l'on « ne peut pas connaître la nature de la substance dont sont composés les astres. »

40. Voir sa démonstration sur la coexistence du *mayl* forcé et du naturel dans le débat sur la *quies media*, p. 76-79.
41. Ce « ou » s'avère totalement exclusif.
42. Dhanani, 2003, p. 136.
43. Dhanani, 2003, p. 137.
44. Sur les différents termes dérivés de « nature », voir glossaire, n° 8.
45. Abū al-Barakāt reprend à cet endroit la définition d'Aristote (*Traité du ciel*, I, 2, 268b.23-26) : « j'appelle simples tous les corps qui comportent un principe de mouvement selon la nature, comme le feu, la terre, leurs variétés et les corps qui sont apparentés » ; les mouvements des corps simples sont simples mais dans le cas des composés « c'est le composant dominant qui détermine la direction du mouvement ».
46. Simplicius, *On Aristotle On the Heavens*, I, 88.28-29.
47. Richard Sorabji (1991, p. 25) à propos de Simplicius, *On Aristotle On the Heavens*, I, 87,29-31, 88,8-10, 89,15-19.
48. Les pôles de la sphère céleste par lesquels passe l'axe du monde.
49. Aristote, *Météorologiques*, I, 8, 345b-30-35, p. 25.
50. Ce savant est aussi l'auteur d'une traduction des *Météorologiques* d'Aristote. Voir Micheau, 2002.
51. Nous montrons à la fin de cette section que Faḫr al-Dīn al-Rāzī semble avoir repris, en partie, ces thèses d'Abū al-Barakāt.
52. Lettinck, 1997, p. 489. Cette position est celle qu'a reprise Averroès.
53. La théorie aristotélicienne interprète effectivement les couleurs comme des mélanges de noir et de blanc.
54. Cette interrogation sur le rapport entre la substance des sphères et celle des étoiles, que platoniciens comme aristotéliciens identifient l'une à l'autre-, est récurrente dans tout le traité.
55. Une grande partie de ce cinquième chapitre passe en revue les questions (et les réponses) d'Aristote (*Traité du ciel*, I, 2-4).
56. Aristote définit le lourd comme « ce qui tend à se porter vers le centre » et le léger comme « ce qui s'en éloigne ». Le corps simple qui s'éloigne le plus du centre est le feu, il est donc au maximum de la légèreté. Il ne peut donc être question de poids ou de légèreté pour la substance céleste qui, d'une part n'admet aucun de ces mouvements, d'autre part est au-delà du lieu du feu (*Traité du ciel*, I, 2, 3, 269b).
57. Nous avons relevé au moins deux hésitations à ce sujet : « et si les totalités de chacun des quatre ou des cinq éléments diffèrent les unes des autres [...] » (*KM*, III, 8, p. 150.17), et, évoquant le feu et la terre, « on dit que ceci est la nature de la chaleur et ceci la nature de la froideur, et on les appelle les quatre ou les cinq natures » (*KM*, III, 8, p. 152.20).
58. En effet la question peut aussi être débattue au sein de la métaphysique ou des sciences théologiques.
59. Ce passage évoque les observations de l'ombre de la sphère terrestre sur la Lune lors des éclipses de Lune, où la Terre apparaît comme un disque « parfait ».
60. Par exemple, s'il s'agissait de la bouche d'un homme, on devrait voir un ventre dans lequel rentrerait de la nourriture.
61. Rashed M., 2004b, p. 46.
62. Rashed M., 2004b, p. 47.

63. Particularité qu'il partage avec les deux pôles célestes.
64. Abū al-Barakāt n'en compare pas moins la densité des étoiles à celle des sphères.
65. Hasnaoui, 1991.
66. Avicenne, *Métaphysique*, p. 382-383.
67. Cité par Pines, 1954, *in* Stroumsa, 2000d, p. 253.
68. Chiaradonna, 2009, p. 54.
69. Dans son manuel, Alain De Libera (2006, p. 124) développe longuement, à propos de la théorie de la prédication d'Abū al-Barakāt, ce qu'il pense être une « préfiguration de la définition nominaliste de la vérité » et le passage d'une « problématique des choses à une problématique des noms ». Il nous semble cependant qu'en science de la nature, les « noms » d'Abū al-Barakāt ne sont pas seulement des noms mais aussi des existants, comme il l'affirme lui-même à plusieurs reprises.
70. Pines, 1954, *in* Stroumsa, 2000d, p. 257.
71. Marcotte, 2004, p. 224.
72. Arnaldez, 1987, p. 108.
73. Sirat, 1983, p. 157.
74. Shlomo Pines propose de traduire le terme employé, *wahm* par « faculté estimative » (Pines, 1955, *in* Stroumsa, 2000e, p. 106). Il consacra un appendice aux nuances de ce terme avec la *doxa* grecque (*idem*, p. 134-137).
75. Griffel, 2011, p. 67.
76. Pines, 1955, *in* Stroumsa, 2000e, n. 6, p. 121-122.

Conclusion

Au terme de cette analyse de la *Physique* et du système du monde exposés dans le *Muʿtabar*, on est en droit de s'interroger sur le devenir de ces constructions théoriques et sur ce que cette lecture d'Abū al-Barakāt peut apporter à l'histoire des sciences, ou dire de l'histoire des sciences.

Postérité des opinions d'Abū al-Barakāt

La postérité d'Abū al-Barakāt dans le monde arabe n'a été étudiée que par S. Pines. Quelques noms ont été évoqués au cours de notre étude comme celui de Faḫr al-Dīn al-Rāzī, rationaliste asharite né vers 1150, dans les années qui précèdent le décès d'Abū al-Barakāt, et mort en 1210. Celui que S. Pines qualifie de polygraphe était un théologien sunnite commentateur du Coran, dont la production philosophique, sur l'ensemble de sa vie et dans le domaine de la philosophie naturelle, est quelque peu hétérogène. S'il a repris quelques idées métaphysiques d'al-Baġdādī comme celles sur le temps[1], sa physique est un ensemble disparate où l'on ne retrouve pas les avancées que nous avons étudiées. Dans ses *Mabāḥiṯ mašriqiyya* (*Recherches orientales*), « l'auteur du *Muʿtabar* » est mentionné plusieurs fois dans le livre, centré sur les *Naturalia*[2]. On trouve dans ce dernier des arguments proches de ceux d'al-Baġdādī à propos du temps, du lieu, ou du mouvement ; ces arguments semblent avoir parfois les faveurs d'al-Rāzī, mais les conclusions sont beaucoup moins tranchées, voire opposées à celles de son aîné[3]. S. Pines le crédite d'avoir repris dans un autre ouvrage « l'explication

Notes pages 246-248

de l'accélération par l'effet cumulatif des *mayl*-s successifs[4] », mais le passage signalé, qui se réduit à deux lignes, est assez laconique[5] :

> Question nº 11 : quelle est la cause du renforcement du *mayl* naturel lorsqu'il s'approche du but (*al-maṭlūb*) […] ? [Réponse] La raison en est que la nature, si elle n'est pas empêchée par un contraire, produit un *mayl*, et celui-ci ne cesse de s'accroître. On sait que l'influence de la nature, seule, n'est pas comme celle qu'elle a lorsqu'elle est accompagnée de *mayl*-s qui la renforcent et la soutiennent.

On peut difficilement affirmer une reprise de la thèse d'Abū al-Barakāt : le théologien fournit, sur ce terrain aussi, une thèse aux contours flous qui n'a que peu à voir avec la démarche rationnelle de son aîné. S. Pines concède, dans un autre texte, qu'il y a sur ce plan un grand écart avec al-Baġdādī, et relève dans une note de bas de page[6] :

> Abū al-Barakāt, malgré l'influence considérable qu'il a exercé, n'a pas eu de véritable <disciple> ; même Faḫr al-Dīn al-Rāzī ne mérite pas ce titre car, s'il a souvent mis à contribution les doctrines du philosophe juif, on ne peut pas dire qu'il ait vraiment adopté sa méthode dans ce qu'elle a de plus rigoureux.

Dans le milieu juif, Abū al-Barakāt restera une référence dans les décennies qui suivent sa disparition, et ceci malgré sa conversion et ses propos peu amènes sur ses coreligionnaires. Les arguments philosophiques qu'il a développés dans son *Traité de l'âme*[7], concernant les preuves de la survie de celle-ci, sont au cœur du débat qui oppose en 1191 Maïmonide et son élève favori Yosef ben Shimeon, à Samuel ben Eli, chef de l'Académie juive de Bagdad. Ce dernier, dont la culture religieuse lui vaut le titre de « Gaon de Bagdad », cite des passages entiers du *Muʿtabar* où al-Baġdādī avait exposé les positions diverses des philosophes. Le Gaon en conclut que ceux-ci n'apportent aucune preuve décisive sur la nature de l'âme et qu'il faut donc, sur cette question, en référer aux textes transmis par révélation. À l'inverse, Maïmonide et son élève s'appuient sur la démonstration argumentée d'Abū al-Barakāt pour fustiger le « prêcheur[8] ». Il est manifeste que l'œuvre d'Abū al-Barakāt a joué un grand rôle dans ce débat[9].

Nous avons évoqué dans la biographie de notre philosophe quelques disciples mentionnés par les historiens arabes [10]. Celui dont les travaux nous sont parvenus et qui fut élève du médecin Abū al-Barakāt, le mathématicien Samawʾal al-Maġribī, n'a pas produit, à notre connaissance, d'ouvrage de philosophie naturelle. Beaucoup plus tard, au XIVe siècle, dans l'Espagne musulmane, un philosophe semble avoir repris les idées d'Abū al-Barakāt. Il s'agit de Ḥasday Crescas qui ne lisait pas l'arabe mais l'hébreu. Il resterait à éclaircir par quel truchement la transmission aurait pu se faire et quelle postérité elle a pu avoir à son tour. Les thèses de Crescas ont été étudiées au début du XXe siècle par H. A. Wolfson [11], et celles concernant le temps, l'espace, le vide et l'infini spatial ont été comparées par S. Pines à celles de notre auteur : leur ressemblance, y compris dans le choix des arguments, semble importante. Nous ne pouvons en dire plus, faute d'accès à ces textes, et il est très probable que d'une manière générale, la faible postérité apparente de notre philosophe soit due, avant tout, à notre ignorance. L'originalité de cette œuvre ne peut pas être restée sans suite et des études ultérieures devront s'atteler à en mesurer le rayonnement, tant dans le monde oriental qu'occidental.

Les philosophes de l'Espagne musulmane, ceux notamment dont les écrits ont bénéficié du deuxième mouvement de traduction de l'arabe au latin au XIIIe siècle, ne semblent pas avoir eu connaissance des thèses de leur contemporain oriental. Rappelons que les commentaires de la *Physique* d'Aristote par Avempace (Ibn Bāǧǧa), né à Saragosse à la même époque qu'Abū al-Barakāt (env. 1070), n'ont pas été traduits en latin, mais que ses opinions ont été diffusées par les citations qu'en a faites Averroès (Ibn Rušd, m. 1198) dans son *Grand commentaire*, qui fut, quant à lui, traduit et abondamment commenté par les scolastiques. Nous pouvons compléter aujourd'hui notre connaissance d'Avempace par un certain nombre de manuscrits arabes qui ont été commentés autrefois par E. Moody [12], puis par S. Pines [13], et plus récemment par P. Lettinck [14] et A. B. Franco [15].

Dans le commentaire de sa *Physique* [16], Avempace se concentre sur le livre VII de la *Physique* d'Aristote, livre qu'il trouve injustement peu commenté [17]. Il développe une théorie concernant l'interaction entre le moteur et le mobile, ou plus exactement une réaction du second sur le premier, produisant un affaiblissement du moteur qui est ainsi « fatigué ». Le mobile et le moteur se trouvant nécessairement en contact, chacun *a priori* peut mouvoir l'autre ; le moteur est celui dont « la force est supérieure » mais à son tour il est mû par ce qu'il meut et se fatigue en déplaçant le mobile. Dans le cas du mouvement violent, c'est l'air qui est le moteur en contact avec le mobile et que le mobile fatigue ainsi. Une telle explication du ralentissement du mouvement nécessite un moteur externe, le médium. Concernant la loi de la chute des graves, Avempace met en cause, dans le commentaire rapporté par Averroès, l'idée aristotélicienne d'une vitesse inversement proportionnelle à la résistance du milieu en arguant, lui aussi, du fait que les astres ne rencontrent pas de résistance et n'ont pas pour autant une vitesse infinie ; la vitesse d'un projectile est seulement diminuée par le milieu. Pour autant, Avempace ne semble pas défendre, quoi qu'en disent certains commentateurs, une quelconque théorie de la *rhopè* qui rappellerait celle de Jean Philopon. S'il met en cause les arguments d'Aristote contre le vide, il ne défend pas non plus positivement l'existence de celui-ci. Il ne semble donc pas que l'on puisse trouver du côté d'Avempace, et encore moins d'Averroès, une transmission des thèses d'Abū al-Barakāt.

Cinquante ans environ après l'écriture par Abū al-Barakāt de la *Physique* du *Muʿtabar*, celle d'Aristote est traduite en Occident, plus précisément en Espagne à la fin du XIIe siècle. Mais dès 1210, l'autorité ecclésiastique en interdit la lecture et l'étude. Il faut donc attendre quelques décennies pour que les débats que nous avons évoqués rebondissent dans le monde latin.

Nous avons déjà vu la grande diversité des théories qui intègrent la notion de *mayl* dans le monde arabe. Le *mayl* d'Abū al-Barakāt n'est pas celui d'Avicenne, comme l'établit sans la moindre équivoque leur comparaison dans l'étude de la *quies media*. Cette différence de conception fait suite, sans s'y réduire, à la redéfinition de la notion de *rhopè* dans l'antiquité tardive par Jean Philopon et sans doute à de nombreuses exégèses grecques ou syriaques qui ne nous sont pas parvenues. Dans le cas de la *rhopè*, la rupture porte essentiellement sur l'admission du vide et elle structure une nouvelle conception de l'espace, entraînant une nouvelle loi de la dynamique. On retrouve cette hétérogénéité entre les différentes conceptions du *mayl*, à laquelle s'ajoute la possibilité qu'ils coexistent ou non, et la création d'un continuum permettant de rendre compte des variations de vitesse.

Quel est l'avenir de cet héritage complexe dans le monde latin ? Les concepts de *mayl* et de *rhopè* vont-ils fusionner lors de la transmission dans un concept unifié d'*impetus* ? Celui-ci forme-t-il une doctrine qui permettrait d'identifier, par contraste, l'apparition d'un nouveau paradigme, à savoir le principe d'inertie de Galilée et Descartes ? Où se situent les lignes de fracture avec la physique aristotélicienne et son projet d'édifier, à l'intérieur d'un monde clos où tout se transforme, les règles de ces transformations ? Ces règles, nous l'avons montré, sont enfermées dans une causalité téléologique puisque les mouvements sont définis par leurs termes. Peut-on repérer des conditions nécessaires, voire suffisantes, à l'éclosion d'une physique prédictive, et à la mathématisation de ses descriptions ? Le balayage de quelques théories du mouvement dans le monde latin peut nous fournir des éléments de réponse.

Y a-t-il une physique de l'*impetus* ?

Les recherches sur l'*impetus* du monde latin ne datent pas d'hier et là encore S. Pines, dans un papier précurseur que nous avons déjà cité[18], a inauguré l'exercice en suivant les variantes de ce concept « philoponien » chez Avicenne, Abū al-Barakāt, Faḫr al-Dīn al-Rāzī puis chez les terminalistes parisiens comme Jean Olivi et Jean Buridan (m. 1363), docteur scolastique et recteur de l'université de Paris, le premier à avoir employé ce terme d'*impetus*. Un travail analogue a été conduit plus récemment par A. Hasnaoui, qui a comparé les théories d'Avicenne et d'Abū al-Barakāt concernant la théorie du *mayl*, aux débats qui se sont déroulés dans le monde latin au XIVe siècle, notamment sous la plume de Jean Buridan[19].

Ce n'est bien sûr pas un hasard si les discussions des philosophes de la nature en Occident, entre le XIVe et le XVIe siècles, ressemblent à celles que nous avons quittées à Bagdad au XIIe siècle. Aristote et ses commentateurs grecs sont alors redécouverts, et le mouvement de traduction a fait connaître les philosophes de l'Orient musulman comme Avicenne, dont le *Šifāʾ* a été traduit en latin dès le XIIe siècle, ainsi que ceux de l'Occident comme Averroès. Par ces textes, la palette des théories ayant été débattues auparavant, sera elle aussi transmise, que ce soit celles de Philopon ou d'Avempace. Les thèses du monde latin à ce sujet ne sont pas pour autant le décalque de celles du monde arabe et la notion d'*impetus*, détachée du corpus théorique qui l'entoure, est impuissante à rendre compte de la pluralité des points de vue que nous allons balayer.

Jean Buridan explique dans ses *Questions sur les huit livres de la Physique d'Aristote* le mouvement des projectiles à l'aide d'un *impetus*[20] :

> Tandis que le moteur meut le mobile, il lui imprime un certain *impetus*, une certaine puissance capable de mouvoir dans la direction même où le moteur meut le mobile [...] Plus grande est la vitesse avec laquelle le moteur meut le mobile, plus puissant est l'*impetus* qu'il imprime en lui. C'est cet *impetus* qui meut la pierre après que celui qui la lance a cessé de la mouvoir ; mais par la résistance de l'air et aussi par la pesanteur qui incline la pierre à se mouvoir en un sens contraire à celui vers lequel l'*impetus* a puissance de mouvoir, cet *impetus* s'affaiblit continuellement ; dès lors le mouvement de la pierre se ralentit sans cesse : cet *impetus* finit par être vaincu et détruit à tel point que la gravité l'emporte sur lui, et désormais meut la pierre vers son lieu naturel.

Cet *impetus* ressemble à la *rhopè* de Jean Philopon[21] et présente des similitudes avec les différents *mayl*-s : comme celui d'Avicenne, il ne s'épuiserait pas dans le vide et en l'absence de gravité, mais comme celui d'Abū al-Barakāt, il est affecté, dès le début du mouvement ascendant, par la « pesanteur » du mobile et il continue d'exister au début de la descente, justifiant qu'il n'y ait pas de *quies media*. Buridan remarque qu'un corps grave et dense reçoit davantage d'*impetus* qu'un corps léger dans sa chute, et, comme on le voit dans l'expression « il meut la pierre vers son lieu naturel », l'idée que cet *impetus* cherche à atteindre un but est toujours présente.

On retrouve des éléments analogues dans l'œuvre de Galilée, deux siècles plus tard, lorsque celui-ci s'attaque à la question du mouvement des projectiles dans son *De Motu*, une œuvre de jeunesse « polémique et libératrice » comme la qualifie M. Clavelin[22]. La théorie de Galilée dérive de celle de Buridan puisqu'elle explique la poursuite du mouvement d'un projectile par un *impetus* fourni par le lanceur et qui conserve la puissance de ce dernier. Galilée définit cette « vertu motrice » par ses effets, comme le faisait Abū al-Barakāt dont le *mayl* forcé n'est « pas vraiment une cause mais seulement l'effet d'une cause ». Concernant le mouvement d'un projectile que l'on jette en l'air, le savant italien défend l'idée que l'*impetus* communiqué dirige le corps vers le haut tant que sa puissance est supérieure à celle de la gravité. En haut de la trajectoire, les deux puissances sont à égalité et le corps commence à redescendre. Il n'y a donc pas de *quies media* puisque, comme le relève M. Clavelin, « au moment précis où le mouvement se transforme, l'*impetus* n'a pas entièrement disparu mais seulement cette partie qui excédait la force propre de la gravité[23] ». Enfin, comme chez al-Baġdādī, le reliquat d'inclination forcée dans le corps en début de descente s'oppose à l'inclination naturelle, sans toutefois la vaincre, et retarde le moment où le corps atteint sa « pleine vitesse ». Galilée affirme, comme Abū al-Barakāt, que le mouvement dans le vide n'est nullement impossible, et cherche, comme lui, à construire une continuité entre les mouvements montant et descendant ; mais il en reste dans ces premiers écrits à une description de la chute d'un corps qui se termine par un mouvement uniforme lorsque le reliquat d'*impetus* a été épuisé.

Galilée a pu bénéficier, dans ses recherches ultérieures, de celles des nombreux érudits qui se sont essayés à l'analyse du mouvement des projectiles à cette époque. La théorie développée dans la deuxième moitié du XVIe siècle par Benedetti, intéresse au plus haut point notre étude. Le jésuite italien (1530-1590) explique en effet au chapitre XIV de son *Diversarum speculationum mathematicarum et physicarum liber* :

> Dans les mouvements naturels et rectilignes, l'*impressio*, l'*impetuositas recepta*, croît continuellement, car le mobile a en lui-même la cause mouvante, c'est-à-dire la propension à se rendre au lieu qui lui est assigné ; Aristote n'aurait pas dû déclarer qu'un corps est d'autant plus rapide qu'il s'approche davantage de son but (*terminus ad quem*), mais bien plutôt qu'un corps est d'autant plus prompt qu'il s'éloigne davantage de son point de départ (*terminus a quo*).

Benedetti a complètement internalisé dans le projectile la « cause mouvante », cet *impetus* qui lui permet de rejoindre son « lieu naturel » malgré l'aspect téléologique de ce dernier vocable. Comme al-Baġdādī quatre siècles plus tôt, cette séparation du mobile et de son milieu l'amène à retenir, comme paramètre gouvernant l'accélération de cette chute, la distance parcourue depuis le point de départ.

Plus étonnant encore, Benedetti développe à partir de ce modèle, une théorie de l'accélération basée sur l'accumulation des *impetus*, une idée dont P. Duhem pensait qu'elle n'était apparue qu'au milieu du XVIe siècle. Le passage suivant affirme que la vitesse d'un corps en chute libre « augmente sans cesse » car « l'*impetus* et l'*impressio* qui existent en lui croissent sans cesse », et parce qu'il est « constamment uni à la vertu mouvante ». Le processus de cette accumulation a la même ambiguïté que chez Abū al-Barakāt puisqu'on retrouve une confusion analogue dans l'analyse de cet effet accélérant, l'*impetus* étant augmenté par l'*impressio* qu'il provoque lui-même. Il traduit cependant la volonté de placer l'origine de cette accélération à l'intérieur du mobile.

Signalons que Benedetti avait été précédé dans cette voie par un érudit de Vérone, Jules César Scaliger, qui écrivait en 1557, à propos de l'accélération de la pierre[24] :

> Elle a déjà reçu l'impression du mouvement. À <cette> première part du mouvement en succède une seconde et, toutefois, la première demeure. En sorte que, bien qu'un seul moteur exerce son action, les mouvements qu'il imprime en cette succession continue sont multiples.

Ces tentatives d'explication de l'accélération par une cause interne au mobile sont encore des faits isolés au XVIe siècle. P. Duhem rappelle, dans son étude du concept d'accélération, que Tartaglia et Cardan ont, à la suite de Léonard de Vinci, cherché l'origine de celle-ci du côté de l'action du milieu ébranlé, tout en expliquant la poursuite du mouvement par un *impeto* transmis par le moteur au mobile.

Un autre point commun entre Benedetti et Abū al-Barakāt concerne la chute des graves dans le vide, dont le Vénitien admet l'existence possible. Au chapitre X de son *Diversarum*[25], il compare la chute de corps homogènes dans un même milieu. G. Bauer, qui a étudié ce texte, le présente comme une parfaite démonstration de l'indépendance de la vitesse de chute des corps par rapport à leur volume ou leur poids[26], mais, il convient de préciser, « à densité de mobile égale ». Cette démonstration a aussi été analysée par A. Koyré qui souligne le projet qu'avait l'Italien de mathématiser cette science. Benedetti affirme : « le fondement inébranlable de la philosophie mathématique me force à me séparer d'<Aristote>[27] ». La base théorique de sa démonstration est en effet le principe d'Archimède qu'il applique aux mobiles en mouvement dans un fluide[28]. Sur cette même base, Benedetti soutient que la chute dans le vide est possible, mais il défend une loi de chute des corps où « le mouvement <est> proportionné à la vertu mouvante[29] ». À milieu égal, la vitesse est donc proportionnelle au « moteur » et le rôle du milieu consiste à retirer une partie de la force motrice que contient le mobile, de sorte que dans les milieux de plus en plus denses, la vitesse va diminuer en suivant une progression arithmétique, et non géométrique comme le voulait Aristote. Le rôle du milieu n'est donc pas celui d'ajouter un retard quasi négligeable au temps de parcours, comme dans la loi de Philopon et Abū al-Barakāt. Son rôle est de diminuer le poids relatif du mobile, la lourdeur ou la légèreté n'étant pas des grandeurs absolues.

Concernant la *quies media* proprement dite, elle n'existe tout simplement pas, et la démonstration en est, comme pour Abū al-Barakāt, une expérience de pensée montrant comment un mouvement continu peut être associé à un mouvement alternatif. Cette fois – nous sommes au siècle des ingénieurs – c'est le mouvement d'une bielle fixée sur un point excentrique à une roue *c*, et dont l'autre extrémité *d* fait un va-et-vient le long d'une droite, qui montre qu'il n'y a aucun temps d'arrêt pour cette seconde extrémité, la roue tournant d'un mouvement continu[30].

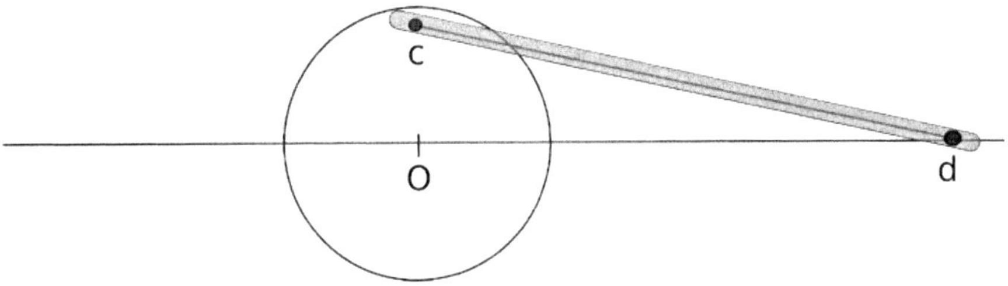

Benedetti défend par ailleurs l'idée que « l'infini se trouve dans la nature comme actuel, et non seulement comme potentiel » ; il affirme aussi que « tous les corps ont un lieu[31] ». Cet auteur du XVIe siècle latin, dont le corpus semble le plus proche de celui d'Abū al-Barakāt, montre cependant quelques écarts, notamment par son emploi des « poids relatifs ».

Les idées de Benedetti sont loin d'être répandues à son époque, y compris celle d'une cause du mouvement interne au projectile. À la même période, mais à l'autre bout de « l'échiquier philosophique », un professeur de l'université de Padoue, Jacques Zarabella, péripatéticien convaincu, se débat avec les différentes tendances de la philosophie naturelle dans son *De rebus naturalibus*, publié en 1590. Il argumente à l'aide des écrits d'Averroès pour relire la physique aristotélicienne. J. Biard a montré, dans une étude de son premier livre[32], comment ce Padouan établit que le mouvement naturel d'un élément vers son lieu propre a pour seule cause la forme de cet élément. Mais la nécessité d'un moteur extérieur, appliquée au mouvement du projectile, l'amène à requérir le mouvement de l'air par antipéristase. Il refuse la proposition de ceux qu'il appelle les *nominales*[33], d'un *impetus* qui serait à la fois puissance motrice et résistance, afin que la vitesse de chute dans le vide ne soit pas nulle. Pour lui, la force a beau être interne, toute résistance est externe. Du coup, pour rendre compte de l'accélération, l'idée que « les graves et les légers sont mus par leur forme propre en tant que moteurs prochains » ne peut être d'aucun secours, cette forme étant toujours la même. La raison de l'accélération n'est donc pas que la gravité augmente, mais « que continûment la résistance du milieu diminue ». J. Biard, analysant cette théorie physique, observe que « le milieu est donc récusé comme principe de mouvement, mais il est réintroduit pour sa variation[34] ».

L'*impetus* est donc loin de faire consensus y compris quelques décennies avant la parution des *Discorsi*[35] de Galilée. Il a surtout une diversité d'acceptions au moins aussi grande que ses deux ancêtres la *rhopè* et le *mayl*. Résumons celles que nous avons rencontrées tout au long de notre étude :

- une autre façon de nommer la tendance d'un corps à aller vers son lieu naturel (Aristote dans le *De Caelo*, al-Ḫāzinī dans son *Traité sur la balance*) ;
- un moyen de placer la cause des mouvements (au moins en partie) à l'intérieur des corps pour imaginer la possibilité de ceux-ci dans le vide et redéfinir le lieu comme un espace tridimensionnel (Philopon, Abū al-Barakāt) ;
- une réalité qui se maintient à l'intérieur d'un corps en mouvement forcé tant que rien ne l'anéantit, justifiant ainsi que le vide soit impossible (Avicenne, Buridan) ;
- une force acquise qui doit être anéantie lorsque le mobile parvient au terme du mouvement correspondant (le haut du montant) et qui ne peut, à ce titre, coexister avec une autre (Avicenne) ;
- une force motrice qui peut coexister avec une autre dans un corps pour former un continuum entre le montant et le descendant (Abū al-Barakāt, Benedetti) ;
- une force motrice qui, parce qu'elle est interne au corps, voit ses effets s'accumuler et peut rendre compte de l'accélération des graves (Avicenne, Abū al-Barakāt, Benedetti, Scaliger) ;

- une tendance dont les natures (rectilignes ou circulaires) sont consubstantielles aux corps et qui participe à la dualité du monde (sub- et supralunaire) (Avicenne) ;
- une tendance commune aux deux mondes qui permet d'unifier la cause du mouvement des astres et celle de la chute des corps graves, les astres pouvant même admettre, le cas échéant, une tendance au mouvement rectiligne (Abū al-Barakāt, Philopon d'une autre manière) ;
- le moteur de la chute dans le vide, gouvernant sa vitesse et justifiant que celle-ci diffère d'un corps à un autre (Philopon) ;
- une réalité qui est à la fois « force » et « résistance » à la mise en mouvement, ce qui permet d'imaginer l'égalité de temps de chute des corps dans le vide (Abū al-Barakāt, Benedetti en partie).

Par ailleurs, la thèse d'une impulsion acquise n'est pas indispensable à un refus du milieu comme principe du mouvement (Zarabella) ou à la formulation d'une loi de la dynamique aux accents philoponiens (Avempace). De façon symétrique, l'admission d'un *impetus* interne au mobile n'exclut pas une explication de la variation de la vitesse par une cause externe : le médium (Vinci, Cardan).

Que reste-t-il de commun entre toutes les déclinaisons de ce mot lorsqu'il est corrélé à des théories aussi radicalement hétérogènes ? Il n'est pas nécessaire de poursuivre davantage cet inventaire pour conclure à l'irréductibilité de ces thèses les unes aux autres. Elles ne forment pas un invariant de l'histoire de la physique. Entre la physique du vide de Philopon et celle du plein d'Avicenne, il y a une rupture fondamentale. Entre une dynamique où les causes du mouvement sont indissociables de leurs termes, et celle de la coexistence des *mayl*-s, il y a une autre rupture fondamentale. Il reste un mot en commun, celui d'« élan » ou « impulsion », qui prend appui sur notre expérience première comme le décrit Gaston Bachelard. Nous communiquons une « impulsion » à un projectile, nous ressentons qu'un chariot est difficile à mettre en mouvement au début mais qu'il poursuit sur sa lancée ensuite et nous ressentons, à la réception d'une balle, qu'elle contient cet élan.

Au-delà du mot, il reste aussi la nécessité qu'il y ait à l'intérieur du mobile quelque chose ayant peu ou prou (selon les théories) le rôle de moteur et qui prenne ses aises avec le double axiome aristotélicien : nécessité que celui-ci soit extérieur et exigence qu'il soit en contact avec le mobile. L'affirmation de l'*impetus* consiste cependant *de facto* à admettre la nécessité de ce moteur, et c'est en ce sens que l'on peut dire aujourd'hui, au futur antérieur, « qu'il aura fallu abandonner cette théorie » pour concevoir le principe d'inertie. Mais force est de reconnaître qu'il est urgent d'abandonner le singulier pour la théorie de l'*impetus*.

S'interrogeant sur l'équivalence des énoncés historiques à propos, cette fois, du principe d'inertie depuis Galilée jusqu'à Huygens et Newton, en passant par Descartes et Beeckman, l'historienne des sciences S. Roux, propose quelques critères[36] :

> On peut dire que l'énoncé d'un principe dans un texte est équivalent à l'énoncé d'un principe dans un autre texte si : 1. ils prédisent qu'un corps, dans une situation donnée, a le même comportement, 2. ils s'appliquent au même ensemble de phénomènes, 3. ils mettent en jeu le même réseau de concepts. Ces trois critères d'équivalence ne sont vraisemblablement pas les seuls qu'on puisse imaginer, et il n'est pas sûr qu'ils soient toujours distincts l'un de l'autre. Il devrait cependant être clair que, selon qu'on privilégie l'un ou l'autre, le verdict ne sera identique ni quant à l'équivalence de deux énoncés, ni quant au lieu où un principe apparaît pour la première fois.

On peut même en arriver, poursuit cette auteure, en appliquant une version sévère de tous ces critères réunis, à conclure qu'aucun énoncé n'est équivalent à un autre. Nous ne proposons pas d'aller jusqu'à cet extrême qui reviendrait à considérer chaque théorie comme un tout, interdisant toute mise en relation. Comme l'ajoute S. Roux, « une fois entré dans une totalité close, on ne voit pas bien comment en sortir[37] ». Il n'en est pas moins important, et c'est l'objet de son article, de réfléchir à la signification précise de ces énoncés, voire à une théorie de la signification en histoire des sciences.

En appliquant la version la plus légère du premier de ces critères à la *quies media* on peut affirmer qu'il n'y a aucune équivalence entre le *mayl* d'Avicenne et celui d'Abū al-Barakāt. De même, l'admission du vide examinée au travers des critères 2 et 3 ne permet pas d'établir une équivalence entre le *mayl* d'Avicenne et la *rhopè* de Philopon. Et nous pourrions reprendre ainsi tous les éléments de notre récapitulatif des variantes de cette thèse.

Pourtant F. Zimmermann, pour ne prendre que cet exemple, dans son article déjà cité sur l'impact de la théorie de Philopon dans la tradition arabe[38], défend l'idée que le *mayl* d'Avicenne reprend la *rhopè* de Philopon, en négligeant le fait que le premier nie l'existence du vide, alors que le second se sert de ce concept pour établir l'existence d'un espace vide tridimensionnel. Il englobe les deux thèses, comme de nombreux commentateurs actuels, sous le même vocable d'*impetus*. Nous avons critiqué à plusieurs reprises cet usage chez S. Pines.

Le projet de P. Duhem, repris explicitement dans le cas qui nous occupe par S. Pines, de classer dans un vaste ensemble les théories de l'*impetus* comme autant de préludes aux innovations galiléennes, y compris en prenant la peine de lire toutes leurs nuances, trahit néanmoins leur volonté commune de construire une lecture continuiste de l'histoire des sciences. Ce projet se lit d'ailleurs jusque dans l'économie de l'écriture de ces deux historiens, qui consiste en une minutieuse mise en relation de chaque énoncé avec une multitude d'autres, postérieurs ou antérieurs, à grand renfort de notes érudites et circonstanciées, pour le plus grand bonheur, il faut le reconnaître, du lecteur. Mais une telle démarche empêche de lire d'une part la véritable innovation portée par la révolution galiléenne, et d'autre part les ruptures qui l'ont précédée.

L'immersion dans le texte du *Kitāb al-muʿtabar* nous a montré que la théorie du *mayl* ne peut constituer le fil rouge de l'analyse de sa dynamique, même si celle-ci doit bien évidemment passer par l'étude de celle-là. En s'y arrêtant on risque fort d'occulter le cadre théorique de ce *mayl*, c'est-à-dire ce qui constitue, aujourd'hui comme hier, les concepts fondamentaux de la physique.

Retour sur le sens de l'histoire

Venons-en au statut du principe d'inertie dans l'histoire des sciences. Au cours du XXe siècle, les études sur les premières formulations de la relativité galiléenne et du principe d'inertie associé[39] ont pris une importance considérable, ainsi que les recherches sur leurs amonts et les conditions historiques de leur production. Pour les raisons énoncées précédemment, cette lecture sert très souvent de filtre à l'examen des textes historiques et combien de commentaires retiennent ici ou là soit des prototypes de ce principe, soit, à l'inverse, des « retours en arrière », le sens de la « marche de l'histoire » étant par avance imposé : comme au jeu de l'oie, le passage par la case « principe d'inertie » semble obligé.

C'est ainsi que S. Pines, commentant la différence entre le *mayl* d'Avicenne qui ne s'épuise pas de lui-même afin, rappelons-le encore une fois, de démontrer l'impossibilité du vide, et celui d'Abū al-Barakāt qui s'épuise sous l'action du naturel au fur et à mesure qu'il s'éloigne du lanceur, affirme qu'une telle démarche constitue un « retour à une doctrine dépassée au point de vue de la physique moderne[40] ». Une telle lecture a empêché S. Pines de prendre la mesure de la construction théorique du continuum créé par al-Baġdādī puisqu'il n'a pas mis en relation l'explication du ralentissement du mouvement montant avec celle de l'accélération du mouvement descendant.

Voilà pourquoi il nous a semblé plus fructueux de situer les audaces créatrices des différentes théories en confrontant leurs économies internes, en tentant de les mettre en réseau, même si c'est au prix d'une longue déambulation dans les textes.

De la même façon, la théorie de l'*impetus* chez Avempace a produit des commentaires au « futur antérieur » qui ont été relevés par A. B. Franco. Il critique ainsi les analyses excessives de E. Moody (1951) et de S. Pines (1964)[41] :

> La position d'Avempace à propos de l'explication du mouvement des projectiles n'autorise pas à conclure, comme l'a fait Moody que « les sources de la loi du mouvement d'Avempace, comme la théorie de la force imprimée en tant que cause du mouvement des projectiles étaient dans la tradition néoplatonique d'Alexandrie, représentée par Jean Philopon au VIe siècle de notre ère ». Nous ne pouvons pas non plus dire – en utilisant des termes téléologiques dépassés – qu'il était « sur le chemin de la pensée qui mène de façon remarquable à la loi de l'inertie » (Pines) ou à la dynamique galiléenne.

Une révolution scientifique comme celle du XVIIe siècle en mécanique ne se résume pas à un seul énoncé mais à un ensemble de ruptures avec « l'ancien paradigme » pour construire un nouvel ensemble. C'est l'édifice organisé qu'il est intéressant d'analyser, en le comparant aux édifices de la même époque dont on a mis les éléments en réseau. Il apparaît que le processus de cette construction est bien davantage en forme de spirale que de ligne droite. Si l'on retient un certain nombre d'énoncés, à supposer qu'ils soient isolables, comme conditions nécessaires à la construction d'une physique mathématique comme a. l'admission d'une cause interne au mouvement forcé, b. l'admission du vide, c. la continuité des mouvements réputés contraires, d. l'admission de l'infini, e. l'abolition des causes finales, f. le temps absolu, g. l'espace absolu, h. l'unification de la physique des deux mondes, etc., on voit que l'évolution de la discipline ne consiste pas en la construction de théories successives englobant a puis a + b, puis a + b + c… mais en une variété de théories qui tantôt admettent a + b puis admettent c + d + f suivies d'un « retour en arrière » qui n'admet « plus que » a + f mais « lâche » c et d avant qu'une autre théorie n'admette b + c +d + f + h. Ainsi certains progrès de l'histoire des sciences peuvent avoir l'apparence de retours en arrière, de « bégaiements » pour reprendre une formule célèbre, mais qui ne sont jamais des retours au point de départ car les énoncés poursuivent leur existence.

Il est très difficile, comme nous l'avons vu dans la section précédente, d'évaluer la proximité d'un ensemble complexe de propositions avec un autre ensemble. Mais nous sommes, de plus, en droit de nous demander pourquoi l'histoire de la physique devrait commencer par ce principe qui n'a de premier que l'ordre des formulations historiques. Le deuxième principe de Newton, formulé au début du livre I de ses *Principia* parmi les *Axiomes du mouvement*, affirme en substance que « les changements qui arrivent dans le mouvement sont proportionnels à la force motrice [42] ». Il contient donc entièrement le premier puisque, si la force motrice est nulle, le mouvement n'est plus varié, donc rectiligne uniforme.

La primauté du principe d'inertie est tout à fait relative (le mot s'impose) au projet de construction d'une relativité galiléenne qui cherchait à fournir des arguments physiques à l'hypothèse révolutionnaire, mais « seulement » mathématique, de Copernic. À la question « comment se peut-il que la Terre se meuve sans que l'on s'en aperçoive ? », elle répond que le mouvement peut « être comme rien », c'est-à-dire comme le repos et donc qu'il est relatif au référentiel choisi pour le décrire. C'est ainsi que l'on a pu imaginer l'incroyable : le double mouvement de la Terre, de rotation sur elle-même et de révolution autour d'un autre centre que le sien, en l'absence de toute perception de ces mouvements.

Au XIIe siècle, nous l'avons précisé dès l'introduction, ce projet cosmologique n'est pas à l'ordre du jour. Le système du monde arabo-musulman est resté géocentré jusque dans les plus fins développements de son astronomie, à l'observatoire de Marāġa, au XIVe siècle, même s'il semble établi aujourd'hui que les travaux des astronomes de cette école ont été connus et exploités par Copernic. La seule mise en cause du système géocentrique rapportée dans la littérature se trouve dans les *Tables dédiées à Masʿūd.* L'auteur, al-Bīrūnī (m. 1048), évoque l'hypothèse, soutenue en Inde par Āryabhaṭa (m. 550) et ses disciples, d'un mouvement de rotation de la Terre sur elle-même pour expliquer le mouvement diurne. Al-Bīrūnī affirme que cette hypothèse ne changerait rien aux tables des mouvements célestes, car les résultats seraient les mêmes dans un repère fixe et dans un repère en mouvement. Il affirme même que le mouvement d'un corps en chute sur la Terre resterait en apparence vertical, car il serait entraîné par cette rotation. Mais il calcule ensuite la vitesse qu'aurait un point de la surface de la Terre, dans l'hypothèse de cette rotation. Constatant l'énormité du résultat (dans notre système d'unités, près de mille sept cents kilomètres par heure), il en conclut qu'une telle vitesse devrait modifier de façon notable les vitesses des corps terrestres, ce qui « ne s'observe pas[43] ». Le caractère exceptionnel de cette hypothèse explique peut-être le faible intérêt pour des recherches mettant en regard les principes physiques et les cosmologies dans les études actuelles en sciences arabes.

Le monde d'Abū al-Barakāt est, comme celui de ses contemporains, un monde entièrement structuré par la gravité. Les éléments s'ordonnent toujours, comme nous l'avons vu, selon leurs lieux naturels, les graves tombant vers le centre de la Terre assimilé au centre du monde, et les plus légers s'élevant jusqu'à la partie concave de l'orbe de la Lune. La force omniprésente dans l'analyse du mouvement des projectiles est la force de gravité et c'est elle qui, participant au continuum imaginé par Abū al-Barakāt, est responsable de la variation de la vitesse des projectiles lancés en l'air, au montant comme au descendant. Il est impossible à notre physicien d'imaginer – comme ont pu le faire les post-coperniciens – que cette force devienne nulle pour en déduire qu'alors, la vitesse cesserait de varier et que le mouvement deviendrait uniforme. La formulation de l'accélération de la chute des graves par Descartes, citée plus haut, montre « en creux » le chemin qui « reste à parcourir » (encore une expression téléologique), pour imaginer qu'une « extinction » de cette gravité ne provoquerait pas l'arrêt de cette chute, mais seulement la cessation de l'augmentation de sa vitesse. Si la physique d'Abū al-Barakāt met le doigt sur les prémisses du second principe de Newton, en reliant d'une certaine manière la gravité à la variation de vitesse, elle ne peut en aucun cas retrouver le premier, qui en est pourtant la conséquence logique.

Les théories de l'*impetus* ont une caractéristique commune, malgré leur grande diversité. Elles maintiennent la nécessité que le mouvement ait une cause. En ce sens, elles fonctionnent toutes comme un obstacle à une mathématisation effective du mouvement. Mais nous pensons avoir suffisamment montré que la physique d'Abū al-Barakāt ne peut se résumer à l'affirmation d'un *mayl* dont la définition est d'ailleurs prise à Avicenne qui a, sur bien des points, des partis pris philosophiques opposés aux siens.

En revanche, l'affirmation d'un espace tridimensionnel vide et infini, que l'on peut munir d'un référentiel, celle d'un temps absolu, le rapprochement des forces terrestres et célestes, pour résumer à grands traits, forment un cadre radicalement différent. Ce cadre est tout sauf anodin pour l'histoire de la physique et il est à mettre en regard du projet poursuivi : celui d'une modélisation des variations du mouvement, modélisation que la physique « du plein » ne permet pas. Un tel projet ne peut être atteint qu'en considérant le mouvement relativement à des paramètres physiques, comme la masse du mobile ou sa hauteur de chute, qui relèvent des conditions initiales du mouvement et non plus de son avenir.

Quel apport à l'histoire de la mécanique ?

Pour tenter de situer la portée historique du continuum imaginé par Abū al-Barakāt, nous proposons un nouveau détour qui étonnera peut-être dans un premier temps : la réinvention du concept de chaleur par Descartes. La théorie des formes substantielles d'Aristote rangeait le chaud et le froid à côté du sec et de l'humide. Pour que ces quatre principes rendent compte des propriétés des corps simples et composés, ils doivent être des « contraires premiers » (*Phys.*, I, 5, 188a30), comme le sont le froid et le chaud, un concept de contraire dont nous avons vu qu'il pèse fortement sur la science du mouvement. Descartes partage avec Aristote une même vision de l'Univers plein et continu, une même cause originelle du mouvement (Dieu). Mais pour lui, l'eau, la terre et l'air ainsi que tous les corps sont composés « de plusieurs petites parties de diverses formes et grosseurs [44] ». Les intervalles entre ces parties ne sont pas vides mais remplis de cette matière subtile par l'entremise de laquelle se communique la lumière et qu'il a déjà décrite dans ses *Dioptriques*. Les parties qui composent l'eau sont longues, unies et glissantes comme des anguilles. Celles de la terre et de l'air ont des figures

« irrégulières et inégales ». La matière subtile, quant à elle, est en mouvement incessant, d'autant plus rapide que le lieu est éclairé par les rayons du Soleil, puisque la lumière n'est rien d'autre « qu'un certain mouvement, une action » de cette matière subtile. Comme les parties de la matière subtile ont, elles aussi, des tailles variables, Descartes en déduit que la matière sera moins subtile aux lieux où elle est la plus agitée, là où il fait chaud, puisque les plus grosses parties ont plus de force et peuvent mieux aller là où l'agitation est la plus grande.

Cette théorie que rien ne valide en apparence a permis à Descartes d'expliquer que la sensation de froid ou de chaud consiste en une gradation dans l'agitation des parties de matière subtile car elles « agitent aussi plus ou moins les plus petits de nos nerfs qui sont les organes de l'attouchement ». Ainsi, si elles sont peu agitées, cela « cause en nous le sentiment de froideur ». En introduisant ses parties de tailles diverses, séparées par une matière subtile plus ou moins agitée, il ramène son explication à une mécanique. Son but est de reconstruire une physique dont le mode de raisonnement soit celui des mathématiques. Il expose ce projet dans ses *Principia Philosophiæ*[45] :

> Je professe nettement ne reconnaître aucune autre substance aux choses matérielles que cette matière susceptible de toutes sortes de divisions, figures et mouvements que les géomètres nomment quantité et qu'ils prennent pour objet de leurs démonstrations ; et, en cette matière, je ne considère absolument rien que ces divisions, ces figures et ces mouvements ; à leur sujet, je n'admets rien comme vrai qui ne se puisse déduire des notions communes dont il nous est impossible de douter, d'une façon si évidente, que cette déduction soit équivalente à une démonstration mathématique.

Cette grandeur que « les géomètres nomment quantité », qu'il s'évertue à mettre en évidence, permet un renversement total des oppositions de qualité que formulait Aristote : si un corps se refroidit, on comprendra rapidement qu'il « cède de l'agitation » à un autre, et évolue, de façon progressive et continue, du chaud au froid. Ce qui a permis à Descartes d'en finir avec les principes contraires, c'est ce substrat continu, sa matière subtile, dont les degrés d'agitation évoluent progressivement du froid au chaud et qui a les propriétés d'une grandeur physique mesurable. On assiste ici à l'émergence d'un principe de conservation qui sera à l'œuvre dans les développements ultérieurs de la physique.

Le parallèle que nous proposons ne porte pas sur le mouvement mais sur cette nécessité de créer un continuum pour rendre compte de la variation : de la vitesse chez al-Baġdādī, de la température chez Descartes. En admettant la coexistence des *mayl*-s dans un continuum qui va aussi peu dans le « sens de l'histoire » que les « parties de matière subtile » de Descartes, Abū al-Barakāt construit une grandeur qui rend compte de la variation des mouvements, le forcé comme le naturel. Comme l'évolution de cette grandeur est reliée à deux extensions, elle est mesurable. Tout comme les « anguilles » de la matière cartésienne, cette grandeur ne semble pas, à première vue, mathématique. Elle permet cependant l'irruption de ce que les géomètres nomment quantité, dans une description qui jusque-là ne pensait qu'en termes de qualité et ne pouvait, pour cette raison, s'engager dans la voie de la mathématisation. Cette démarche nous paraît constituer une rupture fondamentale avec la physique péripatéticienne.

Nous avons vu d'autres passages où, comme l'a relevé S. Pines, la démarche rationnelle d'Abū al-Barakāt peut être comparée à celle de Descartes. Il intègre à l'étude du mouvement l'apport de mathématiciens comme al-Qūhī, Ṯābit ibn Qurra, Ibn al-Hayṯām. Il reste cependant un cartésien qui s'ignore et qui, tel M. Jourdain, s'approche d'une géométrisation de la physique sans le savoir, ou du moins sans la revendiquer. Mais ce XIIe siècle arabe n'en constitue pas moins une étape importante dans le long processus au cours duquel la philosophie naturelle s'est transformée en une véritable science, dotée d'outils propres.

Peut-on en dire davantage sur l'avenir de la *Physique* d'Abū al-Barakāt ? Identifier la postérité d'un corpus dans son ensemble suppose une reprise et une continuité des théories bien difficile à vérifier, d'autant que l'historien, à l'aide des quelques textes qui lui sont parvenus, ne dispose que d'une partie des énoncés. Il doit faire l'effort de les mettre en réseau pour reconstruire les termes des débats et leurs possibles évolutions. L'avenir des thèses audacieuses contenues dans le *Muʿtabar* semble se résumer, en l'état actuel de nos connaissances, à un oubli ou à une reprise molle et tardive, en Orient comme en Occident. L'exploration de cette postérité réclame, sans aucun doute, des recherches complémentaires.

Nous pouvons cependant prendre acte qu'à Bagdad, au milieu du XIIe siècle, le système du monde d'Aristote a reçu un choc considérable. Ce dernier avait été soigneusement clos, voire « enveloppé » comme il le dit lui-même dans son chapitre sur le temps, puisque toutes les choses « sont enveloppées par le nombre du temps à la manière dont les choses sont enveloppées par le lieu» (*Phys.*, IV, 12, 221a).

En refusant d'être cet aveugle qui se sert de son sens du goût pour apprécier les couleurs, Abū al-Barakāt utilise tous les outils rationnels de son époque pour imaginer un temps et un espace absolus dans lesquels il plonge un monde dont il interroge le dualisme de bien des manières. À coup de flèches ou de mobiles en mouvement, il brise les deux enveloppes qui emmaillotaient la physique pour concevoir un Univers ouvert sur l'infini. Il défie, avec un simple fil à plomb, les paradoxes de l'infinitésimal et reconstruit un mouvement unique là où la physique aristotélicienne ne pouvait penser qu'en termes de contraires. Enfin, en dissociant les forces et la vitesse des mobiles, il conçoit des «lois de variation» pour cette dernière, dont les paramètres relèvent des conditions initiales du mouvement. Il ouvre ainsi la voie, sans doute pour la première fois dans l'histoire, à une physique prédictive.

L'ampleur et l'audace d'un tel édifice, même affecté de quelques contradictions internes, appelle, pour le moins, un réexamen de la place accordée à la physique arabo-musulmane médiévale dans l'histoire de cette science.

---

1. Shlomo Pines (1955, *in* Stroumsa, 2000e, p. 151-153) a étudié les nuances entre sa conception du temps et celle d'Abū al-Barakāt, nuances très importantes dans les premières œuvres comme les *Mabāḥiṯ*, plus ténues dans une œuvre tardive comme le commentaire des *ʿUyūn al-ḥikma* d'Avicenne.
2. Al-Rāzī cite l'auteur du *Muʿtabar* dans son *Kitāb al-mabāḥiṯ al-mašriqiyya*, vol. ii, Livre II (*Naturalia*), p. 286 sur la perception des sons, p. 392 sur les âmes humaines, p. 398 sur la métempsycose. Il le cite aussi dans vol. ii, Livre III (Métaphysique), p. 475 sur la connaissance des particuliers par Dieu.
3. Shlomo Pines (1937-38, *in* Stroumsa, 2000b, p. 14, n. 63) affirme que ses positions sur le vide sont louées par al-Rāzī dans ses *Mabāḥiṯ*, or aucun nom n'est évoqué dans cette longue discussion où al-Rāzī soupèse les arguments des partisans de l'intervalle (*aṣḥāb al-buʿd*), puis ceux des partisans du vide (*aṣḥāb al-ḫalāʾ*), dénominations qui peuvent englober beaucoup de monde, de Philopon aux atomistes grecs ou arabes. De plus, al-Rāzī semble conclure ici à l'impossibilité de l'existence du vide.
4. Pines, 1938, *in* Stroumsa 2000a, p. 247.
5. Al-Rāzī, Faḫr al-Dīn, *Kitāb al-maṭālib al-ʿāliya*, p. 291.10-14.
6. Pines, 1955, *in* Stroumsa, 2000e, n. 6, p. 122.
7. *KM*, III, 5.

8. Le traité de Maïmonide sur la résurrection est connu depuis longtemps, mais les termes de ce débat n'ont pu être étudiés par Sarah Stroumsa qu'après la découverte par Tzvi Langermann d'une traduction en hébreu du traité de Samuel ben Eli, accompagnée de la lettre de Yosef ben Shimeon en arabe (*Risālat al-iskāt*), où ce dernier expose ses altercations orales avec le Gaon.
9. Stroumsa, 1998, p. 318 sqq.
10. Nous avons cité d'une part Ibn Faḍlān, Ibn al-Dahhān, Yūsuf b. Muḥammad b. ʿAlī al-Baġdādī et Ibn al-Naqqāš, qui auraient, selon un témoignage indirect, écrit le *Muʿtabar* sous la dictée du philosophe, et d'autre part Samaw'al al-Maġribī, son élève en médecine.
11. Wolfson, 1929, p. 362 sqq.
12. Moody, 1951.
13. Pines, 1964, *in* Stroumsa, 2000f, p. 440-466.
14. Lettinck, 1991.
15. Franco, 2003, p. 521-546.
16. Ms. Pococke 206, Bodleian Library.
17. Shlomo Pines (1964, *in* Stroumsa, 2000f, p. 446-50) donne une traduction de ce passage. C'est celle que nous utilisons.
18. Pines, 1938, *in* Stroumsa, 2000a.
19. Hasnaoui, 2005.
20. Jean Buridan, *Quaestiones super octo physicorum libros Aristotelis*, VIII, question 12, l. 124-135; le texte latin a été édité par Anneliese Maier (1951, p. 211). Nous utilisons ici la traduction de Maurice Clavelin (1996, p. 104).
21. Il ne semble pas, cependant, que Buridan ait connu les théories de Philopon, comme l'a montré Anneliese Maier (1951, p. 161-200).
22. Clavelin, 1996, p. 136.
23. Clavelin, 1996, p. 139-140.
24. Julii Caesaris Scaligeri, *Exotericarum exercitationum liber*, cité par Duhem, 1904, p. 884.
25. Benedetti, *Diversarum*, « Quod in vacuo corpora eiusdem materiae aequali velocitate moverentur », p. 174.
26. Bauer, 1991, p. 243.
27. Benedetti, *Diversarum*, XVII, p. 168.
28. Ce n'est en effet qu'au XVIe siècle que la philosophie naturelle s'est emparée des travaux d'Archimède, dont la découverte avait pourtant commencé dès le XIIIe siècle avec les traductions de Gérard de Crémone.
29. Benedetti, *Diversarum*, XVII, p. 168.
30. Benedetti, *Diversarum*, XXIII, p. 183.
31. Benedetti, *Diversarum*, XXI, p. 181.
32. Biard, 2004, p. 735-751.
33. De Libera, 2006, p. 124.
34. Biard, 2004, p. 747.
35. Galilée, *Discorsi e dimostrazioni matematiche intorno a due nuove scienze*, publiés à Leyde en 1638, ouvrage dans lequel Galilée expose sa loi de la chute des graves et développe les fondements de la science du mouvement.
36. Roux, 2006, p. 453.
37. Roux, 2006, p. 502.

38. Zimmermann, 1987.
39. Plus précisément dans ce cas, il s'agit de la conservation du mouvement circulaire puisqu'il est appliqué à la Terre en rotation.
40. Pines, 1937-38, *in* Stroumsa, 2000b, p. 65.
41. Franco, 2003, p. 544.
42. Newton, *Principia*, p. 12. Il ne s'agit là que de la première partie de ce principe ; la seconde n'est pas moins importante « et se fond dans la ligne droite dans laquelle cette force a été imprimée ».
43. Al-Bīrūnī, *al-Qānūn al-masʿūdī*, chap. 2, commenté par Morelon, 1997, p. 67.
44. Descartes, *Les météores*, « Premier discoursé, p. 175.
45. Descartes, *Principia Philosophiae*, Pars II, art. LXIV.

Annexes

1. Sommaire des Sciences de la nature dans le *Kitāb al-muʿtabar*

Le *Kitāb al-muʿtabar* est divisé en quatre parties. Nous ne détaillons ici que le sommaire des parties II et III consacrées aux sciences de la nature.

1. *La Logique (8 propos, 277 pages)*

2. *La Physique (28 chapitres)*

1. L'enseignement des sciences et leur apprentissage.
2. De la définition du naturel et de la nature, de ce qui dérive des deux, de ce qui est désigné par les deux et du sujet de la science naturelle.
3. Des principes, des raisons et des causes.
4. De la *hylè* primitive, du substrat et du sujet.
5. De la forme, du terme et du néant.
6. De ce qui est dit, au-delà des principes des existants mentionnés, de la chance et de la coïncidence et qui se ramène spontanément à ces principes, en vérité.
7. Des dérivés premiers de la matière primitive provenant de l'unité, la multiplicité, la continuité et la discontinuité.
8. De la vérification du propos sur l'unité du corps qui est la *hylè* primitive et de la multiplicité qui lui appartient par essence, et de l'achèvement du propos sur les parties.
9. Du mouvement.
10. De l'affirmation du moteur pour chaque mobile et du fait qu'il n'est pas le mobile.

11. Du rapport du mouvement avec les catégories d'existants dans lesquels il se trouve.
12. Du lieu.
13. Du vide et de ce qu'on en dit.
14. Du rappel des arguments de ceux qui réfutent le vide et de leur contradiction avec ceux qui l'affirment.
15. De l'examen de ces propos, de leur poursuite et de leur vérification.
16. De l'achèvement du propos sur le lieu vide et le plein, et de sa vérification.
17. Du temps.
18. Des autres recherches sur le temps et l'instant.
19. De la finitude et de l'infinitude proposées pour le lieu, le temps et le reste.
20. Du parcours de ce qui est dit à propos de la finitude et de l'infinitude du lieu.
21. Du parcours de ce qui est dit à propos de la finitude et de l'infinitude du temps.
22. À propos de quoi on parle de finitude et d'infinitude parmi les puissances.
23. De l'unité et de la multiplicité du mouvement, de son opposé et de son contraire.
24. De l'examen de la proposition selon laquelle entre chacun des deux mouvements contraires, il y a repos ; réfutation du faux et vérification du vrai à ce propos.
25. Du mouvement antérieur par nature et des autres particularités des mouvements.
26. De ce que chaque corps a un espace naturel unique contenant un principe de mouvement qui l'immobilise dans lui ou qui le meut soit dans lui, soit vers lui.
27. Du mouvement violent et de ce qui provient spontanément du mobile.
28. Des causes motrices et de l'adéquation entre elles et les mobiles.

3. *Les autres Sciences de la nature*

A. Le ciel et le monde

1. Des formes des corps naturels, de leurs particularités et de leurs puissances.
2. Des éléments des corps naturels.
3. Ce qui est dit à propos du ciel qui ne peut pas être pénétré, et la vérification de ce propos.
4. De la recherche sur le ciel, s'il est naturel ou s'il <est constitué> d'autres natures externes à ces natures, ou s'il est l'une d'entre elles ou <s'il est> un corps composé à partir de ces natures.
5. De ce que le ciel n'a pas de contraire et de ce qu'il n'est affecté ni d'altération ni de corruption.
6. Des natures des astres, de la tache de la Lune et de la Voie lactée.
7. Des mouvements des sphères célestes et des astres, de leurs moteurs et de leurs termes.
8. Des principes et des puissances motrices et de repos pour les corps qui sont à l'intérieur de la sphère céleste.
9. De la continuité de ces corps et de leur discontinuité, de l'unité et de la multiplicité, par essence et par accident.
10. Des causes du mouvement accidentel et du repos pour les corps élémentaires.

B. De la génération et la corruption

1. Sur le changement, l'altération, la génération, la corruption.
2. En quoi le premier parmi ces corps s'altère, se change, est généré et corrompu.
3. Du mélange et du fait d'être mélangé.
4. De la préparation des différents mélanges de différentes façons.
5. De la présentation de doctrines disparates à propos de ce qui est dit sur l'altération, la génération et leurs contradictions.
6. Des espèces d'êtres, de leurs différences dans leur génération et leur corruption.

7. Des couleurs, des formes, et des mouvements particuliers dans les espèces de mélanges.
8. De l'affirmation de puissances en acte et d'autres natures pour les mélanges autres que ceux des éléments.
9. De la chaleur naturelle, humorale, innée, existante chez les plantes et les animaux.
10. Les périodes chaudes et froides et leurs causes.
11. Des montagnes, des mers, des vallées, des fleuves, des sources et des puits.

C. Des traces supérieures et des météores

1. Des nuages, de la pluie, de la neige et du froid.
2. Des vents, des tremblements de terre, du tonnerre, de l'éclair, de la foudre.
3. Les phénomènes de la haute atmosphère comme les étoiles filantes, les astres, les comètes, les soleils, les phares ainsi que le rougeoiement dans leur direction, le halo et l'arc–en-ciel.
4. Des métaux et des minerais.
5. En quoi la chimie est appelée science de la nature ; des pouvoirs des étoiles.

D. Des animaux et des plantes

1. En quoi sont associés les plantes et les animaux par leurs particularités et leurs actes.
2. De la germination des plantes et de sa variété selon les contrées.
3. Des particularités des animaux, qui les distinguent des plantes.
4. Des organes existants chez les plus grands des animaux et la plupart d'entre eux.
5. Discours universel sur les corps des animaux, leurs parties, et les avantages de leurs organes.
6. Des sortes d'organes et de leurs avantages.
7. Des organes et du mécanisme.
8. L'appareil de reproduction.

9. Des humeurs.
10. De la classification des animaux et de leurs différences, de la moralité et des mœurs.
11. De la sagesse acquise des plantes et des animaux.
12. Des Djinns et des âmes.

E. Traité de l'âme

30 chapitres.

4. *La Métaphysique (2 propos, 224 pages)*

II. Glossaire commenté

AB signifie Abū al-Barakāt

1. أنّية *anniya* : existence absolue.
Richard M. Frank (1956) évoque les auteurs, orientaux et occidentaux, qui ont discuté ce terme. Pour ce qui est des Orientaux, il est utilisé par al-Farānī (m. 886/1481) dans ses gloses, par al-Īǧī (m. 756/1355) dans *Kitāb al-mawāqif*, par al-Šīrāzī (m. 1050/1640) dans *Kitāb al-asfār al-ʿaqliyya al-ʿarbaʿa*, par al-Ǧurǧānī (m. 816/1413) dans *Kitāb al-taʿrīfāt* et par al-Tahānāwī dans *Kitāb kaššāf iṣṭilāḥāt al-funūn* (achevé l'année de sa mort, soit en 1158/1745). Le sens de ce mot est rendu par les termes allemands *Existenz, Realität, Dassheit*. De Boer dans l'*Encyclopédie de l'islam* précise : « *anniyya* est également l'appellation, au point de vue des créatures, de l'existence quand on veut la distinguer de l'essence ». ʿAbdurraḥmān Badawī, dans sa thèse (1945, 4, n. 1), affirme que le terme *anniyya* est une translittération du verbe grec *einai* dont le participe présent est *on*. Il cite à l'appui le *Kitāb al-muʿtabar* d'Abū al-Barakāt ; après avoir établi que le mot est une exacte arabisation de l'infinitif grec, il poursuit en évoquant la dérivation du terme de la particule إنّ donnée par Abū al-Baqā al-Kaffawī (m. 1094/1683), mais il ajoute que dans les manuscrits le terme est généralement vocalisé *anniyya*, et non pas *inniyya*. Selon Ahmed Hasnaoui (1990a) le terme signifiait « l'être parfait » pour al-Fārābī au sens de l'essence et la substance de la chose, alors qu'il a un triple usage chez Avicenne : logique, psychologique, et métaphysique. C'est ce dernier usage (métaphysique) qui semble être repris par AB dans le chapitre sur le temps, où il met en opposition son existence à une existence qui serait le résultat d'une abstraction : « le temps est connu car [...] il est autre que les mouvements, que les mobiles et que les trajectoires par son existence (*anniyya*) absolue » (*KM*, II, 17, p. 72).

2. تصوّر *taṣawwur* : représentation, perception.
Dans la théorie de la connaissance d'Avicenne, ce terme est souvent accolé à celui de *taṣdīq*, à l'instar d'al-Fārābī. Ce sont les deux opérations intellectuelles à la base de toute logique : *taṣawwur* signifie la connaissance par la perception, par l'intuition ; nous percevons des objets particuliers dont nous tirons des concepts ; *taṣdīq* veut dire persuasion mais, accolé à *taṣawwur*, il signifie jugement, connaissance d'un rapport entre deux particuliers.
AB utilise le terme de *taṣawwur* pour évoquer le processus mental par lequel nous nous représentons des choses existantes, aussi bien que pour évoquer les processus d'abstractions par lesquels nous formons des concepts comme « nous imaginons la réalité de l'humanité abstraite des attributs individuels, la réalité de l'animalité abstraite de ses espèces particulières, la réalité de la

corporéité abstraite des attributs des animaux, des plantes, des minéraux» (*KM*, II, 16, p. 68). Il se différencie donc de l'autre imagination (*wahm*) qui, elle, permet de se représenter un existant comme le temps, alors que celui-ci n'est pas le résultat d'une abstraction.

3. تقابل/ تضاد *taqābul/taḍādd*: *taqābul*, nom d'action de la forme VI de *qabala*, signifie le fait d'être en vis-à-vis, en face-à-face, en opposition, mais aussi la confrontation, parfois la mise en parallèle; *taḍādd* signifie contraire au sens fort.
Comme chez Aristote, le contraire est, chez AB, la forme la plus intense de l'opposition, cette dernière présentant plusieurs degrés (le relatif, le contraire, la privation/possession, et l'affirmation/négation). L'innovation d'AB consiste à refuser d'appliquer cette notion de contraire aux deux parties du mouvement d'un projectile lancé vers le haut qui retombe.

4. تلقاء (من تلقاء) *tilqāʾ* (*min tilqāʾ*): spontanément.
Le mouvement naturel et le mouvement volontaire ont en commun d'être spontanés (*min tilqāʾ*). Ce terme est la traduction du terme grec αὐτόματος. Pierre Thillet (1997) signale qu'Isḥāq b. Ḥunayn, le traducteur de la *Physique* d'Aristote, avait commencé par le translittérer en *ūṭūmāṭun* avant d'en donner l'équivalent arabe *min tilqāʾ al-nafs*.

5. جنس/ نوع *ǧins/nawʿ*: genre/espèce.
Les concepts sont à la fois des quantités (extension) et des qualités (compréhension). La philosophie arabe a entièrement repris la classification de l'*Isagoge* de Porphyre, qui hiérarchise des classes de concepts plus ou moins étendues: *ǧins* (genre) s'applique à une classe dont les membres sont de diverses essences, *nawʿ* (espèce) à une classe d'individus qui diffèrent seulement par le nombre. Donc un *ǧins* contient plusieurs *nawʿ*-s.

6. جَوهَر *ǧawhar*: substance.
Le terme est une arabisation du mot persan *gawhar* (*gör* en pehlvi) qui signifie substance (*EI*[2], II, p. 493a). Il traduit le terme grec *ousia* et il est classiquement opposé à celui d'accident; leur distinction sur le plan ontologique est rappelée par AB dans son chapitre sur le temps: «on dit que la substance (*ǧawhar*) est ce qui n'existe pas dans un sujet et que l'accident est ce qui est existant dans un sujet» (*KM*, II, 17, p. 73). Le terme est utilisé à la même époque par les *mutakallimūn* pour désigner les atomes dont ils pensent que toute la matière est constituée, et qui sont les supports des accidents, mais cette thèse n'est pas celle d'AB. Les atomistes du *kalām* définissent cependant l'atome comme «ce qui occupe de l'espace (*mutaḥayyiz*)» et, de fait, AB considère comme eux l'espace «indépendant des corps qui se trouvent dedans».

7. دهر *dahr*: éternité.
Selon Ahmed Hasnaoui (1990b), c'est le terme utilisé de manière élective pour rendre le mot grec « éternité ». Mais Avicenne, dans sa *Physique*, le distingue de *sarmad* et oppose les deux au temps (*zamān*).
AB présente ainsi le *dahr*, à la fin du chapitre sur le temps : « du point de vue du mouvement en acte ou en puissance, quand on imagine le temps ainsi, je veux dire unique et établi dans la continuité, on l'appelle *dahr* », en opposition à : « quand il y a des changements en lui, en ce qui concerne les transformations des mobiles, on l'appelle *zamān* » (*KM*, II, 17, p. 77). Il condamne ceux qui divinisent le *dahr* (les *dahriyyūn*, cf. Massignon, 1951) et refuse une double réalité pour le temps.
On retrouve sous la plume de la plupart des philosophes arabes au moins la mention de ce second mode d'existence du temps, le *dahr*. Il y a deux mentions du *dahr* dans le Coran. Dans la sourate 45, verset 24, où le *dahr* est assimilé à l'irréversibilité du temps : « nous vivons et nous mourons, et seul le *dahr* nous fait mourir », et dans la sourate 76, verset 1 : « S'est-il écoulé pour l'homme un laps de *dahr* durant lequel il n'était même pas quelque chose de mentionnable ? », où le *dahr* est bien ce temps qui peut exister indépendamment de la présence des hommes (et de leurs mesures).
Avicenne le définit comme la réalité intelligée « de la relation de la stabilité à l'âme dans le temps tout entier » (*Kitāb al-ḥudūd*, n° 29, p. 29). Ce *dahr* clairement « embrasse le temps », englobe le *zamān* qui, lui, n'existe pas sans le mouvement. C'est ainsi que l'islam a choisi de réconcilier les deux approches classiques, celle qui ne parvient pas à trouver de réalité au temps en dehors des mouvements, avec la conviction intime, d'ordre métaphysique, qu'il existe un continuum indépendant de tous ces mouvements, y compris le premier d'entre eux, celui de la sphère des fixes.
Louis Massignon (1963, p. 606), explique que pour l'islam, monothéisme transcendantal, il n'est pas question « d'inventer » le temps. C'est lui qui nous révèle l'ordre (*amr*) de Dieu. « Les philosophes qui divinisent la durée (*dahr*) sont condamnés comme hérétiques (les *dahriyūn*) […] seul existe l'instant (*ḥīn*, *ān*,…) ».

8. طبيعة / طبع / طباع *ṭabīʿa* - *ṭabʿ* - *ṭibāʿ* : nature.
AB précise (*KM*, II, 2, p. 4) les différentes nuances de ces trois mots. Celui de *ṭabīʿa* (pl. *ṭabāʾiʿ*, parfois noté *ṭabāyiʿ*) correspond à la qualité dominante parmi les qualités contraires des mélanges : on dit de celui pour lequel domine la chaleur qu'il est chaud et que sa nature (*ṭabīʿa*) est chaleur, ou que son naturel (*ṭabʿ*) est le chaud ; de même pour les autres principes que sont le froid, le sec et l'humide. On parle de nature (*ṭabīʿa*) absolue pour tout ce qui émane

d'une chose par soi (*min ḏātihi*) et pas d'une cause extérieure comme la pierre lorsqu'elle tombe (non lorsqu'elle monte) ou comme le fait de provoquer l'échauffement pour le feu. On dit aussi à propos de ce qui arrive à l'agent, en dehors de toute connaissance, que c'est par nature (*bi-l-ṭabʿ* ou *bi-l-ṭabīʿa*), comme le rire d'un enfant.

Malgré l'annonce de ce chapitre, AB n'y définit pas le troisième terme *ṭibāʿ* qui, selon le *Lane*, évoque ce qui est constitué en nous par la nourriture que nous absorbons. En philosophie arabe classique, il désigne, par exemple chez al-Fārābī, « l'ensemble des tendances naturelles et des habitudes chez l'individu » (Koetschet, 2007). AB l'utilise dans un sens plus particulier dans son *Traité du ciel* où il oppose *ṭabaʿa* (composition d'un corps à partir des quatre éléments et des principes associés), à *ṭibāʿ* (justement une nature qui serait autre, à partir d'un ou de plusieurs éléments, éventuellement le cinquième) : « Nous avons des doutes à propos du ciel aussi : est-ce qu'il est naturel (*ṭabīʿiyya*) ou <fait> d'une autre nature (*ṭibāʿ*) extérieure à ces natures (*ṭabāʾiʿ*, pl. de *ṭabīʿa*) ? » (KM, III, 2, p. 128.3-4).

9. عرض
ج عوارِض
أعراض

ʿaraḍ (pl. *aʿrāḍ* ou *ʿawāriḍ*) : accident ou affection générale, au même titre que génération, corruption, croissance, diminution, transformation et mouvement local. Accident ontologique, s'opposant à substance.

L'accidentel est un caractère qui ne fait pas partie de la quiddité des choses. Il est *ḫāṣṣ* (propre) s'il est caractère d'une seule classe d'individus (ex : le rire est le propre de l'homme). Il est *ʿāmm* s'il est commun à plusieurs (ex : se mouvoir est commun à tous les animaux).

AB reprend aussi à son compte la notion d'accident inséparable (*al-ʿaraḍ al-lāzim*) en le définissant ainsi : « L'accident inséparable dans l'existence appartient à une chose qui ne peut exister en l'absence de cet inséparable qui est accident en elle » (*KM*, II, 28, p. 118).

10. عُنصُر
(عَناصِر)

ʿunṣur (pl. *ʿanāṣir*) : élément, composant.

AB semble reprendre à son compte la théorie des éléments qu'il appelle indifféremment « natures » ou « éléments ». Il estime cependant que le cinquième d'entre eux n'est pas nécessaire et n'est à ses yeux « qu'une dénomination existante et hypothétique » (*KM*, III, 5, p. 136.20).

Il reprend l'idée de lieux spécifiques pour les corps simples et composés : « les espaces des éléments se différencient : leur gravité réclame <pour certains> de s'éloigner du ciel, leur légèreté <pour d'autres> de s'en approcher, et leur intermédiaire ce qu'il y a entre » (*KM*, II, 15, p. 64.4-5).

11. (عين) أعيان *aʿyān:* un des pluriels de *ʿayn* (œil) utilisé dans le sens d'individualité ou de chose substantielle (*Frey*). Nous l'avons traduit par « choses concrètes ».
Dans la recherche d'une définition du temps, AB dit : « Si on dit que <le temps>, en dépit du fait qu'il n'est pas un accident qui affecte les substances dans les choses concrètes (*aʿyān*), est un accident présent dans les esprits, on signifie que cet accident dans les esprits <existe> » (*KM*, II, 17, p. 76.17-18).

12. كمال أوّل *kamāl awwal*: perfection première ou entéléchie.
La définition du mouvement par Aristote est reprise par AB de la façon suivante (*KM*, II, 9, 28.23-29.1) : « Aristote a défini le mouvement comme la perfection première de ce qui est en puissance en tant qu'il est en puissance. Par exemple le blanc est de la noirceur en puissance et son passage de la blancheur à la noirceur est perfection d'une telle puissance ». Le qualificatif « première » ajouté au terme perfection (ou entéléchie) utilisé dans la définition du Stagirite (*Phys.*, II, 1, 201a10) est un classique de l'exégèse arabe de la *Physique*. Ahmed Hasnaoui (2001), qui a étudié les attendus de cette formulation, cite le commentaire que l'on trouve dans le manuscrit de Leyde, sous la plume de Yaḥyā (noté Ḥ) (*AT*, I, p. 171) : « Il y a deux perfections : la première et la dernière. La dernière est l'achèvement dans l'acte de ce qui est en puissance, et la première est le fait d'atteindre cette dernière perfection, la puissance étant conservée. C'est cela le mouvement ».
Ce passage est attribué à Philopon (Yaḥyā al-Naḥwī) par Elias Giannakis (1998) mais A. Hasnaoui précise qu'il n'est qu'un résumé du commentaire de Philopon, résumé qui reprend sans doute une paraphrase de Themistius. L'idée en est que le passage de la puissance à l'acte, qui est l'entéléchie seconde, doit être précédé d'une évolution vers cette entéléchie seconde.
Dans un autre passage de son commentaire d'Aristote (*Phys.*, III, 342.21-28), Philopon présente deux entéléchies pour le bronze qui est potentiellement une statue : la première consiste en l'opération de transformation en statue par le sculpteur et la seconde à être réellement transformée en statue. Dans le second cas la puissance est épuisée, non dans le premier.

13. لاحق (لواحق) *lāḥiq*: adjoint, conséquent, dérivé ou concomitant. Se dit de tout caractère non constitutif d'un être, joint à sa quiddité et déterminant son individualité. Les *lawāḥiq* des corps physiques sont le mouvement, le repos, le temps, le lieu, le vide, le contact, etc.
al-ʿaraḍ al-tālī al-lāḥiq limā bi-ḏāt (*KM*, II, 17, p. 70) : l'accident consécutif dérivé de ce qui est par essence. Abū al-Barakāt précise à cet endroit que l'accident couleur a un dérivé qui est l'absence de couleur (la transparence) ; de même l'accident résistance pour un médium a un dérivé qui est l'absence de résistance, et c'est le vide.

14. لميّة *limiyya* : abstrait formé à partir de *limā* (pourquoi), le pourquoi.
AB utilise ce terme à côté de celui de *māhiyya* (entrée glossaire n° 15) pour désigner un des quatre piliers de la connaissance d'une chose, en l'occurrence le mouvement : « Si la définition du mouvement est achevée par sa quiddité (*māhiyya*), son pourquoi (*limiyya*), son agent (*fāʿil*) et son sujet (*mawḍūʿ*), on définit grâce à lui le temps d'une façon véritable » (*KM*, II, 9, p. 30).

15. ماهيّة *māhiyya* : terme abstrait formé à partir de *mā* (ce que, quid) qui signifie quiddité, substance seconde, ce dont est fait quelque chose.

16. مباين *mubāyin* : (adj.) étranger. Traduction du grec αλλοτριοζ, correspondant au latin *alienus*.
mubāyana : différence, caractère qui distingue et sépare une chose d'une autre, caractère distinctif.
S'oppose à *munāsib* : du même genre, de la même famille, qui s'accorde à (*Kaz.*).
Le couple *mubāyin/munāsib* correspond à l'opposition étranger/accordé développée en plusieurs endroits, notamment à propos du lieu naturel : le lieu quitté spontanément par un mobile lui est étranger, et le lieu qu'il rejoint lui est accordé, ces deux lieux consacrant une radicale hétérogénéité de l'espace.
« Comment le corps par sa propre corporéité s'accorderait-il (*yunāsibu*) à un corps pour le réclamer, et se séparerait-il (*yubāyinu*) d'un corps qui le quitte par <cette même corporéité> ? » (*KM*, II, 10, p. 36).

17. مصاكّة *muṣākka* : terme qui ne se trouve pas dans les dictionnaires usuels (*Wehr*, *Kaz.*, *Dosy*, *Frey*). Mais les trois racines *ṣa/wa/ka, ṣa/ya/ka et ṣa/ʾa/ka* ont pour sens, d'après *Frey*, « adhérer », « coller ». On a donc traduit par « empêchement » ce terme qui de toute évidence évoque la résistance du milieu (*KM*, II, 27, p. 112).

18. معنى ج معانٍ *maʿnā* : au plus bas degré, perception d'une forme non sensible à travers le sensible ; traduit par les latins en *intentio*. terme qui lui correspond sémantiquement. C'est le choix de Georges C. Anawati (1985) pour la traduction de la *Métaphysique* d'Avicenne.
Selon Alain De Libera (2006), dans la théorie de la prédication – proche de celle des nominalistes ockhamistes du XIVe siècle – qu'AB développe en logique, *maʿnā* signifie « intention de signification » ou « contenu intentionnel ».
Richard M. Frank (1967) signale que le terme de *maʿnā* est souvent utilisé à la place de *ʿaraḍ* dans les textes de Šahrastānī. On retrouve cette idée dans les *Maqālāt al-islāmiyyīn* où al-Ašʿarī écrit à ce sujet : « les *maʿānī* qui subsistent dans les corps sont appelés accidents ».
Dans la *Physique* d'AB le terme *ma'nā* a souvent le sens de « réalité », et c'est ainsi que nous l'avons traduit dans le cas général.

19. مماسّة/ محاذاة *mumāssa/muḥāḏāt*: contact/contiguïté.
muḥāḏāt est le substantif de *ḥāḏā* = être opposé, en face, être parallèle à, faire front à, etc. que l'on a traduit généralement par contiguïté.
mumāssa est le nom d'action de *māssa*, être en contact.
Le couple renvoie à la distinction que fait Aristote (*Phys.*, V, 3, 226b19-227b1) entre le successif, le contigu et le continu. « Je dis "en contact" ce dont les extrémités sont ensemble (*i. e.* dans un lieu unique premier) [...] Est successif ce qui, venant après le début soit par la position soit par l'espèce, soit par quelque chose d'autre, et déterminé de cette façon, n'a pas d'intermédiaire [...] Est contigu ce qui serait en contact en étant successif. Le continu est quelque chose de contigu, mais je dis que quelque chose est "continu" quand la limite de chacune des choses par lesquelles elles sont en contact [...] est unique. »
Ce qui est en contact est nécessairement successif, mais tout ce qui est successif n'est pas en contact. Ce couple est évoqué par AB chaque fois qu'il évoque la question du « dans quoi » le mouvement a lieu (*KM*, II, 9, p. 30, et 15, p. 61). Le terme de contiguïté renvoie au contact de deux corps.
Pour les théologiens atomistes comme al-Naẓẓām, chaque atome d'un corps en mouvement est « en opposition », « en parallèle » (*muḥāḏāt*) d'un atome de la surface sur laquelle il se déplace.

20. موضوع *mawḍūʿ*: sujet (*KM*, 10, 34) (voir El-Hélou, 1994).
Il est utilisé dans le sens de sujet d'inhésion ou dans celui de réceptacle comme on appelle matière première (*hayūlā*) le réceptacle qui ne subsiste par par soi, mais par ce qu'il reçoit. Le mobile est le sujet d'inhésion du mouvement : « La définition du mouvement est achevée par sa quiddité (*māhiyya*), son pourquoi (*limiyya*), son agent (*fāʿil*) et son sujet (*mawḍūʿ*) » (*KM*, II, 9.3-4).

21. هيولى *hayūlā* : *hylè*. Matière première au sens de substrat selon Aristote (*Phys.*, I, 1, 192a-31) : matière unique, substance pouvant recevoir des déterminations contraires comme la forme et la privation. Pierre Pellegrin (2007) précise que la matière est essentiellement conçue comme une puissance qui peut recevoir différentes déterminations. Une matière première qui serait pure puissance, sans aucune détermination, est un concept nécessaire à Aristote mais n'a aucune existence réelle, elle n'est que potentialité.
Dans le *Traité du ciel* (*KM*, III, 1, p. 120), AB présente la relation entre *hylè*, forme et agent, de la manière suivante : « L'agent est cause de l'existence de la forme (*ṣūra*) dans la *hylè*, en premier et par essence, <ainsi que cause> de l'existence du corps composé (*murakkab*) selon ce qui lui advient secondairement et par accident, en tant qu'il est cause de la forme [...] Par exemple, l'écrivain est la cause de l'écriture et son agent, mais son existence en premier et par essence est dans le papier, et la cause de l'existence du livre, comme livre, secondairement

et par accident, du point de vue de sa création (*īǧād*), c'est l'écriture qui est sa forme sur le papier, papier qui est le substrat <de l'écriture> (*mawḍūʿ*), de sorte que se forme ainsi le livre, en tant que livre. » Dans la *Physique* (*KM*, II, 10, p. 35.2), où est discutée l'existence du mouvement, celui-ci est présenté comme l'effet de deux causes : sa *hylè* qui est le mobile, substrat du changement, et sa cause efficiente, qui est le moteur.

22. وجود *wuǧūd* : existence ou existant.
Dans son introduction à la traduction de la *Métaphysique* d'Avicenne, Georges C. Anawati (1985) précise que le mot « être » est parfaitement inconnu dans le vocabulaire arabe philosophique médiéval.
al-mawǧūdāt signifie les existants, *wuǧūdī* existentiel, *al-wuǧūd al 'aynī* l'existence *in re* ou concrète, *al-wuǧūd al-ḏihnī* l'existence mentale. Le terme *kawn* semble équivalent à celui de *wuǧūd* dans les propos d'AB.

23. وَهم *wahm* : faculté intellective ou estimative ou imagination.
Harry A. Wolfson (1935, *in* Sezgin, 2000) dit que « dans les traductions du grec à l'arabe, le terme de *wahm* n'est pas seulement utilisé pour rendre *phantasia* ou *dianoia*, mais aussi un troisième mot grec, celui de *doxa* [...] le terme grec comme le terme arabe peuvent être utilisés pour désigner une faculté dont l'une des fonctions est la confrontation entre les données des sens avec ce qui est considéré comme la réalité, ainsi que le jugement qui s'en suit ». S. Pines, qui s'appuie sur les travaux de Harry A. Wolfson, est d'avis, dans son appendice II aux « Nouvelles études... » (p. 134-137), de traduire ce terme de *wahm* et ses dérivés par « faculté estimative ».
Quitte à rester un peu vague, nous avons choisi très souvent de traduire ce terme par « imagination ». Le *wahm* peut servir positivement à imaginer ce qui échappe aux sens comme le vide (*KM*, II, 16, p. 68). Il peut aussi être « menteur » lorsqu'on l'utilise dans l'aperception de choses non sensibles comme si elles étaient sensibles, voir la discussion sur l'infini (*KM*, II, 19, p. 82.22).

III. Index des principales notions

Les numéros en gras renvoient à la (ou les) page(s) explicitant la notion ou les controverses dont elle est l'objet, les autres numéros à celles où elle est mentionnée. L'abréviation "gl." renvoie à l'entrée du glossaire qui contient un approfondissement de cette notion.

IV. Index des noms de personnes

Étant donné la grande fréquence de citation d'Abū al-Barakāt al-Baġdādī, Avicenne (Abū ʿAlī ibn Sīnā), Aristote et Jean Philopon, ces quatre noms n'ont pas été indéxés.

Bibliographie

Abréviations utilisées

AHMA *Archives d'histoire doctrinale et littéraire du Moyen Âge*, Vrin, Paris.

AnIsl *Annales Islamologiques*, Ifao, Le Caire.

ASP *Arabic Sciences and Philosophy*, Cambridge University Press, Cambridge.

AṬ *Aristote, Arisṭūṭālīs al-Ṭabīʿa, tarǧamat Isḥāq ibn Ḥunayn maʿa šurūḥ Ibn al-Samḥ wa-bn ʿAdī wa-Mattā ibn Yūnus wa-Abī al-Faraǧ ibn al-Ṭayyib (Aristote, Naturalia, trad. de Isḥāq b. Ḥunayn avec les commentaires de Ibn al-Samḥ, Ibn ʿAdī, Mattā b. Yūnus et Abū al-Faraǧ b. al-Ṭayyib)*, 2 vol., Badawī, Abdurrahmān (éd.), Le Caire, 1964-1965.

BICS *Bulletin of the Institute of Classical Studies*, University of London, Londres.

Dozy Dozy, Reinhart, *Supplément aux dictionnaires arabes*, 2 vol., Brill, Leyde ; Maisonneuve, Paris, 1927.

DPA Goulet, Richard (éd.), *Dictionnaire des philosophes antiques*, Éditions du CNRS, Paris, 1989.

DSB Gillipsie, Charles C. (éd.), *Dictionary of Scientific Biography*, Charles Scribner's Sons, New York, 1970.

EI² Gibbs, Kramers, Lévi-Provençal, Lewis, Pellat & Stern (éd.), *The Encyclopaedia of Islam*, Brill, Leyde, 1967, 2009 (2ᵉ éd.).

*EI*³ Gaborieau, Krämer, Nawas & Rowson (éd.), *The Encyclopaedia of Islam*, Brill, Leyde, Boston, 2007 (3ᵉ éd.).

EIr *Encyclopaedia Iranica*, 14 vol., Routledge and Kegan Paul Ltd., Londres, Boston, Henley, 1985-2008.

EPU Jacob, André (éd.), *Encyclopédie philosophique universelle*, 4 vol., Puf, I, 1989, 1997 (2ᵉ éd.) ; II, 1990, 1998 (2ᵉ éd.) ; III, 1992 ; IV, 1998.

Frey Freytag, Georg Wilhelm, *Lexicon arabico-latinum praesertim ex Djeuharii Firuzabadiique et aliorum arabum operibus adhibitis golli quoque et aliorum libris confectum*, 3 vol., Halis Saxonum (Halle), C. A. Schwetschke & Son, 1830.

GAL Brockelmann, Carl, *Geschichte der arabischen Literatur*, 5 vol., Brill, Leyde, 1996.

GAS Sezgin, Fuat (éd.), *Geschichte des arabischen Schrifttums*, 16 vol., Francfort, 1967-2010.

HTR *Harvard Theological Review*, Harvard University Press, Cambridge.

IJMES *International Journal of Middle East Studies*, Cambridge University Press, New York.

IOS *Israel Oriental Studies*, Brill, Leyde.

JAOS *Journal of the American Oriental Society*, American Oriental Society, New Haven.

JHI *Journal of the History of the Ideas*, University of Pennsylvania Press, Philadelphie.

JHM *Journal of The History of Medicine and Allied Sciences*, Yale University Department of the History of Science and Medicine, New Haven.

JIS *Journal of Islamic studies*, Oxford University Press, Oxford.

Kaz. Kazimirski, Biberstein, Albin de, *Dictionnaire arabe-français littéraire*, Imprimerie V. R. égyptienne, Le Caire 1875.

KM Abū al-Barakāt al-Baġdādī, *Kitāb al-muʿtabar fī al-ḥikma* (*Livre de la réflexion personnelle sur la sagesse*).

Lane Lane, Edward William, *An Arabic-English Lexicon*, 8 vol, Librairie du Liban, Beyrouth, 1968.

MIDEO Platti, Emilio (éd.), *Mélanges de l'Institut dominicain d'études orientales du Caire.*

Phys. Aristote, *Physique*, Pierre Pellegrin (trad.).

Puf Presses universitaires de France, Paris.

REG *Revue des études grecques*, Association des Études grecques, Paris.

REJ *Revue des études juives*, Peeters, Louvain.

REP Craig, Edward (éd.), *Routledge Encyclopedia of Philosophy*, 10 vol., Routledge, Londres, 1998.

SṬ Ibn Sīnā (Avicenne), *Kitāb al- šifā'* (*Livre de la Guérison*), Première partie de la *Physique.*

ZGAIW *Zeitschrift für Geschichte der arabisch-islamischen Wissenschaften*, Institut für Geschichte der arabisch-Islamischen Wissenschaften, Francfort.

Autres instruments de travail

Blachère, Régis & Sauvaget, Jean, *Règles pour éditions et traductions de textes arabes*, Les Belles Lettres, Paris, 1953.

El-Hélou, Abdou, *Le vocabulaire philosophique français-arabe*, Librairie du Liban, Beyrouth, 1994.

Goichon, Amélie-Marie, *Lexique de la langue philosophique d'Ibn Sīnā, Vocabulaires comparés d'Aristote et d'Ibn Sīnā*, Islamic Philosophy 39, Goethe University, Francfort, 1939, 1999 (2e éd.).

Jewish Encyclopedia.com, en ligne sur The Unedited Full-Text Jewish Encyclopedia 1906, consultée le 17/07/2014, http://www.jewishencyclopedia.com/articles/7679-hibat-allah-abu-al-barakat-b-ali-b-malka-malkan-al-baladi.

Koetschet, Pauline, « Glossaire » *in* Benmakhlouf, Ali (éd.), *Al-Farābī, Philosopher à Bagdad au Xe siècle*, Seuil, Paris, 2007, p. 205-235.

Lisān al-ʿarab, 15 vol., Abū al-Faḍl Ǧamāl al-Dīn Muḥammad b. al-Makram al-Afrīqī al-Maṣrī (éd.), 1955-1956.

Pellegrin, Pierre, *Dictionnaire Aristote*, Ellipses, Paris, 2007.

Textes sources

Abū al-Barakāt al-Baġdādī, *Kitāb al-muʿtabar fī al-ḥikma* (*Livre de la réflexion personnelle sur la sagesse*), Ǧāmiʿat Dāʾirat al-Maʿārif al-Uṯmāniyya, Hayderabad, 1938.

—, *Risāla fī sabab ẓuhūr al-kawākib laylan wa-ḫtifāʾihā nahāran* (*Epître sur la cause de l'apparition des étoiles la nuit et de leur disparition le jour*), A. Süheyl Ünver (trad.), « Avicenna Explains Why Stars are Visible at Night and not During the Day », *Journal of the History of Medecine*, 1946, p. 330-334.

—, *Kitāb ṣaḥīḥ adillat al-naql fī māhiyyat al-ʿaql* (*Les données scripturaires authentiques sur la quiddité de l'intellect*), Aḥmad al-Ṭayyib (éd. et commentaire), « Un traité d'Abū l-Barakāt al-Baġdādī sur l'intellect. Kitāb ṣaḥīḥ adillat al-naql fī māhiyyat al-ʿaql. », *AnIsl 16*, 1980, p. 127-147.

Alexandre d'Aphrodise, « Traité sur le temps » *(Muqāla fī al-zamān)*, Ḥunayn b. Isḥāq (trad.), in *Commentaires sur Aristote perdus en grec et autres épîtres*, ʿAbdurraḥmān Badawī (éd.), Dār el-Machreq, Beyrouth, 1971.

—, *The Refutation by Alexandre of Aphrodisias of Galen's Treatise on the Theory of Motion*, Rescher & Marmura (trad. et éd.), Islamabad, 1965.

Aristote, *Météorologiques*, Pierre Louis (trad.), Les Belles Lettres, Paris, 1982.

—, *Traité du ciel*, Jean Tricot (trad. et notes), Vrin, Paris, 1986.

—, *Métaphysique*, Jean Tricot (trad.), Vrin, Paris, 1953, 1991 (2e éd.).

—, *Physique*, Pierre Pellegrin (trad.), Flammarion, Paris, 2000.

Averroès, *Grand commentaire de la Métaphysique*, I, Maurice Bouyges (éd.), Beyrouth, 1938.

Avicenne (Ibn Sīnā), *Risāla li-baʿḍ al-mutakallimīn ilā al-šayḫ fa-aǧābuhum*, ou *Risāla fī al-makān* (*Épître sur le lieu*), Hilmi Ziya Ülken (éd.), *Ibn Sina Risâleleri*, II, Istanbul, 1953, p. 155-159.

—, *Kitāb al-ḥudūd* (*Livre des définitions*), Amélie-Marie Goichon (éd., trad.), Ifao, Le Caire, 1963.

—, *al-Naǧāt fī al-ḥikma al-manṭiqiyya wa-l-ṭabīʿiyya wa-l-ilāhiyya* (*Le salut dans la sagesse de la logique, des Naturalia et de la métaphysique*), Muḥiy al-Dīn al-Kurdī, Le Caire, 1913.

—, *Kitāb al-šifā'* (*Le Livre de la guérison*), *al-fann al-awwal min al-ṭabī'iyyāt fī al-samā' al-ṭabī'ī (Première partie de la* Physique*)*, Madkūr, Ibrahim & Zayd, Sa'īd (éd.), al-Hay'a al-Miṣriyya al-'Āmma li-l-Kitāb, Le Caire, 1983.

—, *Métaphysique*, Georges C. Anawati (trad.), Vrin, Paris, 1985.

—, «*Al-Mubāḥaṯāt*» (*Les discussions*) *in* Abdurrahmān Badawī (éd.), *Arisṭū 'inda al-'arab (Aristote chez les arabes, études et textes inédits)*, Wakālat al-Maṭbū'āt, Koweit, 1978, p. 119-239.

—, *The Physics of The Healing*, 2 vol., Jon McGinnis (trad.), Middle East Text Initiative, Brigham Young University Press, Provo, 2010.

Badawī, 'Abdurrahmān (éd.), *Commentaires sur Aristote perdus en grec et autre épîtres*, Dar el-Mashreq, Beyrouth, 1971.

Bar Hebraeus, *Tārīḫ muḫtaṣar al-duwal*, Père Anton Ṣālaḥānī (éd.), Presses catholiques, Beyrouth, 1890.

—, *L'entretien de la Sagesse, Introduction aux œuvres philosophiques de Bar Hebraeus*, Herman F. Janssens (trad., éd., commentaires), Les Belles Lettres, Paris, 1937.

al-Bayhaqī, Ẓahīr al-Dīn, *Tatimmat Ṣiwān al-ḥikma* (*Anthologie de la Sagesse*), Moḥammad Shafī' (éd.), Lahore, 1935; Sezgin, Fuat (éd.), *Historiography and Classification of Science in Islam*, VIII, Francfort, 2005.

Benedetti, Giovanni Battista, *Diversarum speculationum mathematicarum et physicarum liber*, Taurini, apud Haeredem Nicolai Bevilaquae, 1585.

Bruno, Giordano, *L'infini, l'Univers et les mondes*, Bertrand Levergeois (trad., éd.), Berg International, Paris, 2006.

Buridan, Jean, *Quaestiones super octo physicorum libros Aristotelis* (*Questions on Aristotle's Eight Books of Physics*) *in* Anneliese Maier (éd.), *Zwei Grundprobleme der Scholastischen Naturphilosophie: Das Problem der intensiven Größe; Die Impetustheorie*, Rome: Edizione di Storia e Letteratura, 1951 (2e éd.).

Descartes, René, «Lettre à Mersenne du 18 décembre 1629» in *Œuvres de Descartes*, I, Adam & Tannery (éd.), Vrin, Paris, 1976.

—, *Les Météores* (1636), Flammarion, Paris, 1992.

Galilée, *Il Saggiatore*, Appresso Giacomo Mascardo, Rome, 1623, livre en ligne sur Gallica, consulté le 24/09/2014, http://gallica.bnf.fr/ark:/12148/bpt6k512672/f39.image

al-Ġazālī, Abū Ḥāmid, *Tahāfut al-falāsifa*, Dr Sulaymān Dunyā (éd), Dār al-Ma'ārif, Le Caire, 1972.

Géminos, « Abrégé des Météorologiques de Poseidonos », Germaine Aujac (éd., trad.), *Geminos, Introduction aux phénomènes*, Les Belles Lettres, Paris, 2002.

Ibn Abī Uṣaybi'a, Muwaffaq al-Dīn, *'Uyūn al-anbā' fī ṭabaqāt al-aṭibbā'*, 6 vol., 'Āmir al-Naǧǧār (éd.), al-Hayi'a al-Miṣriyya al-'Āmma li-l-Kitāb, Le Caire, 2004.

Ibn Ḫallikān, Šams al-Dīn, *Wafayāt al-a'yān wa-anbā' abnā' al-zamān*, 8 vol., Dr 'Abbas (éd.), Dār al-Ṯaqāfa, Beyrouth, 1968-1977.

Ibn al-Hayṯam, Abū 'Alī, *Fī al-makān*, 5 vol., Roshdi Rashed (éd., trad., commentaires), *Mathématiques infinitésimales du IXe au XIe siècle*, al-Furqān (éd.), Islamic Heritage Foundations, Londres, 2006, p. 665-686.

Ibn al-Nadīm, Abū al-Farağ, *Kitāb al-fihrist*, Flügel & Roediger (éd.), Liban, 1964.

Ibn al-Qifṭī, Ǧamāl al-Dīn Abū al-Ḥasan, *Tārīḫ al-ḥukamā'*, Julius Lippert (éd.), Dieterich'sche Verlagsbuchhandlung, Leipzig, 1903, 2008 (2e éd.).

al-Kindī, Abū Yūsuf, *Sur la philosophie première*, Roshdi Rashed & Jean Jolivet (trad.), *Œuvres philosophiques et scientifiques d'al-Kindī*, II, Brill, Leyde, 1998, p. 28-34.

Lucrèce, *De natura rerum*, José Kany-Turpin (trad., notes), Flammarion, France, 2008.

al-Maġribī, Samaw'al, *Ifḥām al-Yahūd, The Early Recension*, Ibrahim Marazka, Reza Pourjavady & Sabine Schmidtke (éd.), Harrrassowitz Verlag, Wiesbaden, 2006.

Maïmonide (Ibn Maymūn), *Guide des égarés*, I, 71, S. Munk (trad.), Paris, 1886 ; Verdier, 1970 (2e éd.).

Newton, Isaac, *Philophiae naturalis principia mathematica*, Jussu Societatis Regiae, Londres, 1686, en ligne sur Gallica, consulté le 24/09/2014, http://gallica2.bnf.fr/ark:/12148/bpt6k3363w.

Ockham (d'), Guillaume, *Summulae in libros Physicorum*, Teoli, Giovanni Battista (éd.), Rome, 1637.

Philopon, Jean, « Corollary on Place », David Furley (trad.), *in* Sorabji, Richard (éd.), *Philoponus, Corollaries on Place and Void with Simplicius, Against Philoponus on the Eternity of the World*, Duckworth, Londres, 1991, p. 15-48.

—, « Corollary on Void », David Furley (trad.), *in* Sorabji, Richard (éd.), *Philoponus, Corollaries on Place and Void with Simplicius, Against Philoponus on the Eternity of the World*, Duckworth, Londres, 1991, p. 49-73.

—, *On Aristotle Physics 5-8*, Paul Lettinck (trad.), Sorabji, Richard (éd.), Duckworth, 1994.

Platon, *Le Timée*, Émile Chambry (éd.), Flammarion, Paris, 1969.

al-Rāzī, Abū Bakr Muḥammad b. Zakariyyā, cité par al-Rāzī, Abū Ḥātim dans *Kitāb aʿlām al-nubuwwa* (*Les signes de la prophétie*), *in* Paul Kraus (éd.), *Opera Philosophica, fragmentaque quae supersunt*, cahier MCMXXXIX, fasc. XXII, université Fouad Ier, Faculté de littérature, Le Caire, 1939 ; *in* Fuat Sezgin (éd.), *Rasāʾil falsafiyya*, Islamic Philosophy 19, Goethe University, Francfort, 1999. p. 291-316.

—, *Kitāb al-šukūk ʿalā kalām Ǧālīnūs* (*Doutes sur Galien*), Mehdi Mohaghegh (éd.), Iran, 1952 ; Muṣṭafā ʿAbd al-Ġanī (éd.), Dar el-Kutub, Le Caire, 2005 ; Pauline Koetschet (trad., éd.), *La philosophie arabe*, Points Essais, Seuil, 2011, p. 161-168.

al-Rāzī, Abū Ḥātim, *Kitāb aʿlām al-nubuwwa* (*Les signes de la prophétie*), *in* Paul Kraus (éd.), *Opera Philosophica, fragmentaque quae supersunt*, cahier MCMXXXIX, fasc. XXII, université Fouad Ier, Faculté de littérature, Le Caire, 1939 ; *in* Fuat Sezgin (éd.), *Rasāʾil falsafiyya*, Islamic Philosophy 19, Goethe University, Francfort, 1999, p. 291-316.

al-Rāzī, Faḫr al-Dīn, *al-Mabāḥiṯ al-mašriqiyya fī ʿilm al-ilāhiyyāt wa-al-ṭabīʿiyyāt* (*Recherches orientales sur la science des choses divines et des choses naturelles*), 2 vol., Hayderabad, Inde, 1924.

—, *Šarḥ ʿuyūn al-ḥikma* (*Commentaire des ʿUyūn al-ḥikma d'Ibn Sīnā*), Maktaba al-Inglo al-Miṣriyya, 3 vol., Le Caire, 1980.

—, *Kitāb al-maṭālib al-ʿāliya* (*Les requêtes suprêmes*), chap. 4 « De la recherche sur la quiddité du temps », *in* Paul Kraus (éd.), *Opera Philosophica, fragmentaque quae supersunt*, cahier MCMXXXIX, fasc. XXII, université Fouad Ier, Faculté de littérature, Le Caire, 1939 ; *in* Fuat Sezgin (éd.), *Rasāʾil falsafiyya*, Islamic Philosophy 19, Goethe University, Francfort, 1999., p. 276-277.

al-Šahrazūrī, Šams al-Dīn, *Nuzhat al-arwāḥ wa-rawḍat al-afrāḥ fī tārīḫ al-ḥukamā' wa-l-falāsifa*, 2 vol., Ǧāmiʿat Dā'irat al-Maʿārif al-ʿUṯmāniyya, Hayderabad, Inde, 1976.

Simplicius, *On Aristotle Physics 4.1-5, 10-14*, J. O. Urmson (trad.), Richard Sorabji (éd.), Duckworth, Londres, 1992.

—, *On Aristotle on the Void*, Paul Lettinck (trad.), Richard Sorabji (éd.), Duckworth, Londres, 1994.

—, *On Aristotle's On the Heavens 1.1-4*, R. J. Hankinson (trad.), Richard Sorabji (éd.), Duckworth, Londres, 2002.

—, *On Aristotle's On the Heavens 1.5-9*, R. J. Hankinson (trad.), Richard Sorabji (éd.), Duckworth, Londres, 2004.

Ṯābit ibn Qurra, *Œuvres d'astronomie*, Régis Morelon (éd. et trad.), Les Belles Lettres, Paris, 1987.

Yāqūt al-Rūmī, al-Ḥamawī, *Muʿǧam al-udabā': iršād al-arīb ilā maʿrifat al-adīb* (*Dictionnaire des gens instruits*), 20 vol., Aḥmad Farīd Rifāʿī (éd.), Le Caire, 1940.

Études

Anawati, Georges C., « Introduction à la Métaphysique d'Avicenne » in *La métaphysique du Shifā' d'Avicenne, traduction française du texte arabe de l'édition du Caire*, 2 vol., Vrin, Paris, 1978, 1985 (2e éd.).

Anbouba, Adel, *DSB*, XII, 1970, p. 91b-95a, *s.v.* « Al-Samaw'al, b. Yaḥyā al-Maġribī ».

Arnaldez, Roger, *EI*², III, 1979, p. 169-172, *s.v.* « *Ḥaraka* ».

—, « La doctrine de l'âme dans la philosophie d'Abū al-Barakāt al-Baġdādī », *StudIsl* 66, 1987, p. 105-112.

—, *EPU*, III, 1, 1992, p. 363-367, *s.v.* « Abū al-Barakāt ».

Badawī, ʿAbdurraḥmān, *al-Zamān al-wuǧūdī*, Maktabat al-Nahḍa al-Miṣriyya, Le Caire, 1945.

—, *Le temps existentiel : résumé de thèse de doctorat*, texte dactylographié conservé à la bibliothèque de l'Ideo du Caire.

—, « Al-Fārābī, défenseur d'Aristote contre Galien » *in* Afshar, Iraj (éd.), *Essays on Fārābī*, University of Teheran, Téhéran, 1976, p. 25-34.

— (éd.), *Arisṭū ʿinda al-ʿarab (Aristote chez les arabes, études et textes inédits)*, Wakālat al-Maṭbūʿāt, Koweit, 1978.

—, *La transmission de la philosophie grecque au monde arabe,* Vrin, Paris, 1968, 1987 (2e éd.).

Bauer, Georg, *Giovanni Battista Benedetti, Vordenker und Wegbereiter der galileischen Physik*, Reihe Physik 7, Verlag Harri Deutsch, Francfort, 1991.

Besnier, Bernard, « Aristote : le lieu, le quelque part et l'être dans » *in* Morelon, Régis & Hasnaoui, Ahmed (éd.), *De Zénon d'Elée à Poincaré, Recueil d'études en hommage à R. Rashed*, Cahiers du *MIDEO* 1, Peteers, Louvain, Paris, 2004, p. 561-605.

Biard, Joël, « Le statut du mouvement dans la philosophie naturelle buridanienne » *in* Caroti, Stefano & Souffrin, Pierre (éd.), *La nouvelle physique du XIVe siècle*, Olschki, Florence, 1997.

—, « Zarabella et le mouvement des corps simples (De l'usage d'Averroès au XVIe siècle) » *in* Morelon, Régis & Hasnaoui, Ahmed (éd.), *De Zénon d'Elée à Poincaré, Recueil d'études en hommage à R. Rashed*, Cahiers du *MIDEO* 1, Peteers, Louvain, Paris, 2004, p. 735-751.

Biard, Joël & Rommevaux, Sabine (éd.), *Mathématiques et théories du mouvement (XIVe-XVIe siècles)*, Presses universitaires du Septentrion, Villeneuve d'Ascq, 2008.

—, *La nature et le vide dans la physique médiévale, Études dédiées à Edward Grant*, Studia Artistarum 32, Brepols, Turnhout, 2012.

Blay, Michel, « Sur quelques aspects de l'évolution du champ conceptuel de la science du mouvement dans la deuxième moitié du XVIIe siècle » in *Le concept de vitesse d'Archimède à Galilée*, Cahiers du séminaire d'épistémologie et d'histoire des sciences 22, université Sophia Antipolis, France, 1990, p. 125-147.

—, *Les raisons de l'infini. Du monde clos à l'univers mathématique*, Gallimard, Paris, 1993.

—, *La science classique, Dictionnaire critique*, Flammarion, Paris, 1998.

—, *Penser avec l'infini, la fécondité d'une notion mathématique et philosophique, de Giordano Bruno aux Lumières*, Vuibert/Adapt/Snes, Paris, 2010.

Brockelmann, Carl, *GAL*, S1, 1996a, p. 831, *s.v.* « Auḥadazzamān Hibatallāh ».

—, *GAL*, S2, 1996b, p. 602, *s.v.* « Auḥadazzamān Hibatallāh ».

Brown, Peter R. L., *La toge et la mitre, le monde de l'Antiquité tardive, 150-750 ap. J.C.*, traduction de *The World of late Antiquity*, Thames & Hudson, 1989 ; Christine Monatte (trad.), Thames & Hudson, Paris, 1995.

Bunge, Mario, « Le lieu et l'espace » *in* Sinaceur, M.A. (éd.), *Penser avec Aristote*, Éditions Erès, Toulouse, 1991, p. 483-488.

Cahen, Claude, « Baġdād au temps de ses derniers califes » *in* Blachère, Régis (éd.), *Arabica*, numéro spécial IX, fasc. III, Brill, Leyde, 1962, p. 289-302.

—, *Orient et Occident au temps des croisades*, Aubier, Paris, 1983.

Carra de Vaux, Bernard, *EI*², I, 1979, p. 1084-1085, *s.v.* « *Basmalla* ».

Châtelet, Gilles, *Les enjeux du mobile : mathématique, physique, philosophie*, Seuil, Paris, 1993.

Chiaradonna, Riccardo, Le traité de Galien *Sur la démonstration* et sa postérité tardo-antique » *in* Chiaradonna, Riccardo & Trabattoni, Franco (éd.), *Physics and Philosophy of Nature in Greek Neoplatonism, Proceedings of the European Science Foundation Exploratory Workshop, Il Ciocco, Castelvecchio Pascoli, June 22-24, 2006*, Brill, Leyde, Boston, 2009, p. 43-78.

Clagett, Marshall, *The Science of Mechanics in the Middle Ages*, University of Wisconsin Press, Madison, 1959.

Clavelin, Maurice, *La Philosophie naturelle de Galilée, Esssai sur les origines et la formation de la mécanique classique*, Albin Michel, Paris, 1968, 1996 (2e éd.).

Crubellier, Michel & Pellegrin, Pierre, *Aristote, le philosophe et les savoirs*, Seuil, Paris, 2002.

Davidson, Herbert Alan, « The Principle that a Finite Body Can Contain Only Finite Power » *in* Stein, Siegfried & Loewe Raphael (éd.), *Studies in Jewish Religious and Intellectual History*, University of Alabama Press, Tuscaloosa, 1980, p. 75-92.

De Libera, Alain, *La querelle des Universaux*, Seuil, Paris, 1996.

—, *L'art des généralités*, Aubier, Paris, 1999.

—, *La philosophie médiévale*, PUF, Paris, 1993, 2006 (3e éd.).

Dhanani, Alnoor, *The Physical Theory of Kalām: Atoms, Space and Void in Basrian Muʿtazilī Cosmology*, Brill, Leyde, New York, Cologne, 1994.

—, « Rocks in the Heavens!? The Encounter between ʿAbd al-Ǧabbār and Ibn Sīnā » *in* Reisman, David (éd.), *Before and After Avicenna, Proceedings of the First Conference of Avicenna Study Group*, Brill, Leyde, Boston, 2003, p. 127-144.

Dietrich, Albert, *Medicinalia Arabica : Studien über arabische medizinische Handschriften in türkischen und syrischen Bibliotheken*, Vandenhoeck & Ruprecht, Göttingen, 1966.

—, *EI*², III, 1979, p. 840, *s.v.* « Ibn al-Kifṭī ».

Duhem, Pierre, « De l'accélération produite par une force constante, notes pour servir à l'histoire de la dynamique » in *Extraits du compte rendu du IIe congrès international de philosophie*, Genève, 1904, p. 859-915.

—, *Le Système du Monde, histoire des doctrines cosmologiques de Platon à Copernic*, 10 vol., Hermann, Paris, 1913.

Dunlop, Douglas Morton, *EI*², I, 1979, p. 1131-1132, *s.v.* « Al-Bayhaḳī ».

Endress, Gerhard, *The Works of Yaḥyā Ibn ʿAdī, an Analytical Inventory*, Ludwig Reichert Verlag, Wiesbaden, 1977.

—, « Yaḥyā ibn ʿAdī's Critique of Atomism: Three Treatises on the Indivisible Part, with an Introduction and Notes », *ZGAIW* 1, 1984.

—, « Reading Avicenna in the "Madrasa" : Intellectual Genealogies and Chains of Transmission of Philosophy and the Sciences in the Islamic East » *in* Montgomery, James E. (éd.), *Arabic Theology, Arabic Philosophy: from the Many to the One, Essays in Celebration of Richard M. Frank*, Peeters, Louvain, Paris, Dudley, 2006, p. 371-424.

Franco, Abel B., « Avempace, Projectile Motion and Impetus Theory », *JHI* 64, 4, 2003, p. 521-546.

Frank, Richard MacDonough, « Al-Maʿna, Some Reflections on the Technical Meanings of the Term in the Kalām and its Use in the Physics of Muʿammar », *JAOS* 87, 3, 1967.

—, « *Anniyya* », *Les cahiers de Byrsa 6*, 1956.

Giannakis, Elias, *Philoponus in the Arabic Tradition of Aristotle's Physics*, thèse de doctorat, Université d'Oxford, 1992.

—, « Fragments from Alexander's Lost Commentary on Aristotle's Physics », *ZGAIW* 10, 1996, p. 157-187.

—, « Yaḥyā ibn ʿAdī Against John Philoponus on Place and Void », *ZGAIW 12*, 1998, p. 245-302.

—, « The Quotations from John Philoponus' *De aeternitate mundi contra Proclum* in al-Bīrūnī's India », *ZGAIW 15*, 2002/3, p. 185-196.

—, « Anaxogoras in the Baghdad Physics » *in* Adamson Peter (éd.), *In the Age of al-Fārābī: Arabic Philosophy in the Fourth/Tenth Century*, The Warburg Institute, Londres ; Nino Aragno Editore, Turin, 2008, p. 35-50.

Granger, Gilles Gaston, « L'histoire des sciences est-elle une histoire ? », *in* Morelon, Régis & Hasnaoui, Ahmed (éd.), *De Zénon d'Elée à Poincaré, Recueil d'études en hommage à R. Rashed*, Cahiers du *MIDEO* 1, Peteers, Louvain, Paris, 2004, p. 871-878.

Grant, Edward, *La Physique au Moyen-Âge*, traduction de *Physical Science in the Middle Ages*, J. Wiley & Sons Inc., 1971 ; Pierre-Antoine Fabre (trad.), PUF, Paris, 1995.

—, *Much Ado About Nothing, Theories of Space and Vacuum from the Middle Ages to the Scientific Revolution*, Cambridge University Press, Cambridge, 1981.

Griffel, Frank, « On Fakhr al-Dīn al-Rāzī's Life and the Patronage He Received », *JIS* 18, 3, 2007, p. 313-344.

—, « Between al-Ġazālī and Abū al-Barakāt al-Baġdādī: The Dialectical Turn in the Philosophy of Iraq and Iran During the Sith/Twelfth Century » *in* Adamson, Peter (éd.), *In The Age of Averroes: Arabic Philosophy in the Sixth/Twelfth Century*, The Warburg Institute, Londres ; Nino Aragno Editore, Turin, 2011, p. 45-76.

Gutas, Dimitri, *Avicenna and the Aristotelian Tradition, Introduction to Reading Avicenna's Philosophical Works*, Brill, Leyde, New York, Copenhague, Cologne, 1988.

—, *Pensée grecque, culture arabe, Le mouvement de traduction gréco-arabe à Bagdad et la société abbasside primitive (IIe-IVe/VIIIe-Xe siècles)*, traduction de *Greek Thought, Arabic Culture*, Routledge, 1998 ; Abdesselam Cheddadi (trad.), Aubier, Paris, 2005.

Gutas, Dimitri & Van Bladel, Kevin Thomas, *EI*[3], 2007, p. 133-137, *s.v.* « *Bayt al-Ḥikma* ».

Harvey, Steven, « The Impact of Philoponus' "Commentary on the Physics" on Averroes' Three Commentaries on the Physic » *in* Adamson, Peter, Baltussen, Han & Sone, Martin William Francis (éd.), *Philosophy Science & Exegesis in Greek, Arabic & Latin Commentaries*, II, suppl. au *BICS*, 83, 2, 2004, p. 89-103.

Hasnaoui, Ahmed, « La dynamique d'Ibn Sīnā, la notion d'inclination : *mayl* » *in* Jolivet, Jean & Rashed, Roshdi (éd.), *Études sur Avicenne*, Les Belles Lettres, Paris, 1984.

—, *EPU*, II, 1, 1990a, p. 101a-102a, *s.v.* « *Anniyya* ou *Inniyya* (essence-existence) ».

—, *EPU*, II, 1, 1990b, p. 542b-543a, *s.v.* « *Darh* ».

—, « Aspects de la synthèse avicennienne » *in* Sinaceur, M.A. *(éd.)*, *Penser avec Aristote*, Éditions Erès, Toulouse, 1991.

—, « Alexandre d'Aphrodise *vs* Jean Philopon : notes sur quelques traités d'Alexandre perdus en grec, conservés en arabe », *ASP* 4, 1994, p. 53-109.

—, Compte rendu de « Paul Lettinck, *Aristotle's Physics and its Reception in the Arabic World*, Brill, Leyde, New York, Cologne, 1994 », *Archives de philosophie* 60, 3, 1997, p. 30-34.

—, *EPU*, III, 1, 1998, p. 519a, *s.v.* « Al-Fārābī ».

—, « Commentaire et démonstration. Brèves remarques sur la physique du *Šifāʾ* d'Avicenne » *in* Goulet-Cazé, Marie-Odile (éd.), *Le commentaire entre tradition et innovation, Actes du colloque international de l'Institut des traditions textuelles, Paris et Villejuif, 22-25 septembre 1999*, Vrin, Paris, 2000, p. 509-513.

—, « La définition du mouvement dans la physique du *Šifāʾ* d'Avicenne », *ASP* 11, 2001.

—, « Avicenne et le livre IV des *Météorologiques* d'Aristote » in *Aristoteles Chemicus, Il IV libro dei « Meteorologica » nella tradizione Antica e Medievale, Venezi, 1-3 dicembre 1999*, International Aristotle Studies 1, Academia Verlag, Sankt Augustin, 2002a.

—, « La Physique du Šifāʾ : aperçus sur sa structure et son contenu » *in* Janssens & De Smet (éd.), *Avicenna and his Heritage*, Louvain University Press, Louvain, 2002b, p. 67-80.

—, « Le statut catégorial du mouvement » *in* Morelon, Régis & Hasnaoui, Ahmed (éd.), *De Zénon d'Elée à Poincaré, Recueil d'études en hommage à R. Rashed*, Cahiers du *MIDEO* 1, Peteers, Louvain, Paris, 2004, p. 607-621.

—, Conférence donnée à l'Institut du monde arabe sur le thème « Ce que la science doit aux Arabes », Paris, décembre 2005, résumé en ligne, www.imarabe.org/node/1350

Jammer, Max, *Concept d'espace : une histoire des théories de l'espace en physique*, traduction de *Concept of Space. The History of Theories of Space in Physics*, 1993 ; L. Mayet & I. Smadja (trad.), Vrin, Paris, 2008.

Jolivet, Jean, « L'idée de la sagesse et sa fonction », *ASP* 1, 1991.

—, « L'héritage arabe » in *Philosophie médiévale arabe et latine, recueil d'articles de Jean Jolivet*, Vrin, Paris, 1995.

—, « Le commentaire philosophique arabe » *in* Goulet-Cazé, Marie-Odile (éd.), *Le commentaire entre tradition et innovation, Actes du colloque international de l'Institut des traditions textuelles, Paris et Villejuif, 22-25 septembre 1999*, Vrin, Paris, 2000, p. 397-410.

Khanikoff (de), Nicolas, « Analysis and Extracts of "*Kitāb mīzān al-ḥikma*", "Book of the Balance of Wisdom", an Arabic Work on the Walter-Balance Written by al-Khâzinî in the Twelth Century » *in* Sezgin, Fuat (éd.), *Mīzān al-Ḥikma by Abū l-Fatḥ ʿAbdarraḥmān al-Khāzinī (d. after 515): Texts and Studies*, Institut für Geschichte der arabisch-Islamischen Wissenschaften, Francfort, 2001, p. 1-128.

Klein, Étienne, *Les tactiques de Chronos*, Flammarion, Paris, 2003.

Koetschet, Pauline, *La philosophie arabe*, Points Essais, Seuil, Paris, 2011.

Koyré, Alexandre, *Études d'histoire de la pensée scientifique*, Gallimard, Paris, 1966, 1992 (3e éd.).

—, *Études galiléennes*, Hermann, Paris, 1939, 2001 (4e éd.).

Kuhn, Thomas, *Structure des révolutions scientifiques*, traduction de *The Structure of Scientific Revolution,* University of Chicago Press, Chicago, 1962 ; Laure Meyer (trad.), Flammarion, Paris, 1983.

—, *La Tension essentielle*, traduction de *The Essential Tension : Delected Studies in Scientific Tradition and Change*, University of Chicago Press, Chicago, 1977 ; Michel Biezunski, Pierre Jacob, Andrée Lyotard-May & Gilbert Voyat (trad.), Gallimard, Paris, 1990.

Lang, Helen S., « The role of Rhope in the History of Greek Physics », *Endeavour* 22, 2, 1998, p. 61-64.

Langermann, Tzvi, *REP*, I, 1998, p. 636b-638b, *s.v.* « Al-Baghdadi, Abu 'l-Barakat (fl.c.1200-50) ».

—, « Quies media : A Lively Problem on the Agenda of Post-Avicenian Physics » in *Uluslararasi Ibn Sīnā Sempozyumu Bildiriler* (*International Ibn Sīnā Symposium papers*), II, Istanbul, 2008, p. 53-67.

— (éd.), *Avicenna and his Legacy : a Golden Age of Science and Philosophy*, Brepols, Belgique, 2009.

Lettinck, Paul, *Aristotle's « Physics » and its Reception in the Arabic World*, Vrije Universiteit te Amsterdam, Amsterdam, 1991.

—, « Ibn Bāǧǧa as a Commentator of Aristotle » *in* Hasnaoui, Elamrani-Jamal & Aouad (éd.), *Perspectives arabes et médiévales sur la tradition philosophique grecque, Actes du colloque de la SIHSPAI, 1993,* Peteers, Louvain, Paris, 1997, p. 485-490.

Levy, Tony, *Figures de l'infini, les mathématiques au miroir des cultures*, Seuil, Paris, 1997.

Madelung, Wilferd Ferdinand, *EIr*, I, 3, 1985-2008, p. 266-268, *s.v.* « Abū al-Barakāt », notice en ligne sur *Iranicaonline.org*, consultée le 17/07/2014, http://www.iranicaonline.org/articles/abul-barakat-al-bagdadi-awhad-al-zaman-hebatallah-b.

Madkūr, Ibrahim, *L'Organon d'Aristote dans le monde arabe*, Vrin, Paris, 1934.

Maier, Anneliese, *Zwei Grundprobleme der scholastischen Naturphilosophie : das Problem der intensiven Grösse die Impetustheorie*, Edizioni di storia e letteratura, Rome, 1951.

Makdisi, George, « Les rapports entre calife et sultan à l'époque saljukide », *IJMES* 6, 2, 1975, p. 228-236.

Mantran, Robert, *Dictionnaire du Moyen Âge, Histoire et Société*, 1997, p. 767-72, *s.v.* « Seldjoukides ».

Marcotte, Roxanne, « La conversion tardive d'un philosophe : Abū al-Barakāt al-Baġdādī (mort vers 454/1150) sur "*L'intellect et sa quiddité (al-ʿAql wa-māhiyyatuhu)*" », *Documenti e Studi Sulla Tradizione filosofica Medievale 15*, 2004, p. 201-226.

—, « Preliminary Notes of the Life and Work of Abū al-ʿAbbās al-Lawkarī », *Anaquel de Estudios Árabes* 17, 2006, p. 133-157.

—, *EI*³, 2007, *s.v.* « Abū al-Barakāt al-Baġdādī ».

Massignon, Louis, « Le temps dans la pensée islamique », *Eranos-Jahrbuch*, 1951 ; *Opera Minora de L. Massignon*, II, Dar el-Maaref, Liban, 1963, p. 606-612.

McGinnis, Jon, « Positioning Heaven : The Infidelity of a Faithful Aristotelian », *Phronesis* 51, 2, 2006, p. 140-161.

Micheau, Françoise, « Mécènes et médecins à Bagdad au IIIᵉ/IXᵉ siècle : les commanditaires des traductions de Galien par Ḥunayn ibn Isḥāq » *in* Jacquart, Danielle (éd.), *Les voies de la science grecque, Études sur la transmission des textes de l'antiquité au dix-neuvième siècle*, Droz, Genève, 1997, p. 147-179.

—, *EI*², XI, 2002, p. 246, *s.v.* « Yaḥyā b. al-Biṭrīq ».

Moody, Ernest A., « Galileo and Avempace », *JHI* 12, 2, 1951, p. 163-193.

Morelon, Régis, « Les deux versions du traité de Thābit b. Qurra "Sur le mouvement de deux luminaires" », *MIDEO* 18, 1988, p. 9-44.

—, « L'astronomie arabe orientale (VIIIᵉ-XIᵉ s.) » *in* Rashed, Roshdi (éd.), *Histoire des sciences arabes*, I, 3 vol., Seuil, Paris, 1997, p. 35-69.

Nony, Sylvie, *Abū al-Barakāt al-Baġdādī : une théorie physique de la variation du mouvement au XIIᵉ siècle, à Bagdad*, thèse de doctorat, université Paris-VII – Denis-Diderot, 2010a.

—, « La dynamique d'Abū l-Barakāt : faire le vide pour penser le changement du changement » *in* Adamson, Peter (éd.), *In the Age of Averroes: Arabic Philosophy in the Sixth/Twelfth Century*, Warburg Institute, Londres, 2010b, p. 93-116.

—, « Two Arabic Theories of Impetus » *in* Riyadh, O. Fayez (éd.), *Classical Papers*, Le Caire, 2009 ; *in* Pormann, Peter E. (éd.), *Islamic Medical and Scientific Tradition, Critical Concepts in Islamic Studies*, III, 4 vol., Peter E. Pormann (trad.), Routledge, Londres, 2011, p. 3-32.

—, « Les audaces de la physique arabe du XIIe siècle dans la synthèse d'Abū al-Barakāt al-Baġdādī », *MIDEO* 29, 2012.

Peters, Francis E., *Aristoteles Arabus: the Oriental Translations and Commentaries on the Aristotelian « Corpus »*, Brill, Leyde, 1968.

Pines, Shlomo, « La philosophie "orientale" d'Avicenne et sa polémique contre les Baġdādiens », *AHMA* 19 (année 27), 1952, p. 5-37 ; *in* Sarah Stroumsa (éd.), *Collected Works of Shlomo Pines*, III, 5 vol., The Hebrew University Magnes Press, Jerusalem, Leyde, 1996, p. 304-333.

—, *Studies in Islamic Atomism*, traduction de *Beiträge zur islamischen Atomenlehre*, 1936 ; Michael Schwartz (trad.), Tzvi Langermann (éd), The Magnes Press, The Hebrew University, Jerusalem, 1997.

—, « Quelques tendances anti-péripatéticiennes de la pensée scientifique islamique », *Thalès, recueil annuel des travaux de l'université de Paris* 3, 1936, 1938, p. 210-219 ; *in* Sezgin, Fuat (éd.), *Papers on various Topics*, Islamic Philosophy 114, Goethe University, Francfort, 2000a, p. 244-254.

—, « Études sur Awḥad al-Zamān Abū al-Barakāt al-Baġdādī », *REJ* 103, 1937, p.3-64, et *REJ* 104, 1938, p. 1-33 ; *in* Sarah Stroumsa (éd.), *Collected Works of Shlomo Pines*, I, 5 vol., The Hebrew University Magnes Press, Jerusalem, Leyde, 1979, 2000b (2e éd.), p. 1-95.

—, « Les précurseurs musulmans de la théorie de l'*impetus* », *Archeion* 21, 1938, p. 294-300 ; *in* Sarah Stroumsa (éd.), *Collected Works of Shlomo Pines*, II, 5 vol., The Hebrew University Magnes Press, Jerusalem, Leyde, 1986, 2000c (2e éd.), p. 409-417.

—, « La conception de la conscience de soi chez Avicenne et chez Abū al-Barakāt al-Baġdādī », *AHMA* 21 (année 29), 1954, p. 21-98 ; *in* Sarah Stroumsa (éd.), *Collected Works of Shlomo Pines*, I, 5 vol., The Hebrew University Magnes Press, Jerusalem, Leyde, 1979, 2000d (2e éd.), p. 181-258.

—, « Nouvelles études sur Awḥad al-Zamān Abū al-Barakāt al-Baġdādī », *Mémoires de la Société des études juives* 1, 1955 ; *in* Sarah Stroumsa (éd.), *Collected Works of Shlomo Pines*, I, 5 vol., The Hebrew University Magnes Press, Jerusalem, Leyde, 1979, 2000e (2e éd.), p. 96-174.

—, « La dynamique d'Ibn Bājja » in *L'aventure de la science, Mélanges Alexandre Koyré*, Histoire de la pensée 12, Hermann, Paris, 1964, p. 547-530 ; *in* Sarah Stroumsa (éd.), *Collected Works of Shlomo Pines*, II, 5 vol., The Hebrew University Magnes Press, Jerusalem, Leyde, 1986, 2000f (2e éd.), p. 440-466.

—, *DSB*, I, 1970, p. 26, *s.v.* « Abū l-Barakat », notice en ligne sur *Complete Dictionary of Scientific Biography*, *Encyclopedia.com*, consultée le 17/07/2014, http://www.encyclopedia.com/doc/1G2-2830900026.html.

—, « An Arabic Summary of a Lost Work of John Philopon », *IOS* 2, 1972, p. 320-359 ; *in* Sarah Stroumsa (éd.), *Collected Works of Shlomo Pines*, II, 5 vol., The Hebrew University Magnes Press, Jerusalem, Leyde, 1986, 2000g (2e éd.), p. 294-326.

—, « Philosophy, Mathematics and the Concepts of Space in the Middle Ages », *in* Elkana, Yehuda (éd.), *The Interaction Between Science and Philosophy*, N. J. Humanities Press, Atlantic Highlands, 1974, p. 163-174; *in* Sarah Stroumsa (éd.), *Collected Works of Shlomo Pines*, II, 5 vol., The Hebrew University Magnes Press, Jerusalem, Leyde, 1986, 2000h (2e éd.), p. 359-374.

—, *EI*2, I, 1979, p. 111b-113a, *s.v.* « Abū 'l-Barakāt ».

Pormann, Peter E., « Jean le Grammairien et le *De Sectis* dans la littérature médicale d'Alexandrie » *in* Garofalo, Ivan & Roselli, Amneris (éd.), *Galenismo e medicina tardoantica : Fonti greche, latine e arabe : Atti del seminario internazionale di Siena, 9 e 10 settembre 2002*, AION, Naples, 2003, p. 233-263.

Quine, Willard von Orman, « Two Dogmas of Empiricism » in *From a Logical Point of View*, Harvard University Press, Cambridge, 1953, p. 20.

Raġab Sīdbī, Ǧamāl, *Abū al-Barakāt al-Baġdādī wa-falsafatuhu al-ilāhiyya* (*Abū al-Barakāt al-Baġdādī et sa métaphysique)*, Maktaba Wahba, Le Caire, 1996.

Rashed, Marwan, « Natural Philosophy » *in* Adamson, Peter, & Taylor, Richard C. (éd.), *The Cambridge Companion to Arabic Philosophy*, Cambridge University Press, Cambridge, 2004a, p. 287-307.

—, « The Problem of the Composition of the Heavens (529-1610): A New Fragment of Philoponus and its Readers » *in* Adamson, Peter, Baltussen, Han & Stone, M.W.F (éd.), *Philosophy, Science and Exegesis in Greek, Arabic and Latin Commentaries*, II, 2004b, p. 35-58.

—, « Alexandre d'Aphrodise et la "Magna Quaestio". Rôle et indépendance des scholies dans la tradition byzantine du corpus aristotélicien », *Les Études classiques* 63, 1995 ; *in* Rashed, Marwan, *L'héritage aristotélicien, textes inédits de l'Antiquité*, Les Belles Lettres, Paris, 2007 (2e éd.), p. 85-141.

—, « Thābit ibn Qurra sur l'existence et l'infini » *in* Rashed, Roshdi (éd.), *Thābit ibn Qurra. Science and Philosophy in Ninth-Century Baghdad*, De Gruyter, Berlin, 2009.

Rashed, Roshdi, « Al-Qūhī contre Aristote : sur le mouvement » in *Les mathématiques infinitésimales du IXe au XIe siècle*, I, 5 vol., Al-Furqān, Islamic Heritage Fondation, Londres, 1996 ; *Oriens-Occidens* 2, 1998, p. 95-117.

—, « Ibn al-Haytham : astronomie, géométrie sphérique et trigonométrie », in *Les mathématiques infinitésimales du IXe au XIe siècle*, V, 5 vol., Al-Furqān, Islamic Heritage Fondations, Londres, 2006.

Roux, Sophie, « Découvrir le principe d'inertie », *Recherches sur la philosophie et le langage* 24, 2006, p. 449-511.

Saffrey, Henri-Dominique, « Le chrétien Jean Philopon et la survivance de l'école d'Alexandrie au VIe siècle », *REG* 67, 1954, p. 396-410.

Salem, Jean, *Démocrite, grain de poussière dans un rayon de soleil*, Histoire de la philosophie, Vrin, Paris, 1996.

Saliba, George, « Aristotelian Cosmology and Arabic Astronomy » *in* Morelon, Régis & Hasnaoui, Ahmed (éd.), *De Zénon d'Elée à Poincaré, Recueil d'études en hommage à R. Rashed*, Cahiers du *MIDEO* 1, Peteers, Louvain, Paris, 2004, p. 251-268.

Sayili, Aydin M., « The Observation Well » in *Ankara Üniversitesi Dil ve Tarih-Coğrafya Fakültesi Dergisi* 11, 1, 1953, p. 147-149.

Shihadeh, Ayman, « From al-Ġazālī to al-Rāzī: 6th/12th Century Developments in Muslim Philosophical Theology », *AST* 15, 2005, p. 141-179.

Sirat, Colette, *La philosophie juive au Moyen Âge selon les textes manuscrits et imprimés*, Éditions du CNRS, Paris, 1983.

Sorabji, Richard, « John Philoponus » *in* Sorabji, Richard (éd.), *Philoponus and the Rejection of Aristolelian Science*, Duckworth, Londres, 1991.

Souffrin, Pierre, « *Velocitas totalis* : Enquête sur une pseudodénomination médiévale » *in* Caroti, Stefano & Souffrin, Pierre (éd.), *La nouvelle physique du XVIe siècle*, Olschki, Florence, 1997.

Stern, Samuel Miklos, *EI*², I, 1979, p. 59-60, *s.v.* « ʿAbd al-Ǧabbār ».

Strauss, Leo, *La persécution et l'art d'écrire*, Olivier Berrichon-Sedeyn (trad.), Presses pocket, Paris, 1989.

Stroumsa, Sarah, « Twelfth Century Concepts of Soul and Body: The Maimonidean Controversy in Baghdad » *in* Baumgarten Assman & Stroumsa Sarah (éd.), *Self, Soul and Body in Religious Experience*, Brill, Leyde, Boston, Cologne, 1998, p. 313-334.

Szczeciniarz, Jean-Jacques, *Copernic et la révolution copernicienne*, Flammarion, Paris, 1998.

Taton, René *et al.*, *La science antique et médiévale, des origines à 1450*, Quadrige, PUF, Paris, 1957, 1994 (2e éd.).

al-Ṭayyib, Aḥmad, « Un traité d'Abū al-Barakāt al-Baġdādī sur l'intellect », *AnIsl* 16, 1980, p. 127-147.

—, *al-Ǧānib al-naqdī fī falsafat Abī al-Barakāt al-Baġdādī (L'aspect critique de la philosophie d'Abū al-Barakāt al-Baġdādī)*, Dār al-Šurūq, Le Caire, 2004.

Thillet, Pierre, « Réflexions sur les "traductions doubles" » *in* Hasnaoui, Elamrani-Jamal & Aouad (éd.), *Perspectives arabes et médiévales sur la tradition philosophique grecque, Actes du colloque de la SIHSPAI, 1993*, Peteers, Louvain, Paris, 1997, p. 249-263.

Ünver, Ahmet Süheyl, « Avicenna Explains Why Stars Are Visible at Night and not During the Day », traduction du traité sur la visibilité des étoiles faussement attribué à Avicenne, *JHM* 1, 2, 1946, p. 330-334.

Van Ess, Josef, *Theology and Science: the Case of Abū Isḥāq an-Naẓẓām*, University of Michigan, Ann Arbor, 1978.

Vernet, Juan, *EI*², III, 1979, p. 693-694, *s.v.* « Ibn Abī Uṣaybiʿa ».

Waschkies, Hans-Joachim, « Mathematical Continuum and Continuity of Movement » in *La Physique d'Aristote, l'analyse du continu et du mouvement et la possibilité d'une science de la nature*, Cahiers du séminaire d'épistémologie et d'histoire des sciences 20, Centre de recherches en Histoire des idées, université de Nice, Nice, 1988.

Wiedemann, Eilhard, « Über den Grund, warum die Sterne bei Nacht sichtbar und bei Tage verborgen sind », traduction partielle et commentaire, in Eder, Josef Maria, *Jahrbuch für photographie und Reproduktionstechnik für 1909*, 1909, p. 49-54 ; *in* Sezgin, Fuat (éd.), *Optics: Texts and Studies* 3, p. [113-119], 2001.

Wildberg Christian, *John Philoponus' Criticism About Aristotle's Theory of Aether*, De Gruyter, Berlin, 1988.

Wolfson, Harry Austryn, *Crescas' Critique of Aristotle; Problems of Aristotle's Physics in Jewish and Arabic Philosophy*, Cambridge, Harvard University Press, 1929.

—, « The Internal Senses in Latin, Arabic, and Hebrew Philosophic Texts », *HTR* 28, 1935, p. 69-133 ; *in* Sezgin, Fuat (éd.), *Papers on Various Topics*, Islamic Philosophy 114, Goethe University, Francfort, 2000, p. 179-243.

Zimmermann, Fritz, « Philoponus' Impetus Theory in the Arabic Tradition » *in* Sorabji, Richard (éd.), *Philoponus and the Rejection of Aristotelian Science*, Duckworth, Londres, 1987, p. 121-129.

—, *DPA*, I, 1989, p. 135, *s.v.* « Alexandre d'Aphrodise ».

DIFFUSION
Ventes directes et par correspondance

Au Caire
à l'IFAO,
37 rue al-Cheikh Ali Youssef (Mounira)
[B.P. Qasr al-'Ayni n° 11562]
11441 Le Caire (R.A.E.)
Section Diffusion Vente →

Fax : (20.2) 27 94 46 35
Tél. : (20.2) 27 97 16 00
http ://www.ifao.egnet.net

Tél. : (20.2) 27 97 16 22
e-mail : ventes@ifao.egnet.net

En France
Vente en librairies
Diffusion : AFPU
Distribution : SODIS

Ministère de l'Enseignement supérieur et de la Recherche, Paris.
Publication de l'Institut français d'archéologie orientale.
Dépôt légal : 1er semestre 2016 ; numéros d'éditeur et d'imprimeur 1124 / 1509.